Karl Chr. Eberh. Ehmann

**Leichen-Predigten**

Karl Chr. Eberh. Ehmann
**Leichen-Predigten**
ISBN/EAN: 9783743357860
Hergestellt in Europa, USA, Kanada, Australien, Japan
Cover: Foto ©Lupo / pixelio.de

Manufactured and distributed by brebook publishing software (www.brebook.com)

Karl Chr. Eberh. Ehmann

**Leichen-Predigten**

Karl Friedrich Harttmann's

# Leichen-Predigten.

Herausgegeben

von

**Karl Chr. Eberh. Ehmann,**
Pfarrer in Unterjesingen.

Zweite Ausgabe.

Heilbronn, 1872.

Albert Scheurlen's Verlag.

## Vorrede.

Der rühmlichst bekanute Dr. Heinr. Müller sagt irgendwo: „Leichenpredigten, schwere Predigten!" Warum sind sie schwer? Weil die meisten Redner wähnen, ein Urtheil über den Verstorbenen abgeben zu müssen, und dabei entweder in unwahre Lobhudelei oder in liebloses Richten gerathen und durch jene Verachtung, durch dieses Haß und Feindschaft ernten. Diese machen sich ihr Amt selber schwer durch Ungehorsam gegen des Herrn Warnung: „richtet nicht, auf daß ihr nicht gerichtet werdet!" Am sichersten scheint der Redner zu gehen, wenn er sich nach dem Wort Jes. 40, 1. richtet: „tröstet, tröstet mein Volk!" Allein auch hier wird häufig nach zwei Seiten hin gefehlt. Man wendet den Trost der Schrift oft da an, wo gar keine, oder nicht die rechte Betrübnis ist und macht sich lächerlich; oder man bietet einen falschen Trost,

wie er nicht selten von den Anverwandten und Freun=
den der Verstorbenen geradezu gefordert wird (Jes. 30,
10f.). Dahin gehört insbesondere eine boden= und ge=
dankenlose Eschatologie, die der Redner selbst nicht
glaubt, die aber nichts desto weniger häufig in Pre=
digten und geistlichen Liedern vorkommt. Daher
sagt der oben genannte: „Leichenpredigten, leichte
Predigten! Leicht sind sie, weil sie gehen bei vielen
aus einem leichten Sinn; und leichte Predigten
machen leichte, lose Leute." Alle diese Abwege ver=
meidet, wer sich lauterlich an die Schrift hält, wie
sie uns gegeben ist, zur Lehre, zur Strafe, zur
Besserung, zur Auferziehung in der Gerechtigkeit.
Hierin liegt auch der rechte Trost; wem dieser nicht
genügt, dem müssen wir überlassen, einen andern
zu suchen, wo er will. Er sehe aber wohl zu, daß
er sich nicht auf einen Rohrstab verlasse, welcher,
wenn er ihn in die Hand faßt, so bricht er und
sticht ihn durch die Seite; wenn er sich aber da=
rauf lehnet, so zerbricht er und sticht ihn in die
Lenden. Wir evangelische Prediger suchen und bieten
keinen andern Trost, als den Trost der Schrift.

Diesem Trost der Schrift ist K. F. Hartt=
mann in seinen Leichenpredigten gewissenhaft nach=
gegangen und hat einen großen Schatz aus dem
Schachte derselben zu Tage gefördert. Ich habe
aus demselben nicht eine Auswahl getroffen, sondern
(bis auf ein Fragment) vollständig mitgetheilt, was
sich in seinem schriftlichen Nachlasse vorfand. Die

Personalien, welche sich schon in den Originalien spärlich finden, habe ich, bis auf wenige, die mit der Rede unauflöslich verwoben sind, ausgelassen, weil doch bei weitem die meisten Lebensläufe dem des berühmten Mannes gleichen, von welchem Gellert sagt: „er ward geboren, lebte, nahm ein Weib und starb."

Die meisten Bibelstellen ließ ich, um Raum zu ersparen, nicht vollständig absezen, oft sind sie nur allegirt. Ebenso verfuhr ich mit allbekannten Liederversen und solchen, die bei Harttmann oft wiederkehren. Dagegen mußte ich einige mal Liederverse, die nur mit wenigen Worten angedeutet waren, auslassen, weil ich nicht im Stande war, sie zu ergänzen. Wo dagegen unvollständige Allegate für sich einen Sinn haben, ließ ich sie stehen.

Ich lasse nun diese, von Freunden und Collegen längst erwarteten und erwünschten Leichenreden (eigentlich Entwürfe) in der guten Zuversicht ausgehen, daß sie, auf der Wage des Heiligthums gewogen, nicht werden zu leicht erfunden werden.

Unterjesingen am Regimentage 1863.

D. H.

## 1. Leichen-Predigt.

Text: Ebr. 4, 1. (12. Juli 1777.)

„Weil noch eine Ruhe vorhanden ist für das Volk Gottes, so gib uns deinen h. Geist, daß wir Fleiß thun, einzukommen zu dieser Ruhe, und unser keines dahinten bleibe, und wir dein seien und bleiben, wir wachen oder schlafen, wir seien daheim oder wir wallen, wir leben oder sterben." Diß ist eine Bitte, die in dem Herzen eines Christen oft aufsteigt und worauf seine meisten Sorgen und Gedanken hinauslaufen. Es ist ihm darum zu thun, sein Ziel zu erreichen, daß er da nicht durchfällt, daß er nicht auf's Ungewisse dahin lauft. Er ist nicht damit zufrieden, mit einer halben Hoffnung dahinzugehen, sondern er sucht seines Ziels immer gewisser zu werden. Es heißt oft bei ihm: „welch' eine Sorg und Furcht soll nicht bei Christen wachen, und sie behutsam, klug und wohlbedächtig machen!" Besonders aber erneuert er sich wieder in seinem Ernst, des Eingangs in die Ruhe gewis zu sein, wenn er einen seiner Mitchristen hinwegeilen sieht. Solches Sterben ist ihm allemal eine Anfrage an sein Herz: wie steht's denn bei dir? geht's auch bei dir gewis der Ruhe zu, wenn du heut oder morgen deinen Pilgrimslauf beschließen mußt?

Der Eifer eines Gläubigen, in die verheißene Ruhe einzugehen.

I. Die verheißene Ruhe. Ruhe ist ein großes und liebliches Wort, wenn man es recht versteht und weiß, wie viel es in sich schließt. Der natürliche Mensch, der sich überhaupt nicht Zeit nimmt, den großen Verheißungen im Wort Gottes recht nachzudenken, ist auch mit diesem Wort bald fertig. Wenn Eines von einem langen beschwerlichen Krankenlager aufgelöst wird, wenn die Schmerzen seines Leibes mit dem Tod ein Ende nehmen, so heißt das bei den meisten Menschen Ruhe, so heißt es: er ist in der Ruhe. Wenn Eines in der Welt viele, und noch dazu meistens selbstgemachte Unruhe gehabt und überhaupt viel Mühseliges in diesem Leben erfahren hat und es stirbt, so heißt es: nun ist es in der Ruhe. So denkt der natürliche Mensch von der Ruhe: bei ihm heißt Ruhe, wenn es aus ist mit diesem Leben, wenns mit ihm aus der Welt hinausgeht. Aber das ist eine schlechte Ruhe; mit einer solchen ist ein Gläubiger nicht zufrieden; er weiß, daß er auf mehreres zu warten hat. Denn wenn Ruhe nichts weiteres wäre, als das, was der natürliche Mensch Ruhe heißt, so wäre zwischen einem Christen und einem jeden andern Menschen in der Welt kein Unterschied: eine solche Ruhe genießt der Heide auch, wenn er stirbt. Es muß also um die Ruhe eines Gläubigen etwas ganz anderes sein. Bei diesem hat das Wörtlein Ruhe viel zu bedeuten; es thut ihm so wohl, als wenn man einem Kinde, das von seinen Eltern entfernt ist und sich unter lauter fremden Leuten aufhalten muß, wieder etwas von Haus erzählt und ihm sagt, daß es heim dürfe. Es thut ihm so wohl, wie einem Menschen, der sich in einer fremden Herrschaft aufhält, und dem man sagt, er dürfe einmal wieder in sein Vaterland, wo er es nach allen Stücken besser haben werde. Wie vieles diese Ruhe auf sich habe, das zeigt uns Paulus. Er führt uns mehrere Bilder an, die Gott schon im alten Testament auf die bevorstehende Ruhe gegeben. 1. Er vergleicht sie mit der Ruhe Gottes am ersten Sabbat nach der Schöpfung. Diese bestand nicht darin, daß Gott nichts mehr that, auch nicht in einer Ruhe von Ermüdung (denn der ewige Gott, der die Enden der Erde geschaffen hat, wird nicht müde noch matt); sondern sie bestand darin, daß sich Gott nun an seinen Geschöpfen ergötzte und sein Wohlgefallen an ihnen hatte: er sah an alles, was er gemacht hatte, und siehe, es war sehr gut. Eine solche Ruhe wartet auf die Gläubigen, da sich Gott an ihnen ergözen wird, da alles Misfällige an der Creatur hinweg sein wird. 2. vergleicht Paulus diese Ruhe mit der Ruhe Israels im Lande Kanaan. Vorher waren sie in Egypten und hatten nichts als Unruhe: sie mußten sich herumtreiben lassen von den Frohnvögten; sie konnten und durften nicht einmal ihrem Gottesdienst abwarten, wie sie wollten; aber da sie nach Kanaan kamen, waren sie ungestört. Eine solche Ruhe wartet auch auf einen Christen. Wenn er sich in seiner gegenwärtigen Verfassung betrachtet, so erfährt er wohl, daß er auch in einem gewissen Egypten ist: seine Nebenchristen sind größtentheils gute Egypter, unter denen er sich nicht viel darf anmerken lassen, daß er ein anderes Vaterland suche; unter denen er seinen Gottesdienst wie verstehlen muß. Das mehrt in ihn das Verlangen nach Ruhe. Und eine solche Ruhe wartet auf einen Gläubigen. Er weiß, es wird eine Zeit kommen, da Gott seine Gläubigen aus den andern Menschen heraussammeln wird und ihnen Ruhe verschaffen. 3. Es ist eine Ruhe für das Volk Gottes. Man muß also wissen, daß man zum Volk des Herrn gehört, sonst gehts Einen nicht an. 4. Es ist eine noch vorhandene Ruhe. Die Ruhe im Land Kanaan war nicht die wahre Ruhe; denn Gott hat ja nachher immer wieder dazu eingeladen. Die Verheißung ist noch da, wer also will, kann sie ergreifen.

II. Es gehört Ernst und Eifer dazu, wenn man in diese Ruhe eingehen will. Laßt uns fürchten 2c. Kann denn aber Glaube und Furcht bei einander bestehen? Ja wohl! Und wenn nicht auch eine Furcht bei einem Christen ist, wenn er die Verheißung von der Ruhe Gottes im Leichtsinn hinnimmt und denkt: es kann dir nicht fehlen, so ist es ein übles Anzeigen. Es muß Furcht da sein, 1. weil Einen die Welt so gerne aufhält und hindern will, die Reise nach Kanaan anzutreten. Da gehört Eifer dazu, daß man sich ernstlich losmacht. Denn es muß ausgegangen sein aus der Welt, wenn man in jene Ruhe eingehen will. Doch bei dem Ausgang aus Egypten will Gott das meiste selber thun, wie bei Israel. Aber wenn man auch schon ausgegangen ist, so fangt das Fürchten erst recht an; da macht Einem nicht sowohl die Welt, als vielmehr sein eigenes Herz zu schaffen. Es ist Furcht da, weil es 2. durch die Wüste hindurch geht, da es allerlei Versuchungen gibt. Das Volk Israel ist das deutlichste Beispiel hievon. Bald waren sie mit dem Weg unzufrieden, bald fiel ihnen Egypten wieder ein, bald dachten sie im Unglauben, sie werden nicht nach Kanaan kommen. Auch bei einem Christen gehts nicht ohne ähnliche Versuchungen ab. 3. Man hat Ursache sich zu fürchten, weil Manche um die Ruhe durchfallen. Der Weg nach Kanaan war mit lauter Leichen besät. Das hat einem rechtschaffenen Israeliten können bange machen. So soll auch ein Gläubiger sich warnen lassen durch die Beispiele der Trägen. 4. Es soll ein solcher Eifer sein, daß ein Gläubiger in seinem Gewissen und auch von seinen andern Mitbrüdern das Zeugnis davon trägt, es sei ihm um jene Ruhe zu thun. (Daß nicht jemand unter euch dafür gelten müsse — es soll keine Furcht des Gegensazes, kein Schein des Gegentheils da sein.) Wie man einem Weltkind ansieht: es ist ihm um diese Welt zu thun, so soll man es einem Christen ansehen: es ist ihm um jene Welt zu thun. Er beweist also Eifer.

Nun was ist ein Christ? Nach der Erklärung Mehrerer heißt ein Christ, der nichts Böses thut; nach der Erklärung des Paulus: der glaubt, daß eine Ruhe für das Volk Gottes vorhanden sei, der darnach strebt, der im Glauben auf diese Ruhe stirbt. Diesen Trieb nach Ruhe, nach Gottes Ruhe, nach der Gläubigen Ruhe pflanze und vermehre der Herr in uns und allen Gläubigen.

## 2. Leichen=Predigt.

Text: Röm. 14, 7, 8. (29. Sept. 1777.)

„Ich glaube, daß Jesus Christus sei mein Herr, der mich verlornen und verdammten Menschen erlöset hat, erworben und gewonnen von allen Sünden, vom

Tod und von der Gewalt des Teufels, nicht mit Gold oder Silber, sondern mit seinem heiligen und theuren Blut und mit seinem unschuldigen Leiden und Sterben, auf daß ich sein eigen sei und in seinem Reich unter ihm lebe und ihm diene in ewiger Gerechtigkeit, Unschuld und Seligkeit." Das ist ein Glaube wie Davids Glaube, der den Messias seinen Herrn nannte. Dieser Glaube sieht sich als ein Eigenthum Jesu Christi an und freut sich, daß er diesem Herrn angehört. Er erkennt aber auch, daß er diesem Herrn zu Ehren leben und wandeln soll. Diß ist auch der Sinn unseres Textes.

Das große Eigenthumsrecht Jesu an seine Gläubigen

I. im Leben. Wir sind des Herrn: das ist die große Sache, auf welche Paulus die Römer hinführt. Es war ein geringer Umstand und eine unscheinbare Gelegenheit, bei der er den Gläubigen eine so große Wahrheit beibringt. Es waren zweierlei Gattungen unter ihnen, Schwache und Starke. Die einen hatten die Freiheit, alles zu essen, ohne sich einen Skrupel darüber zu machen und alle Tage gleich zu halten, die andern aber hatten noch Bedenklichkeiten, z. E. Fleisch von den heidnischen Opfern zu essen. Da nahmen sich denn die Starken vieles heraus über die Schwachen und ärgerten diese durch den Gebrauch ihrer Freiheit. Bei dieser Gelegenheit sagt ihnen Paulus die große Wahrheit: unser keiner lebt ihm selber 2c. Er will damit den Starken zu verstehen geben, sie sollen sich auf ihre Freiheit nicht so vieles herausnehmen und die Schwachen damit irre machen; sie sollen denken, sie haben ihre Freiheit von dem Herrn und diesem zu Ehren sollen sie dieselbe brauchen; wenn sie aber sich selber darunter gefallen, wenn sie ihre Freiheit nicht einem schwachen Bruder zu lieb verleugnen, so gehen sie damit eigenmächtig um: oder wenn sie einen schwachen Bruder deswegen verachten, weil er diese Freiheit noch nicht habe und ihn deswegen richten, oder meinen, er soll es auch machen wie sie, so greifen sie dem Herrn Jesu in sein Eigenthumsrecht; denn der schwache Bruder habe nicht ihnen zu gefallen, sondern dem Herrn Jesu. Wenn also Gläubige einander als ein Eigenthum Jesu ansehen, so werden sie in Frieden und Eintracht bei einander leben. Diese Wahrheit soll man nie aus dem Herzen lassen.

Wir sind des Herrn: das sieht ein Christ 1. als ein **Losungswort des Glaubens** an. Wenn der Mensch daran denkt, unter was für einer Gewalt er vorher gestanden, wie er von dem Fürsten der Finsternis, von der Welt, von seinem Fleisch beherrscht worden, wie mächtig ihn diese Feinde gehalten, was es für ein betrübter und mühseliger Dienst gewesen, so muß es ihn von Herzen freuen, wenn er sagen darf: ich bin des Herrn; ich gehöre nun dem Herrn Jesu. Wir sind des Herrn, und zwar durch ein ganz besonderes Recht, das er sich über uns durch Leiden und Sterben erworben. Damit sind wir ein recht versiegeltes Eigenthum. Wenn wir daran denken, wie Satan und Welt unsere Herren geworden, so muß es uns zur innersten Beschämung werden; denn wir haben uns selbst ihnen in die Hände geliefert; aber Jesus hat uns wieder unsern alten Herren entrissen und hat sich sein eigenes Leben nicht zu lieb sein lassen, es für uns aufzuopfern. Was muß diß dem Glauben austragen, einen solchen Herrn zu haben, der sichs um uns so sauer werden ließ! Was kann man sich zum voraus von einem solchen Herrn versprechen! Ist Satan für uns gestorben? Ist die Welt für uns gestorben? Nein! und doch läßt der arme Mensch diese Herren über sich herrschen.

Wir sind des Herrn; das ist ein Wort 2. für den **Gehorsam.** Wenn man einen leiblichen Herrn hat, so bringt es die natürliche Folge mit sich, daß man ihm auch zu dienen hat; man ist schuldig, sich nach seinem Sinn und Willen zu richten und ihm zu Gefallen zu leben. So ist es auch bei einem Gläubigen: er erkennt, daß er nun Christo als seinem Herrn zu dienen hat. Mit diesem Wort wird alles eigenmächtige Wesen unserer Natur auf einmal zu Boden geschlagen, und es heißt: ich bin nun nimmer mein selber. So lange man in seinem eigenen Natursinn dahin lebt, so sieht man sich als unabhängig an und meint, man habe sich von niemand befehlen zu lassen. Beim natürlichen Menschen heißt es: unser Einer lebt ihm selber. Er denkt: mein Leib ist mein, ich kann also damit anfangen, was ich will; ich kann ihn pflegen und ihm gütlich thun, wie ich will — meine Glieder sind mein; ich kann sie also brauchen, zu was ich will; und so macht er sie eben zu Sündengliedern und zu Waffen der Ungerechtigkeit; — mein Verstand ist mein; ich kann ihn also anwenden, wie ich will, ich kann damit in dieses sinnliche Leben hineinwirken, ich kann ihn mit der Klugheit dieser Welt schmücken, ich kann damit auf die weltlichen Lüste sinnen, deswegen habe ich ihn ja! — meine Sinne sind mein; ich kann mir also ein Vergnügen machen, was ich für eines will. Ja, der natürliche Mensch wird endlich auch so unverschämt, daß er sagt: mein Leben ist mein; ich mag es also mir abkürzen oder sonst verderben, so gehts niemand an. So denkt der Mensch, so lange er noch nicht glauben lernt. Aber ein Gläubiger braucht dieses Wort als eine Richtschnur seines ganzen Lebens, und weiß, daß er nun mit allem, was er ist, dem Herrn zu leben hat. Er denkt: mein Leib ist des Herrn, er hat ihn erkauft; meine Seele ist des Herrn, er hat sie erkauft; ist ihm etwas damit gedient, kann er sie brauchen, so stehts zu seinem Dienst; es gilt mir gleich, was ich denke; er ist der König meiner Gedanken. — Ich bin des Herrn: das macht ihn furchtlos in allem seinem Wandel; ist der Welt nicht recht, was ich thue und rede, so habe ich ihr ja nicht zu gefallen; sie ist ja nicht mein Herr, sondern Jesus ist mein Herr; wenns nur diesem gefällt. So ist ein Gläubiger ein Eigenthum Jesu in seinem Leben; aber er ist es auch

II. in seinem Tode. Ich bin des Herrn: das macht einen Gläubigen auch in seinem Tode getrost; da freut es ihn vorzüglich, ein Eigenthum Jesu zu sein. Im Tode zeigt sich oft die Macht und Ansprache der Feinde am meisten; da melden sie sich noch als ehmalige

alte Herren eines Gläubigen und suchen ihm seinen
Schritt in jene Welt sauer zu machen. Da hilft nichts,
als das Wort im Glauben ergriffen: ich bin des Herrn.
Diß Wort steht als ein Siegespanier bei dem Sterbebette eines Gläubigen aufgerichtet; diß ist sein Paß,
den er mit durch das Todesthal und durch alle Mächte
der Finsternis hindurch nimmt. Wer diesen Paß bei
sich hat, gegen den darf kein Feind weder Hand noch
Fuß regen. Im Tode sucht noch Satan sich an Einen
zu machen, als derjenige, der nach Ebr. 2 des Todes
Gewalt hat. Aber wer sagen kann: ich bin des Herrn,
der weiß auch, daß der Heiland durch seinen Tod die
Macht genommen hat dem, der des Todes Gewalt hat,
d. i. dem Teufel. — Ficht einen Gläubigen die Bitterkeit des Todes an, so freut ihn dieses Wort: ich bin
des Herrn, abermal; denn sein Herr hat das Bitterste
geschmeckt und kann ihn nun durch des Todes Thüren
träumend führen und macht ihn auf einmal frei. Er
weiß, daß sein Herr auch im Reiche der Todten zu befehlen hat und daß man auch da Achtung vor ihm
haben muß. — Will ihn die Verwesung anfechten, will
er sorgen, der Tod möchte ihn gefangen halten, so glaubt
er wieder: ich bin des Herrn; diesem Herrn muß auch
der Tod seine Beute wieder ausliefern. Nein, die kann
der Tod nicht halten, die des Herren Glieder sind;
muß der Leib im Grab erkalten, da man nichts als
Asche find't; wird doch Gott, was vor gewesen, wieder
neu zusammen lesen. Ich bin des Herrn mit dem Leib
und mit der Seele. O seliges Eigenthumsrecht!

## 3. Leichen-Predigt.

Text: Psalm 32, 8. (20. Nov. 1777.)

Ich bin ein Gast auf Erden, darum verbirg deine
Gebote nicht vor mir: diß ist die Bitte einer gläubigen
Seele, der es darum zu thun ist, gut durch diese Welt
hindurch zu kommen, und endlich das Ende ihres Glaubens, nemlich der Seele Seligkeit davon zu tragen.

Pf. 119, 19. Wenn ein Gläubiger sich nur ein wenig in dieser Welt umschaut, so sieht und spürt er gleich in allem, daß er nicht zu Haus ist, sondern sich in einer Fremde befindet. Die meisten Leute, die er um sich hat, sind ihm fremd und haben gemeiniglich eine andere Denkungsart, als er; die Sitten des Landes, durch welches er reist, taugen auch nicht für ihn; der Weg, den er zu gehen hat, ist ihm unbekannt. Alle diese Beschwerden seiner Reise überzeugen ihn, wie nöthig ihm eine Belehrung auf seinem Wege sei, und wie er diese von niemand anders als von Gott selber haben könne. Deswegen bittet er, Gott möchte doch seine Gebote nicht verbergen vor ihm. Diese Gebote sind also die Marschroute, nach der er sich einzig und allein richtet; denn diese geben ihm die beste Anleitung, wie er sich in seiner Fremdlingschaft aufzuführen und wohin er seinen Weg zu nehmen hat. Und je mehr er sich nach diesen richtet, desto lieber und unentbehrlicher werden sie ihm werden, daß er sagt: deine Gebote sind meine Rathsleute und ein Lied im Hause meiner Wallfahrt. Es ist eine große Gnade, daß uns Gott nicht rathlos auf unsern Weg durch diese Welt hinstellt, daß er uns nicht unsern eigenen Gedanken überläßt, sondern daß er uns auf die Fremde ausrüstet und eine gute Anweisung gibt, wie wir uns durchzuschlagen haben. Das ist Gnade! Aber wenn er gar sagt: ich will dir selber den Weg zeigen, den du wandeln sollst, ich will dich mit meinen Augen leiten: diß ist noch mehr, diß würde man nicht wagen von ihm zu begehren. — Es ist einem Reisenden schon eine große Liebe, wenn man ihm nur eine gute Weisung gibt, wenn man ihm sagt, wie er sich da und dort zu verhalten habe; aber wenn man sich gar anträgt, selber mit ihm zu gehen, den Weg mit ihm zu machen, das ist eine Liebe, die ihm besonders wohl thut. Und diese Liebe hat ein Gläubiger von seinem guten und frommen Gott zu genießen, dazu erbietet sich Gott in unserm Text.

Der liebliche Antrag Gottes an einen Gläubigen, sein Führer zu sein

I. durch die Welt. Wir haben dabei auf fol=

genbe Stücke Acht zu geben. 1. Es heißt: ich will dich unterweisen, oder eigentlich: ich will dich klug und verständig machen, daß du weißt, welchen Weg du erwählen sollst. Es stehen einem Menschen zwei Wege offen: der Weg, der zum Leben führt und der Weg, der zum Verderben führt. Nun wählt freilich jeder natürliche Mensch seinem Sinn nach den ersten Weg; aber er betrügt sich meistens und meint auf dem Weg zum Leben zu wandeln, wenn es schon nicht so ist. Darüber hat schon Salomo geklagt: Manchen dünkt sein Weg rein zu sein, aber sein Ausgang sind Wege des Todes. — Deswegen kommt es einem Menschen wohl, wenn er die rechte Unterweisung bekommt, wenn sich Gott über unsere Unwissenheit und Finsternis erbarmt und uns sagt: dieses ist der Weg zum Leben, der führt in mein Herz hinein, daß Einer nimmer mit andern Blinden auf selbsterwählten Wegen, auf Schmerzenswegen herumirren darf, sondern die rechte Straße gefunden. Und diß will Gott gerne einem jeden thun, der darnach begierig ist. Er will zwar niemand mit Gewalt auf den rechten Weg hinschleppen; aber er will es auch nicht an genugsamer Unterweisung fehlen lassen. Deswegen sagt er: ich will dich unterweisen. Wer diese Unterweisung annimmt, der hat die Klugheit der Gerechten, der ist klüger, als das verschmizteste Weltkind; der kann sagen: o Gott, wie theuer ist deine Güte, daß Menschenkinder unter dem Schatten deiner Flügel trauen. Pf. 36, 8. Wer diese Unterweisung genossen hat, der stirbt wohl.

2. heißt es: ich will dir den Weg zeigen, den du wandeln sollst. Die erste Gnade, die Gott an Einem thut, ist diese, daß er ihn auf den rechten Weg hinstellt. Aber er hat nicht genug daran, sondern er will uns auch den Weg noch weiter zeigen und als treuer Gefährte auf demselben fortführen. Diese Gnade ist wohl angelegt bei uns. Denn wenn wir schon einmal durch die Bekehrung den rechten Weg getroffen, so könnten wir uns doch bald wieder von diesem Weg verlieren, wenn nicht Gott auch diß über sich nähme, auf dem einmal betretenen Weg uns fort zu leiten und an der Hand zu führen. Es war

eine große Gnade, daß die Kinder Israel aus Egypten ausgeführt wurden; aber wie wäre es ihnen gegangen, wenn der Herr nicht auch mit ihnen durch die Wüste gezogen wäre? wie oft wären sie verirrt! Wie wäre es ihnen gegangen, wenn sie keine Wolken- und Feuersäule bei sich gehabt hätten? Diß hat Moses wohl gewußt; denn als sich die Israeliten einmal so an dem Herrn versündigten, daß er ihnen gedroht, nicht ferner mit ihnen zu gehen, so bezeugte er Gott, wenn sein Angesicht nicht mitgehe, so wollen sie lieber gar nicht hinauf. Und so möchte ein Christ auch sagen: wenn du nicht mit mir gehst, so will ich lieber den Weg gar nicht machen; ich möchte nicht in den Himmel hinein, wenn nicht du selber mich hineinführtest. Deswegen begehrt er die tägliche Handleitung von seinem Herrn, die ihm auch nicht versagt wird.

3. heißt es: ich will dich mit meinen Augen leiten, oder eigentlich ich will Rath geben, mein Auge soll über dir sein. Diß ist ein neues Gnadenzeichen des treuen Führers gegen die Seinigen. Man kommt oft auf dem Glaubensweg in Umstände hinein, da man sich nicht zu helfen weiß, da man irre wird und sich in seinen eigenen Gedanken verwickelt; aber da darf es einem Gläubigen nicht zu bange werden: er hat an seinem Herrn nicht nur einen getreuen Führer, sondern auch einen weisen Rathgeber, der eben deswegen auch Jes. 9, den Namen eines wunderbaren Raths führt. Wenn also ein Gläubiger in solchen rathlosen Umständen sich an ihn wendet und bittet: rath mir nach deinem Herzen, so gibt ihm der Herr die liebliche Antwort: Ich will dir rathen. — Aber auch diß ist diesem getreuen Führer noch nicht genug, sondern er gibt noch die Versicherung: mein Auge soll über dir sein. Er will also einen Pilgrim nicht aus dem Gesicht lassen. Er sieht auch alle Gefahren voraus, in welche seine Pilgrime gerathen könnten, und will sie so einleiten, daß sie ihnen nicht schaden sollen. — Diß ist die selige Führung, die ein Gläubiger von seinem Herrn bei seinem Lauf durch die

Welt genießt. Die Treue, die er dabei erfährt, macht ihm Zuversicht, daß sein Führer ihn auch

II. **aus der Welt** hinausführen werde. Bei dem Ausgang aus der Welt hat man freilich einen guten Führer nöthig; denn da zieht sich alle Hülfe der Menschen von Einem zurück. Aber da findet ein Gläubiger einen kräftigen Halt an der Hand seines Führers. Er genießt

1. von ihm die nöthige Unterweisung. Daher kommt es, daß oft ein Gläubiger noch vor seinem Abschied manchen kräftigen Zug in jene Welt bekommt, daß der Geist Gottes ihn in die Stille und Einkehr in sich selber führt, daß er einen besondern Ernst an sich spürt, sich nach dem vorgesteckten Ziel seines himmlischen Berufs auszustrecken, daß er vorzüglich in solche Wahrheiten eingeleitet wird, die ihm zu einem besonderen Licht bei seinem Abschied werden. Ein Gläubiger genießt bei seiner Führung aus der Welt

2. auch diese Gnade von seinem Führer, daß er ihm den Weg zeigt, den er wandeln soll, ja daß er sich selber ihm zu einem Gefährten anbietet. Bei diesem Führer ist er wohl versorgt, denn a. hat dieser Führer die beste Erfahrung, weil er selber die Wege des Todes hindurch gelaufen, und also am besten weiß, was auf diesem Wege seinen Gläubigen gefährlich werden kann. b. ist er ein mächtiger Führer. Tod und Hölle kennen ihn wohl: sie haben nicht nur etwas von seinem Gerüchte gehört, sondern sie haben seine Macht selber auch zu ihrem Schrecken erfahren. c. ist er ein geübter Führer, der nicht die erste Probe an uns macht, sondern als der von Gott uns geschenkte Herzog der Seligkeit schon viele Kinder in die Herrlichkeit eingeführt hat. — Endlich

3. genießt ein Gläubiger bei seiner Führung aus der Welt auch eine besondere Augenleitung. Ist jemals das Auge des Herrn über die Seinigen wachsam, so ist es bei ihrem Ausgang aus dieser Welt wachsam. Diß ist das Auge des Hüters Israel, der nicht schläft noch schlummert. Wohl dem, der dieses Aufsehen seines Füh-

rers zu genießen hat! Die sanfte Führung eines Gläubigen von seinem Herrn erstreckt sich auch

III. bis in jene Welt hinein. Von dieser Treue ist uns freilich als Pilgrimen noch weniges bekannt; wir sehen auch bei sterbenden Gläubigen die Fußtapfen dieses Führers nicht länger, als bis uns der Gläubige nach seinem äußeren Leben aus dem Gesicht gerückt ist. Da fällt der Vorhang, da geht es uns, wie wenn wir einem Reisenden noch eine Weile nachsehen, bis uns derselbe durch die große Entfernung oder durch ein tiefes Thal unsichtbar wird. Indessen kann unser Glaube doch auch hierin einen zuversichtlichen Muth zu seinem Führer fassen. So gewis Gott sein Volk nicht nur aus Egypten heraus und durch die Wüste hindurch, sondern auch in das Land Kanaan hinein geführt und in diesem Lande sich seines Volks besonders angenommen, so gewis will der Herr die Seinigen auch durch die Welt, aus der Welt und in jene Welt einführen. Denn sein Eigenthumsrecht an die Gläubigen kann durch keinen Tod aufgehoben oder ihm streitig gemacht werden. Gott nennt sich deswegen auch im alten Testament den Gott Abrahams, Isaks und Jakobs, da doch diese Väter schon lange gestorben waren. Nun wird ja hoffentlich der lebendige Gott kein Gott der Todten sein; das läßt er sich nicht nachsagen, daß er nur bei dem Leben dieses Leibes der Gott eines Gläubigen sei; nein, diese Todten leben ihm alle. Und eben so leben auch im neuen Testament alle entschlafene Gläubige dem Herrn Jesu; denn darum ist er gestorben und wieder lebendig worden, daß er über Todte und Lebendige Herr sei. Und was hat ein Gläubiger nicht in jener Welt von dem Priesterthum Jesu zu genießen, da es ja das eigentliche Geschäft Jesu ist, alle Gläubigen zu heiligen und zuzubereiten, daß er sie an jenem Tag untadelich vor das Angesicht seines Vaters darstellen kann mit Freuden. Wohl uns, daß wir einen so getreuen Führer haben! Nun können wir bei dem Tode der Unsrigen, wenn sie in dem Herrn entschlafen sind, bei allem Schmerz des Verlustes doch getrost sein. Bei diesem Führer können auch wir, sowohl so lange wir wallen, als auch wenn wir aus unsrer Fremdlingschaft heimgerufen werden, alle Furcht überwinden. Aber wehe dem, der allein ist, wenn er fällt! wer wird ihn aufrichten? Ach daß keines unter uns sei, dem es nicht ernstlich darum zu thun wäre! An dem Herrn fehlts nicht; sein Antrag: ich will dich unterweisen, ist da; wer will, kann ihn annehmen. Nun denn, du treuer Führer auf die Ewigkeit, sei uns allen, sei allen den Deinigen nahe, und mache deine Treue den Deinen immer mehr bekannt, die deinem Herzen trauen.

## 4. Leichen-Predigt.

### Text: Ps. 90, 12. (19. Decbr. 1777.)

Es ist um das menschliche Leben etwas sehr Hinfälliges, und eine Sache von kurzer Dauer, und wenn man es beim Licht besieht, so ist es von der ersten Stunde an ein tägliches Sterben. Wir haben also eine tägliche Erinnerung an den Tod, und es sollte nicht nöthig sein, uns das Andenken an die Sterblichkeit erst einzuschärfen. Wenn wir ferner um uns her schauen und sehen, wie bald da, bald dort Einer aus dem Lande der Lebendigen hinweggerissen wird, so haben wir abermal genug Prediger der Sterblichkeit. So ging es den Israeliten in der Wüste. Sie sahen in den 40 Jahren täglich Leichen, und wenn noch ein besonderes Gericht des Herrn über sie ausbrach, so wurden sie oft auf einmal hundert- und tausendweise dahingerissen. Bei diesen Umständen konnten sie also den Tod nicht vergessen; und doch schreibt ihnen Moses ein eigenes Gebet vor, und heißt sie bitten, daß der Herr selber sie bedenken lehre, daß sie sterben müssen. Demnach ist es nicht mit jedem Andenken an den Tod ausgerichtet, sondern es muß gelernt und zwar vom Herrn gelernt sein. Die Menschen sind in dieser Sache sehr verschiedener Gesinnung. Einige scheuen das Andenken an den Tod als eine Sache, die Einen melancholisch machen kann; sie wissen, daß dieser Gedanke ihr leichtsinniges Herz gewaltig erschüttern, und den fröhlichen Genuß dieser Welt verbittern würde; deswegen suchen sie sich solche Gedanken aus dem Sinn zu schlagen. Andere lassen sich das Gesez der Sterblichkeit so gefallen, weil sie sehen, daß es nicht anders sein kann; aber bei diesem allem bleiben sie gleichgiltig, und werden doch nicht nüchtern. Andere suchen noch einen gewissen Trost darin. Wenn es ihnen nicht nach Wunsch in der Welt geht, und sie allerlei Mühseligkeit des menschlichen Lebens erfahren müssen, so helfen sie sich damit, und suchen eine Beruhigung darin, daß sie denken, es nehme mit dem Tod ein Ende. Dieses alles heißen Todesbetrachtungen, aber sie sind nicht in der rechten Schule gelernt, deswegen kommt so wenige Frucht dabei heraus. Den Herrn muß man darum bitten, wie es heißt: lehre du uns bedenken; wenn der Herr es Einem ins Herz hineinpredigt, da fruchtet es; alle selbstgemachte Betrachtungen verfliegen wieder, aber der Herr kann es Einen recht lehren.

**Das Andenken an unsere Sterblichkeit als die wahre Klugheit.**

**I. Das Andenken an unsere Sterblichkeit.** Herr, lehre uns unsern Tod bedenken. Eigentlich heißt es: lehre uns unsere Tage recht zählen, gehörig berechnen und abwägen. Moses meint damit nicht, daß wir ausrechnen sollen, wie lange unsere Lebenstage etwa währen möchten. Diß zu erforschen, wäre theils ein Fürwiz, theils eine vergebliche Bemühung; denn Gott hat uns aus besonderer und gut gemeinter Weisheit die Zahl unserer Tage verborgen, und will haben, daß wir darin allein von seinem Willen und freien Wohlgefallen über uns abhangen sollen. Dieses Zählen unserer Tage will etwas anders sagen. Moses erinnert uns damit an die Kürze und Hinfälligkeit unseres Lebens, das eine kleine Zahl von Tagen ausmacht. Er braucht deswegen nicht einmal das Wort Jahre, sondern mißt die menschliche Lebenszeit nur durch Tage ab. In eben diesem Sinn sagt auch David von seinem Leben: meine Tage sind einer Handbreit vor dir, mein Leben ist wie nichts vor dir. Und im 90. Pf. wird das menschliche Leben durch vier Bilder beschrieben, welche alle die Flüchtigkeit und Vergänglichkeit unserer Lebenszeit anzeigen. Es wird verglichen mit einem schnell dahinfahrenden Strom: wenn man etwas in denselben hineinwirft und man sieht eine Weile nach, so ist es, ehe man sich's versieht, aus dem Angesicht hinweg. Er vergleicht es ferner mit einem Schlaf: wenn man von demselben erwacht, und hätte man auch noch so lange geschlafen, so ist es so schnell vorbei, daß man meint, man wäre erst eingeschlafen. Es ist ferner verglichen mit einem Gras, das zwar schön blüht, aber bald welk wird. Endlich vergleicht er es mit einem Geschwäz: so schnell als eine Rede aus dem Mund ausgeht, so schnell gehe auch das Leben vorüber. Da gilt es also, unsere Tage zu zählen. Dieses Zählen sollen wir alle lernen, aber der natürliche Mensch verfehlt sich so gerne in dieser Rechenkunst, da überzählt er sich gerne. Mancher denkt: du hast eine gute gesunde Natur, du kannst alt werden; da legt er, wie Luther sagt, seine Rechenpfenninge zu hoch. Denn leicht kann Gott von dieser Rechnung eine ziemliche Summe ausstreichen; und wie leicht kann er sich in Sünden verwickeln, wodurch er selbst die Zahl seiner Tage verkürzt, und schuld ist, daß das Urtheil des Todes über ihn dahereilt, wie bei den Israeliten in der Wüste. Darum heißt es: lehre uns unsre Tage recht zählen. Moses erinnert uns aber auch damit, wie wir dieses Zählen unserer Tage

II. zu unserem Nutzen anwenden sollen. Wenn ein Mensch an einem guten Ort sich aufhält, und weiß, daß die Zeit seines Aufenthalts kurz ist, so berechnet er seine Zeit wohl, und sucht sich alles zu nuz zu machen. Diß bringt Weisheit in unser Herz.

1) Diese Weisheit bringt Einen zu einem rechten Verleugnungssinn. Die irdischen Dinge haben so viel Anzügliches; auch die erlaubten Dinge nehmen oft mehr Plaz ein im Herzen als ihnen gehört. Diese Weisheit aber führt uns auf den rechten Sinn der Gelassenheit nach 1 Kor. 7, 29. 30.

2) Sie macht uns zu Pilgrimen, die immer sind, als die hinwegeilen, und die sich mit dem Unbeständigen nicht

aufhalten. Sie erkennen, daß sie keine bleibende Stadt in der Welt haben. Wie unbeständig ist alles in der Welt! Wo werden wir in 50 Jahren sein?

3) Sie treibt uns an, uns mit der Ewigkeit recht bekannt zu machen, daß man die zukünftige Stadt sucht. Mit dieser sollten die Menschen mehr bekannt werden, und sie nicht zu einem bloßen Schreckensbild machen.

4) Sie macht uns mit dem unveränderlichen Gott bekannt, der ein Fels der Ewigkeiten ist, wie es zu Anfang des Psalms heißt.

5) Sie treibt uns zu Christus, als demjenigen, der dem Tode die Macht genommen. Der Glaube an ihn macht, daß man den schrecklichsten Dingen unter das Gesicht sehen kann. Dieser versichert uns unseres Erbes.

## 5. Leichen-Predigt.

Text: Offenb. 21, 4. (23. März 1778.)

**Die liebliche Aussicht des Glaubens und der Hoffnung auf die Zeit der Freiheit.**

1. **Die Zeit der Freiheit.** Unser Text deutet uns hin auf das große Ziel der Freiheit, wonach sich die Gläubigen mit vereinigtem Geiste sehnen. Es ist nach dem Zusammenhang dieser Worte ein weit gestecktes Ziel, auf welches wir noch in der Ferne hinsehen. Es kommt, wenn Himmel und Erde neu ist, wenn das Erste und Alte dahingegangen, wenn das neue Jerusalem zum Vorschein kommt. Es ist also ein entferntes Ziel; es wird noch mancher Jammer auf Erden vorgehen, bis es dahin kommt. Indessen, ob es schon entfernt ist, so ist es doch gewiß; wir haben es schriftlich von dem Herrn versichert und dürfen's glauben, wie wenn es schon da wäre. Sobald ein Gläubiger stirbt, so fängt zwar schon eine Zeit der Freiheit an: er kommt zum Frieden und ruht in seiner Kammer; aber doch ist es noch nicht das große Ziel der Freiheit, das in unserem Text erwähnt wird; es ist nur ein Vorschmack davon, und er muß warten, bis alle vollendet sind, bis in dem Gebiet Gottes auf Erden und im

Himmel nichts Trauriges und Elendes mehr zu finden ist. Dieses große Ziel begreift also eine durchgängige Freiheit von allem Jammer in sich. Das ist schon etwas Großes, wenn sonst nichts mehr zur Seligkeit eines Glaubigen hinzukäme. Wenn ein Gefangener, ein Kranker, ein Elender von seinem Jammer frei wird, so ist ihm das schon viel; er meint schon, er habe alle Glückseligkeit. So wird auch den Glaubigen ihre Freiheit schon etwas Großes sein.

1. Gott wird abwischen alle Thränen von ihren Augen. Der Lauf eines Christen ist mit manchem Jammer verbunden. Da gibt es mancherlei Thränen. Die Welt ist überhaupt für jeden Menschen ein Thränenthal, da man Klage führt; und es kommt kein Menschenkind aus der Welt hinaus, das nicht auch etwas zu dem allgemeinen Thränenstrom beigetragen hätte. Wenn ein Menschenauge sehen sollte, was Trauriges auf der Welt geschieht, und wenn ein Menschenohr das allgemeine Zusammenseufzen hören sollte, so würde es ihm unerträglich sein. Da geht es ohne manche Thränen nicht ab; auch ein leichtfertiges Weltkind kommt nicht ohne Thränen davon. Aber es ist ein großer Unterschied unter den Thränen. Nur die Thränen der Glaubigen haben die Ehre, daß sie Gott abwischen wird — Thränen über ihre Sünde, Thränen über den Sündenjammer auf der Welt, Thränen über ihre Pilgrimschaft.

2. Es wird kein Tod mehr sein; das Gesez der Sterblichkeit wird aufhören. Die gegenwärtige Welt ist ein Feld von Leichen; es gibt immer Trennungen und Scheidungen. Das wird alsdann nimmer sein.

3. Es wird kein Leid mehr sein, kein Trauern. Es gibt so viele Gelegenheit zum Weinen; manche Traurigkeit des Gemüths, manchen unausgesprochenen Herzensdrang, dem der Glaubige selber keinen rechten Namen geben kann.

4. Es wird kein Geschrei mehr sein. Es gibt mancherlei Geschrei in dieser Welt: Geschrei um zeitliche Dinge, um Güter dieses Lebens, da man oft erfährt, wie wahr es ist, was wir singen: was sind dieses Lebens Güter? eine Hand voller Sand, Kummer der Gemüther! Wie oft können sich mehrere Personen über eine geringe Sache entzweien? Es gibt Geschrei über Unrecht, da manche Sache

eines Gerechten gebeugt wird; wie Salomo dergleichen Richterstühle gesehen — Geschrei über manchen Schimpf, den man einander anthut — Geschrei um Rache Gottes über Blutschulden 2c. Offenb. 6, 9—11.

5. Es wird kein Schmerz mehr sein. Das Elend des Leibes wird aufhören. Wie manche Stunden des Schmerzes gibt es! Diese haben da ihre Endschaft.

II. Wer sich dieser Zeit der Freiheit zu erfreuen und zu trösten habe. Die Menschen sind insgemein mit dergleichen Verheißungen sehr freigebig, und maßen sich dieselben an, ehe sie sich ein Recht dazu von Gott haben geben lassen. Sie meinen, wenn es nur einmal gestorben sei, so sei alles überstanden, so müsse es gleich heißen: sein Jammer und Elend hat ein Ende. Ich möchte es gerne einem jeden gönnen, wenn es wirklich so wäre; allein das hängt von einer höheren Hand ab, diese muß Einem das Decret auf diese Zeit der Freiheit geben. Da kann es Einem hernach niemand streitig machen. So viel ist gewis, Gott wird wohl zu unterscheiden wissen, was rechte Thränen sind, was wahres Leid, was wahrer Schmerz ist. Indessen soll uns doch daran gelegen sein, daß wir auch einmal Antheil an dieser Zeit der Freiheit haben.

1. Solche Leute bemüthigen sich über das Elend der Erde; sie sind keine Rebellen, sie erkennen es mit Beugung, daß die Sünde der Leute Verderben ist. Es ist ihnen alles Leiden eine Erinnerung an den Fall und an ihre eigenen Sünden; sie denken: wir haben es selber gethan, Gott hatte es nicht so im Sinne mit uns.

2. Sie suchen unter so manchem Elend der Erde das Herz Gottes. Wenn andere nur bei dem Elend selber stehen bleiben, so brauchen diese es als Stufen zu dem Herzen Gottes, der im Sinne hat, uns alles dieses zu Mitteln der Umkehr zu machen.

3. Sie lernen sich darunter nach dem Himmlischen sehnen: Mach mir stets zuckersüß den Himmel und gallenbitter diese Welt. Diese haben eine gewisse Anwartschaft auf die Zeit der Freiheit.

## 6. Leichen-Predigt.

Am Sonntage Lätare 1778.
Ev. Joh. 6, 1—27. in Verb. mit 1. Kor. 4, 1. 2.

Wir haben an unserm Leib und unsrer Seele zwei wichtige Pfänder, die uns Gott in diesem Leben anvertraut hat. Für beide Theile zu sorgen, ist etwas, wozu die Weisheit von oben erfordert wird. Ohne sie verfehlen wir es in dem einen oder in dem andern. Der größte Theil der Menschen verfehlt es darin, daß durch die Sorge für den Leib die Seele zu kurz kommt; und sie suchen noch in den leiblichen Sorgen eine Rechtfertigung, warum sie für das Heil ihrer Seelen nicht so besorgt sein können, als sie, ihrem Vorgeben nach, gerne gewollt hätten. Allein der Hauptgrund dieses Fehlers liegt darin, daß man nicht glauben will, Gott sei ebenso geneigt, für unsern Leib wie für unsre Seele zu sorgen. Der arme Mensch will seine Sorgen mit Gott theilen und denkt so: für meinen Leib muß ich sorgen, da muß ich sehen, wie ich mich durchbringe, um das bekümmert sich Gott nicht; diese Sorge kann ich auch wohl übernehmen, ich kann ja am besten wissen, wie ich mir forthelfen soll; für meine Seele aber kann ich freilich nicht so sorgen, das muß ich dem lieben Gott überlassen, der wird für mein geistliches und ewiges Heil besorgt sein, der wird am Ende meines Lebens sich doch meiner Seele annehmen. So theilen die meisten Menschen ihre Sorgen mit Gott. Sie wissens zwar nicht, sie glaubens auch nicht, daß sie so denken; aber alle ihre Handlungen gebens an den Tag, daß dieses ihr Sinn ist. Durch diesen Sinn wird das menschliche Herz ungemein verfinstert.

Wenn es nun bei einem Menschen zu einem rechten Christensinn kommen soll, so fangt er an, sein Haushaltersgeschäft und seine Haushaltertreue an Leib und Seele zu beweisen; er wirft sich mit Leib und Seele in die Arme seines treuen Gottes. Er weiß: mein Leib ist so gut als meine Seele ein Werk der Hände Gottes, darum wird er auch dieses doppelte Werk seiner Hände nicht lassen; ja er möchte mich gerne an Leib und Seele erfahren laſſen, daß er mich mit väterlicher Zärtlichkeit liebe. Wie nun ein Gläubiger von der väterlichen Sorge Gottes für seinen Leib und seine Seele überzeugt ist, so sucht er auch in seinem Theil an Leib und Seele als ein treuer Haushalter erfunden zu werden.

Wie wir uns beſtreben ſollen, im Leben und Sterben als treue Haushalter über Leib und Seele erfunden zu werden;

I. über den Leib. Als ein rechter Haushalter über seinen Leib erfunden zu werden, ist etwas Großes; es liegt mehr daran und gehört mehr dazu, als wir uns gewöhnlich vorſtellen. Wenn man aber bedenkt, wie manchem Menſchen die Haushaltung über ſeinen Leib und was zum Durchbringen deſſelben gehört, zu einem Strick ſeiner Seele werde, ſo wird man auch gerne bekennen, daß eine beſondere Treue in dieſem Geſchäft erfordert werde. Dieſe Treue beſteht aber darin, daß ich auch die Haushaltung über meinen Leib und meine Nahrung dazu gebrauche, daß ſie mir ein Weg wird, das Herz Gottes und Jeſu, und mein eigenes Herz darunter kennen zu lernen. Zu dieſer doppelten Kenntnis finden wir eine ſchöne Anleitung im heutigen Evangelium.

1. Lerne auch im Leiblichen das Herz Jeſu gegen dich kennen. Wir ſtellen gemeiniglich Jeſum von unſern leiblichen Angelegenheiten gar zu weit hinweg; wir ſehen ihn ſo an, als ob er mit dem, was unſer äußerliches Durchkommen durch die Welt betrifft, gar nichts wolle zu thun haben. Das wird uns hernach eine Verſuchung zu mancher Untreue. Daher kommt alsdann der irdiſche Sinn, welcher meint, er müſſe alles ſelber thun, und der ſich ganz in die Dinge des Lebens hinein verwickelt. Daher kommt der Unglaube und das Mistrauen, daß man ſich nicht der Fürſorge Gottes und Jeſu überlaſſen will. Daher kommt bei einem Manchen Ungerechtigkeit, Liſt und Betrug, die man als Mittel braucht, ſich im Leiblichen zu etwas zu verhelfen und Vorrath auf weiter hin zu ſammeln. So kommen die meiſten Menſchen dazu, daß ſie bei der Sorge für ihren Leib untreue Haushalter werden. Diß kommt daher, daß ſie das Herz Jeſu

nicht kennen, wie es auch im Leiblichen gegen sie gesinnt ist. Diese sollen es aus dem heutigen Evangelium kennen lernen. a. Er kommt uns in der Sorge für unsern Leib zuvor; er sorgt für denselben, ehe wir daran denken. Es kam eine große Menge Volks zu Jesu, die begierig waren, ihn zu hören, und auch Zeichen und Wunder von ihm zu sehen. Sobald er nun diese Haufen Leute noch in der Ferne erblickt, so ist er schon für ihre Speisung bedacht. Damit zeigte er, wie ihm auch an der Erquickung ihres Leibes gelegen sei. Das Volk durfte ihn nicht darum bitten, nicht daran erinnern, sondern er thats aus freiem Antrieb. So war sein Herz. Er nahm sich seines Nächsten an. b. Er hilft auch im Leiblichen überschwenglich, über unser Bitten und Verstehen. Er speist einige Tausende mit einem geringen Vorrath durch sein alles segnendes Wort, welches noch jezt wirksam ist. Man muß aber

2. auch sein eigenes Herz kennen lernen. Jesus brauchte den gegenwärtigen Fall selber zu einer Prüfung seiner Jünger, die er daran versuchen wollte, wie weit sie in der Erkenntnis seiner Kraft gekommen wären. Deswegen legte er dem Philippus die Frage vor: woher nehmen wir Brot, daß diese essen? Da redete Jesus aus dem Herzen des Philippus heraus. Wie offenbart sich also unser Herz in leiblichen Dingen? a. Als ein Herz, das voller Vernunftüberlegungen ist. Sobald etwas vorkommt, das über die ordentliche Rechnung unserer Vernunft hinauslauft, so wissen wir uns gleich nimmer zu helfen. b. als ein Herz, das die Kraft Gottes und Christi auch bei kleinem Vorrath noch nicht hat kennen und glauben lernen. So gings dem Andreas: dieser brachte zwar gleich einen guten Rath vor und sagte, daß man fünf Brote und zwei Fischlein haben könnte; aber das Mistrauen schlug sich auch gleich dazu, und es hieß bei ihm: aber was ist das unter so viele? So offenbart sich unser Herz noch oft. Wo viel Vorrath ist, da ist Glaube genug, aber was für ein Glaube? ein Glaube an das, was da ist, nicht an die Kraft Gottes und an die Liebe Christi. Wo aber der Vorrath

nicht hinlänglich scheint, so ist unser Herz gleich mit seinen Zweifeln da, so meint man gleich, es werde nirgends zureichen. Die heilige Schrift führt das Wort besonders im alten Testament mehrmals an, es sei dem Herrn eins, durch viel oder durch wenig zu helfen. Wenn nun unser Herz diß Wort einmal gelten läßt, so wird es bei keinem geringen Vorrath verzagen. Der liebe Gott hat ja auch schon unter uns Proben davon abgelegt. Sehet, wenn man so unter dem Leiblichen das Herz Gottes und Christi und sein eigenes Herz kennen lernt, so lernt man auch, wie man als ein treuer Haushalter im Leiblichen erfunden werden soll. Da übersteigt man manche Versuchungen, in denen ein anderer hangen bleibt. Das gibt auch eine Beruhigung im Sterben. Eine solche Beruhigung hatte der Erzvater Jakob noch auf seinem Todtenbette. Bei seiner Haushaltung wurde er mit Gott recht bekannt und bekam ein solches Vertrauen zu ihm, das im Tode noch ein helles Licht auf die Seinigen zurückwarf. Er sagt: Gott, der mich mein Lebenlang ernährt hat, bis auf diesen Tag. In diesen wenigen Worten legte er Rechenschaft von seiner ganzen Haushaltung ab. So soll es uns auch darum zu thun sein, daß wir einen solchen Blick auf unsre Haushaltung zurück thun können, daß keine Vorwürfe, keine Gewissenswunden da sind, daß man nicht denken darf: da und dort habe ich mich selbst ernähren wollen; da habe ich mir mit List, dort mit Ungerechtigkeit, an einem andern Ort auf andere abergläubige, unerlaubte Art zu meinem Brot geholfen.

II. Wir sollen uns auch als treue Haushalter über unsre Seele erfinden lassen. a. Wir sollen uns durch das, was Jesus im Leiblichen an uns thut, fördern lassen in der Erkenntnis Christi, daß wir ihn als den großen Propheten erkennen lernen, der gekommen ist, uns den Weg zum Leben zu zeigen. Wir sollen bei dem Leiblichen nicht stehen bleiben, sondern es nur als eine Stufe zu dem Höheren gebrauchen. Darin verfehlte es das Volk im heutigen Evangelium. Sie sagten zwar: dieser ist der große Prophet, der in die Welt kommen soll; aber sie verfielen hernach mit diesem Gedanken in die Natur hinein und wollten Jesum zum König machen. Da, dachten sie, fehlt es uns nimmer, da haben wir immer Ueberfluß und genug. b. Soll es uns hauptsächlich um das Brot des Lebens zu thun sein, welches Jesus selber ist. Ohne dieses Brot bleibt unsre Seele hungrig, und ohne dieses Brot ist kein wahres Leben in uns. Auf dieses drang Jesus so ernstlich in seiner nachmaligen Rede an das Volk. Darum sagte er ihnen, V. 27: wirket Speise nicht, die vergänglich ist, sondern die da bleibt in das ewige Leben, welche euch des Menschen Sohn geben wird; denn denselben hat Gott der Vater versiegelt.

## 7. Leichen-Predigt.

Text: Ps. 90, 10. (1. Juli 1778.)

Wie ein jeder Mensch seine Lebenszeit auf dieser Welt anzuwenden habe. 1. Lerne dein Leben, es sei kurz oder lang, als eine Vorbereitung auf jene Welt ansehen. Den Psalm, woraus unser Text genommen ist, hat Moses für die Israeliten gemacht, die denselben als ein tägliches Bußgebet auf ihrer Reise durch die Wüste gebrauchen sollten. Weil sie sich nemlich im ersten Jahr nach ihrem Auszug aus Egypten, in der Wüste einige mal hart an dem Herrn versündigten, so schwur er, sie sollen um ihres Unglaubens willen das Land Kanaan nicht sehen, sondern alle in der Wüste aufgerieben werden. Das war freilich ein ernstlicher Schwur Gottes; damit wurde einem jeden Israeliten sein Lebensziel näher gesteckt und der Eingang in das Land Kanaan abgeschnitten. Wenn also einer von ihnen erst in seinem dreißigsten Jahr aus Egypten ausgegangen, so konnte er sich schon die Rechnung machen, daß er höchstens 70 oder 80 Lebensjahre erreichen würde. Unser Text ist also eine Klage über die Abkürzung der Lebenstage. Bei uns ist es schon etwas Großes, wenn der Herr einem Menschen seine Lebenstage bis auf 70,

80 Jahre hinaus verlängert; aber bei den Israeliten in der Wüste war es eine Strafe, weil sie bei diesem uns lang scheinenden Lebensziel doch den Eingang ins Land nimmer erlebten. Wenns z. E. hieße: in zehen Jahren wirds auf der Welt besser stehen, da wird das Reich Christi in Kraft hervorbrechen: so würde ein jeder wünschen, es auch zu erleben, und es würde ihm wehe thun, wenn er vorher sterben müßte, und seine Augen nicht sehen dürften den künftigen Trost. Also das ist das Wichtigste an unserem Leben, daß wir die Verheißung, in die Ruhe Gottes einzukommen, nicht versäumen. Wir sollen unser Leben, es sei kurz oder lang, nur darauf richten, daß wir das Ziel nicht verlieren. Es kommt freilich jezt nicht darauf an, daß man gerade ein hohes Alter erreichen muß, um desto gewisser sich auf die Ewigkeit vorbereiten zu können; man kann auch bei einem kurzen Lebenslauf tüchtig gemacht werden, jene Welt zu erlangen: man kann bald vollkommen werden, (Weish. 4, 7.) daß Gott mit Einem eilen darf aus diesem Leben. Es ist von den Aposteln außer Johannes keiner so alt worden; und es hat sich doch keiner darüber beklagt, sondern sie sind damit wohl zufrieden gewesen, daß ihre Wallfahrt kurz gewähret hat. Ja, bei einem langen Leben ist man nur mehreren Versuchungen ausgesetzt, und man kann es mit Wahrheit bekräftigen: Ist einer alt an Jahren, so hat er viel erfahren, das ihn noch heute kränkt ꝛc. Indessen bleibt es uns doch auch ein Dank gegen die Güte des Herrn, wenn er uns unsre Jahre und mit denselben unsre Vorbereitungszeit auf jene Welt verlängert. Ja wir dürfen auch darum bitten. Wir haben Ursache, vorsichtig zu sein, daß wir uns nicht versündigen an dem Herrn, daß er uns unsre Vorbereitungszeit im Zorn abschneiden muß, daß man nicht klagen muß (Ps. 102): du demüthigest auf dem Wege meine Kraft, du verkürzest meine Tage. Ach laß mich, Jesu, diese Zeit auskaufen für die Ewigkeit.

 2. Demüthige dich gerne unter das mannigfaltige Elend dieses Lebens. Es ist das menschliche Leben mit vielem Elend verbunden. Es ist, wie Sirach, (40, 1.)

sagt, ein elend, jämmerlich Ding um aller Menschen Leben ꝛc. Die Israeliten in der Wüste haben dieses Elend besonders erfahren. Sie hatten nicht nur eine beschwerliche Reise, sondern es schlugen sich auch noch allerlei Gerichte Gottes dazu, daß sie öfters mit Seuchen gestraft, daß sie oft tausendweis dahin gerissen wurden. Und wenn diß auch manchen nicht wiederfuhr, so wurde doch ihre Lebenskraft auf diesem Wege so gebemüthigt, daß sie sagen mußten: wenns köstlich gewesen ist, so ists Mühe und Arbeit gewesen, so haben wir eben doch etwas von dem Zorn Gottes über unsern Unglauben tragen müssen. Ihr Leben mußte sich so zu sagen recht wehren, wenn es bei so mancherlei Elend bis auf 80 Jahre bringen sollte.

Was soll man nun bei der Erfahrung dieses Elendes thun? Der Naturmensch sucht vornehmlich zwei Wege, dieses Elend von sich abzuschütteln; aber keiner von beiden ist der rechte; auf keinem von beiden wird er davon los. Entweder sezt er sich mit Leichtsinn darüber weg, oder stellt er sich mit einer heimlichen Verzweiflung darunter, und murrt dawider, was besonders bei den Israeliten öfters geschah. Aber damit ist eben der Sache nicht geholfen. So machens noch heut zu Tag viele. Entweder achten sie alles dieses Elend nicht, oder sie sind unwillig darüber. Dieses will man sich freilich nicht ansehen lassen, sondern führt dabei eine scheinbare Gedultsprache. Es heißt: wir müssen es eben annehmen, wie es kommt; es kommt von Gott, wir können nichts machen, als daß wirs eben geduldig leiden. Bei dieser Sprache will man hernach noch das Lob der Gedult verdienen; im Grund aber ist es keine andere Gedult, als diejenige, die du beweisest, wenn du etwa von der Obrigkeit an Geld oder am Leib gestraft wirst; das leidest du, weil du dich nicht dawider wehren kannst noch darfst.

Wie soll mans aber machen, wirst du sagen, wenn diß nicht genug ist? Antwort: du sollst dich demüthigen unter so manches Elend dieses Lebens. Denke dabei an die Sünde, die solches Elend angerichtet; denke an deine Abweichungen; denke, was Gott für Mittel brauchen muß, uns wieder zu einer rechten Erkenntnis unser selbst zu bringen; und mache dir die mancherlei Leiden dieser Zeit zu einem Mittel, deine Entfernung von Gott darunter kennen zu lernen, dein Leben zu prüfen.

3. Lerne das Wort Gottes und seine alles Elend mildernde Gnade immer besser kennen. Darauf hat Mose die Israeliten hingewiesen, zu beten: zeige deinen Knechten deine Werke. Daß sie das nicht thaten, darüber hat Gott eben auch geklagt (Ps. 95.): sie sahen meine Werke 40 Jahre lang; aber sie wollten meine Wege nicht erkennen. An diesem Exempel sollen wir lernen, auf das Werk Gottes mit uns mehr acht haben. Lerne also, was Gott mit dir im Sinn hat, auf was alles hinauslauft. Was ist es, wenn ein Mensch so lang auf der Welt ist, und hat doch nicht auf dieses acht geben gelernt? der kommt unwissend in die Ewigkeit. Dort kann er hernach nimmer so lernen. Denn was Einer in dieser Welt in acht Tagen lernt, dazu kann er in der Ewigkeit mehr als 100 Jahre brauchen, wenn er nemlich erst den Anfang in dieser Erkenntnis durchbrechen soll.

Je mehr du aber das Werk Gottes kennen lernst, desto mehr wirst du auch die alles milderude Gnade kennen lernen. Wenn man bei allem Elend dieses Lebens nur Gnade und Friede im Herzen hat, so ists gut, so ist man bei einem Herrn, bei dem Schaden, Spott und Schande lauter Lust und Himmel ist. Wo aber Gnade nicht ist, da ist alles Elend dieses Lebens, wenn es auch gering wäre, Frohndienst und Zuchthausarbeit. Die Gnade macht leicht, was schwer ist. Nach dieser Gnade mache uns der Herr begierig.

## 8. Leichen-Predigt.

Text: Ps. 31, 16. (31. August 1778.)

Unsere Zeiten sind in deiner Hand, lehr sie deuten hin aufs Vaterland. So lernt ein Gläubiger seine ganze Lebenszeit, und alle die manigfaltigen Abwechslungen in derselben ansehen; er glaubt, daß sein ganzes Leben in der Hand Gottes steht, daß ihm also nichts von ungefähr begegnet, daß sein Herr ihm nicht nur seine Tage abgemessen und abgezählt, sondern auch den Austheiler von Leiden und Freuden, von Glück und Unglück gemacht, als derjenige, der am besten weiß, was gut sei oder schade dem sterblichen Geblüt. Es liegt aber auch zugleich einem Gläubigen daran, seine Zeiten anzusehen in dem Blick aufs Vaterland. Er sucht alles, was ihm begegnet, sich zu nutz zu machen auf jene Welt, als auf das rechte Vaterland, wo er zu Haus ist, wo er sein Bürgerrecht hat. Er denkt von allem: was wird mich's nutzen in jener Welt? Darum betet er zum Herrn: lehre mich diese Zeit deuten (nutzen) auf die Ewigkeit. So viel eine Seele Weisheit lernt, ihre Zeiten aus der Hand des Herrn anzunehmen und alles im Bezug aufs Vaterland anzusehen, so viel wird sie Freude und Segen davon haben.

Die über unsere Zeiten waltende Hand Gottes.

I. Unsere Zeiten. Meine Zeit steht in deinen Händen, sagt David. Es heißt: meine Zeiten in der Mehrzahl. David versteht also darunter nicht nur die Länge und die Dauer seiner Lebenszeit, sondern auch alle die Abwechslungen und Veränderungen, die es in dem menschlichen Leben gibt. Es steht in der Hand des Herrn, uns nicht nur das Leben zu geben, sondern auch das Ziel desselben zu bestimmen. Jedes von uns muß sagen: du hast Geist und Leben gnädiglich gegeben dieser meiner Brust und von allen Jahren, da sie noch nicht waren, jedes schon gewußt. So sagt David (Ps. 139): Es waren alle meine Tage auf dein Buch geschrieben, die noch kommen sollten, da derselbigen noch keiner da war. Die ganze Kette unserer Jahre, es seien ihrer viel oder wenig, steht in der Hand des Herrn. Diese unsere Lebenszeit nun theilt sich in allerlei Zeiten. Es gibt Zeiten der Kindheit; das sind freilich meistens die besten Zeiten unseres Lebens, das sind güldene Zeiten, da man noch mit der Welt und ihren Händeln unverworren bleibt, da man unter dem Segen des Herrn und seiner Bewahrung ruhig dahingeht. Auf die Zeiten der Kindheit folgen die Jugend- und Jünglingsjahre; das sind schon gefährlichere Zeiten, da gibts Versuchungen, da fangt schon ein wildes Feuer in unsern Gliedern an zu brennen; da fangen die Zeiten an, da Satan und Welt um unsere Jugendkraft buhlen, und uns dem Meister unserer Jugend entführen wollen. Auf die Jünglingsjahre kommt das Mannesalter. Da gibts wieder neue Anstände, da gibts Versuchungen zum irdischen Sinn, da wächst man in die Sorgen dieses Lebens hinein; das sind die Jahre, da man gern ein wühlender Erdenwurm wird, und seine Kraft im Zeitlichen verzehrt. Auf die männlichen Jahre folgt das Greisenalter, das sind die Zeiten, die Tage, die Jahre, von denen man sagt: sie gefallen mir nicht. Da verdoppeln sich die Sorgen, da fangt man schon an zu essen, was man sich in den vorigen Jahren eingebrockt hat, und wenn man da sich in diese Welt hineinversenkt hat, so bleibt man gern darin stecken. Sehet, das sind die verschiedenen Zeiten unseres Lebens.

Es gibt aber auch außer diesen noch allerlei Zeiten und Abwechslungen in unserem Leben. Es gibt Zeiten des Glücks, da Gott, wie David sagt, unsern Berg stark macht, da es uns gut und nach Wunsch geht, da Gott mit Lieben zu uns kommt und durch Wohlthaten uns zu ihm zieht. Es gibt aber auch Zeiten des Unglücks, da es durch allerlei Widerwärtigkeiten hindurchgeht, da Gott mit Leiden zu uns kommt, da er einreißt, was wir aufgebaut haben, da es wunderseltsam pflegt auszusehen. Es gibt Zeiten der Gesundheit, da Gott unsere Lebenskräfte stärkt, da er unsere Gebeine erquickt und fröhlich macht; es gibt aber auch Zeiten der Krankheit, da Gott unsere Kraft auf dem Wege bemüthigt, da er uns heimsucht, da er uns Eindrücke von der Ewigkeit in unser Herz geben will. Es gibt Zeiten der Ehre und der Unehre, des Reichthums und der Armuth.

II. Ueber alle diese waltet die Hand des Herrn. Der Naturmensch, wie er gern alles an sich reißt; so möchte er auch dem lieben Gott gerne seine Lebenszeiten aus der Hand spielen, und Meister davon sein, und selber den Austheiler von Wohl und Wehe, Freud und Leid machen. Aber ein Glaubiger denkt besser, es ist ihm lieb, daß er sagen kann: meine Zeiten sind in deiner Hand. Er sagt 1) Gott Lob, daß sie nicht in meiner Hand sind, ich wüßte sie doch nicht recht einzurichten und einzutheilen. 2. Gott Lob, daß sie nicht in anderer Menschen Händen sind, nicht in guter Freunde Händen, denn ihre Liebe müßte doch nicht recht für mich zu sorgen; nicht in meiner sichtbaren Feinde Händen, diese würden ohnehin einen übeln Austheiler machen. 3. Gott Lob, daß sie nicht in meiner geistlichen und unsichtbaren Feinde Händen sind, denn was würde Satan, der Mörder von Anfang, damit anfangen!

Meine Zeiten sind in Gottes Hand. Da sind sie 1. in einer guten Hand, die schonend handelt, die gerne Gutes thut, die als Liebe handelt, der Freuden mehr macht als der Leiden. 2. In einer weisen Hand. Er weiß was gut sei oder schade dem sterblichen Geblüt. Er weiß, wann und wie viel von Freud und Leid er uns geben soll. 3. In einer mächtigen Hand, die uns gegen die Feinde und so mancherlei Anklagen unsers Lebens durch die Rechte der Versöhnung schützen kann. Wer durch die Bekehrung ein Eigenthum Gottes und Jesu Christi geworden, dessen Zeit ist auch ein Eigenthum des Herrn. Der Herr werde und bleibe der König unserer Tage. Unsere Zeiten sind in deiner Hand, lehr sie deuten hin auf's Vaterland; zeig uns ihre Wichtigkeit, ihre Abgemessenheit, ihre Grade, die nur dir bekannt. Amen.

## 9. Leichen=Predigt.

Text: Offb. 21, 6. (19. Dezbr. 1778.)

Die selige Verfassung einer durstigen Seele im Leben und Sterben.

I. Der Durst der Seele. Der Durst ist im Leiblichen einestheils etwas Schmerzliches und Empfindliches, anderntheils eine Wohlthat des Schöpfers. Er ist etwas Schmerzliches, wenn er nicht gestillt wird, denn da wird das Leben nach und nach verzehrt, die Kräfte des Leibes vertrocknen wie eine Scherbe und das Leben wird von dem überhandnehmenden inneren Feuer aufgezehrt. Jesus hat es auch noch in den lezten Stunden seines Lebens am Kreuz erfahren, was es um den Durst sei, da er die Worte ausgerufen: mich dürstet. Insofern ist der Durst etwas Peinliches. Er ist aber auch auf der andern Seite etwas Erquickendes und eine Wohlthat des Schöpfers, denn er muß zu der Erhaltung unsers Lebens beitragen. Ohne Durst würden wir unser Leben nicht weit bringen, ohne Durst würden wir nicht wissen, was es für eine Wohlthat um das Wasser sei. Einen solchen doppelten Durst gibt es auch im Geistlichen. Ein wohlthuender Durst ist hauptsächlich in unserem Text gemeint; deswegen ist eine besondere Seligkeit darauf gesezt. Wenn wir's mit andern Worten ausdrücken wollen, so ist es ein ernstliches und sehnliches Verlangen, das unsere Seele nach Gott, nach göttlichen Dingen und nach jener Welt, nach dem Ziel der Vollendung trägt. Ein solcher Durst ist etwas Seliges; wenn es wieder zu einem solchen Durst kommt, so geht es mit einer Seele der Besserung zu, wie bei einem Kranken, wenn der Appetit kommt. An einem solchen Durst fehlt es aber dem natürlichen Menschen, und er wird bei demselben auf mancherlei Weise erstickt. Er wird erstickt durch die Sorgen dieses Lebens, wenn man für das leibliche Auskommen so sorgt, wie wenn man nur den Leib hätte, wie wenn man keinen zur Unsterblichkeit, zum ewigen Leben erschaffenen Geist hätte. Da geht man unter den Sorgen dieses Lebens dahin, das Verlangen nach Gott geht darunter verloren, und es trifft bei den meisten das traurige Wort ein: er schaffte diß, er schaffte das, der armen Seel er ganz vergaß, so lang er lebt auf Erden. Dieser Durst wird ferner erstickt durch Eitelkeiten dieses Lebens, wenn man sich in den Genuß des Irdischen so ganz hineinsezt, wenn man sich so damit abfertigen läßt, daß man sich um sein Loos in jener Welt nichts bekümmert. Er wird erstickt und betäubt, durch das Geräusch und Geschwäz der andern, in das man sich so hineinziehen läßt, da man sich zuviel um das, was um Einen herum ist, bekümmert; da man von geringen und nichtswürdigen Dingen und Sachen, die einen nichts angehen, stunden-, tage- und wochenweise herschwazen kann. Und so verdirbt leider manche Zeit, die wir zubringen auf Erden. Er wird erstickt durch allzugroße Zufriedenheit mit sich selber; wenn man sich auf seinen guten Wandel, auf seine äußeren Christenthums-Uebungen zu viel einbildet, so ist man satt von sich selbst, wie der Engel zu Laodicea. Bei allen diesen Umständen kann unmöglich ein Verlangen nach Gott und göttlichen Dingen in der Seele entstehen, oder das eingekerkerte Verlangen, der verborgene Durst des Geistes sich durchschlagen.

Wie kommt man aber zu einem solchen Durst? Gott braucht allerlei Wege, einen solchen Durst zu erwecken. Er ist schon da in der Seele, aber er muß erweckt werden und wie das? a. durch ein Gefühl seiner selbst, wenn Einem Gott die Augen öffnet, daß man sieht, wie man bisher so eingetrocknet ist, wenn man sein Leeres fühlt; b. durch die Ueberzeugung, wie nichtig alles Zeitliche und Irdische sei; was sind dieses Lebens Güter 2c.; c. durch Blicke auf Jesus, wenn man sieht, wie viel man in Jesu habe, wie das Verlangen nach ihm allein die Seele sättigt; d. durch Blicke in jene Welt, wenn man die zukünftige Stadt sucht; wenn man weiß, da ist mein Theil und Erbe zugerichtet.

II. man ist selig bei diesem Durst in diesem und jenem Leben a. weil in diesem Durst die Seele wieder ihren Ursprung findet; sie weiß und spürt wieder, daß sie in dem Ewigen zu Haus sein soll; b. man wird durch diesen Durst immer mehr gegen die Liebe der Welt verwahrt, daß man in den Sinn Davids hineinkommt, Ps. 17, 15: Ich lasse den Weltkindern ihr Weltglück gerne: ich aber will schauen dein Antliz in Gerechtigkeit; ich will satt werden 2c. c. man nimmt dieses Verlangen mit in jene Welt hinüber, man lebt darin, man geht damit dem großen Ziel der Vollendung entgegen. d. Dieser Durst wird gestillt, und zwar aus dem Brunnen des Wassers des Lebens. Es gibt mehrere Brunnen drüben; Off. 7, 17. es wird aber auch zulezt einen ganzen Strom geben; wie wohl wird das unserem Geiste thun! e. Er wird von dem Herrn gestillt, von dem, der das A und O, der Anfang und das Ende ist, der also Alles hinausführen wird. f. Der Durst wird gestillt umsonst; es wird also alles eigene Gute damit ausgeschlossen. Der Durst ist kein Verdienst; er ist eine Wohlthat vom Herrn. Jes. 65, 13. Gutes Loos der Durstigen! Wenn nur mehrere wären! Aber Viele halten sich bei trüben Wassern auf; bei Vielen heißt es: gestohlene Wasser sind süß. Ach, wenn nur mehr Verlangen da wäre; ernstes Verlangen, dessen Stillung man nicht aufschiebt! Was wird es sein, wenn so manches Verlangen wird gestillt werden!

## 10. Leichen-Predigt.

Text: 1. Mos. 48, 21. (14. Oktbr. 1778.)

Es ist der ganze Wandel der glaubigen Väter im alten Testament ein merkwürdiger und lehrreicher Wandel; was von ihnen geschrieben worden, ist auch uns zur Lehre geschrieben. Paulus sagt Ebr. 11. sie haben Zeugnis überkommen, daß sie Gott gefallen haben; und wiederum, sie seien alle im Glauben gestorben; sie haben alle ihr Ziel nicht in diese Welt hereingesezt, sondern ihr Sinn sei in jene Welt hineingegangen; sie haben auf eine Stadt gewartet, deren Schöpfer und Baumeister Gott sei. Sie sind uns also ein Exempel in ihrem Wandel und in ihrem Tode. Wir sollen im Wandel ihren Fußstapfen nachfolgen, so werden wir auch so im Glauben dahingehen können, wie sie. Unser Text gibt uns an dem sterbenden Jakob ein schönes Beispiel, wie ein Glaubiger im Frieden aus der Welt scheide.

I. In Ansehung seiner selbst. Diß bezeugt Jakob auf seinem Sterbebette mit kurzen, aber nachdrücklichen Worten, wenn er zu seinem Sohn Joseph sagt:

Siehe, ich sterbe. In diesen drei Worten liegt das ganze Bild von der ruhigen Seele dieses sterbenden Altvaters. a. Sein Tod war ihm nichts Unerwartetes und Unvermuthetes, sondern er sah und ging demselben ruhig entgegen. Bei manchen Menschen kommt es im Sterben nicht viel anders heraus, als wie wenn Einer unversehens angegriffen wird von einem Feind, und er muß sich von demselben fortführen lassen. Viele überfällt der Tod wie ein gewaffneter Mann. Aber bei Jakob war es nicht so: sein Tod war etwas Ueberlegtes, sein Sterben war nicht anders, als wie wenn sich Einer eine Reise vorgenommen und schon die nöthigen Zurüstungen dazu gemacht hat, und hernach sagt: jetzt gehe ich, jetzt trete ich meine Reise an. Wer mit einem solchen gefaßten Christenmuth dem Tod entgegengeht, der kann im Frieden dahin gehen. Und um diß beten wir ja in unserm Leichengebet: Gib, daß wir vor dem Anblick des Todes nicht erschrecken, noch uns allzusehr entsezen, sondern auf ein seliges Ende im Glauben warten. b. Jakob starb mit Zufriedenheit über die ihm vorgemessene Zeit seiner Pilgrimschaft. Er lebte 147 Jahre. Man könnte sagen: das ist eine lange Lebenszeit, womit man schon zufrieden sein kann. Aber wenn man seine Lebensjahre mit denen seiner Voreltern vergleicht, so war es doch eine kurze Pilgrimschaft. (1. Mos. 47, 9.) Aber er war wohl damit zufrieden. So soll auch ein Christ die Zeit seiner Pilgrimschaft im Glauben dem Herrn überlassen. c. Jakob starb im Glauben auf die Verheißungen Gottes. Er starb in einem fremden Lande, in Egypten. In diesem ging es ihm zwar wohl mit den Seinigen, aber doch hängte er sich nicht daran. Er wußte: das Land Kanaan ist mir und meinen Nachkommen verheißen; und auf diesen Glauben starb er. Und wiewohl er nimmer lebendig dahin kam, so wollte er doch mit seinen Gebeinen darin ruhen, und nahm darüber einen Eid von Joseph. Diß macht auch noch jetzt eine helle Luft um das Krankenbette eines Sterbenden her, wenn Glaube da ist, wenn die Verheißungen Gottes ein Licht in das Herz hinein geben.

II. In Ansehung der Seinigen. „Aber Gott wird mit euch sein": darin liegt abermal ein ganzer Glaubensschatz. Wenn ein Sterbender schon mit sich selber fertig wäre, und ruhig sterben könnte, so fechten ihn doch oft die Seinigen noch an, sowohl in Ansehung des Geistlichen als des Leiblichen. Da muß nun der Glaube das meiste thun, dieser muß über unsre Natur und Zärtlichkeit siegen. Diß zeigte sich bei Jakob, da er sagte: Gott wird mit euch sein. a. Ein Gläubiger weist also die Seinigen von sich hinweg und zu Gott hin. So that Jakob; er wollte sagen: ich bin jetzt nimmer bei euch, ihr habt keine Hilfe und väterliche Sorge mehr von mir zu erwarten, aber Gott wird mit euch sein. b. Er wird ruhig über die Seinigen, die er zurückläßt, weil er Gott aus seiner zurückgelegten Führung hat kennen gelernt. So war es bei Jakob V. 15, 16. Ein Gläubiger weiß: der Gott, der mit mir war, wird auch mit den Meinigen sein. Es hat auch den Söhnen Jakobs eine große Aufmunterung sein müssen, wenn sie in Leiden hinein kamen und denken konnten: unser Vater hat auch so Vieles durchmachen müssen, und es hat ihm doch nie gefehlt. c. Er weiß, daß er die Seinigen in einem fremden Lande zurückläßt. Diß hätte dem Jakob auch als etwas Schweres dastehen können: Ich muß meine Kinder unter den Egyptern lassen, unter Gözendienern. Aber er wußte und glaubte auch hier: Gott wird mit euch sein, er wird euch bewahren, er wird euch nicht in die Welt hineingezogen werden lassen. d. Er stellt die Seinigen in den Gnadenbund und in die Verheißungen Gottes hinein. Diß stand dem Jakob da: was Gott mir und meinen Nachkommen verheßen hat, das wird er auch halten; er wirds euch an den Meinigen erfüllen. e. Er bringt den Seinigen noch eine Begierde nach jenem Leben bei: Gott wird auch in euer Land bringen. Diß ist freilich etwas Edles, wenn Kinder diesen Sinn von ihren sterbenden Eltern noch als einen tiefen Eindruck ins Herz bekommen, und sich sehnen lernen nach jener Welt. Wohl dem, der einzig schaut auf Jakobs Gott und Heil, der bleibt ewig unbetrübt.

## 11. Leichen-Predigt.
(An Mariä Reinigung, 2. Febr. 1779.)
Text: Perikope nebst Spr. 14, 32.

Der Gerechte ist auch in seinem Tode getrost. Diß ist ein wichtiger Vorzug, den Salomo dem Gerechten vor andern Menschen beilegt; ein Vorzug, um den es einem jeden mit Ernst zu thun sein sollte. Es kann mancher Mensch dem Auschein nach einen guten Muth haben; viele gehen dahin, als ob alles seine Richtigkeit hätte, als ob ihre Sache auf jene Welt schon ganz ausgemacht wäre; aber je näher es mit ihnen an die Thore des Todes hingeht, desto mehr müssen sie inne werden, daß ihre Sache eben noch nicht zum Besten steht. Da fällt dann der gute Muth, da läßt man die Flügel sinken, da muß mancher seinen stolzen Pfauenschwanz zusammenziehen, wenn er seine häßlichen Füße sieht. Es geschieht auch wohl, daß mancher es sich nicht will ansehen lassen, daß es mit seinem Muth so weit heruntergekommen ist, er will seinen Christenstolz auch da noch nicht ablegen; aber er spürt dennoch wohl, wie es in seinem Inwendigen steht, und es fehlt eben an einem getrosten Muth, er mag es verbergen oder nicht. Wenn also ein Gerechter auch im Tode getrost ist, so ist das etwas Großes. Bei dem Tode steht man zwischen Zeit und Ewigkeit in der Mitte. Hinter sich hat man eine Reihe von zurückgelegten Jahren, die manchen Nachruf an Einen machen können; vor sich hat man eine große Ewigkeit, und sieht der Zeit entgegen, da der Lohn wird ausgetheilt werden. Es gehört freilich ein getroster Muth dazu, wenn man diesen Weg recht durchmachen will. Aber dieser Muth läßt sich eben nicht so geschwind in den lezten Stunden zusammenfassen: er ist ein Gewächs, das aus einem rechten und unausgesezten Christenlauf hervorwächst. Wir haben davon ein Exempel an Simeon: dieser war auch in seinem Tode getrost. Aber er lernte es nicht erst in seinen lezten Lebenstagen, er bereitete sich durch sein ganzes Leben darauf.

Was dazu gehöre, daß man auch in seinem Tode getrost sei.

Im Evangelium hat Simeon kurze aber schöne Personalien, und doch würden sie einem manchen hochmüthigen Christen nicht gut genug sein. Es heißt von ihm: er war fromm und wartete auf den Trost Israels, und der h. Geist war über ihm. Diß ist ein dreifaches Zeugnis. Wer ein solches mit in die Ewigkeit nimmt, dem kann man mit gutem Gewissen zu Grab singen: Der ist wohl hier gewesen, der kommt ins Himmelszelt der ist ewig genesen, der ist's, der Gott gefällt. Dem ersten Anblick nach machen diese Personalien kein so großes Aufsehen, aber wer's recht bedenkt, der sieht, daß vieles darin begriffen ist. Und so soll es bei Einem stehen, der auch im Tode getrost sein will. Die erste Eigenschaft eines solchen Menschen ist

1. ein rechtes Betragen gegen Gott und den Nächsten. Simeon war fromm und gottesfürchtig, diß sind zwei große Worte, mit denen man nicht so bald fertig ist. Das erste heißt: er war fromm oder gerecht; damit zeigt die h. Schrift unser ganzes Verhalten gegen den Nächsten an. Die meisten Menschen nehmen es in diesem Stück nicht so genau, das Bezeugen gegen den Nebenmenschen ist meistentheils eines der lezten Stücke, die man zu einem wahren Christenthum rechnet, und die h. Schrift nimmt es doch so hoch. Leset die erste Epistel Johannis, so werdet ihr finden, wie ein rechter Christensinn ohne Liebe des Nächsten nicht bestehen kann. Leset den 15. Psalm, wie Einer sein müsse, wenn er eine gewisse Hoffnung auf den Berg Zion haben will. Da kommen lauter Pflichten der Gerechtigkeit vor, die man gegen den Nächsten zu beweisen hat. Es heißt: wer ohne Wandel einhergeht ꝛc. Willst du also das Zeugnis eines Gerechten haben, so beweise diß gegen deinen Nächsten; lege deine Ungerechtigkeiten, deine Vortheilhaftigkeiten im Handel und Wandel ab, deine Falschheiten, deinen Argwohn, deinen Hochmuth. Bemühe dich nur einmal eine kurze Zeit, diese Pflichten der Gerechtigkeit zu üben, du wirst finden, was du für einen Frieden hast. Die zweite Ei-

genschaft ist Gottesfurcht. Diese gehört auch unter diejenigen Eigenschaften, aus denen man nicht viel macht, und sie ist doch so groß. Sie gehört zu dem siebenfachen Geist, der auf dem Herrn Jesu geruht, sie ist das lezte und höchste davon. (Jes. 11, 2.) Arnd hat es deswegen in seinem täglichen Morgengebet als eine ernstliche Bitte: laß deine göttliche Furcht in allem meinem Thun vor meinen Augen sein. Diese braucht man, wenn man in einer Zeit lebt, wo man aus manchen Sünden nichts macht. Diese zwei Eigenschaften gehören zu einem Christen, der in seinem Tode getrost sein will. Wie mancher liegt auf seinem Todtenbette da und es liegen viele Ungerechtigkeiten auf ihm; wo kann da ein getroster Muth herkommen? Es ist einem Lehrer bang auf das Krankenbett solcher Leute, und doch soll er da noch allen Trost verschwenderisch an einen solchen hinwenden.

II Ein freudiges Verlangen nach den Verheißungen Gottes. Simeon wartete auf den Trost Israels, das ist, er wartete mit Verlangen auf den Messias. Das gehört auch zu einem Gläubigen, daß ihm die Verheißungen Gottes groß und werth sind. Von Natur ist eine große Kaltsinnigkeit und Gleichgiltigkeit in unsern Herzen, aber wenn der Glaube angezündet ist, so ergreift er mit Verlangen die Verheißungen Gottes. Das finden wir von den Gläubigen A. T., von Jakob 1 Mos. 49, von Joseph C. 50, von David. Diese haben alle die Verheißungen Gottes lieb gehabt und sind im Glauben an dieselben gestorben. Und so soll es auch noch im N. T. sein. Die Verheißungen des Königreichs sollen unser Ziel und unsere Hoffnung sein. Diese machen Einen auch im Tode getrost. Man wirds dem Simeon angesehen haben, wenn er in die Ewigkeit hinübergekommen ist, daß er Jesum noch zu sehen bekommen. Warum ist bei uns so wenig Freude? Antwort: weil wenig Zeugnis von dem Antheil an dem Reich Gottes in unserem Herzen ist.

III. Gehorsam gegen die Regierung des Geistes. Der h. Geist war über ihm. Er kam aus Anregung des Geistes in den Tempel. Wenn die zwei vorhergehenden Stücke da sind, so fehlt es an diesem dritten nicht. Simeon

besaß freilich den Geist in einem hohen Grad; er wurde
von dem Geist getrieben, als ein Prophet. Es kann
also nicht jeder Gläubige den Geist in so hohem Maaß
haben; indessen muß doch jeder Gläubige unter der Re=
gierung des Geistes stehen. Das kann auch ein jeder
merken. Du wirst oft spüren, wie dich der h. Geist da
oder dorthin schicken will, da mußt du nun hören und
folgen, die Einwürfe deiner Vernunft nicht achten: so
wirst du das Heil Gottes immer mehr zu sehen bekom=
men. Simeon hätte allerlei Einwürfe machen können
wegen des Tempels, wegen der damaligen Zeit; aber
er folgte der Anregung des Geistes. Je mehr man
diesen Trieben folgt, desto größer wird der Friede un=
seres Geistes.

## 12. Leichen-Predigt.

Text: 2. Kor. 5, 9. (9. Febr. 1779.)

Durch den Glauben ward Enoch weggenommen,
daß er den Tod nicht sähe ꝛc., Ebr. 11, 5.

**Das ernstliche Bestreben eines Gläubi=
gen, dem Herrn zu gefallen.**

1) Dem Herrn zu gefallen, diß ist das Ziel, auf
welches alles Bestreben bei einem rechtschaffenen Gläu=
bigen hinausläuft. Der Mensch sucht in allem, was er
thut, eine gewisse Ehre; denn es liegt in einem jeden
von Natur ein Trieb zur Ehre; und es kommt nur dar=
auf an, ob er sie auf die rechte Art und am rechten
Ort sucht. Der eine sucht vornehmlich sich selber zu
gefallen, der andere sucht der Welt zu gefallen. Aber
alles diß heißt die Ehre nicht am rechten Ort suchen.
Paulus sagt, wem man zu gefallen habe: wir fleißigen
uns, dem Herrn zu gefallen. Es war in seinem Herzen
diß der einzige Wunsch: laß mich nach dieser Ehre trach=
ten, daß ich nur dir gefällig sei. Um diß war es nicht
nur ihm, sondern allen seinen Mitarbeitern am Evan=
gelium zu thun. Diß ist eine Haupteigenschaft bei einem
Knecht Gottes, daß er seinem Herrn, dem er dient, zu

gefallen sucht. Diß gehört zu einem treuen Knecht auch im Leiblichen: wenn Einer diß hauptsächlich sucht, so ist er vor allen Abwegen bewahrt. Das schöne Zeugnis, das Jesus Math. 11. dem Täufer Johannes gab, lief auch auf dieses hinaus, daß er seinem Herrn zu gefallen gesucht: Wolltet ihr ein Rohr sehen, das der Wind hin und her wehet? V. 7. ff. Johannes sagte deswegen einem jeden, der zu ihm kam, frei heraus, wo es fehle. Leset Luc. 3, 10. ff. Ein solcher Knecht war Paulus, der nicht sich selber, sondern die Ehre seines Herrn suchte. Er sagt daher, 2 Kor. 4, 5: Wir predigen nicht uns selbst, sondern Jesum Christum ⁊c. Es kann leicht sein, daß ein Knecht sich zu viel Ehre heraus= nimmt. Vor diesem suchte sich Paulus zu verwahren. Es gab in der korinthischen Gemeinde allerlei Versu= chungen; sie war in allerlei Partheien getheilt. Da sagt nun Paulus: wir fleißigen uns, dem Herrn zu gefallen; wir können uns nicht nach den fälschlich from= men Urtheilen unserer Zuhörer richten. Damit zeichneten sich die wahren Apostel vor den falschen aus. Gal. 6, 12. sagt er, die falschen Apostel wollen sich angenehm machen nach dem Fleisch, es ist ihnen nur um den äußerlichen Credit zu thun. Dagegen wehrt sich Paulus und sagt: wenn ich Menschen noch gefällig wäre, so wäre ich Christi Knecht nicht.

Es ist aber diß nicht nur eine Eigenschaft eines Knechts Gottes, sondern der Herr fordert es auch von allen seinen Gläubigen: es ist also Allen gesagt. Wenn ein Christ auf sich Achtung gibt, so wird er finden, daß es in diesem Punkt schwer hält. Wie oft steigt der Gedanke in unserm Herzen auf: was werden die Leute sagen, wenn du so und so handelst? wie wird man dich ansehen? Es wird heißen: diß ist eben ein besonderer Mensch; er mag Einem nichts zu gefallen thun. Da spürt man, wie man eben oft noch der Welt gefallen will. Und wenn man auch in diesem Punkt in Anse= hung der Welt so ziemlich fertig ist, so ist man noch nicht über alles hinüber; denn es weht oft noch eine solche heuchlerische Luft selbst unter den Gläubigen, daß man öfters einem andern Gläubigen zu gefallen thut oder redet, wo man anders thun und reden sollte. So ging es selbst dem Apostel Petrus, nach Gal. 2. zu Antiochien. Denn er wollte den Juden und Heiden zu gefallen leben. Wenn man also eine kurze Beschreibung von dem ganzen Betragen eines Christen geben will, so könnte man es darin zusammenfassen: er ist ein Mensch, der seinem Herrn zu gefallen begehrt. Ein gläubiger Lehrer hat dieses zu seinem täglichen Gebet gemacht: Gib, daß ich niemals suche den Menschen zu gefallen, ohne dir, Herr; noch fürchte jemand zu misfallen, als nur dir und deine Ehre über alles und deinen Willen zu vollbringen begehre.

II. Wenn nun Einer diß zu seinem Ziel macht, so gehört ein Ernst dazu. Es heißt: wir fleißigen uns, oder wir suchen allein darin unsre Ehre. Wenn Einer in Etwas seine Ehre sucht, so läßt er sichs gewis angelegen sein. Es ist also ein ernstliches Bestreben. Zu diesem Bestreben gehört, daß man sich mit dem Willen seines Herrn recht bekannt macht, daß man weiß, was ihm recht ist. Man muß sich also den Sinn seines Herrn ganz bekannt machen, daß man den guten, wohlgefälligen und vollkommenen Gotteswillen prüfen lernt, nach Röm. 12. — Ferner, man muß den Willen nicht nur wissen, sondern auch fest davon überzeugt sein. Es ist oft noch so viel Zweifel im Menschen; man läßt sich so leicht von Andern herumstimmen; man steht oft noch auf eigensinnigen frommen Gedanken. Da ist man seiner Sache nie gewis. Es gibt auch Gläubige, die nicht in die ganze Treue den Willen Gottes zu erkennen sich hinein geben wollen: diese können Einen oft müde machen oder abschrecken; aber man muß seiner Sache gewis sein, und gewis werden wollen: so schlägt man sich hindurch. — Es ist ein Fleiß, der durch die ganze Wallfahrt eines Gläubigen hindurch währt. Paulus sagt: wir seien daheim, oder wir wallen. Er theilt den Lauf eines Gläubigen hiemit in zwei Theile, erstens in das Daheimsein, zweitens in das Wallen. Er will damit sagen: es ist diß unser beständiges Bestreben; ein Glaubiger läßt sichs angelegen sein, wenn er auch weiß und denken kann: deine Reise kann noch eine Weile währen. Es ist im Menschen ein böser Gedanke: er schiebt gern seine Besserung auf, bis er denken kann: jezt wirds nimmer lang mit dir währen; deines Bleibens auf Erden wird nimmer viel sein, — und alsdann sucht er etwa noch einen anderen Weg einzuschlagen. Selbst ein Gläubiger ist nicht ganz frei von diesem Gedanken, und hat sich dawider zu wehren. Deswegen soll diß unser Wahlspruch sein: wir fleißigen uns, dem Herrn zu gefallen. Bei einem solchen Sinn sieht man der Ablegung seiner Hütte gern entgegen; dadurch wird man frei von der Furcht, entkleidet zu werden; dadurch bekommt man eine freie Aussicht bis zu dem Richterstuhl Christi hin. Laß mich nach dieser Ehre trachten, daß ich nur dir gefällig sei, und lerne diese Welt verachten, die nichts ja hat, als Täuscherei; wer aber dir, o Gott, gefällt, der hat das beste Theil erwählt.

## 13. Leichen-Predigt.

Text: Ebr. 11, 13. 14. (9. März 1779.)

Der Tod seiner Heiligen ist theuer geachtet vor dem Herrn. Pf. 116, 15.

Wie der Tod der Gläubigen in der heiligen Schrift so werth gehalten sei.

I. Warum er so werth gehalten sei. Wie man in der Welt und unter den leichtsinnigen Menschenkindern überhaupt wenig auf das Ende aller Dinge merkt, so macht man es auch mit dem Sterben der Menschen. Wenn nichts Sonderliches in die Augen fallendes bei dem Tod eines Sterbenden vorgeht, so ist man ziemlich gleichgiltig. Wenn ein berühmter Kriegsheld in der Schlacht fällt und wenn es besondere äußerliche Umstände bei dem Tode eines Menschen gibt, so spricht man etwa eine Weile davon, aber wenn man genug davon geredet hat, so ist es vergessen; was das Wesentliche betrifft, das zum rechten Sterben erfordert wird, darnach fragt man wenig. Aber so macht es Gott nicht; er gibt auf seine Glaubigen anders acht, sowohl im Leben als im Sterben. Er weiß auch wohl, was er an ihnen zu schäzen hat: er sieht auf ihren ganzen Lauf und besonders auch auf das Ende desselben. Deswegen muß Paulus den Glaubigen A. T. etliche tausend Jahre nach ihrem Tode gleichsam noch eine Leichenpredigt halten, um zu zeigen, wie werth ihr Tod in den Augen des Herrn gehalten sei. Es heißt in unserem Text: diese alle — gestorben. Was macht also ihren Tod so werth? Antwort: der Glaube. Dieser macht Gott unser ganzer Leben angenehm, und so auch unser Sterben. Paulus führt uns zu einigen Sterbebetten der Glaubigen. Er redet von Abraham, dessen Leben eine Kette von Glaubensübungen war. Er redet von Jakob, der auch im Glauben gestorben war und zum Beweis davon wegen seiner Gebeine Befehl gegeben hatte; der die Erwartung des Heils mit in die Ewigkeit hinüber nahm. Er redet von Joseph, der in gleichem Sinn gestorben war. Alle diese haben ihren Glaubenssinn auch durch die Thore des Todes hindurch behauptet. Was war aber ihr Glaube, und womit hatte er es zu thun? Antwort: mit Verheißungen, mit künftigen Gütern, mit Dingen, die sie nimmer erlebt, über welchen sie hinweggestorben sind. Diese Verheißungen haben sie bis in ihr Ende hinein geglaubt, sie sind ihnen auch im Tode nicht ungewis gemacht worden, es waren keine Phantasien bei ihnen. Es war ihnen der Messias verheißen, es war den Erzvätern der Besiz des Landes Kanaan verheißen: das haben sie alles nicht erlebt, sie haben es aber doch geglaubt, sie sind mit dem Sinn in die Ewigkeit hinüber gegangen: es wird gewis noch geschehen. Sie haben die Verheißungen nur von ferne gesehen, aber sie doch so geglaubt, als wenn sie dieselben in der Hand hätten, und haben sich in ihrem ganzen Leben darnach gerichtet. Das heißt im Glauben sterben, und ein solches Sterben ist vor dem Herrn werth gehalten; denn a. der Herr wird damit geehrt; sie haben damit bezeugt, sie haben es mit einem wahrhaftigen und treuen Gott zu thun, der im Stande sei, das, was er versprochen, zu erfüllen. b. Der Glaubenssinn wird auch dadurch auf Andere fortgepflanzt; sie bestätigen die Wahrheit der Verheißungen Gottes auch durch ihren Tod, so gut, als wenn sie Märtyrer wären. Ihre Nachkommen mußten denken: es ist eben doch wahr; sonst hätten sie auf dem Todtenbette andere Gedanken bekommen. Darum heißt es: sie reden durch ihren Glauben, ob sie schon gestorben sind.

II. Was zu einem solchen Sterben erfordert werde, oder wie man zu einem solchen Sterben komme, auch noch jezt. Antwort: es geht,

1. durch Glauben. Wenn man im Glauben sterben will, so muß man auch im Glauben leben und wandeln. Von allen denen, die in unserm Textcapitel angeführt werden, hat es keiner bis auf sein Todtenbett anstehen lassen, um da erst das Glauben zu lernen. Sie haben das Sterben nicht so angesehen, wie man es heut zu Tage in der Christenheit größtentheils ansieht, als etwas, womit man immer noch Zeit hat. Sie haben sich von vorne herein auf den Glauben geübt. Und so soll es von Rechts wegen auch noch jezt gehen. Wenn also unser Tod auch soll werth gehalten sein vor Gott, wie müssen wir sterben? Antwort: im Glauben. Was ist aber Glaube? Der Glaube hat es mit dem Vergangenen, Gegenwärtigen und Zukünftigen zu thun. Wir sollen glauben a. das Vergangene, die großen Sachen, die mit Christo vorgegangen sind, sein Leben, Leiden, Tod, Auferstehung und Himmelfahrt — das soll uns alles so gewis sein und werden, als wenn wir dabei gewesen wären; es soll uns auf unserem Todenbette so sein, daß wir uns freuen, daß die Sache von Christo wahr ist. b. Das gegenwärtige Unsichtbare, nemlich die Geschäfte Christi, als unsers Priesters im obern Heiligthum. Wir haben einen Fürsprecher bei dem Vater, der gerecht ist. c. Das Zukünftige, was noch geschehen wird, nemlich die Sache vom Königreich Gottes nach den drei ersten Bitten des Vaterunsers, daß der Herr noch den Seinigen Luft schaffen, daß er die Gefangenen Zions erlösen, daß wir auch nach Proportion unsers Glaubens

und dem Wohlgefallen Jesu in unserem Theil daran werden anstehen dürfen, — wie der selige D. Spener auf die Hoffnung besserer Zeiten gestorben.

2. Sollen wir einen rechten Pilgrimssinn anziehen und bekennen, daß wir Gäste und Fremdlinge seien. Die Glaubigen lassen sich nicht in diese Welt ein; diß verdunkelt die Aussicht aufs Künftige, sonst ist man blind und sieht nicht, was man sehen könnte. Bei diesem Pilgrimssinn wird Einem das Irdische klein und das Kleinod des Berufs groß. Meines Glaubens Licht laß verlöschen nicht ꝛc.

## 14. Leichen-Predigt.

Text: Jac. 1, 12. (11. Mai 1779.)

Nun so leide, dulde, trage nach dem stillen Lammessinn fein geduldig, ohne Klage; nimm die Liebesruthe hin, stilles Lämmlein, frommes Schäflein, anders kanns nicht sein auf Erden, droben wird es besser werden. Diß ist ein freundlicher Zuspruch an eine glaubige Seele, die in ihrer Erdenwallfahrt allerlei Beschwerden und Uebungen zu erfahren hat; ein Zuspruch, der ihr einen einzigen, aber köstlichen Weg zum Durchkommen vorschlägt, nemlich die Geduld. Weil aber dieser Weg der Natur nicht einleuchtet, weil wir so oft von unserem Fleisch versucht werden, unter diejenigen zu kommen, die weichen und das Zeichen ihres Herrn verschmähen, so steht auch ein Grund der Hoffnung dabei, nemlich es sei nur auf Erden und während der Reise so beschwerlich; es werde schon anders kommen, droben werde es besser werden. Bei diesem Blick kann man sich schon etwas gefallen lassen. Mit diesem Blick der Hoffnung stärkt Jakobus die Glaubigen.

Das selige Erbe der aushaltenden Geduld.

1. Die aushaltende Geduld. Wo Geduld ist, da muß auch Leiden sein. Jakobus nennt das Leiden Anfechtung. Wir wollen dabei auf folgende Stücke acht geben. 1. Was heißt Anfechtung? Anfechtung ist alles Widrige von innen und von außen, das einem Glaubigen

zustoßt. Es gibt viele und mancherlei Anfechtungen, wie Jakobus V. 2 sagt. Sie lassen sich nicht namhaft machen und an den Fingern herzählen. Es gehört auch zur Klugheit eines Christen, daß er sich nicht in eine weitläufige und unnöthige Erzählung seiner Anfechtungen einläßt: wer will solche Fluthen zählen, solche Noth und Thränensaat? Ein Gescheider wirds verhehlen, halten fest an Gottes Rath. Ich will also nur einige von diesen Anfechtungen namhaft machen. Es gibt Anfechtungen, wenn man nach seinem äußerlichen Loos auf ein niedriges Plätzlein heruntergesetzt ist, C. 1, 9., oder wenn man in dem Aeußern in einem guten und blühenden Zustand ist, wo man sich immer mehr an den der Natur so unangenehmen Blick der Vergänglichkeit aller Dinge bei Zeiten zu gewöhnen hat, C. 1, 10.; ferner wenn man Vieles von den Heftigkeiten seiner Natur zu erfahren hat, C. 1, 20; wenn man in der Armuth steht und von manchen, auch von solchen, denen man es nicht zugetraut hätte, muß gleichgiltig auf sich herabschauen lassen, C. 2, 3 ff. Es gibt Anfechtungen, wenn man mit seiner Zunge so manche Uebungen bekommt, bis man sie unter die Herrschaft des Geistes bringt, C. 3. Es gibt Anfechtungen, die von den Lüsten herkommen, die in unsern Gliedern streiten, C. 4, 1 ff.; Anfechtungen, wenn man so manche Schmach hören muß, die dem lieben Gott von den großsprecherischen Thoren dieser Welt widerfährt, C. 4, 13 ff.; Anfechtungen, wenn die aufgeschobene Hoffnung das Herz kränkt, C. 5, 7 ff.; Anfechtungen bei Krankheiten, C. 5, 12 ff. Diß ist schon eine Reihe von Anfechtungen, und es ist ein gutes Zeichen, wenn einem Menschen diese angeführten Stücke auch zu Anfechtungen werden, da wir gemeiniglich eine eigenmächtige Wahl unter den Anfechtungen machen, und nur dieses oder jenes dazu rechnen, das Andere aber weglassen.

2. Auf was ist es nun dabei angesehen? Diß können wir aus dem Wort selber sehen, wenn wir auf den eigentlichen Nachdruck desselben merken. Es heißt eigentlich: Versuchung; es ist also darauf angesehen, daß wir auf die Probe gesezt werden, oder wie es bei

Hiskia heißt, daß kund werde, was in unsern Herzen ist, und daß darunter eine Scheidung des Lautern und Unlautern, des Bösen und Guten in uns vorgehe. Es zeigen sich bei dem Leiden allerlei Gedanken des Herzens. Wir dürfen nur die Psalmen Davids lesen, so werden wir finden, was für Gedanken unter dem Leiden in seiner Seele zum Vorschein gekommen; auch bei uns gibt es dergleichen Gedanken. Diese müssen zum Vorschein kommen. Es muß aber auch offenbar werden, wie viel innere Wurzel der Standhaftigkeit bei allen wankenden Gedanken des Fleisches und der Natur in uns sei. Diß ist die Absicht Gottes bei den Anfechtungen.

3) Wie hat man sich hiebei zu verhalten? Diß faßt Jakobus in das einzige Wort „Gedult" zusammen; man soll also drunter aushalten und dem lieben Gott nicht davonlaufen wollen. Die Gedult ist eine Stärke des Geistes, womit man gegen die Weichlichkeit und Zärtlichkeit des Fleisches aushalten kann. Wenn wir das 1. Cap. Jakobi zusammennehmen, so können wir sehen, was zu einer rechten Gedult erfordert wird. Denn es gibt auch eine falsche und desperate Gedult. Zur rechten Gedult gehört a) ein redlicher aufrichtiger Sinn, daß man nicht doppelherzig ist, sonst ist man wie eine herumgetriebene Meereswoge, wie die Fahne auf dem Dach. Es muß also eine Wurzel der Beständigkeit im Herzen sein, V. 8. b) Eine demüthige Erkenntnis unserer Unwissenheit in den Versuchungen, wodurch wir in ein ernstliches Flehen um Weisheit hineingetrieben werden, V. 5. c) Verwahrung gegen die argwöhnischen Gedanken unseres Herzens wider Gott, V. 13. d) innere Sanftmuth, womit wir den Heftigkeiten unserer Natur begegnen. Diß sind lauter herrliche Stücke, die zur Gedult gehören, und je mehr wir uns in diesen üben, desto mehr wird unsere Gedult ein vollkommens Werk werden, desto mehr wird uns auch darunter offenbar werden, wie man bei der Gedult ein so liebliches Loos zu erwarten hat.

II. **Das selige Erbe.** Jakobus sagt anfänglich überhaupt: ein gedultiger Mann sei ein seliger Mann. Er sagte vorher V. 11, der Reiche werde verwelken in seinen Wegen; aber eine solche Verwelkung habe der Gedultige nicht zu befürchten; durch die rechte Gedult bekomme er einen Sieg auch über den Tod: wenn er schon sterbe, so sterbe er doch nicht. Ein Christ stirbet nicht, ob man schon so spricht; sein Elend stirbt nur, so stehet er da in der neuen Natur. Diese Seligkeit wird von Jakobus noch näher beschrieben: denn nachdem er bewähret ist — — die ihn lieben. Dieses ist eine doppelte Seligkeit, eine, die sich schon in diesem Leben zeigt, die andere, die man in jener Welt zu erwarten hat. Jene ist die Bewährung. Diß ist etwas Großes. Wenn Einer in dem Leiden aushält, so wird er bewährt, er wird immer tiefer gewurzelt und bekommt einen Felsengrund, und darunter gelangt er zu dem Lob, daß der Herr ihn unter seine lieben Getreuen zählt. So finden wirs an Abraham: er wurde bewährt durch so viele Versuchungen, daß er den Namen eines Freundes Gottes bekam, Jak. 2, 23. So finden wirs an Hiob, dessen Gedult gerühmt wird, C. 5, 11. Ein solches Zeugnis bekamen die Jünger von Jesu, Luc. 22, 28, 30. Die andere Seligkeit ist eine Krone. Diese heißt 1. eine Krone des Lebens. Es werden im N. T. dreierlei Kronen namhaft gemacht, a. eine Krone des Lebens für die durch Gedult bewährten Gläubigen, b. eine Krone der Gerechtigkeit für die, die die Erscheinung Jesu lieb haben, 2. Tim. 4, 8. c. eine Krone der Ehre und Herrlichkeit für die getreuen Unterhirten, 1 Petri 5, 4. Die Gedult wird also mit der Krone des Lebens belohnt: durch die Gedult und unter der Gedult wächst das innere Leben. Damit gelangt es endlich zu einem ganzen Gewächs. Es verhält sich mit dieser Krone, wie mit einer Pflanze: wenn sich bei dieser das Wachsthum bis zu einer schönen Blume getrieben hat, so hat die Pflanze ihr völliges Wachsthum erreicht. Ebenso wird die Lebenskrone einmal ein Beweis von dem zu seiner ganzen Zeitigung gekommenen Gewächs der Gedult und des Lebens sein. Es ist 2. eine gewisse Krone, denn der Herr hat sie versprochen; es ist also keine ungewisse Hoffnung. Endlich 3. ist es eine Krone für diejenigen, die den Herrn lieb haben. Diese Liebe ist die beste Stütze der Geduld, wenn wir denken: was mir widerfährt, leide und dulde ich meinem Herrn zu lieb. Lasset uns hiedurch munter werden zur Geduld. Fliehet den falschen Leidens- und Geduld-Ruhm, trachtet nach einem ganzen Werk der Geduld und also auch nach einer ganzen Krone; es wird Keinem eine Viertels-, Achtels-Krone einmal ganz recht sein. Wer nicht gern duldet, trägt die Kron des ewigen Lebens nicht davon. Amen.

## 15. Leichen-Predigt.

Text: 2. Tim. 4, 18   (26. Mai 1779.)

Herr, ich warte auf dein Heil. Es sind diß Worte des Patriarchen Jakob, die er auf seinem Todtenbette ausgesprochen, und womit er seinen Kindern einen guten Geruch seines Glaubens zurücklassen wollte. Sie konnten daran sehen, mit welchem Sinn ihr Vater aus der Welt gehe, und zu seinen Vätern versammelt werde. Er sprach diese Worte, da er seine Söhne segnete, und ihnen noch in Egypten das verheißene Land Kanaan so austheilte, wie sie und ihre Nachkommen es viele Jahre nachher erst in Besiz nehmen durften. Wie vieles hätte in dieser Zeit dazu schlagen können, daß aus dem Besiz dieses Landes nichts geworden wäre! und durch wie viele Widerstände ist es wirklich gelaufen, bis sie hineinkamen! Diß mag wohl dem sterbenden Jakob auch in prophetischem Geist vor Augen gestanden sein; aber er sah mit seinem Glauben hinüber und wußte, daß sich das verheißene Heil Gottes durch alles durchschlagen würde. Unsere Textworte sind ebenfalls Worte eines Gläubigen, der an dem Ende seiner Laufbahn stand; sie sind aus dem lezten Brief des Paulus genommen. Wir sehen in denselben ebenfalls einen lebendigen Glauben an das Heil oder an die Erlösung; wir sehen, wie man ohne den Glauben an dieses Heil nicht durch diese Welt hindurchkommen, noch viel weniger aus derselben in jene übergehen kann.

**Wie ein Gläubiger im Leben und Sterben seiner Erlösung immer suche gewisser zu werden.**

Des Heils Gottes oder seiner Erlösung gewis werden, ist eine Sache, die gelernt, und zwar unter vielen Uebungen gelernt sein will, eine Schule, worin man erfährt, wie viel Unglaube, Zweifel und Kleinmuth in unsern Herzen stecke. Seine Erlösung glauben lernen, heißt: alles Elend von innen und von außen schon als verschlungen und überwunden ansehen lernen, wenn man schon noch mitten drin ist. So hat Gott seinem Volk in Babylon zugesprochen und ihm gezeigt, wie es alle seine Feinde schon als bezwungen ansehen dürfe, Jes. 45. 46. 47. So sah auch Paulus die Sache an. Er sagt es mit unumstößlicher Gewisheit: der Herr wird mich erlösen von allem Uebel. Weil aber diese Gewisheit eine große Sache ist, so wollen wir sehen, wie man zu lernen hat seine Erlösung aus dem Vergangenen zuerst glauben zu lernen, denn die Erlösung ist so etwas großes, daß es durch viele Stufen hindurchgeht, bis man sie völlig erfährt. Man lernt sie zuerst glauben

I. aus dem Vergangenen. So hat Paulus glauben gelernt. Er sagt: ich bin errettet worden aus dem Rachen des Löwen. Damit versteht er einen Widersacher, der ihm zugesetzt, von dessen Hand er aber durch die Hilfe des Herrn befreit worden. Dergleichen Erlösungen hat er in seinem apostolischen Lauf viele erfahren. Wir dürfen nur seine eigene Beschreibung davon lesen, 2 Kor. 11, 23—27. An allem diesem wurde er seiner Erlösung gewis. Ebenso lernte auch Jakob das Heil Gottes glauben. Er sah zurück auf die vielen Erlösungen, die ihm in seinem Lauf wiederfahren waren; er erinnerte sich derselben noch mit demüthigen Dank auf seinem Todtenbett und deswegen behielt er diesen Glauben an das Heil Gottes bis ans Ende. Wenn man also gegen die Hilfe im Vergangenen recht dankbar ist, wenn man sie in sich bewahrt, wenn man denkt: was ist dir von diesem Heil Gottes in deinem Leben schon zu Theil worden: so wird man darunter seiner Erlösung recht gewis.

II. aus dem Gegenwärtigen. Auch da hat man den Glauben an seine Erlösung zu genießen. Man darf nemlich glauben: alles Leiden, das dich drückt ist schon durch das Heil Gottes gemildert: es sind keine Strafen, es ist lauter Gutes: es ist herzlich gut gemeint mit der Christen Plagen, es darf dir das Herz Gottes nicht verdächtig machen. Was darf aber ein Gläubiger für eine Erlösung erwarten?

1) eine Erlösung von allem Uebel. Es ist des Uebels so viel, daß es beinahe nicht zu zählen ist. Es gibt Uebel, das uns zustößt von dem Fürsten der Finsternis, da wir erfahren müssen, wie so manche schwere Plage wird von Satans Reich geführt; Uebel von Menschen, die uns unsern Lauf sauer machen; Uebel von unserer verderbten Natur: ich elender Mensch, wer wird mich erlösen ꝛc.; Uebel von dem äußeren Elend dieses Lebens, Krankheit, Schmerzen und zulezt der Tod. Von allem diesem Uebel nun sollen wir erlöst werden, nichts ausgenommen.

2) eine Erlösung durch den Herrn. Der Herr wird mich erlösen ꝛc. Vieles Uebel ist so beschaffen, daß Menschenhilfe nicht zureicht, aber der Arm des Herrn ist nicht zu kurz. Bei manchem Uebel könnten wohl oft Menschen auch Werkzeuge unserer Erlösung sein, aber sie wollen sich nicht dazu brauchen lassen. Es kann geschehen, daß sich auch Gläubige zurückziehen, das hat auch Paulus erfahren. Er sagt: in meiner ersten Verantwortung stand mir niemand bei, sondern sie verließen mich alle, aber der Herr half ihm dennoch. Also wenn Menschen nicht können und nicht wollen, so kann und will der Herr.

III. Man lernt seiner Erlösung gewis werden auch auf's Künftige. Er wird mir aushelfen zu seinem himmlischen Reich. Es wäre schon viel, wenn unsere Erlösung weiter nichts mit sich brächte, als Freiheit von allem Uebel. Wie wohl thut es Einem, wenn ein Leid vorbei ist; wie wohl war es Israel, da es über dem rothen Meer drüben war, und seine Feinde vertilgt sah, da sie denken durften: Alle diese Feinde werden wir unser

Lebenlang nimmer sehen! So ist es auch einem Gläu=
bigen zu Muth, es freut ihn schon diese Freiheit. Aber
es soll nicht dabei bleiben, sondern diese Erlösung geht
weiter, der Herr führt uns nicht nur aus, sondern auch
ein. Es war nicht genug, aus Egypten ausgeführt zu
werden, sondern Kanaan sollten sie besizen. Es war
nicht genug, daß Paulus aus dem Reich des grausamen
Herodes durch den Tod befreit wurde, sondern er kam in
ein besseres. Also ein himmlisches Reich ist das ganze
Ziel unserer Erlösung.

## 16. Leichen=Predigt.

Text: Ps. 73, 24. (20. Juli 1779.)

Diß sind Worte eines Manns, der mit dem pro=
phetischen Geist begabt, der aber in allerlei unruhige
Gedanken und Zweifel über die Führung Gottes mit
den Seinigen hineingekommen war. Er lebte zu einer
Zeit, da es gottlos herging und die Gottlosen die Ober=
hand hatten und alles, was sie anfingen, durchsezten,
ohne daß ihnen bei ihrer Bosheit das geringste Widrige
begegnete, ja da es ihnen noch bei all ihrem Muthwillen
gut ging. Die Gerechten hingegen mußten bei ihrer
guten Sache dennoch zurückstehen und überall den Kür=
zeren ziehen. Das machte diesem Mann allerlei unruhige
Gedanken und Zweifel, daß er an der Vorsehung Gottes
irre wurde, daß er dachte: Gott bekümmert sich um die
Seinigen nichts, es ist ihm einerlei, wie man in der
Welt mit ihnen umgeht. Ja es kam in dieser Ver=
suchung so weit mit ihm, daß er beinahe den Weg der
Gerechtigkeit aufgegeben hätte und zum großen Haufen
umgekehrt wäre. Aber er raffte sich durch die Kraft
Gottes aus seiner Finsternis auf und sprach: dennoch
bleibe ich stets an dir. Was brachte ihn zu diesem
Entschluß? Er sah, daß der Weg der Gerechten den=
noch ein guter Weg sei und daß der Herr ein Aufsehen
über sie habe. Es war der stille Glaubenssinn: „Wir
sind ja in deinen Händen, dein Herz ist auf uns ge=
richt, ob wir wohl vor allen Leuten als gefangen sind

geacht, weil des Kreuzes Niedrigkeiten uns veracht und schnöd gemacht." Diß ist die Sache an der wir zu lernen haben, wenn wir unsern Lauf durch diese Welt mit Ruhe und Frieden durchsezen und vollenden wollen. Es soll auch immer mehr eine ausgemachte Wahrheit bei uns werden, was Assaph sagt: du leitest mich nach deinem Rath. Diß ist die selige Führung eines Gläubigen. Gott führt ihn

I. durch die Welt hindurch. 1) Du leitest mich, damit widerlegt Assaph sich selber seine vorigen zweifelhaften Gedanken. Er hatte in der Versuchung gemeint, Gott habe ihn aufgegeben und schaue nimmer auf seinen Weg herab; aber nun sieht er auf einmal wieder, daß ihn Gott bei der Hand halte und führe. Es kann einem Gläubigen oft geschehen, daß er meint, er sei den Menschen preisgegeben, er sei ein Ball, denn jeder nach Belieben von einem Ort zum andern werfen dürfe; aber bald sieht er den Herrn als seinen verborgenen Führer; da lernt er sich selbst wieder zusprechen: "Wenn sich's anließ, als wollt er nicht, als wär er gar nicht da um dich, so laß dich diß nicht schrecken; denn wo er ist am besten mit, da will ers nicht entdecken." 2) Du leitest mich: damit drückt Assaph die freundliche Führung Gottes aus. Er will damit sagen: du gehst in deiner Führung mit mir gar sanft um, du gängelst mich. Wir meinen oft, Gott greife uns zu hart an, er sollte gelinder mit uns verfahren, er sollte uns nicht so viel zumuthen; aber hintennach finden wir, wie sachte er mit uns umgegangen, daß er uns getragen, wie ein Mann seinen Sohn trägt und am Ende müssen wir thm die Ehre geben und sagen: "Mit Mutterhänden leitet er die Seinen stetig hin und her; gebt unserem Gott die Ehre!" 3) Du leitest mich. Und wer sind denn wir, was sind wir für Leute, die der Herr so leitet? Leute, die sich nicht selber leiten können und doch oft sich selber gerne leiten möchten; Leute, die bekennen müssen: der Herr hätte das größte Recht dazu, uns laufen zu lassen, aber er wills doch nicht thun. Da wird man klein und lernt sagen: wer bin ich, daß du mein gedenkest, und ich armes Menschenkind, daß du dich meiner annimmst?! daß du nicht nur deine lieben und gehorsamen Kinder leitest, sondern auch mich, mich unerfahrenes, untreues, wankendes Kind, das so bald an dir irre wird?! O werde nur nicht müde an mir. Reiche deinem armen Kinde, das auf schwachen Füßen steht, deine Gnadenhände 2c. 4) **Nach deinem Rath.** Mit diesen Worten sagt Assaph auf einmal vieles. Er zeigt damit an a. daß die Führung Gottes mit den Seinigen eine wohlüberlegte sei. Man darf nicht glauben, daß der Lauf eines Gläubigen in der Regierung Gottes nur eine Nebensache sei, daß Gott die Sorge für die Seinigen als ein Nebengeschäft behandle; sondern es ist ihm eine Hauptsache, und er hat den ganzen Plan ihres Laufs durch diese Welt vorlängst in seinem Rath entworfen.

In diesem Rath ist alles ausgemacht; es kann also einem Gläubigen nichts von ungefähr begegnen. — Assaph zeigt damit an b daß die Führung der Gläubigen nicht auf Menschen sondern auf Gottes Rath beruhe. Wenn wir nach menschlichem Rath geleitet würden, so würden wir entweder nach unserem eigenen Rath, oder nach dem Rath unserer Feinde, oder nach dem Rath unsrer Freunde geleitet. Aber bei keinem von allen dreien wären wir berathen; darum soll es nach Gottes Rath gehen, der über aller Menschen Denken und Verstehen hinausgeht, der oft ein verborgener, aber doch weiser Rath ist. Das Göttliche ist oft unserer Vernunft das Seltsamste. — So führt Gott die Seinigen durch die Welt.

II. Aber er führt sie auch **aus der Welt hinaus.** Man darf zwar die Führung Gottes mit den Seinigen auf allen Seiten untersuchen; man wird überall Spuren finden, da man ausrufen muß: Wie hat er die Leute so lieb! Alle seine Heiligen sind in deiner Hand (5 Mos. 33, 3); hauptsächlich aber lernt man seine Führung am Ausgang kennen: „du nimmst mich endlich mit Ehren an." Lerne also nur das Endlich recht verstehen. Es heißt eigentlich **hintennach**, wenn nemlich das Wunderbare und Seltsame in unserm Lauf vorbei ist, da kann man also dem Herrn am besten nachziehen. Wir wissen oft Anfangs nicht, auf was es in unserm Lauf mit diesem oder jenem Stück abgesehen ist; aber wir werden es hintennach inne werden. — Und was wird herauskommen? Antwort: Er will uns annehmen, und zwar mit Ehren annehmen.

1. **Er will uns annehmen.** Vorher hat er uns geleitet und an seiner rechten Hand gehalten; aber zulezt will er uns gar zu sich nehmen, daß wir bei ihm seien. Da sind dann die Gläubigen beim Herrn, da werden sie erst recht erfahren, wie er sie nach seinem Rath geleitet hat. 2. **Er will uns mit Ehren annehmen.** Vorher ist man der Welt ein Räthsel und Schauspiel; aber hernach wird es ein anderes Aussehen bekommen. So ging es mit allen Gläubigen, so ging es mit ihrem Haupt selber.

Nun lasset euch diß eine Aufmunterung sein, die Führung Gottes, mit den Seinigen immer mehr anzubeten. Es gehört etwas dazu, bis mans glauben kann; denn es müssen vorher die Aergernisse unserer Natur und unser untreuer Geist uns offenbar werden; alsdann wissen wir erst, daß Gott uns führt. „Ach laß meines Lebens Gang ferner noch durch Jesu leiten, nur gehen in die Ewigkeiten: da will ich Herr, für und für, ewig, ewig danken dir."

## 17. Leichen-Predigt.
Am 2. Advent. Text: Perikope nebst Ps. 42, 1. 2.
(5. Dez. 1779.)

Erlöse uns von dem Bösen. Diese Bitte hat Jesus nicht umsonst zur lezten gemacht. Er zeigt damit, wie sich alle Seufzer eines Gläubigen, die er in seiner Wallfahrt zum Heiligthum Gottes und Jesu Christi hinaufschickt, zulezt in dem Verlangen nach Erlösung concentriren, und wie wir in der Erfüllung der siebenten Bitte die Erfüllung der sechs vorigen zu genießen haben. Es erinnert uns aber auch die Ordnung dieser Bitte, daß das Verlangen nach Erlösung bei einem Gläubigen in die höheren Stufen seines Christenlaufs hineingehöre, und daß es ein Beweis von der nach und nach zunehmenden Reife seines Geistes zur Ewigkeit sei. Denn je mehr das Gewächs des Geistes bei einem Gläubigen auszeitigt, desto mächtiger wird dieses Verlangen nach Erlösung. So finden wir's an Paulus, so an Petrus, so zeigts sich in seinem Maaße bei jedem Gläubigen. Es heißt bei einem solchen: dessen Sinn steht nach Salems Freistadt hin 2c.

Das heutige Evangelium kommt mit dem Leichentext überein, denn es zeigt uns, wie das Verlangen eines Gläubigen nach Erlösung gewis gestillt und vollkommen befriedigt werden soll. Das Verlangen der Gläubigen nach Erlösung.

1. Es ist ein von dem Geist Gottes ins Innerste der Gläubigen gepflanztes Verlangen. Es ist keine Creatur, die nicht ein gewisses verborgenes, ihr selbst unbewußtes Verlangen nach Erlösung hätte; deswegen ist auch in jeder Creatur ein Seufzen darnach. Von der Erde bis dahin, wo die Sonne steht, ist alles voll von Sehnsucht nach Erlösung und die Seufzer-Sprache der ganzen Creatur ist ein Beweis hievon. Deswegen sagt Paulus Röm. 8. die ganze Creatur seufze und sehne sich nach der Freiheit. Diß ist ein Verlangen, das der Schöpfer in die Geschöpfe gelegt hat. Was nun bei den Geschöpfen sich in kleinem Maaß zeigt, das offenbart sich bei den Gläubigen auf eine völligere Weise. Paulus zeigt den Grund und die Wurzel dieses Verlangens; er sagt: wir, die wir haben des Geistes Erstlinge, seufzen bei uns selbst und sehnen uns nach der Erlösung; d. i. seitdem ein Leben aus Gott in uns angefangen, seitdem spüren wir, daß wir zu etwas größerem da sind, als wir in dieser vergänglichen Welt finden können, und das, was wir empfangen haben, ist uns ein Beweis, daß noch mehr nachkommen müsse; denn was wir haben, das sind eben Erstlinge: es muß also noch weiteres nachfolgen. Sehet, diß ist die Wurzel dieses Verlangens: der Geist, der Braut-Geist, der in einem Gläubigen ist und von dem Off. 22. beim Beschluß geredet wird. Diese Wurzel des Verlangens muß aber auch begossen werden, daß sie sich zu einem rechten Ge-

wächs treibt, und diß geschieht durch das Wort Gottes, durch das prophetische Wort. Ein solches Wort haben wir in unserem Evangelium. Diß paßt gerade auf die Erstlinge des Geistes, da versichert Jesus seine Gläubigen, es werde gewis eine Erlösung folgen. Und so haben wir noch mehr Zeugnisse in heiliger Schrift, zu deren Verstand die Erstlinge des Geistes der güldene Schlüssel sind.

II. **Es ist ein sehnliches und ernstliches Verlangen** (Text). David will den Ernst und die Größe seines Verlangens an den Tag legen, und dazu bedient er sich des Gleichnisses von einem Hirsch, der in der Hize des Sommers Durst leiden muß. Da geschieht es dann, daß er den Wasserquellen nachläuft, und wenn er von ferne eine solche Quelle wittert, so schreit er und eilt über Berg und Thal der Quelle zu, bis er sie gefunden, und seinen Durst gestillt hat. Eben so ist das Verlangen eines Gläubigen nach Erlösung: es ist ein herzliches Sehnen, ein sehnliches Verlangen. Es gibt wohl oft auch bei einem natürlichen Menschen ein Verlangen nach Erlösung, wenn einem z. E. die Leidensstunden zu lang werden, wenn die Beschwerlichkeiten der Leibeshütte immer größer werden; aber diß Verlangen ist nicht allemal von rechter Art; denn es läßt gewöhnlich wieder nach, so bald man Luft bekommen hat. Ganz anders ist das Verlangen eines Gläubigen, denn 1. es ist nicht nur ein Verlangen, von dem Leiden befreit zu werden. Er sehnt sich wohl nach Freiheit und Ruhe und weiß, daß es ihm vergönnt ist, sich nach Ruhe zu sehnen; aber bei allem diesem sehnlichen verlangen begehrt er doch dem Herrn Jesu in Absicht auf das ihm beschiedene Maaß der Leiden keinen Eintrag zu thun und es bleibt bei dem Entschluß: wir verlangen keine Ruhe für das Fleisch in Ewigkeit ꝛc. 2. es ist ein sehnliches Verlangen, weil es aus dem Pilgrims-Geist und aus dem Gefühl der beschwerlichen Wallfahrt herfließt, da man fühlt: wir sind nicht zu Hause. In einer solchen Verfassung stand David, da er diesen Psalm verfertigte. Er war vermuthlich auf der Flucht und in der Wüste. Da that ihm besonders dieses weh, daß er von der Stiftshütte und von der Gemeinschaft mit den Glaubigen ausgeschlossen sein mußte. Deswegen seufzt er: wann werde ich dahin kommen, daß ich Gottes Angesicht schaue. Je mehr ein Glaubiger also die Fremde spürt, je sehnlicher wird sein Verlangen. So wirds am Ende der Tage besonders gehen, die Glaubigen werdens erfahren, daß sie nicht zu Hause sind.

III. Es ist ein gewisses und versiegeltes Verlangen. Es sind nicht nur süße Träume und leere Einbildungen, sondern ein Glaubiger weiß, daß es ihm nicht fehlen wird. Es ist gewis 1. weil es uns durch das Wort Jesu versiegelt wird. Deswegen sagt er, die Zeit werde kommen, da wir unsere Häupter werden aufheben dürfen. Zu dieser Erlösung muß alles helfen; sie muß kommen, wenn die Natur auch die größten Geburtsschmerzen darüber ausstehen müßte. 2. Weil es uns durch den Tod Jesu versiegelt ist. Wir dürfen alle den Himmel ansehen, als ein uns erstrittenes Erbe. Da ist mein rechtes Vaterland ꝛc. das wollen wir uns merken. 3. Weil uns Jesus immer wieder ein neues Angeld davon gibt, im Tode, in der Ewigkeit, bis es an seinem Tage völlig kommt.

Es liegt mehr in diesem Verlangen eines Glaubigen, als er selber weiß. Der Geist Jesu wickle es uns aus, und lasse uns unserer vollen Erlösung froh werden.

## 18. Leichen=Predigt.

Text: Psalm 31, 6. (25. Jan. 1780.)

In unserem Text liegt der ganze Glaubenssinn, mit welchem ein Kind Gottes aus diesem irdischen Hüttenhaus aus= und in die ewigen Hütten übergeht. Es sind diese Worte manchem Glaubigen schon bei seinem Abscheiden zum Trost und zu einem guten Stab durch das Thal des Todes geworden. Luther hat dieselben in seinen lezten Lebensstunden einige mal wiederholt und ist mit diesem Sinn im Frieden entschlafen. Ja, noch mehr, selbst der Herzog der Gläubigen hat mit diesem Loosungswort seinen Geist in die Hände seines Vaters übergeben. Es ist also billig, daß wir uns mit diesen Worten auch bei Zeiten bekannt machen und in diesen Glaubenssinn zu stehen kommen, ehe wir die Reise in die Ewigkeit antreten. — Die gute Verfassung eines Gläubigen bei seinem Hingang.

I. Er übergibt seinen Geist in die Hände seines Herrn. David war, als er den 31. Psalm schrieb, in einer offenbaren Todesgefahr. Denn er mußte vor seinem Sohn Absalom aus Jerusalem fliehen und war keinen Augenblick sicher, wann er von demselben auf freiem Felde überfallen würde. Er konnte sichs leicht vorstellen, daß es mit seinem Leben gefährlich stehen würde, wenn er seinem Sohn in die Hände fallen sollte. Es hätte auch wirklich mislich mit ihm gehen können, wenn ihn der Herr nicht noch in die feste Stadt Mahanaim geflüchtet hätte. In diesen Umständen ging er mit Todesgedanken um und suchte sich bei Zeiten seinem Gott auf Leben und Tod zu übergeben. Am meisten angelegen war ihm sein Geist, den er in eine gute Verwahrung bringen wollte. Diß ist auch der Sinn eines jeden Gläubigen. Es gibt bei dem Tode noch allerlei Anblicke von Feinden, die gerne noch das Lezte versuchen möchten. Es hat ein Gläubiger den Tod vor sich, der noch das lezte Gericht an dem Leib, als an einem Leib der Sünde und des Todes, ausführen soll. Und diesem überläßt er dann seinen Leib, weil er wohl weiß, daß auch dieses Gericht, das über seine äußere Hütte geht, durch die Gnade des Herrn einmal zum herrlichen Sieg ausschlagen muß. Es hat aber auch ein Gläubiger oft noch mit Anfällen von Mächten der Finsternis zu streiten, die ihm zusezen und seinen Geist anzutasten suchen. Da kommts darauf an, daß ein Gläubiger in diesem Streit eine gute Auskunft findet. Und wie verhält er sich nun hierin? Wir können uns diese Sache am deutlichsten durch ein Gleichnis vorstellen. Wenn man im Leiblichen in Gefahr steht, von Dieben oder von einem feindlichen Kriegsvolk überfallen zu werden, so macht man sich bei

Zeiten darauf gefaßt. Und weil man nicht im Stand ist, alles in Sicherheit zu bringen, so ist man wenigstens darauf bedacht, daß man das Edelste und Beste in der Haushaltung flüchtet und in gute Verwahrung bringt, oder einem guten, getreuen Freund aufzuheben gibt, damit man es zu seiner Zeit, wenn der Sturm vorüber ist, wieder abholen kann. Ebenso machts auch ein Gläubiger. Seine vornehmste Sorge ist sein Geist; denn das ist die Stätte, da der Herr das Edelste hineingelegt hat. In diesem Geist liegt das ewige Leben, in diesem liegt der Keim und Grund zum ganzen neuen Menschen. An diesem ist ihm also auch am meisten gelegen; deswegen sorgt er so ernstlich dafür. — Worin besteht aber seine Sorge? das sagt David. In deine Hände befehle ich meinen Geist. Damit zeigt er, wie er nicht im Stande sei, seinen Geist selber zu verwahren und in Sicherheit zu bringen, sondern wie er einen zuverlässigen sichern Ort haben müsse. Und welches ist dieser Ort? Antwort: die Hand des Herrn. Diß ist 1. der gehörige Ort für unsern Geist; denn der Herr hat uns unsern Geist gegeben; er kann ihn also auch aufnehmen. Es ist 2. ein guter Ort; denn der Herr hat selber ein zärtliches Aufsehen über unsern Geist, so lange er noch in der Hütte ist; er hat den Gläubigen ernstlich eingebunden, dafür zu sorgen. Es kommen im neuen Testament viele Erinnerungen deswegen vor. Wenn er also schon in diesem Leben so viele Sorgfalt für unsern Geist gezeigt hat, so wird er noch viel mehr dafür sorgen, wenn er in eigentlichem Verstand in seiner Hand ist. Es ist 3. ein sicherer Ort; denn er bezeugt selber: meine Schafe sind mein und niemand wird sie mir aus meiner Hand reißen. — Und diese Uebergabe macht ihn ruhig. So wichtig der Schritt in die Ewigkeit ist, so viel einem dabei zu fragen vorkommen möchte: wie wird es gehen? wie wird es aussehen? so sind alle Fragen schon damit beantwortet: in deine Hände befehle ich meinen Geist. Es kommt nur darauf an, daß man diesen Geist unversehrt ihm zustellt, so hat man ihn auch einmal ebenso wieder zu empfangen. Also laß dirs angelegen sein, daß du ihn recht übergibst: so kannst du ruhig sein.

II. Er ruht mit seinem Glauben in der Erlösung seines Herrn. Die Gründe der Beruhigung sind nach unserem Text zwei; 1. die Erlösung. David sagt: du hast mich erlöst. Er sieht dabei zurück auf so manche Hilfe, die ihm Gott schon bisher in seinem Leben erwiesen hatte; und daraus macht er den Schluß, Gott werde auch in dieser Noth ihm seine Erlösungsgnade widerfahren lassen. Noch viel mehr kann aber ein Gläubiger in seinem Sterben sagen: du hast mich erlöst. Er darf sich auf das berufen, was am ersten Karfreitag auf Golgatha vorgegangen. Von da an weiß er, daß seine Erlösung richtig ist, und er darf sagen: „du hast mich ja erlöst, von Sünde, Tod, Teufel und Hölle" 2c. Er kann sich auf diese Erlösung berufen in Ansehung seiner Bekehrung, da er die Erstlinge davon zu kosten und zu genießen bekam; und das macht, daß er sich im Tode schon als erlöst ansieht. 2. Du getreuer Gott! diese Treue hat David auch erfahren in seinen zwölf Fluchten vor Saul und auch hier wieder vor Absalom. Es war ihm ein inniger Dank, daß Gott ihn bei seinem Fall mit Bathseba doch nicht weggeworfen, sondern ihn wieder hervorgezogen. Ebenso kann auch ein Gläubiger sich dieser Treue seines Herrn freuen. Dein leztes Wort laß sein mein Licht 2c.

## 19. Leichen-Predigt.

Text: Apg. 7, 58. (27. Juli 1780).

Es ist merkwürdig, daß die h. Schrift uns hin und wieder Nachrichten von den lezten Stunden der Gläubigen gibt. So erzählt sie uns das Abscheiden Jakobs, das Ende Josephs, das Sterben Aarons, den Tod Moses, die lezten Stunden Davids; die lezten Stunden unserer am Kreuz gestorbenen Liebe, das Ende des ersten Blutzeugen Stephanus. Aus allen diesen Nachrichten wird uns das Wort Davids Pf. 116 bestätigt: der Tod seiner Heiligen ist werth gehalten vor dem Herrn. Er will der ganzen Welt damit an den Tag legen, daß er ein Aufsehen habe auf seine Auserwählten im Leben und Sterben. Die Welt soll aber auch daran sehen, was es um einen rechten Glaubigen sei und wie man mit dem Glauben überall, auch selbst durch die Thore des Todes durchdringe. Ja selbst die Glaubigen haben an diesen Nachrichten eine Stärkung und Aufmunterung, und es ist ihnen darum zu thun, in die Fußtapfen ihrer Vorgänger zu treten, deren Ende sie fleißig anschauen und ihrem Glauben nachfolgen.

**Die ruhige Ueberlassung eines Glaubigen.**

I. Was überläßt er? Herr Jesu, nimm meinen Geist auf: diß war eine der lezten Reden des Stephanus. Da wollen wir nun sehen, was ein Glaubiger bei seinem Ende dem Herrn Jesu überlasse? diß ist sein Geist. Um diesen Geist ist es ihm allein zu thun, daß er in den treuen Händen Jesu möge ruhen. Er weiß zwar wohl, daß er mit allem, was er ist und hat, ein Eigenthum Jesu ist. Indessen weiß er auch, daß unter allem, was ihm der Herr Jesus anvertraut hat, das edelste sein Geist ist; und darum ist er für diesen am meisten und zu allererst besorgt. Wenn wir in dem natürlichen Lauf dieser Welt in Gefahr kommen, wenn wir z. B. von Feinden und Räubern überfallen werden, oder wenn wir in Sorgen stehen müssen, durch Feuer oder Wassersnoth das Unsere im Leiblichen zu verlieren: so greifen wir zuerst nach dem Kostbarsten und Besten in unsrer Haushaltung und suchen wenigstens dieses noch in sichere Verwahrung zu bringen. So handelt auch ein Glaubiger bei seinem Sterben. Er sieht auf dem Todtenbette seinen armen Leib vor sich, der ein Leib der Sünde und des Todes ist; diesen kann er nicht flüchten, sondern er überläßt ihn der Verwesung, und weiß, daß sie das Geheimnis ist, nach welchem sein Leib zu einer herrlichen Gestalt wird umgebildet werden. Er sieht die Dinge des zeitlichen Lebens vor sich, worüber der Herr ihn zum Haushalter gesezt hat. Diese kann und mag er auch nicht mitnehmen, sondern er überläßt es dem Herrn, wen dieser nun an seiner statt zum Haushalter darüber sezen will. Aber eins kann er nicht dahinten lassen: und diß ist sein Geist, oder wenn wirs mit andern Worten sagen wollen, das neue Leben aus Gott und Christo in seiner Seele. Wenn ein armes Menschenkind so etwas aus dieser vergänglichen Welt hinausbringt, so darf man sich darüber freuen, wie Einer, der eine große Beute macht. Es sterben Manche, die eine leere, nackte Seele mit in die Ewigkeit hinübernehmen. Das kommt daher, weils ihnen mehr um den Leib als um die Seele zu thun ist, weil sie das nicht zu ihrem Hauptgebet machen: „wenn andere um ihre Hütt des Leibes sind zuerst bemüht, so laß mich, Herr, auf meinen Geist sehn allermeist, und daß ich dir Gehorsam leist." Es sterben Manche (merkets wohl, l. Z.) als Fleischliche, die keinen Geist haben, weils ihnen nie darum zu thun war. Aber das sind arme, elende Leute. Also nur ein Glaubiger kann mit Wahrheit so sagen: Herr Jesu, nimm meinen Geist auf; ein solcher hat allein ein neues Leben aus Christo in sich; und das nimmt er im Tode mit sich oder schickt es vielmehr voran, und gibts Jesu als eine theure Beilage aufzuheben.

Was also ein Glaubiger in dieser Pilgrimszeit gewirkt hat auf jene Welt, das geht nicht verloren, das ist nicht nichts, das verfliegt nicht; das ist sein unvergängliches Erbe, das er drüben wieder in Empfang nimmt. Ein Glaubiger will also mit diesen Worten so viel sagen: Lieber Heiland, was ich in der Zeit meiner Wallfahrt von dir lebendig erkannt und geglaubt habe, was ich zu dir in diesem Leibe des Todes geseufzt und gebetet habe, das Verlangen, das du nach dir und nach jener Welt in meine Seele gelegt hast, alles, was du mir in meinen Leiden, in meinem Kämmerlein, im Umgang mit den lieben Deinigen, geschenkt hast, alle Siege die du mir über mein unter dem Fluch liegendes Fleisch geschenkt hast — alles dieses möchte ich nicht dahinten lassen; diß ist mir an meinem ganzen Leben das Liebste, das Kostbarste; dieses laß mich mitnehmen, dieses nimm hin und verwahre mirs; diß ist das Kleid meiner sonst nackten Seele; bewahre es mir zur ewigen Zier; ich brauch es jezt gleich, man kommt ohne Kleid nicht ins himmlische Reich; hebe es auf, lege es an den Ort, wo vor deinem Angesicht frommer Christen Glaube lebt. Sehet, so überläßt ein Gläubiger sich dem Herrn Jesu.

II. **Wem überläßt ein Gläubiger seinen Geist?** Antwort: dem Herrn Jesu. Da ist er am besten und sichersten aufgehoben. Denn

1. er gehört niemand anders an, als Jesu, weil er ein Gewächs aus dem Auferstehungsleben Jesu ist. Jesus hat diesen Geist gepflanzt und genährt; darum will er sich auch desselben annehmen. Ein Gläubiger hat also nicht zu besorgen, daß Jesus ihm diese Beilage heimschlagen werde; denn es kommt von ihm und geht also auch wieder zu ihm.

2. Es ist Jesu selber um unsern Geist zu thun mehr als uns selbst, deswegen ist er seinen sterbenden Gläubigen so nahe; darum will er sie seine Gegenwart besonders im Tode spüren lassen. Das hat er an Stephanus treulich bewiesen. Er konnte vor lauter Liebe gegen ihn sich gleichsam nicht halten; er wollte nicht warten, bis Stephanus ihn nach seinem Tode in jener Welt erst sah, sondern er offenbarte sich ihm noch wenige Augenblicke vor seinem Tod und zeigte sich ihm stehend, und wie er bereit sei, seinen ersten Blutzeugen zu empfangen. Wie sorgfältig ging er mit dem gläubigen Schächer am Kreuz um! wie war es ihm darum zu thun den Glaubensgeist desselben mit in jene Welt hinüber zu nehmen!

3. Er kann allein unsern Geist aufheben und bewahren; denn er ist mächtig genug dazu. Es gibt schon in diesem Leben so viele Gelegenheiten, die uns um unsern Geist bringen wollen; und diese Gefahren und Anfälle bleiben auch im Tode nicht aus. Aber wenn ein Gläubiger seinen Geist dem Herrn Jesu anbefiehlt, so hats keine Noth. Dieser ist allen Feinden gewachsen. Er sizt auch hoch genug; denn er ist zur Rechten des Vaters, und also höher gesezt, als alle unsere Feinde. Ein Gläubiger kann also mit gutem Muth seinen Geist

dem Herrn Jesu überlassen und den Schluß machen: hat er meinen Geist unter so manchen Räubern, da ich ihn tausendmal für einmal hätte verlieren können, bisher so mächtig bewahrt, so wird er ihn auch auf meiner lezten Reise bewahren.

III. Wie überläßt ein Gläubiger seinen Geist? Antwort: 1. mit aufrichtiger Glaubenseinfalt. Im Tode thut man einen Schritt, den man vorher noch nie gethan. Da könnten Einem allerlei Gedanken kommen: wie wirds gehen? wie wirst du durchkommen? Aber alle diese Gedanken besiegt ein Gläubiger damit, daß er sich seine Sinne von der Einfalt auf Christum nicht verrücken und seinen Herrn für alles sorgen läßt; denn er ist ja der Herzog der Seligkeit, der schon viele Kinder in die Herrlichkeit eingeführt hat. 2. Ein Gläubiger überläßt sich dem Herrn mit Einem freigemachten Geist. Es wollen sich oft im Tode noch allerlei Sachen an uns hängen und den Geist niederdrücken oder verhüllen und benebeln; — diese sucht ein Gläubiger abzuschütteln. So hat sich Stephanus auch noch frei gemacht. Es hätte ihm seine gerechte Sache können da stehen; er hätte noch zum Abschied seinen Feinden den Prozeß ankündigen und gleichsam beim himmlischen Gerichtshof anhängig machen können; aber er hätte den Frieden und die Freiheit seines Geistes gestört. Darum machte er sich noch los davon; denn er wollte seinem Herrn einen freien Geist übergeben. 3. Mit dem Verlangen nach jener Welt. Diß leuchtete dem Stephanus aus seinen Augen heraus, da er so heiter gen Himmel sah. Von diesem Verlangen zeigt sich auch je zuweilen etwas bei den Gläubigen, daß mans ihnen anspüren kann, sie wollen heim, heim wollen sie. Wo dieses Verlangen sich zeigt, gibts einen guten Geruch um das Sterbebett her. — Wer so stirbt, der stirbt wohl. Der Herr pflanze in uns einen neuen Geist und mache in uns heute den Vorsaz neu, um ein Leben aus Gott und Christo uns ernstlich zu bemühen.

## 20. Leichen-Predigt.

Text: Psalm 102, 24. 25. (17. Oct. 1780.)

Wie ein Gläubiger seine Lebenszeit dem Herrn heimstellen lerne.

I. Er nimmt auch die Verkürzung seiner Tage von der Hand des Herrn an und demüthigt sich darunter von Herzen. So hat es der Verfasser unsers Psalms gemacht, der vermuthlich einer von den gefangenen Israeliten in Babylon war und der unter so mancherlei Leiden, die er ausgestanden, unter so manchem innern und äußern Kummer vor der Zeit alt geworden, so daß er dem natürlichen Anscheine nach nichts anderes vor sich sah, als er werde eben in Babel sterben und die Zeit des Ausgangs nimmer erreichen. Dieses wollte ihm anfänglich wehe thun; deswegen klagt er, seine Tage seien vergangen wie ein Rauch, sie seien dahin wie ein Schatten V. 4. 12; und in unserem Text sagt er, der Herr habe seine Lebenskraft auf dem Wege, mitten in seinem besten Lauf, gedemüthigt und seine Tage verkürzt. Diß ging ihm tief zu Herzen; indessen demüthigt er sich doch darunter und erkennt, daß der Herr das Recht habe, mit seinen Lebenstagen nach Belieben zu handeln, daß er als Töpfer Macht habe, mit seinem Gefäß umzugehen, wie er wolle, ohne daß das Gefäß fragen dürfe: warum thust du also? Ja er erkennt nicht nur, daß der Herr nach freiem Belieben mit ihm handeln dürfe, sondern auch, daß der Herr Ursachen genug bei ihm finde, ihm seine Lebenstage zu verkürzen. Die Kürze oder Länge unserer Lebenszeit ist ein Geheimnis, das uns erst in jener Welt wird deutlicher aufgeschlossen werden. Es thut sich nicht, daß man mit dem übereilten Urtheil seiner Natur über diese Sache hinfährt, sondern man muß stille werden und auf die Wege des Herrn darunter acht haben. Es gibt freilich Fälle, da ein baldiges Sterben ein deutliches Gericht des Herrn ist und da es nach dem Wort geht: die Gottlosen werden ihr Leben nicht zur Hälfte bringen. Es gibt aber auch Fälle, wo ein baldiges Sterben eine Wohlthat des Herrn ist, da er einen Gläubigen vor manchem Elend flüchtet, da er mit ihm aus dieser Welt eilt, um ihn bald zu vollenden und diese beschwerliche Ritterschaft zu verkürzen. Es thut sich also nicht, daß man nur so blind hin über einen frühzeitigen Tod urtheilt, sondern ein Weiser lernt nach dem Licht der Wahrheit und nach der Regel des Worts denken. Ueberhaupt sieht er nicht sowohl auf die Verkürzung der Lebenstage eines Andern, sondern auf die Verkürzung seiner eigenen Tage, und es liegt ihm daran, sich auf eine geziemende Weise unter die Hand des Herrn zu demüthigen. Wie verhält er sich hierunter? 1. Er erkennt: der Herr hat freie Macht über mein Leben; es waren alle meine Tage auf sein Buch geschrieben, da derselben noch keiner da war. Er hat mir meine Lebensbahn ausgesteckt und die Zahl meiner Monden, die ich leben soll, steht bei ihm. In diesem Sinn nimmt er jeden neuen Tag, den er in diesem Leben antritt, aus der Hand des Herrn an. 2. Er demüthigt sich gerne unter so viele Mühseligkeiten, die freilich alle das ihrige zu der Verkürzung unsers Lebens beitragen. Es gibt Sachen genug, die uns vor der Zeit alt machen, und unsre Kraft demüthigen. Es gibt, wie Sirach sagt, Sorge, Furcht, Hoffnung; es gibt oft besonders mühselige Zeiten, die unsre Lebenskraft schwächen und unsre Tage verkürzen. Von solchen Sachen könnte man ein großes Register anführen. Kurz, wenn wir in diese Welt hineinsehen, so ist alles auf die Verkürzung unserer Tage eingerichtet. Unter alles dieses demüthigt sich ein Gläubiger und stellt sich unter diese allgemeinen Folgen des Sündenfalls hinunter. 3. Er erkennt, wie oft er durch sein eigenes Betragen dem Herrn Gelegenheit gegeben, ihm seine Lebenstage zu verkürzen. Wenn ein Mensch ernstlich in sich selber geht, wenn er daran denkt, wie er seine Gnadenzeit verschleudert, wie er manchen Tag des Heils unbenutzt vorbeigehen läßt, wie er seinem Herrn so wenig nütze ist: so muß er bekennen: der Herr hätte schon längst das Recht gehabt, mir meine Tage abzuschneiden; und es ist lauter Geduld, daß ich noch bis auf diese Stunde lebe. Ja, wenn ein

Gläubiger auf seine vorigen Sündenwege zurücksieht, wenn er bedenkt, wie viel Eiterstöcke der Sünde, und also wie viel Materie, wie viele Pfeile des Todes er in sich hineingesammelt und wie er sich selber seinen Lebensfaden verkürzt: so wird er sich verwundern und danken, daß ihn der Herr nicht mitten auf seinen Sündenwegen dahin gerafft hat. 4. Endlich gibt es auch Fälle, da der Herr bei einem redlichen Gläubigen eine gewisse Abkürzung seiner Tage vornimmt, wie z. E. bei Mose und Aaron, die um einer einzigen Handlung willen von dem Herrn gezüchtigt wurden, daß sie in das gelobte Land nicht eingehen durften. Moses legte deßhalb einige mal eine demüthige Abbitte bei dem Herrn ein; da es ihm aber abgeschlagen wurde, so demüthigte er sich auch unter diesen Ausspruch des Herrn und der Herr brachte es ihm wieder auf einer andern Seite herein. Diß sind einige Fälle und Beispiele, daran wir sehen können, wie ein Gläubiger auch die Verkürzung seiner Tage von der Hand des Herrn annimmt. Nun wollen wir auch sehen,

II. wie ein Gläubiger es bisweilen auf die Güte des Herrn wage, um die Verlängerung seiner Tage zu bitten und warum er darum bitte. So handelte der Verfasser unsers Psalms. Er sagt: mein Gott, nimm mich nicht weg in der Hälfte meiner Tage. Der Herr läßt es uns also auch gelten, wenn wir um die Verlängerung unserer Tage bitten. 1. Wer seine Lebenstage aus der Hand Gottes annimmt und vorher hat erkennen lernen: ich bins nicht werth, daß ich so lange lebe; der darf auch wieder einen Muth fassen, um Verlängerung zu bitten. Wir nehmen es so gerne als eine Schuldigkeit an, daß uns Gott lange leben lasse. Weil wir jezt im Leben sizen, meinen wir, es könne auf Erden niemals anders werden. Da muß uns Gott öfters zeigen, daß es Gnade, freie Gnade sei, wenn er uns unsre Tage leiht und mit Gnade krönt. 2. Wer nicht aus Eitelkeit und irdischem Sinne lange zu leben begehrt; wer die Kostbarkeit der Gnadenzeit recht zu schäzen weiß, der darf um Verlängerung seines Lebens bitten. Viele wünschen sich aus eiteln Absichten ein langes Leben, daß sie die Welt länger genießen, daß sie ihrem Fleisch länger dienen können. Von diesen heißt es Pf. 49: ihr Herz ist, daß ihre Häuser währen für und für ꝛc. Diese dürfen sich freilich mit einem solchen Wunsch nicht kecklich vor Gott sehen lassen. Aber wems darum zu thun ist, sich auf jene Welt tüchtig machen zu lassen; wer sichs zu seinem Wunsch macht: ach, laß mich, Jesu, diese Zeit anwenden zu der Ewigkeit — ein solcher darf wohl um Verlängerung seiner Tage bitten. 3. Wer an dem Reich Gottes eine Freude hat und dasselbe immer mehr ausgebreitet zu sehen wünscht, der darf auch um Lebensverlängerung bitten. So hat der Verfasser unsers Psalms länger zu leben gewünscht, um noch den neugebauten Tempel zu sehen. So gibts unterschiedene Ansichten in die Haushaltung Gottes. Bald wünscht ein Gläubiger, wie Habakuk: o daß ich ruhen möchte zur Zeit der Trübsal; bald wie Bileam: ach, wer wird leben, wann der Herr dieses thun wird! 4. Wer sich ernstlich vor dem Herrn bemüthigt, dem kann und will er auch gerne eine Verlängerung seiner Tage schenken, wie dem König Hiskia. — So lernt ein Gläubiger seine Lebenstage ansehen, und dem Herrn heimstellen.

## 21. Leichen-Predigt.

(Am 24. Trinit. den 5. Nov. 1780.)

Text: Jer. 31, 3 nebst der Perikope, Mat. 9, 18—24.

Ich habe dich je und je geliebt ꝛc. In diesen wenigen Worten beschreibt Gott sein ganzes Herz gegen sein Volk und alle seine Leibesarbeit, die er mit demselben von jeher gehabt. Es ist lieblich und eindringlich, wenn Gott einem ganzen Volk oder einem einzelnen Menschen ein Zeugnis seiner Liebe gibt, wenn er ihm sagt, wie er es bisher unter allen Umständen mit Einem gemeint und wie man ihn anzusehen habe. Wir verstehen Gott oft nicht, wir wissen nicht allemal seine Führung uns zurecht zu legen, wir sehen ihn darunter nicht so an, wie wir ihn ansehen sollten; da kommt er uns dann entgegen, weist uns zurecht und läßt uns in sein Herz hineinsehen. Dann wissen wir, wo wir mit ihm daran sind; dann lernen wir, was er unter allem mit uns vorgehabt. Es ist viel daran gelegen, daß man einen solchen geraden Blick in das Herz Gottes bekommt, daß man überzeugt wird: Gott liebt mich, er hat mich von jeher geliebt und liebt mich noch. Wenn man diß einmal glauben lernt, alsdann weiß man auch, was die Züge Gottes sind und weiß sie auch recht zu benützen.

Die göttlichen Liebeszüge.

1. Lerne sie glauben. Damit mußt du den Anfang machen. Es ist ein Beweis der großen Entfernung, in welcher der Mensch gegen Gott steht, daß er nicht recht glauben will, wie Gott ein Aufsehen auf ihn habe und wie seine Liebe unter allen Umständen an ihm arbeite. Wenns weit kommt, so stellt man sich etwa auch unter den Haufen der Creaturen hinein und denkt: das Auge Gottes, das alle sieht, sieht auch mich. Aber auch dieser allgemeine Blick wird Einem oft dunkel, man läuft in einer gewissen Gleichgiltigkeit dahin und das eigentliche Liebesherz Gottes bleibt uns verborgen. Was gehört nun dazu, die göttlichen Liebeszüge zu glauben? 1. Du mußt einen Blick von der Liebe Gottes gegen dich haben. Ich habe dich geliebt: das möchte Gott einen jeden Menschen gerne wissen lassen und wenn der Mensch stille wird in seinem Inwendigen, so wird ihm etwas von dieser Liebe Gottes entgegen leuchten. So hatte der Oberste und das blutflüssige Weib gewis einen Eindruck davon: Gott liebt uns; sonst hätten sie sich nicht darein finden können, warum es so und so mit ihnen gegangen. Dieser Blick von der Liebe Gottes ist oft sehr dunkel, er muß sich durch vielerlei Argwohn unseres Herzens durchschlagen; man kanns oft nur einige Augenblicke glauben und auf einmal zerrinnt es einem wieder. Aber wenn es nur einmal zu einiger Ueberzeugung in uns gekommen ist, so bricht endlich dieser Glaube immer weiter durch. 2. Du mußt auch wissen, daß die Liebe Gottes immer an dir arbeitet. Gott hat dich nicht nur in sein Herz gefaßt, sondern es gehen immer gewisse Liebes-

strahlen aus dem Herzen Gottes gegen dich aus und durch diese sucht er dich herbeizuziehen. Du mußt also glauben, daß die Liebe Gottes dich wie die Luft umgebe. Sie sieht dir nicht nur von der Ferne zu, sondern sie ist bedacht, wie sie dich näher zu sich hinbringe. Ist's doch nichts als lauter Lieben ꝛc.

II. Lerne die Züge Gottes auch verstehen. Diß will besonders gelernt sein. Sie sind oft verborgen, da muß man dieselben recht kennen lernen. 1. Die Züge Gottes gehen an einem fort, aber sie werden uns zu Zeiten besonders deutlich. Gott bleibt immer unser treuer Führer auf die Ewigkeit, auch da wo wir an ihn nicht denken, wo wir seinen Fuß nicht spüren; aber es gibt oft Zeiten, da er's uns deutlich spüren läßt, daß er an uns arbeite. So hat es der Oberste gewis damals gespürt, da er Jesum in seiner Noth aufgesucht; so wirst du auch schon Stunden und Zeiten in deinem Leben gehabt haben. 2. Die Züge Gottes sind da am häufigsten, wo die meisten Versuchungen sind, sich auf die andere Seite hinzuziehen zu lassen. Z. E. Mancher entschuldigt sich mit seinem Hausstand, warum er nicht so sein könne, wie er sollte. Aber eben in diesem Stand sind dir von Gott Gelegenheiten genug gemacht: da will dir Gott alles zu Mitteln machen, was du als Hindernisse ansiehst. 3. Die Züge Gottes sind besonders mächtig unter dem Leiden. Das hat der Oberste und das blutflüssige Weib erfahren. Siehe also nicht auf das Leiden allein hin, sondern auf die darunter verborgene Liebeshand Gottes; laß dir das Leiden deinen finstern Argwohn gegen Gott den Blick nicht verdecken, sondern schaue durch. 4. Die Züge Gottes sind unter dem Leiden oft lange unmerkbar, es wird immer finsterer bei uns; aber laß dich's doch nicht abschrecken. Das Kind des Obersten starb; die Krankheit des Weibes wurde immer ärger und es half nichts; doch gingen die Züge Gottes darunter fort.

III. Lerne die Züge Gottes benützen. Es ist darauf angesehen, daß etwas herauskomme. Wie lernst du sie benützen? 1. Wenn du dich dadurch zu Christo ziehen lässest. Auf diß arbeitet Gott immer an dir. Zeuch mich, o Vater, zu dem Sohne. Du sollst Gott in Christo kennen lernen. 2. Laß einen starken Glauben darunter in dich pflanzen. So gings beim Obersten. Es kam bei ihm zu einem großen Glauben an die Kraft Jesu, die auch den Tod bezwingt. So kams bei dem Weib zu einem Glauben, der tief in die Kraft Jesu hineinsch und griff. 3. Laß dich unter diesen Zügen Gottes immer tiefer gründen und wurzeln, daß dein Glaube etwas Ganzes werde. 4. Siehe öfters auf diese Züge zurück und erneure dich darin. Vater du hast mir erzeiget 2c. Tausendmal sei dir gesungen 2c.

## 22. Leichen-Predigt.

(Am Feiertag Phil. und Jacobi den 1. Mai 1781.)

Text: Ebr. 13, 14 nebst der Perikope Joh. 14, 1—14.

Die Ebräer hingen als Juden noch sehr an der Stadt Jerusalem, weil sie von vielen Jahrhunderten her die Stadt war, wo Gott sein Feuer und Heerd hatte, wo er wohnte und sich auf mannigfaltige, herrliche Weise offenbarte. Nun aber ging es mit derselben zu Ende, ihre Zerstörung war nahe; daher wollte Paulus ihnen sagen, sie sollen sich nimmer an diese Stadt halten, sondern sich nach einer besseren sehnen, nach der zukünftigen. Diese Worte gelten nicht nur den Ebräern, sondern einem jedem glaubigen Christen. Bei diesem ist es etwas Ausgemachtes, er weiß und erfährt es alle Tage, daß er hier keine bleibende Stadt habe; er läßt sich aber auch alle Tage im Andenken an die künftige Stadt erneuern und sucht dieselbe mit Ernst. Wenn ein Mensch einmal in seiner Pilgrimschaft dieses zu seiner Losung hat, so its gewonnen, so hat er gut durch diese Welt durchzukommen und kann sich alles gefallen lassen, wie es auch in seinem Lauf gehen möchte. Auf diese Stadt und auf den Sinn, dieselbige zu suchen, weist auch Jesus im Evangelium seine Jünger und bezeugt ihnen, er gehe deswegen von ihnen weg, daß er in dieser Stadt, in dem Hause seines Vaters, einen Platz für sie bereite.

Die Losung der Gläubigen in ihrem Pilgrimslauf: 1. wir haben hier keine bleibende Stadt. I. Bei einem Gläubigen ist es ausgemacht: wir haben hier keine bleibende Stadt. Diß muß seine Richtigkeit haben, sonst kann man die künftige Stadt nicht suchen. Ich glaube wohl, daß es ein jeder unter euch gerne eingestehen wird, daß seines Bleibens auf dieser Welt nicht sei, daß er davon und alles Sichtbare zurücklassen müsse. Diß wird ein jeder eingestehen, aber es gehört doch noch mehr dazu. Manche glaubens freilich, aber es ist ihnen leid genug, daß sie es glauben müssen; es wäre ihnen recht, wenn es anders wäre, wenn sie auf dieser Welt festen Fuß hälten. Denn unserer Natur steckt es eben in Kopf und Herzen, daß sie gerne ein Bürgerrecht in dieser Welt hätte und es lauft zulezt bei einem Kind dieser Welt auf Pf. 49 hinaus: biß ist ihr Herz, daß ihre Häuser währen für und für und haben große Ehre auf Erden. Man muß also schon bei lebendigem Leib von dieser Welt Abschied genommen haben, wenn einer mit Ernst sagen kann: wir haben hier keine bleibende Stadt. Wie kommt man also dazu, daß man diese Worte zu seiner Losung macht? Darüber gibt das Evangelium einige Fingerzeige. 1. Wenn man sich aus dem Haufen der Weltbürger heraus erwählen läßt. Solche Leute waren die Jünger. Sie waren schon einige Jahre in der Nachfolge Jesu und hatten um derselben willen alles verlassen. Da wurde ihnen die Welt mit ihren Sachen fremd, es wurde bei ihnen ausgemacht: hier wollen wir nichts mehr suchen, sondern wir bleiben bei unserm Herrn und wollen bei ihm aushalten. Der Gehorsam gegen den himmlischen Beruf kann uns also allein zu der Ueberzeugung bringen, daß wir hier keine bleibende Stadt haben. Denn wenn deines Bleibens auf dieser Welt wäre, wenn dich Gott dafür bestimmt hätte, so würde er dir keinen Antrag auf die zukünftige Welt machen und dich damit von den Leuten dieser Welt herausberufen. 2. Je mehr man in dieser Welt allerlei Furcht und Schrecken spürt, desto mehr wirds einem gewis: wir haben hier keine bleibende Stadt. Auch biß haben die Jünger erfahren; darum spricht ihnen

Jesus zu: euer Herz erschrecke nicht ꝛc. Wer in einem Ort zu Hause ist, der ist ruhig, der hat keine Furcht; wer aber in der Fremde ist, der hat allerlei Schrecken, den macht bald dieses, bald jenes schüchtern und blöde. Wenn z. E. ein Fremder in einen Ort hineinkommt, so ist er eben furchtsam, denn er weiß: ich darf mir da nichts herausnehmen, ich muß mir allerlei gefallen lassen. Und eben so gehts einem Gläubigen. Er hat in dieser Welt allerlei Furcht; aber eben daran erkennt er, daß er keine bleibende Stadt hat. 3. Wer den Lauf Jesu ansieht, der lernt glauben, daß er hier keine bleibende Stadt habe. Was war der Lauf Jesu anders, als ein Weg durch diese Welt zum Vater? Diesen Lauf hält Jesus seinen Jüngern vor, wenn er sagt: wo ich hingehe, wisset ihr. Wenn also der Anführer unserer Seligkeit keine bleibende Stadt in dieser Welt gesucht hat, so suchen die Seinigen auch keine; denn der Ruf eines Gläubigen: heißt Jesu nach! 4. Wer es von Herzen glauben lernt: es gibt ein Haus des Vaters. Davon überzeugt Jesus: seine Jünger: in meines Vaters Hause sind viele Wohnungen ꝛc. Dahin ist es also mit uns abgesehen. — So soll es nun ausgemacht sein bei einem Gläubigen: wir haben hier keine bleibende Stadt.

II. **Desto mehr läßt er sich angelegen sein, die künftige zu suchen.** Dazu gehört mancherlei. 1. Er gibt sich Mühe, gewiß zu werden, daß er auch ein Theil an dieser Stadt habe. Was würde es uns helfen, wenn wir viel von des Vaters Haus, von der künftigen Stadt wüßten, wir wären aber unsers Antheils daran nicht gewis; wir würden uns um dieselbe nicht viel bekümmern; aber wenns einmal gewis ist: ich gehöre auch in diese Stadt hinein, so geht das Suchen immer mehr an und in dem rechten Lauf fort. Diß bezeugt Jesus, er gehe hin, seinen Jüngern auch einen Platz darin zu bereiten: Ich bereite euch eine Stätte ꝛc. O daß wir sagen könnten: da ist mein Theil und Erbe mir prächtig zugericht: 2. Zu diesem Suchen gehört auch, daß man den Weg weiß. Diesen wollten die Jünger nicht recht wissen, deswegen sagt ihnen Jesus: ich bin der Weg ꝛc.

Die künftige Stadt läßt sich also ohne Jesum nicht finden. Jesus ist der Weg, nicht deine eigene Gerechtigkeit, nicht deine eigene Frömmigkeit, deine eigenen guten Meinungen, nach denen du das Seligwerden angreifst. Er hat uns diese Stadt erworben und bereitet. Er will uns auch dahin führen; denn er ist der Weg. Er ist aber auch die Wahrheit. Es gibt allerlei falsche Führer, die einem andere Wege weisen wollen, aber er ist allein die Wahrheit. Man mag dich bereden, was man will, wenn dirs der eine zu leicht und der andere zu schwer macht, so halte dich an ihn: er ist die Wahrheit. Er ist auch das Leben. Wenn dirs an Kraft mangelt, wenn du müde wirst, so stärkt er: wenn deine Hände lässig sind, wenn deine Knie wanken, so richtet er dich auf geschwind und führt dich in die Schranken. Diesen Weg behalte, so wirst du gewis nicht verirren. 3. Zum Suchen gehört, daß du den Vater kennest in Jesu Christo; 4. daß du das Gebet zu deinem Wanderstab machst.

## 23. Leichen-Predigt.

Text: Psalm 31, 16. (26. Mai 1781.)

„Unsere Zeiten sind in deiner Hand, lehr sie deuten bis zum Vaterland." Mit diesem Sinn sollten wir in jeden Tag unserer Pilgerschaft eintreten; das würde uns immer näher zur Klugheit der Gerechten hinbringen. Was haben wir nun nach diesem Sinn zu thun? Wir sollen die Zeiten unsers Lebens als etwas ansehen, darüber wir nicht Herren sind, sondern die unter der Willkür dessen stehen, der alle Tage auf sein Buch geschrieben; wir sollen sie ansehen als etwas, das bis in jene Welt hineinreicht, das einmal vieles wird zu bedeuten haben. Wenn wir aus dem Lichte der Ewigkeit auf dieselben zurückschauen, so werden wir sehen, wie wichtig jeder Tag gewesen sei, den wir auf dieser Welt gelebt; da werden wir sehen, was es für ein wichtiger Austheiler gewesen sei, den Gott in Absicht auf die Zeiten unsers Lebens gemacht. Der Mensch fährt in seinem natürlichen Leichtsinn über seine Lebenszeit dahin und macht wenig Ueberlegung darüber. Da trifft es freilich ein, wie Moses Psalm 90 schreibt: unsere Tage fahren dahin wie ein Strom 2c. So geht es bei einem Menschen, der noch ganz unter dem Gesetz der Vergänglichkeit steht. Er kommt um seine Lebenszeit, er weiß nicht wie; er schwimmt in dem Strom der Zeiten fort, bis er endlich von dem Wirbel der Ewigkeit verschlungen wird. Aber so soll es bei einem Gläubigen nicht sein. Dieser hat die Wage der Ewigkeit in seiner Hand und auf dieser wägt er seine Zeiten ab. Zu diesem Sinn wollen wir uns ermuntern 2c.

**Wie ein Gläubiger seine Lebenszeit ansehen lerne.**

**I. Die Lebenszeit eines Gläubigen begreift viel und mancherlei in sich.** Es gibt darin allerlei Auftritte und Zufälle, es gibt verschiedene Abwechslungen, es kommt mancherlei vor, an das man nicht gedacht, worauf man sich keine Rechnung gemacht hätte. Deswegen sagt David: meine Zeiten sind in deiner Hand. Der Lebenslauf Davids ist selber ein deutliches Exempel davon. Er hatte auch verschiedene Zeiten, gute und böse, traurige und fröhliche. Er hatte gute Zeiten in seiner Jugend, da er im Hirtenleben aufgewachsen, da er manche Gnade und manchen Schutz Gottes genossen, da er unvermerkt und wider sein Hoffen von Gott zum König erwählt wurde. Hernach aber kamen wieder andere Zeiten. Denn da er schon zum König erwählt war, ging erst das Leiden an: da wurde er von Saul herumgejagt, daß er seines Lebens nicht sicher war, und zuletzt mußte er gar aus dem Lande fliehen und Jahr und Tag sich bei den Feinden des Volks Gottes, den Philistern, aufhalten, bis endlich Saul umgekommen und ihm dadurch der Weg zum königlichen Thron aufgethan war. Da er nun wirklich König war, hatte er mit den umliegenden Völkern Kriege zu führen, unter welchen aber die Hand des Herrn ihn stärkte. Das waren also wieder andere Zeiten, als die vorigen. Als er eine Weile in der Regierung war, gab es wieder andere Auftritte.

Da kamen Zeiten der Versuchung, Zeiten der Sichtung, da er von seinem Fleisch dahingerissen und übernommen wurde und darüber Gott ihn besonders in die Zucht nehmen mußte. Denn da wurde er von seinem eigenen Sohn Absalom verfolgt und mußte seine königliche Burg verlassen. Das waren freilich traurige Zeiten; aber der Herr half ihm auch wieder hindurch, er ließ ihn Gnade finden und sezte ihn wieder in das Königreich ein. End= lich ging es mit ihm dem Ende seiner Zeiten zu. Diese waren ihm noch besonders gesegnet. Er wendete sie an zum Dienste Gottes, zur Einrichtung des Gottesdienstes, zur Einsammlung der Beisteuern zu dem Tempel und zu heiteren Blicken auf den versprochenen Messias. So ging er aus der Welt. Diß ist ein kurzer Abriß von den Zeiten Davids.

So wird ein Gläubiger auch noch jezt allerlei Zeiten in seinem Leben finden, wenn er darauf acht geben will. Du wirst Zeiten finden, da der Geist Gottes an deinem Herzen gearbeitet, da Gott sein gnädiges Wort über dir erweckt, da er seine ewigen Friedensgedanken über dir hat erwachen lassen, da dir ein Wort von der ewigen Erwählung ist kund worden. Das sind selige Zeiten! Diese machen erst alle deine übrigen Lebenszeiten helle. Du wirst Zeiten finden, da dich Gott auf die rauhe Bahn, in allerlei Leiden und Proben hineingeführt, z. E. in Krankheiten, in Verlust zeitlicher Güter, in Verfolgung, da du von Andern herumgetrieben worden. Auch das sind wichtige Zeiten; auch bei diesen hat Gott große Ab= sichten, Liebesabsichten mit dir gehabt. Diese hast du können benuzen und anwenden zur Ewigkeit. Du wirst aber auch Zeiten finden, da dir Gott wieder Raum ge= macht, da er dein Haupt emporgehoben, da er dir Gutes gethan hat, da du seine Freundlichkeit von innen und außen erfahren. Wiederum wirst du Zeiten finden, da du in Leichtsinn und Sicherheit in Geringschäzung der Gnade hineingefallen, da du von dem Fleisch gesichtet und betäubt worden. Das sind freilich Zeiten, die du dir selber machst, daran Gott nicht schuldig ist. Aber doch will Gott seine Hand auch über solche Zeiten aus=

breiten und durch die Zucht seiner Gnade wieder in die rechte Bahn leiten; wenn es auch durch tiefe und empfindliche Leiden gehen muß. Das sind Zeiten der Zucht, Zeiten der Zurechtbringung. Endlich wirst du auch Zeiten finden, da es der Ewigkeit immer näher zugeht: du wirst spüren, wie dich je und je eine Luft der Ewigkeit anweht, wie ein Zug in jene Welt hinüber an dich kommt, der dich von der Welt und von dir selber abreißt. Diß ist Gnade, die der Herr gerne an jedem Menschen, besonders an seinen Gläubigen beweist. Denn er will uns nicht so hinweggraffen. Es kommt also nur darauf an, daß du auf solche Zeiten merken lernst. Diß ist ein kurzer Fingerzeig, wie viel die Lebenszeit eines Menschen und besonders eines Gläubigen auf sich habe.

II. Wie hat ein Gläubiger diese Lebenszeit **anzusehen**? Antwort: als etwas, das in den Händen des Herrn steht. Diß ist eine große Wohlthat und ein großer Trost für einen Menschen, besonders für einen Gläubigen. Es sind so viele Feinde im Sichtbaren und Unsichtbaren, die alle sehr aufmerksam auf unser Leben und die Zeiten unsers Lebens sind und die froh wären, wenn sie unser Leben in ihrer Hand hätten und damit schalten und walten könnten, wie sie wollten; aber der Herr will freie Hände darüber behalten. 1. Unsre Zeiten sind nicht in der Hand unsers Feindes, als des Mörders von Anfang; denn dieser gibt sich alle Mühe, daß er uns um unsre Gnadenzeit bringe, daß er uns unachtsam darauf mache, daß er uns, wenn es bei ihm stünde, dieselbe abkürzte. 2. Unsre Zeit steht nicht in den Händen der Welt. Diese brächte uns auch gern um unsre beste Zeit; sie möchte uns gerne mit ihrem Rausch dahinnehmen und in dem Strom ihrer Eitelkeiten fortreißen. Ein Mensch, der die Gnade ergriffen hat, weiß es wohl und es thut ihm wehe genug, daß die Welt ihm so viel edle Zeiten weggestohlen hat durch Schwätzen, durch elende Besuche, Gesellschaften und andern Zeitvertreib. 3. Unsre Zeit steht nicht in unseren eigenen Händen. Diß ist auch gut. Wie leichtsinnig würden wir damit umgehen! wie würden wir den Herrn oft meistern und ihm vorschreiben wollen! 4. Sie steht in den Händen des Herrn. Dieser behält sich vor, den ganzen Austheiler unserer Stunden und Zeiten zu machen, alles nach seinem Wohlgefallen einzurichten und in eine selige Harmonie mit der Ewigkeit zu bringen.

Diese Wahrheit ist a. ein großer Trost. Es ist sehr tröstlich, zu wissen, daß der Herr um unsre Zeiten so besorgt ist, daß es ihm nicht gleich gilt, wie wir sie zubringen, daß er so gerne in unsre Zeiten hineinwirkt, seine Gnade darüber ausbreitet, darüber wacht. b. Ein großer Grund der Zufriedenheit. Er weiß schon, wie er es zu machen hat; wir wollen es also recht sein lassen, wie ers macht, unsre Gedanken damit stillen und in ihm ruhen. — c. Ein Trieb zur Treue und Wachsamkeit, damit man seine Tage wohl anwende, daß man auf die Hände des Herrn sehe, daß man sich ihm immer mehr empfehle. Dieses ist der Sinn einer jeden glaubigen Seele.

## 24. Leichen-Predigt.

(Am Feiertag Jacobi den 25. Juli 1781.)

Text: Ps. 42, 1. 2, nebst der Perikope Mat. 20, 20—23.

Wenn ein Glaubiger auf seinen Lauf Acht gibt, so findet er, daß es in demselben durch allerlei Abwechslungen lauft: das eine mal ist sein Herz erweitert und steht er in einem seligen Genuß der Güte, der Freundlichkeit und der nahen Gegenwart Gottes, das andere mal ist er wie ein dürres Land, wie eine ausgetrocknete Scherbe. Das einemal kann er sich über alles aufschwingen, sein Geist ist wie ein freigelassener Vogel, er schwingt sich in die Höhe und kann alles, was hienieden ist, mit einem geringschäzenden und gleichgiltigen Blick ansehen, daß es bei ihm heißt: Erd und Himmel wurde kleiner, weil ich hoch im Steigen war; das andere mal ist er niedergedrückt und es geht aus dem Ton des 130. Psalms: aus der Tiefe rufe ich, Herr, zu dir. So gibt es also allerlei Abwechslungen. Er wünschte freilich immer mehr in einer beständigen und gleichen Ver-

faſſung zu ſein. Allein das kann nicht ſein. Das wäre
wider den Austheiler, den der Herr ſelber gemacht. So
lang man in dieſem Leibe wohnt, wo zweierlei Geſez iſt nach
Röm. 7, ſo lang man in dieſer Welt iſt, ſo muß es durch
allerlei Abwechslungen gehen. Doch iſt bei allen dieſen
Abwechslungen etwas Beſtändiges in dem Lauf eines Gläubigen, nemlich das Verlangen des Geiſtes nach Gott,
nach dem lebendigen Gott. Diß ſoll von rechtswegen
immer da ſein. Es hat zwar dieſes Verlangen auch ſeine
Abwechslungen: es iſt bald ſchwach bald ſtark, bald mehr,
bald weniger empfindlich; doch geht es nie ganz verloren
und je länger man in der Laufbahn des Glaubens fortwandelt, deſto gewurzelter wird es.

Das Verlangen eines Glaubigen nach
Gott.

I. Wie es erweckt und vermehrt werde. Das
Verlangen oder die Begierde iſt eine der erſten Kräfte
unſrer Seele. Es gibt keine menſchliche Seele, die nicht
eine ſolche Kraft des Verlangens hätte. Was in einem
Samenkorn der Trieb des Wachsthums iſt, daß es ſich
ausbreitet und in die Höhe treibt, das iſt in unſerer
Seele das Verlangen. Und wie das Samenkorn nicht
wachſen könnte ohne dieſen innern Trieb, ſo könnte unſre
Seele auch nicht wachſen, ſie bliebe ohne alles Bild, ohne
alle Geſtalt, wenn dieſes Verlangen nicht wäre. Es liegt
alſo in eines jeden Menſchen Seele ein Verlangen und
zwar ein Verlangen nach Gott. Diß Verlangen nach
Gott iſt von Gott ſelbſt in unſre Seele hineingelegt.
Wie das Samenkorn ſeinen Trieb zum Wachſen ſich nicht
ſelber gegeben, ſo hat auch unſre Seele dieſen Trieb ſich
nicht ſelber gegeben, ſondern er iſt von Gott. Aber
wenn ein ſolches Verlangen nach Gott in jeder Menſchen-
Seele iſt, ſo möchte man fragen: warum ſieht man ſo
wenig an den Menſchen von dieſem Verlangen? Es gibt
ja ſo Viele die ſo in dem Gange dieſes Lebens hineingehen und man ſpürt ihnen nichts davon an, es kommt
bei ihnen nie dahin, daß ſie, mit ihrer Seele zu Gott
ſchreien. Ja es zeigt ſich bei ihnen vielmehr ein ganz
anderes Verlangen: der eine will dieſes, der andere etwas

anderes und sie fallen mit ihrer Begierde auf alle andere Dinge, nur auf Gott nicht. Ist also dieses Verlangen gar nicht in diesen Leuten, haben sie gar nichts davon in ihrer Seele? Antwort: die Sünde hat uns das Ziel verrückt. Das Verlangen ist da, aber es hat sein rechtes Ziel verloren, es weiß nicht, wo es sich hinwenden soll. Da fehlt es also diesen armen Leuten. Oder im Gleichnis: so lang das Samenkorn nicht im Boden ist, weiß man nicht, ob ein wachsender Trieb darin ist oder nicht; oder wenn man ein Samenkorn in lauter Stein oder Wasser säen wollte, so würde es auch nicht wachsen. Siehe, so ists auch mit deinem Verlangen: es kann sich nicht regen, wenn es nicht an den rechten Ort kommt. Oder wenn man ein Samenkorn viele Jahre außer dem Boden wollte aufbehalten, so könnte der wachsthümliche Trieb darin auch verderben. Eben so wird es mit dem in dich eingesenkten Verlangen nach Gott gehen: wenn du es so lange außer seinem Grund und Boden liegen läßest, so wird deine Seele zuletzt wie ein taubes Samenkorn. Es muß also dieses Verlangen in uns erweckt werden. Dazu braucht Gott allerlei Mittel: bald Wohlthaten, daß er dich seine Liebe fühlen läßt, bald Leiden, wodurch er dasjenige hinwegräumt, was dein Verlangen niedergedrückt. Ueberhaupt wird es sich regen, sobald du etwas von Gott fühlst; da regt und bewegt sich gleich der innere Lebenskeim in dir und will sich hervorthun. Laß also dieses Verlangen nur einmal recht in dir erweckt werden, alsdann wird es sich immer mehr ausbreiten und stärker werden. Von dieser Stärke des Verlangens braucht David zwei nachdrückliche Worte. 1. Meine Seele schreit zu Gott. Diß ist nicht ein bloßes Verlangen, sondern ein recht heftiges und sehnliches Verlangen. Man kann nicht schweigen dabei, man redet, man ruft, man schreit. Ein solches Verlangen ist freilich oft mit Schmerzen verbunden, aber das schadet nichts, es ist vor Gott nur desto angenehmer. Und solche Umstände müssen nur dazu helfen, daß es desto mächtiger wird und sich aus seinen Banden loswindet. 2. Meine Seele dürstet nach Gott. Diß ist auch ein höherer Grad des Verlangens. Wenn wir im Leiblichen Durst haben, so sind wir nicht ruhig, bis er gestillt ist. Wenn man einem Durstenden schon allerlei andere Vergnügen machen wollte, so würde er eben doch nicht damit zufrieden sein, sondern er würde sagen: ich muß eben getrunken haben, sonst bin ich nicht ruhig. So ist es, wenn unser Verlangen nach Gott einmal recht groß ist. Es ist oft in unserer Seele ein Verlangen nach Gott, aber wenn man uns wieder andere Dinge vorhält, so vergessen wirs. Diß ist ein Beweis, daß das Verlangen noch nicht groß ist. Hingegen wenns einmal so ist, daß es heißt: ich muß eben meinen Durst stillen, alsdann ists recht. Prüfe dich, wie es mit deinem Verlangen nach Gott steht!

II. Womit dieses Verlangen gestillt werde. 1. Es wird gestillt mit Gott und mit dem seligen Genuß, den die Seele von Gott hat; denn dieser ist eigentlich das Ziel unseres Verlangens. Dazu ist unsere Seele da, den gnädigen, freundlichen Gott zu genießen. Wenn uns Gott mitten in den Himmel und in alle Freuden desselben hineinsezte, und wir hätten nichts dabei von ihm selbst zu genießen, so wäre der Himmel kein Himmel. Das hat Assaph wohl verstanden, deswegen sagt er Ps. 73: wenn ich nur dich habe, so frage ich nichts nach Himmel und Erde. Du mußt also Gott selbst genießen, sonst wird dein Verlangen nicht gestillt. Was es um diesen Genuß sei, das kann man dir nicht genug sagen, das mußt du erfahren. Es ist aber ein seliger Genuß; es ist ein Genuß des lebendigen Gottes. Was du genießest, ist lauter Leben und macht dich zu lauter Leben. 2. Es wird gestillt durch das Angesicht Gottes. Diß Angesicht sind alle die besonderen Offenbarungen der Freundlichkeit und Liebe Gottes. Dieses Angesicht konnte man im A. T. besonders im Tempel und in der Stiftshütte genießen. Diß meint David in unserm Text, weil er damals auf der Flucht und von dem Gottesdienst entfernt war. So will Gott auch unser Verlangen noch jezt stillen durch die mancherlei Anstalten, die er auf Erden gemacht hat, ihn zu genießen in seinem Wort, in den Sakramenten, in der Gemeinschaft der Gläubigen. Wenn ein Mensch diese Dinge lange missen kann, so stehts nicht gut bei ihm. 3. Es wird gestillt in jener Welt. Hier wird der Durst nie gelöscht, dort aber wird er gestillt und zwar auf eine höhere Weise: a. durch das Angesicht Gottes, b. durch die Mittheilungen Gottes, durch Wasser des Lebens, durch Manna u. s. w. c. durch Gemeinschaft mit allen Seligen. Was wird es da sein! Ach hilf uns durch deine Gnade selig hinüber, balde mein Heiland, je bälder, je lieber. Amen.

## 25. Leichen-Predigt.

Text: 1 Thess. 5, 9. 10. (9. Okt. 1781.)

Paulus redet im Text mit den gläubigen Thessalonichern, die in einem seligen Anfang der Bekehrung standen, die aber über die lezten Dinge, über den Tod der Ihrigen und über den Tag Christi in allerlei Sorgen und ängstlichen Gedanken gerathen waren. Ueber diese ängstlichen Gedanken sucht er sie nun zu beruhigen. Was den Tag Christi betrifft, so wußten sie, daß derselbe einmal unvermuthet einbrechen und der Herr wie ein Dieb kommen werde. Da dachten sie: wenn man so gar keine Zeit und Tag weiß, an welchem der Herr kommt, so könnte uns die Zukunft Christi gar leicht unbereitet antreffen; da könnten wir dann mit der sichern Welt auch dahingerissen werden und um unsre Seligkeit kommen. Deswegen wünschten sie, daß der Herr ihnen mehrere und nähere Nachricht von den Zeiten und Fristen, die seiner Zukunft vorangehen, geben möchte, damit sie wüßten wo sie daran wären und es desto weniger an den nöthigen Vorbereitungen möchten fehlen lassen. Hierüber belehrt sie nun Paulus und bezeugt ihnen, sie haben nicht nöthig, die näheren Zeiten und Fristen zu wissen. Er gibt ihnen zwei Gründe an: erstens sie seien ja von ihrer Bekehrung an Kinder des Lichts und Kinder des Tages; durch diese Veränderung seien sie schon geflüchtet, es möge nun mit dem Tag des Herrn gehen, wie es wolle. Zweitens, sie sollen wissen, daß Gott sie nicht zum Zorn gesetzt habe, sondern daß es ihm selber daran liege, daß sie der Seelen Seligkeit einmal davon tragen. Sie dürfen also ruhig sein.

Was gibt dem Menschen wahre Beruhigung im Leben und Sterben?

1. Wenn er glaubt: es liegt Gott daran, daß ich errettet werde. Dieser Gedanke muß die Wurzel aller unsrer Gedanken sein; dieser muß so fest als ein Fels in unsrer Seele dastehen, daß alle Zweifel und Aengstlichkeiten daran zerschellen. Aber bis dahin geht es durch allerlei Erfahrungen des Unglaubens, Mistrauens und der Kleinmüthigkeit hindurch. Man meint oft wohl, man sei von dem Liebesrath Gottes über die Menschen überzeugt, man wisse, wessen man sich von Gott zu versehen habe; aber wenn man in allerlei Leiden und Aengste hineinkommt, so findet man erst, daß der Glaube an diese Wahrheit nicht in unsrer Gewalt steht und daß sie von dem Finger Gottes selber muß in unser Herz hinein geschrieben werden. Hat es bei den glaubigen Thessalonichern noch so manche Zweifel deswegen gegeben, was wollen diejenigen sich herausnehmen, die noch keinen Grund und Anfang des Glaubens in sich haben? Es gehört eine ganze Umgestaltung der Seele dazu, bis man diese Wahrheit glaubt und wenn man sie einmal glaubt, so geht es noch durch allerlei Proben hindurch, bis man sie zwei=, drei=, viermal, ja wohl hundertmal hat glauben gelernt, bis man damit auf alle Fälle, Zeiten und Orte gewaffnet und ausgerüstet ist. Mit diesem Glauben kann man durch alles hindurch, dieser ist der Schlüssel zu allem, was in unserem Lauf räthselhaft ist; wenn wir selber oft nicht wissen, wo wir daran sind, so gibt dieser Gedanke den Ausschlag. Wenn es dir z. E. in deinem äußeren Lauf hart geht, wenn du meinst, Gott habe dich im Leiblichen verkürzt und übersehen, wenn du denkst, eben dieser mühsame Weg könne dir zu einem Hindernis am Heil deiner Seele werden, so wisse: Gott hat dich nicht gesezt zum Zorn 2c. Wenn es in deinem Christenlauf durch allerlei innere Versuchungen geht, wenn du unter dem Kampf mit der Sünde in allerlei misliche Gedanken geräthst, so tröste

dich mit dieser Wahrheit. Wenn es in der Haushaltung Gottes allerlei gefährliche Zeiten, Zeiten der Verführung gibt, so tröste dich mit dieser Wahrheit. Wenn dich die ungewisse Zeit deines Todes ansicht, wenn du nicht weißt, welche Stunde der Herr kommen wird, so fliehe in diese Wahrheit als in eine Festung hinein. Und wenns einmal zum wirklichen Sterben kommt, so laß diese Wahrheit deinen Halt sein und nimm sie mit hinüber.

2. Einen Trost im Leben und Sterben gibt es auch, wenn du die Absicht Gottes glauben lernst, die er mit dir hat bis auf den Tag Christi hinaus. Diese Absicht beschreibt Paulus so: wir sollen, wir mögen wachen oder schlafen, einmal sammt Christo leben. Gott hat also für unsern ganzen Lauf gesorgt, nicht nur wie er durch diese kurze Zeit hindurch geht, sondern auch, wie er sich durch die Reihe der Zeiten nach unserm Tod bis auf den Tag Jesu Christi hin erstreckt. Wir sollen leben; der Tod soll also an einem Gläubigen keine Gewalt mehr ausüben dürfen; das Leben, welches einmal in ihn gepflanzt worden, soll sich durch alles hindurchschlagen, durch Grab und Verwesung. Wir sollen mit Christo leben. Damit will Paulus sagen: so bald einmal die Ankunft Christi geschehe, werde er auch seine Gläubigen, welche schlafen, zum Leben rufen; er werde keinen derselben zurücklassen. Wir sollen mit Christo leben, der für uns gestorben ist. So wahr sein Tod uns zu statten kommt, so wahrhaftig soll uns auch sein Leben zu statten kommen. Der dich aus dem Tod herausgeführt hat, wird dich auch zum Leben führen mit Christo, der uns zum ganzen Heil bringen will und uns zu seinem Eigenthum gemacht hat.

## 26. Leichen-Predigt.

Text: Offenb. 21, 6. (25. Okt. 1781.)

Wen dürstet, der komme zu mir und trinke, so schrie Jesus, da er auf dem Laubenfest zu Jerusalem war. Dieser Ausruf ging aus dem innersten Herzen Jesu heraus und man kann aus allen Umständen sehen,

wie ihm daran gelegen war, diese Worte allen seinen
Zuhörern recht ins Herz hinein zu rufen; denn es heißt,
er habe sich hingestellt und geschrieen. Sonst heißt es
von ihm: er wird nicht rufen noch schreien, man wird
auch seine Stimme nicht hören auf der Gasse. Er legte
seine Zeugnisse meistens in einer gewissen Stille ab.
Wenn er also je und je schrie, so muß es etwas zu be=
deuten haben. Dieser Ruf hatte also etwas auf sich und
ist um so wichtiger, da er ihn kaum ein halbes Jahr
vor seinem Tode that. Er hatte da auf dem Lauben=
fest noch eine gute Gelegenheit, eine Menge Menschen
einzuladen; diese Gelegenheit wollte er nicht unbenutzt
vorbeigehen lassen, seinen brennenden Eifer für das Heil
der Menschen recht an den Tag zu legen; er rief also
noch zu guter Letze: wen dürstet ꝛc. Wer nun ein offenes
Herz hatte, dem mögen diese Worte etwas ausgetragen
haben und wer sich dadurch zu Jesu hinziehen ließ, der
hat eine Erquickung erfahren, die ihm noch jetzt wohl thun
wird. In unserem Text kommt auch ein solcher Ausruf
vor, der einem jeden tief zu Herzen dringen soll. Es
ist ein Ausruf, der vom Thron Gottes herab erschallt
und der alle, die ihn hören, zu dem Thron hinziehen will.
Da mag man wohl sagen: selig sind, die da hören! Wer
diesen Ruf überhört, der hat vieles versäumt; wer ihn
aber zu Herzen nimmt, der hat eine selige Anwartschaft
auf die frohen Zeiten der Erquickung.

Die Einladung des Herrn zu dem Wasser
des Lebens.

I. Wie viel diese Einladung auf sich habe.
Sie ist etwas Wichtiges, denn es wird etwas Großes darin
verheißen, nemlich Wasser des Lebens. Wir dürfen uns
dasselbe nicht als etwas Geringes vorstellen. Weil das
Wasser bei uns etwas Allgemeines und Gewohntes ist,
weil man es nicht sonderlich achtet, so könnte man leicht
verleitet werden, auch von dem Lebenswasser gering und
niedrig zu denken; man könnte im Leichtsinn sprechen,
wie man oft auf der Welt, wiewohl aus undankbarer
Verachtung spricht: Wasser ist eben Wasser! Nein,
hier ist von einem Wasser die Rede, dessen Geschmack

und Vortrefflichkeit über unsere irdischen Sinne und Begriffe weit hinausgeht. Denn

1. Es ist ein Wasser des Lebens. Es ist also voll von göttlichen und himmlischen Lebenskräften, wodurch das innere, neue Lebensgewächs in dem Menschen belebt, erquickt und zu einem beständigen, frohen Wachsthum genährt wird. Was für eine große Kraft hat das Wasser auf unserer Erde an den Gewächsen; wie weit kann man eine Pflanze bringen, wenn man ihr fleißig und zu rechter Zeit Wasser gibt! Wie lange kann man sie vor dem Verwelken verwahren! und doch ist es eben irdisches Wasser, das den Gewächsen keine bleibende Dauer geben kann. Aber Wasser des Lebens ist etwas, wobei kein Sterben, kein Verwelken aufkommen kann. Da ist ein beständiges Grünen und Wachsen. Ein Mensch, der dieses Lebenswasser genießt, darf denken: nun wird mein inneres Lebensgewächs grünen; ich werde sein, wie ein grüner Oelbaum im Hause des Herrn; nun wird das Gewächs der Gerechtigkeit in mir unter sich wurzeln und über sich Frucht bringen. Wer sich in seinem alten Zustand kennt, wer einsieht, was er für ein dürres Reis, für ein abgestaubener Storr von Natur ist, der wird sich gewis nicht vergeblich zum Wasser des Lebens einladen lassen.

2) Es ist ein Wasser, das niemand geben kann, als allein der Herr. Darum sagt er: ich will dem Dürstenden geben. Kein Engel, kein Seliger, keine Creatur kann uns dazu verhelfen, sondern der Herr allein gibt es. Es muß also auch aus diesem Grund ein vortreffliches Wasser sein. Der Herr, der dieses Wasser verheißt, gibt sich einen großen Namen; er nennt sich das A und O den Anfang und das Ende. Eben so ist auch das Wasser, das man von ihm empfängt: es ist von allen Mittheilungen und Erquickungen, die wir nöthig haben, das A und O, Anfang und Ende. In dem Gespräch Jesu mit der Samariterin ist auch von lebendigem Wasser die Rede, das eine Seele gleich anfangs, sobald sie sich zum Herren wendet, bekommt und das in ihr ein Brunn wird, der in das ewige Leben quillt. Dieses Wasser ist also der Anfang des neuen Lebens und in

unserm Texte wird es denen verheißen, die durch die Gnade des Herrn selig zum Ziel gebracht sind: da ist es also das Ende des neuen Lebens. Es ist also ein Wasser, das alles und alles in sich begreift, das einzige Wasser, außer dem es sonst keines gibt, womit uns recht geholfen wäre.

3. Von diesem Wasser ist auch C. 22, 1. die Rede, da heißt es, es fließe von dem Thron Gottes und des Lammes her. In diesem Wasser theilt sich also Gott und das Lamm den Seligen mit und dieses Wasser ist es, wodurch sich der heilige Geist in jener Welt mittheilen wird, dessen Geschäft es sein wird, alles was in Gott und Jesu Christo ist, in die Menschen überzuleiten. Der heilige Geist wird öfters unter dem Bilde des Wassers verheißen. So spricht Gott Jes. 44, 3: Ich will Wasser gießen 2c. Und was wird die Folge davon sein? Dieß wird V. 4. 5. beschrieben: a. sie werden wachsen b. dieser wird sagen: ich bin des Herrn 2c. Wer also dieses Wasser kostet, der kann mit Grund sagen, wem er gehöre, der ist seines Antheils an Jakob und Israel gewis. In einer solchen Verbindung steht auch die Verheißung unsers Textes. V. 3 heißt es: sie werden sein Volk sein 2c. Wer also zum Volk Gottes gehört, der hat Theil an diesem Wasser; von dem gilt auch, was Jes. 33, 16 steht: sein Brot wird ihm gegeben, sein Wasser hat er gewis. Von diesem köstlichen Wasser wird auch gemeldet in dem Tempel Ezechiels in der lezten Zeit. Dasselbe haben auch diejenigen zu genießen, die das Lamm auf dem Berg Zion waidet.

II. Wer wird dieser Einladung froh?

1. Wer das Wörtlein „umsonst" versteht. Es wird umsonst gegeben. Diß ist etwas Tröstliches. Allein so tröstlich dieses Wörtlein ist, so schwer hält es, bis man es recht versteht, bis man sich desselben von Herzen annehmen kann. Es sind hauptsächlich zwei Stücke, die uns an dem Genuß der göttlichen Verheißungen aufhalten: a. das Gefühl unserer eigenen Unwürdigkeit. Unser Gewissen sagt uns, daß wir eigentlich dieses Lebenswassers unwerth wären; wir verdienten, daß uns Gott verborgen

und wie trockene Scherben daliegen ließe. Da werden wir oft blöde und wagen nicht davon zu nehmen. Solchen Blöden ruft der Herr zu: wer will, der nehme umsonst. b. Die Einbildung auf unsere eigene Gerechtigkeit, da man schon satt ist, da man dieses Wasser in seinem Sinn entweder nicht so nöthig hat, oder da man in seinem vermeinten Wohlverhalten eine Ansprache daran sucht. Aber es ist umsonst, es ist ein freies Gnaden-Geschenk.

2. Wer einen rechten Durst hat. Dieser ist das Hauptsächlichste was erfordert wird, wenn man am Lebenswasser Theil haben will; aber daran fehlt es eben meistens. Denn a) einige haben gar keinen Durst. Man geht so dahin, denkt wenig daran, ob es auch etwas Besseres gebe. Das ist unsere Gleichgiltigkeit gegen göttliche Dinge, die wir oft an uns vorübergehen lassen. b) Einige haben einen falschen Durst, nemlich sie wollen ihren durstigen Geist mit etwas Irdischem laben: sie sind mit Sumpfwasser zufrieden. Von diesen gilt die Klage Jeremiä 2, 13: mein Volk thut eine zweifältige Sünde ꝛc. c) Einige haben nur einen halben Durst: sie möchten wohl auch gern von diesem Wasser haben, aber es ist kein rechter Ernst bei ihnen, sie vergessen ihren Durst bald wieder. Trachte also nach dem rechten Durst, laß dir dein Verlangen nicht übertäuben. Wie viele Gelegenheiten macht Gott zu diesem Durst! Wohl dem, der ihn hat und mit in die Ewigkeit hinüber nimmt. Matth. 7, 6.

## 27. Leichen-Predigt.
(An Mariä Reinigung den 2. Febr. 1782).
Text: Luc. 2, 29—32.

Was zu einer seligen und friedsamen Hinfahrt erfordert werde.

1) Daß man das Zeugnis hat, man habe dem Herrn gedient.

Simeon nennt sich einen Diener des Herrn. Diß ist etwas Liebliches, wenn man weiß, ich habe dem Herrn gedient. Mit einem solchen Blick konnte Simeon auf seine Lebenszeit zurücksehen. Er war ein Prophet und hatte sich in seinem ganzen Leben darauf beflissen, mit dem Willen und den Verheißungen Gottes immer besser bekannt zu werden und je mehr er in dieser Erkenntnis zunahm, desto mehr wurde er angefeuert, dem Herrn zu dienen. Ja er bewies sich als einen Diener des Herrn darin, daß er ein gesegnetes Werkzeug wurde, die Erkenntnis seines Herrn unter Andern auszubreiten; denn es wird uns geschrieben, wie er mit der damaligen kleinen Gemeinschaft von Gläubigen sich verbunden, von dem Trost Israels mit ihnen geredet und sich im Glauben und in der Hoffnung mit ihnen erneuert. Diß war sein Geschäft, diß war seine Arbeit und weil er so in dem Dienst des Herrn stand, sah er seiner Hinfahrt ruhig entgegen. Es hat aber die Meinung nicht, als ob sich Simeon auf seinen Dienst etwas eingebildet, oder ein besonderes Verdienst daraus gemacht hätte und also eine gerechte Ansprache an Lohn machen wollte. Nein, sondern er sah es als Gnade an, daß der Herr ihn brauchen wollte und konnte; er sah es als ein Kennzeichen an, daß er Gnade vor dem Herrn gefunden habe; und deswegen konnte er im Frieden dahinfahren. Denn durch diesen Dienst kam er in eine vieljährige Bekanntschaft mit dem Herrn und diese machte ihm eine Freudigkeit, heimzugehen. Es soll uns also daran liegen, mit einem solchen Zeugnis unsers Gewissens einmal aus der Welt heimzugehen. Es ist ein großer Unterschied unter dem Sterben, wenn es auch ein seliges Sterben heißt: man kann selig sterben, aber dabei doch wie ein Brand sein, der aus dem Feuer errettet ist; man kann selig sterben, aber dabei doch noch manches schmerzliche Andenken seiner ehmaligen Versäumnisse mit in jene Welt hinübernehmen, daß man sehen muß: du hättest dein Glück höher bringen können. Man kann selig sterben, aber dabei doch den Vorwurf haben: du hättest auch mehr ein Salz der Erde und ein Licht der Welt werden sollen. Da stirbt man wohl selig, aber nicht im Frieden.

Wir sollen also als Diener des Herrn sterben. Da

möchte aber Einer sagen: so kann eben nicht jeder sterben; es kann nicht jeder ein Simeon, ein Prophet sein. Das ist wohl wahr, aber du kannst dem ungeachtet ein Diener des Herrn sein. Kannst du ihm nicht im Großen dienen, so kannst du es doch im Kleinen. Hast du nicht drei Pfund, so hast du doch eines. Wo dich der Herr eben hinsezt, da kannst du ihm dienen. Hast du z. E. ein Amt, so kannst du dem Herrn dienen, wenn du dir angelegen sein lässest, dem Reich Gottes Bahn zu machen 2c. Du bist ein Hausvater, oder eine Hausmutter, so kannst du dem Herrn dienen, an deinen Kindern und Gesind, wenn du unter diesen die Erkenntnis und Furcht des Herrn pflanzest und ausbreitest. Und so ist kein Stand, worin du dem Herrn nicht dienen könntest. Wenn du nun in diesem deinem Dienst getreu bist, so wird dir eben dieses auch einmal inneren Frieden bringen, in welchem du heimgehen kannst. Du hast alsdann das Zeugnis, es sei dir darum zu thun gewesen, dich in dem Dienst deines Herrn erfinden zu lassen.

II. **Man muß im Glauben des Sohnes Gottes wandeln, wenn man im Frieden dahin gehen will.** Diß war auch der Wandel Simeons. Er bewies seinen Glauben an den Heiland der Welt darin, daß er mit andern Gläubigen auf den Trost und die Erlösung Israels wartete. Diß war der Wandel des Paulus der Gal. 2, 20. sagt: was ich noch lebe im Fleisch, das lebe ich im Glauben des Sohnes Gottes. Und diß soll noch jezt die Sache eines jeden Christen sein. Auf der Welt leben und nichts von einem Heiland wissen, das ist ein betrübtes und finsteres Leben und gibt noch ein betrübteres Sterben. Aber dieser Glaubenswandel erfordert freilich Ernst. Es hat die damaligen Gläubigen auch etwas getestet. Sie waren sehr wenige: sie lebten unter einem gleichgiltigen Menschengeschlecht; der Glaube an die Verheißungen von Christo war sehr verdunkelt und im Aeußern hatten sie wenig Aufrichtung; denn die Kirche war damals eine zerfallene Hütte. Aber doch ließen sie sich ihren Glauben nicht schwächen. Eben so geht es auch uns in der gegenwärtigen Zeit. Aber wems daran liegt, der reißt sich eben doch durch, und sucht mit seinem Herrn immer bekannter zu werden. Ein solcher Glaubenswandel macht uns immer mehr frei von dem, was uns in der Welt gefangen nehmen will, und man bringt immer mehr in Jesum ein. Zu diesem Glaubenswandel gehört nicht nur der gegenwärtige Genuß dessen, was man glaubt, sondern auch eine frohe Erwartung dessen, was verheißen ist.

III. So reist man endlich zum völligen Werk des Glaubens aus und bekommt das Zeugnis, Gott habe sein Werk an uns erfüllt. Diß hat Simeon erfahren, darum sagt er: „nun lässest du deinen Diener im Frieden fahren; diß einzige hat noch gefehlt; nun bin ich fertig." Es liegt dem Herrn selber daran, uns ganz auszurüsten und sein Werk in uns zu Stande zu bringen und wenn er diß an uns erreicht hat, so können wir gehen (Phil. 1, 6.). Dann geht man im Frieden. Denn zum Frieden gehört ein vollendetes Werk. So ist auch Paulus heimgegangen, deswegen sagt er: ich habe den Lauf vollendet ꝛc. So hat jeder Gläubige sein Nun, seine Zeit der Reise. Denn das Werk des Glaubens ist etwas Ganzes. Zuerst wächst man, hernach zeitigt man, alsdann wird man eingesammelt. Es können wohl manche Wünsche nach der Entlassung im Herzen aufsteigen: diese läßt sich der Herr schon gefallen: es bleibt aber bei seiner Zeit.

## 28. Leichen-Predigt.
Text: Offenb. 1, 17, 18. (24. Febr. 1782.)
Das selige Sterben auf Jesum.

I. Auf seine Lebenskraft. Jesus gibt sich in unserem Text herrliche Namen, Namen, an denen wir zu lernen haben, bis wir sie nur ein wenig fassen können, die uns aber doch schon unter allem Elend dieser Erde beruhigen und erfreuen können, wenn wir auch nur einen kleinen Vorschmack des Glaubens davon haben. Mit diesen Worten hat er den Johannes als einen Todten wieder aufgerichtet und zum Leben gebracht; mit diesen

Worten können wir uns auch durch Tod und Hölle hindurch glauben.

Der erste Name heißt: der Erste und der Lezte; d. i. „es gibt so keinen, wie ich bin." Da stellt sich Jesus als den Ursprung der Creatur Gottes hin; alle Creaturen haben es ihm zu danken, daß sie da sind; er will auch alle Creaturen wieder zu ihrem Ziel führen. Auf ihn hat der Vater den ganzen Plan seiner Haushaltung angefangen, auf ihn und durch ihn wird ers auch hinausführen. Diß gibt dem Glauben eine große Beruhigung. Auf einen solchen Heiland läßt sichs sterben, denn man darf glauben: er wird allen Rath der Liebe an mir hinausführen. Man sieht jezt schon, wer er ist, aber am Ende wird mans auch wieder sehen, wann er die Seinigen vollendet und zum Ziel bringt. Er bringt also mit seiner Herrlichkeit durch alle Zeiten hindurch; er ruft unter alle Menschengeschlechter hinein: ich bin der Erste und der Lezte. Der Gläubige darf also denken: „es ist mir einerlei, zu welcher Zeit ich lebe und zu welcher Zeit ich sterbe. Ich lebe und sterbe eben dem Heiland, der ebenderselbe ist gestern und heute und in alle Ewigkeit."

Der zweite Name heißt: der Lebendige. Diß ist ein göttlicher Name. Er ist das Leben selbst. Dieser Lebendige war er schon vor Grundlegung der Welt und so stellte er sich ein, da er in die Welt kam. Deswegen heißt es 1. Joh. 1 von seiner Menschwerdung: das Leben ist erschienen. Dieses Leben ist weit über unsern Begriff und Verstand hinaus; aber doch trägt es dem Glauben etwas aus, wenn er denken darf: ich habe einen Heiland, der das Leben selbst ist; es kann mir also nicht fehlen; sein Gottesleben wird sich schon offenbaren auch an mir, es wird allen Tod an mir verschlingen. Er hat kurz vor seinem Hingang aus der Welt zu seinen Jüngern gesagt: ich lebe und ihr sollt auch leben. Diß gilt allen, die sich an ihn halten: wer an ihn glaubt, wird erfahren, daß er lebt.

Der dritte Name heißt: ich ward todt und siehe ich bin lebendig in die ewigen Ewigkeiten. Mit diesem

Namen stärkt er das Vertrauen seiner Gläubigen noch mehr. Er will sagen: „ich weiß wohl, was dich anficht und niederschlägt. Du spürst eben, daß du dem Tod heimgefallen bist und diß nimmt dir den Muth; aber wisse, ich war auch ein Todter; ich bin dir auch darin gleich worden, daß ich gestorben bin; ich weiß, was sterben heißt; du kannst dich also getrost an mich halten. Ich ward todt, ich habe die Bitterkeit des Todes ganz geschmeckt, ich habe die Stricke des Todes, die Bande der Hölle empfunden; ich habe die Bäche Belials auch über mich daherrauschen lassen. Was dich anfechten will, das hat mich alles getroffen, du darfst also ein Vertrauen zu meiner Erfahrung haben. Ich bin durch den Tod hindurchgedrungen." Besonders lieblich ist dieses, daß Jesus auch noch im Himmel daran denkt. Er will sagen: „ich habs nicht vergessen, was ich dir zu lieb durchgemacht habe. Aber ich lebe nun auch in die ewigen Ewigkeiten. Der Tod kann nicht herrschen über mich. So gewis ich gestorben bin, so gewis lebe ich auch und diß mein Leben hat kein Ende mehr. Durch diß habe ich auch wieder eine Wurzel des Lebens in dich hineingebracht. Ich lebe nun in Ewigkeit und kann mich also aller der Meinigen annehmen." So stirbt man auf die Lebenskraft des Herrn Jesu.

II. Er zeigt uns aber auch seine Liebesmacht, wenn er sagt: ich habe die Schlüssel der Hölle und des Todes. Diß ist eine große Macht Jesu, die er uns zu lieb gebrauchen will. Hölle und Tod sind zwei mächtige Feinde. Es waren fürchterliche Feinde auch für die Gläubigen, ehe Jesus kam, ehe man etwas von seinem Namen wußte, den er mit dem Wort ausdrückt: ich ward todt, aber ich lebe nun in die ewigen Ewigkeiten. Hölle und Tod sind zwei schreckliche Behältnisse. In der Hölle wird die Seele und in dem Tod der Leib verschlossen; da wären wir also ewig Gefangene, die aus diesen Gefängnissen nimmer herauskommen könnten. Satan hatte vorher eine besondere Macht über diese Behältnisse; aus diesen hätte uns niemand mehr erretten können. Aber Jesus hat Macht über diese Behältnisse bekommen, er hat nun die Schlüssel dazu. Die hat er gleich nach seinem Tod in Empfang genommen, da er zu den Geistern im Gefängnis hinging und sich ihnen als den Herrn der Herrlichkeit offenbarte 1. Petr. 3. Er zeigte, daß er die Schlüssel der Hölle habe, daß alle Seelen unter seiner oberherrlichen Macht stehen, daß alle Geister ihn anbeten müssen. Er zeigte, daß er die Schlüssel des Todes habe an den todten Leibern; denn gleich nach seinem Tod standen auf viele Leiber der Heiligen aus ihren Gräbern. Und so will er es auch in Zukunft zeigen an seinen Auserwählten; so will er es zeigen am Tag des Gerichts.

Wenn ein Gläubiger acht gibt auf sich selbst, so wird ihn je und je eine Angst durchdringen: wie wird es gehen mit meinem Geist? wie wird es gehen, mit meinem Leib? Aber alle diese Gedanken müssen zulezt sich aufheitern in dem Wort Jesu: „ich habe die Schlüssel der Hölle und des Todes. Ich will mich der Meinigen annehmen."

## 29. Leichen-Predigt.

Text: Ebr. 13, 14. (4. März 1782).

Der rechte, edle Glaubenssinn.

I. Wie er sich immer mehr von dem Gegenwärtigen losreiße. Unser Text handelt von einer Stadt, die Paulus den Ebräern aus dem Sinn zu bringen und von einer andern Stadt, nach welcher er ihnen eine Begierde und anhaltende Sehnsucht beizubringen sucht. Von der einen sagt er: sie habe kein Bleiben, keine Dauer, die andere nennt er die künftige und zugleich bleibende Stadt. Beide führen einerlei Namen. Die eine ist das ehmalige, die andere das künftige Jerusalem, als die Stadt des lebendigen Gottes, die das Ziel des göttlichen Vorsazes mit der ganzen Gemeinde ist. Das alte Jerusalem suchte Paulus den Ebräern aus dem Sinn zu bringen. Sie standen, ob sie schon zum Christenthum bekehrt waren, noch in einer großen Anhänglichkeit an ihren vorigen Gottesdienst und besonders an die Stadt Jerusalem, als den Siz und Mittelpunkt des ganzen Gottesdienstes. Sie wußten es nicht zu reimen, daß Gott seine Wohnung, sein Feuer und Herd, die er so viele Jahre lang in dieser Stadt hatte, aufgeben sollte. Aber dem ungeachtet bezeugt ihnen Paulus, sie haben an Jerusalem keine bleibende Stadt, und es sei nimmer so weit dahin, daß diese Stadt völlig aufgehoben werden soll. Wenn man freilich irgend einer Stadt auf Erden hätte bleibende Dauer wünschen mögen, so wäre es Jerusalem gewesen. Das war die Stadt, die sich Gott selber erwählt hatte zu seiner Wohnung; worin er sich mit seiner Herrlichkeit offenbarte; es war die Stadt, auf welche das Auge und Herz Gottes gerichtet war und die er lieb hatte. Aber dem ungeachtet konnte sie nicht bleiben, denn sie gehörte zu dem Beweglichen, das hinweggeräumt werden und dem Unbeweglichen Platz machen mußte. Hat es nun mit dieser Stadt eine solche Beschaffenheit: was wollen wir von andern Dingen sagen, die in unsern Pilgrimsaufenthalt hineingehören? Geht es also mit dem grünen Holz, wie will es mit dem dürren werden? Da müssen wir freilich zu allem, was wir um uns sehen, sagen: wir haben hier keine bleibende Stadt und es ist gut, wenn wir diese Worte immer mehr zu unserer Losung machen, da wir uns ohnehin so gern an das Eitle und Vergängliche binden und anheften lassen. Hat uns Gott auf Erden eine gute Wohnung, ein gutes Plätzlein unsers Aufenthalts beschert, so wollen wir uns nicht so gar darin festsetzen, sondern es gleich mit dem Gedanken einweihen: ich habe auch hier keine bleibende Stadt; es soll eben meine Herberge, meine Hütte sein auf die kurzen Jahre oder Tage, die mir der Herr meines Lebens angewiesen und ausgezeichnet hat. Haben wir neben unsrer Wohnung auch etwas von Gütern dieser Erde, so wollen wirs mit dem Gedanken annehmen und gebrauchen: wir haben hier keine bleibende Stadt; wir müssen auch von diesem hinweg: Alles bleibet hinter dir, wann du gehst ins Grabes Thür. Ja auch von unsern innigsten Verbindungen gilt das Wort: wir haben hier keine bleibende Stadt. Es ist ein enges Band zwischen Eheleuten, zwischen Eltern und Kindern. Man möchte wohl oft einem solchen Band längere Dauer wünschen, man möchte wohl glauben, auch ein Recht zu diesem Wunsch zu haben. Allein auch dieses gehört unter das Wort: wir haben hier keine bleibende Stadt; auch diese engern Bande werden zerrissen.

Dieser Gedanke muß auch tief in unser Herz geschrieben sein. Es ist ein Gedanke, der von Natur nicht darin liegt; denn nach unserm Natursinn ists aufs Bleiben angesehen und je mehr man sich diesem Natursinn überläßt, desto tiefer wurzelt die Begierde, da zu bleiben und es trifft bei den Meisten das Wort ein: da wo wir ewig sollen sein, da bauen wir gar selten ein. Ja wenn wir uns nicht durch den Geist Gottes von diesem Vergänglichen losreißen lassen, so lauft es auf den kläglichen Zustand der Gottlosen hinaus, von denen es Pf. 49, 12. heißt: diß ist ihr Herz, daß ihre Häuser währen immerdar rc. Von solchen heißt es alsdann: sie müssen davon, sie mögen wollen, oder nicht. So fremd aber dieser Gedanke unserer Natur ist, so ist Gott getreu, daß er allerlei Mittel und Wege einschlägt, uns diesen Gedanken in unser Herz zu pflanzen. Wenn er uns hie und da einen Verlust im Leiblichen erfahren läßt, so will er uns damit sagen: lieber Mensch, du hast hier keine bleibende Stadt. Und so will er uns nach und nach von dem Vergänglichen losmachen. Dieser Gedanke aber ist uns nicht nur von Natur fremd, sondern er ist uns auch erschrecklich. „Was, denkt der natürliche Mensch, soll so gar nichts Bleibendes auf dieser Welt sein? soll ich denn wie ein Vogel sein, der auf keinem Zweige bleiben darf, sondern von einem Ast auf den andern hüpfen muß? Diß ist ein niederschlagender Gedanke. Da kann man ja gar nichts mit Freuden genießen." Es ist wahr, es ist dem Anschein nach etwas Schreckendes hinter diesem Gedanken. Ja er wäre wirklich erschrecklich, wenn es nicht noch eine andere bleibende Stadt gäbe. Wir wären übler daran, als der ärmste Bettler und Landstreicher, der nirgends zu Haus ist. Aber es ist Gott Lob nicht so. Deswegen sagt Paulus: die zukünftige suchen wir. Damit will er sagen, wir seien zu etwas besserem aufge=

spart; und wenn man den zweiten Theil unseres Textes glauben lernt, so ist man mit dem ersten gar wohl zufrieden und lernt

II. sich immer mehr nach dem Künftigen ausstrecken. Wir suchen die künftige Stadt und diese Stadt ist etwas Bleibendes. Diese Stadt ist das neue Jerusalem, der herrliche Sammelplatz, wohin der Herr seine Gläubigen und Auserwählten führen will. In dieser Stadt weiß man freilich nichts von Vergänglichem mehr, denn da ist das Alte aufgehoben und alles neu worden; da ist kein Tod, kein Leid, kein Trauern mehr, denn da hat das Unbewegliche seinen Anfang genommen. Es ist die Stadt, die Gott schon den ersten Gläubigen zum Ziel ihres Laufs und zur Versüßung ihrer langen und beschwerlichen Pilgerschaft vorgeschrieben hat, auf welche sie warteten. Diese Stadt sollen wir suchen, und zwar mit Ernst suchen, d. i. wir sollens immer mehr glauben lernen mit Ueberzeugung, daß Gott uns eine edle, neue Stadt erbaut hat. Je mehr wir das glauben, desto mehr werden wir uns darnach ausstrecken. — Wir müssen aber auch ein inneres Zeugnis haben, daß wir diese Stadt suchen. Ein Zeugnis davon ist, wenn wir gerne uns allerlei Widrigkeiten auf Erden gefallen lassen, in der frohen Aussicht auf diese Stadt und wenn wir gerne alles um derselben willen verleugnen. Ein Zeugnis ist, wenn oft ein Verlangen dahin aufsteigt: Herz und Sinn steht nach Salems Freistatt hin. Wer diesen Sinn hat, der ist ein zufriedener Pilgrim. O daß uns Gott diese Worte immer tiefer in unser Herz schriebe, so nehmen wir gerne alle Tage aufs neue den Pilgerstab in die Hand und locken die Unsrigen hinter uns nach.

## 30. Leichen-Predigt.

(Am Feiertag Philippi und Jacobi den 1. Mai 1782.)
Text: Ps. 119, 19. in Verbindung mit der Perikope Joh. 14, 1—14.

Ich bin ein Gast auf Erden, verbirg deine Gebote nicht vor mir. Es liegt in diesen Worten theils ein Bekenntnis, theils eine Bitte. Das Bekenntnis betrifft die Pilgrimschaft eines Gläubigen auf Erden. Der Hauptsache nach sind freilich alle Menschen Gäste auf Erden, denn wir alle haben hier keine bleibende Stadt; indessen bleibt doch der Fremblingsname ein eigener Ehrentitel eines Gläubigen, ein Titel, den ihm die heilige Schrift zum Unterschied von den Kindern dieser Erde, von den Bürgern dieser Eitelkeit beilegt und es liegt einem Gläubigen daran, sich immer in dem Andenken seiner Fremdlingschaft zu erneuern. Was dem natürlichen Menschen ein Schrecken ist, das ist dem Gläubigen eine Freude. Es steht also schon gut um einen Menschen, wenn er sich gerne zu diesem Bekenntnis versteht. Wenn aber dieses einmal seine Richtigkeit hat, so kommt gleich auch die Bitte hinzu: verbirg deine Gebote nicht vor mir. Einem Pilgrim ist es erlaubt, um die nöthige Belehrung und Unterweisung zu bitten und diese liegt in den Geboten des Herrn, diese zeigen uns das beste Durchkommen durch diese Welt; und wenn man den rechten Pilgrims-Sinn hat, so ist der Herr auch bereit, uns durch sein Wort von einem Schritt zu dem andern fortzuleiten, denn es liegt ihm selber daran, sich an seinen Gläubigen als den Führer auf die Ewigkeit zu verherrlichen. Als einen solchen zeigt er sich auch bei seinen Jüngern im heutigen Evangelium. Diese waren auch Gäste und Fremblinge auf Erden und hatten also einen Unterricht nöthig, wie sie sich zu verhalten hätten. Deswegen ist die ganze Abschiedsrede Jesu nichts anders als ein kurzer Inbegriff der nöthigen Verhaltungsregeln in der Pilgrimschaft.

Von der Pilgrimschaft der Gläubigen.

I. Was man Beschwerliches dabei zu erfahren habe. Der Name eines Pilgrims bringt es schon mit sich, daß man sich in seinem Lauf auf mancherlei Beschwerden Rechnung machen muß. Davon sind die Jünger ein deutlicher Beweis; denn sie mußten sich bei dem bevorstehenden Abschied ihres Herrn zu allerlei versehen und es gingen deswegen manche düstere Bewegungen in ihnen vor; es sah traurig bei ihnen aus und die Aussicht, die sie auf die Zukunft hatten, machte ihnen allerlei sorgliche Gedanken. Sie sind hierin ein Muster, wie es bei einem jeden Gläubigen gehe, und wie vieles er durchzumachen habe, bis er wohl bewahrt zum Ziel seiner Pilgrimschaft kommt.

Das erste, das zu dem Beschwerlichen dieser Pilgrimschaft gehört, ist so manche Furcht und Schrecken, wovon das Gemüth beunruhigt wird. Jesus sagt zu seinen Jüngern: euer Herz erschrecke nicht und fürchte sich nicht. Es hat ihnen also an Muth gefehlt. Sie waren voll Schrecken von außen her, da sie sahen, daß es eine so üble Wendung mit der Sache ihres Herrn bekommen soll, da alles wieder ihn aufgebracht war, und die Welt darauf umging, das Andenken Jesu und seiner Lehre auszurotten. Diß machte freilich manchen Schrecken und sie wußten sich die Sache nicht sogleich zu recht zu legen. Zu diesem Schrecken von außen schlug sich die Furcht von innen. Sie selbst waren blöde und hatten Angst, das angefangene Wesen ihres Glaubens durch zu behaupten; sie trauten sich selbst nicht, und so kamen sie also auch in Absicht auf sich selbst in manches Gedräng. So gehts noch jezt einem jeden Gläubigen in seiner Pilgrimschaft: es lauft durch Schrecken und Furcht. Es gibt von außen allerlei bedenkliche Auftritte, es gibt manchen Sturm über die gute Sache Jesu Christi, man muß inne werden, wie Satan und Welt oft über das Reich Christi daherrauschen dürfen; es gibt Zeiten, wo auch das Häuflein der Gläubigen sagen muß: es kommt der Fürst dieser Welt. In solchen Zeiten kann es auch in dem Gemüth eines Gläubigen allerlei Verwirrungen geben, da man sich übernehmen läßt, da man gesichtet wird und nicht gleich weiß, wo man mit der Sache Christi daran ist. Da könnte man Schaden leiden, da hat man zu bitten, daß der Herr Friede zusage seinem Volk und seinen Heiligen, daß sie nicht auf eine Thorheit gerathen. Da hat man daran zu lernen, bis man glaubt, daß nicht nur ein Gläubiger, sondern auch das Evangelium selber, an das er glaubt, ein Gast und Frembling auf Erden ist, und daß sich also beide die Fremblingsbehandlung müssen gefallen lassen. Wenn man aber auch von solchen Schrecken von außen her frei ist, so hat man von innen mit mancherlei Furcht zu thun. Wie viel Angst hat man nicht über sich selbst einzunehmen, wenn man fühlt, wie schwach man noch ist, wie unser Glaube oft ein glimmender Docht ist, den der geringste Hauch auslöschen könnte. Da fehlt es also nicht an Furcht, an Furcht vor seiner eigenen Blödigkeit, vor seiner Trägheit, vor so vielen Ermüdungen, die über einen kommen können. Diß ist das erste Beschwerliche an unsrem Pilgrimsweg.

Das zweite ist die Entfernung der Glaubigen vom Herrn. Es ist etwas, daß wir unsern Weg so durchzumachen haben, daß wir unsern Führer nicht sehen. Er ist zwar bei uns alle Tage, wie er es verheißen hat, aber es geht eben doch durchs Dunkle. Der Vorhang trennt uns, daß wir ihn nicht sehen. Das gibt dann auch manche Uebung auf dem Wege. Deswegen rechnet es auch Petrus seinen Glaubigen so hoch an, daß sie den Herrn Jesus lieb haben und an ihn glauben, ob sie ihn schon nicht gesehen haben. Die Jünger haben hievon die beste Erfahrung gehabt, da sie vorher den sichtbaren Umgang ihres Herrn genoßen.

Das dritte ist so manche Unwissenheit, mit der wir noch zu streiten haben und die uns manches Gedränge macht. Davon haben wir ein Exempel an Thomas, welcher sagte, er wisse nicht, wo Jesus hingehe, noch viel weniger könne er also den Weg wissen. Er hätte es wohl wissen können, er hat es auch einigermaßen gewußt und doch war er hier in einem solchen Gewirre der Gedanken, daß er wie nichts wußte. Es ist hier nicht die Rede von der Unwissenheit, worin der natürliche Mensch steckt, sondern von der Unwissenheit, womit auch ein Glaubiger noch zu schaffen hat. Da kann ihm das erste Licht wieder verdunkelt werden, daß er fragen muß: wo ist meine Sonne blieben? da muß man sich seines Wegs aufs neue erkundigen, da kann man an seinem Weg irre werden, wenn man auch wirklich darauf steht.

Das vierte ist so mancher Glaubensmangel, den man an sich spüren muß. Das gibt Jesus seinen Jün=

gern zu erkennen, wenn er sagt: wenn ihr mich kennetet, so kennetet ihr auch meinen Vater. Und so spürt ein Gläubiger noch oft, wie es ihm fehlt und wie er noch nicht zum ganzen Wesen des Glaubens gekommen ist. Da geht es dann freilich nicht ohne Beunruhigung und Schrecken ab, da kommt man in allerlei Zweifel und Bedenklichkeiten hinein.

II. Diese Beschwerden erleichtert uns der Herr auf allerlei Weise. 1) Er bietet allen unsern unruhigen Gedanken aus und spricht uns Muth ein. Das hat er an seinen Jüngern gethan und das thut er noch jedem Gläubigen. Wenn es in unsern Gedanken noch so durcheinandergeht, so kann er oft mit einem einzigen Wort stille machen. Da stellt er sich uns hin als unser Führer und sagt uns: glaubet an mich, trauet mir zu, daß ich euch durchführen werde. So hat er als der Herzog der Seligkeit gesprochen, der allen denen, die ihm gehorsam sind, ein Bürge der ewigen Seligkeit sein will. 2) Er gibt uns öfters Blicke auf das Vaterland. Er sagt: in meines Vaters Hause, wo ich nemlich hingehe, sind viele Wohnungen. Damit wollte er sie aufmuntern. Wenn ein Reisender nur je und je von weitem den Ort sieht, wo er hin will, so wird er wieder munter: so gibt uns Jesus auch wieder je und je Blicke ins Ewige. Da ruft man dann: o Jerusalem du schöne ꝛc. und wenns hernach schon wieder über Berg und Thal geht, so ist man durch diesen Blick wieder gestärkt. 3) Er versichert uns seiner sammlenden Treue: „ich gehe hin, euch die Stätte zu bereiten; ich will euch zu mir nehmen." Diß sind edle Worte: wer diese im Glauben hört, der kann sagen: dort ist mein Theil und Erbe; und wo du bist, da komm ich hin. 4) Er will selber unser Weg sein, nicht nur unser Führer. Es kann uns also nicht fehlen. 5) Er will uns in allem, was uns in unsrer Pilgrimschaft vonnöthen ist, an die Hand gehen und es uns nicht fehlen lassen. Was ihr bitten werdet in meinem Namen, das will ich thun. So seh'n sie hinauf, der Vater herab, an Treu und Lieb geht ihnen nichts ab, bis sie zusammen kommen.

## 31. Leichen-Predigt.

Text: 2 Kor. 5, 1. (23 Juli 1782.)

Bei dem Hingang unsers lieben Mitbruders, hätte unser Herz freilich manches zu fragen, warum ihn Gott so bald und dabei auf eine so schmerzlich fallende Weise in jene Welt abgerufen? Da wir uns aber mit dergleichen Fragen nur von dem Herzen Gottes hinweg verlieren würden, so wollen wir allen unsern Gedanken und Fragen damit ein Ende machen, daß wir mit Israel sagen: fürwahr, du bist ein verborgener Gott, du Gott Israel, der Heiland! Am Ende lösen sich doch alle Räthsel, besonders in dem Lauf der Gläubigen, in dem Wort auf: Gott ist die Liebe. Und schon jetzt ist uns dieses ein guter Grund der Hoffnung, wenn ein Mensch noch vor seinem Tode von der Gnade auf die Wege des Friedens hingeleitet wird, daß er der langen Ewigkeit nicht aufs Ungewisse entgegen gehen darf, sondern einen Grund der Hoffnung in sich trägt, der sich über diese Welt hinaus erstreckt. Diß macht den Vorzug eines Gläubigen vor andern Menschen aus; und wer einmal in dieser Hoffnung gewiß ist, der lernt auch immer mehr alle Zufälle und Veränderungen, die über das Haus dieser irdischen Hütte gehen, mit gefaßtem Glaubensmuth annehmen. Mit diesem Sinn haben sich die Apostel des Herrn unter allen Leiden, die über den äußern Menschen ergingen aufgerichtet. Dieser edle Sinn ist auch in unserm Text dargelegt,

der Hoffnungsgrund eines Gläubigen bei allen Leiden über den äußeren Menschen.

I. Wie ein Gläubiger die Leiden über den äußeren Menschen ansehe? Paulus redet im Text und noch vor demselben von den mancherlei Leiden, die über ihn und seine Mitarbeiter ergehen. Das waren Leiden, die den äußeren Menschen hart mitgenommen, und unter welchen er beinahe hätte erliegen sollen. Solche Leiden hätten ihn zulezt müde machen können; aber er rafft sich aus allen diesen verlegenen und müde machen=

den Gedanken auf und sagt schon C. 4, 16: darum werden wir nicht müde ꝛc., d. i.: wenn mich auch der Dienst am Evangelium noch so hart mitnehmen und wenn er mich gar das Leben kosten sollte, so gebe ich ihn doch nicht auf, so soll lieber meine lezte Kraft dabei verrauchen, als daß ich mich sollte müde machen lassen. Das heißt ein herzhafter Entschluß, den man nur bei einem Streiter Jesu Christi antrifft, der sich gerne mit dem Evangelium leidet; diß ist ein Muth, den man nicht auf dem Grund und Boden der Natur antrifft. Denn der Mensch hat eben sein Leben lieb und opfert es nicht sogleich auf. Die Natur spricht: man hat in dieser Welt nichts als seinen Leib und für diesen soll und darf man doch auch sorgen; man muß sich nicht zu viel zumuthen, man muß nicht so gar auf sich hineinstürmen; und unter diesem Vorwand entzieht man sich manchen Leiden. Es gehört also schon ein Auge dazu, das weiter sieht, wenn man diese Sprache der Weichlichkeit nimmer führen soll, und man muß einen Blick in die Herrlichkeit des Evangeliums hineinthun, der Einen über alle Fleischeszärtlichkeit hinaushebt. Worin besteht nun dieser Glaubensblick? Antwort: Paulus sagt C. 4, 16: er habe einen innern und einen äußern Menschen. Der äußere verliert sich im Tode und dieser wird freilich unter allerlei Leiden ab- und zulezt aufgerieben. Dazu würde sich nun ein Gläubiger nicht gerne hergeben, wenn er nur diesen äußern Menschen hätte; aber weil er neben dem äußern auch einen innern Menschen hat, so kann er sichs wohl gefallen lassen, wie es auch diesem äußeren Menschen geht. Es verhalten sich diese zwei zu einander wie bei einer Frucht der Kern und die Schale: die Schale ist nicht die Hauptsache, sondern der Kern. So lange die Schale noch gut und frisch ist, so lange ist der Kern noch nicht recht zeitig; wenn aber die Schale nach und nach alt wird, so ist es ein Beweis, daß der Kern zeitig geworden. Eben so geht es auch mit dem äußern und innern Menschen bei einem Gläubigen. Der äußere Mensch ist die Schale, der innere der Kern. Je mehr nun der äußere Mensch, als die Schale, abnimmt, desto mehr legt der innere Mensch, als der Kern, zu, und zulezt wirft man die Schale weg. Es kann sich also niemand ins Leiden schicken, der nicht gewiß weiß, daß er einen innern Menschen habe, und daß dieser durch die Leiden zeitig werde. — Nun geht aber Paulus in unserm Text einen Schritt weiter und sagt: ich lasse mir bei dem Dienst des Evangeliums nicht nur allerlei Leiden gefallen, sondern ich opfere auch gerne mein Leben dabei auf; denn ich weiß, daß ich außer diesem Leib noch einen andern Bau habe, den ich gleich nach meinem Tode beziehen darf. Er stellt diese beiden Gebäude gegen einander. Was er oben den äußern Menschen nannte, das heißt er hier das irdische Haus dieser Hütte und was er den innern Menschen nannte, das heißt er hier den Bau, von Gott erbaut, ein Haus, nicht mit Händen gemacht, das ewig ist in den Himmeln. Damit will er sagen: es kann mir nicht fehlen; wenn mich der Dienst des Evangeliums auch mein Leben kostet, so bin ich schon auf jene Welt versehen. Wenn ein Mensch zwei Wohnungen hat, die eine ist eine schlechte baufällige Hütte, die andere aber ein solides, wohnliches Haus, so macht er sich nicht viel daraus, wenn man ihm die Hütte über dem Kopf abbricht, sondern er zieht eben in das daneben stehende Haus. Gerade so ist es mit einem Gläubigen. Er muß wissen, daß er eine doppelte Wohnung hat, sonst kann er nicht durchkommen durch die Leiden dieser Zeit; sonst kann er diese Hütte nicht gerne ablegen.

Die eine dieser Wohnungen fällt jedermann in die Augen. Diese ist ein irdisches Haus, ein Haus, das für diese Erde bestimmt ist; denn wir müssen in dieser Welt (nach 1 Kor. 15) das Bild des Irdischen tragen. Es ist ein Hüttenhaus, es ist nicht auf lange Zeit, es ist nicht auf die Dauer eingerichtet, ein Haus das schon gut genug ist für die kurze Zeit, da mans braucht; es ist ein zerbrechliches Haus, das nicht viel ausstehen kann; das allerlei Stürme muß über sich ergehen lassen, ein schwaches und baufälliges Haus. Wie übel wäre ein Mensch daran, wenn er nicht noch ein anderes Haus hätte! Aber Paulus zeigt uns auch das bessere Haus.

Dieses sieht man freilich nicht bei einem Gläubigen; er selber sieht's auch nicht, aber er ist doch im Glauben gewiß, daß er es hat. Dieses Haus ist von besserer Art: es ist von Gott erbaut; es ist nicht wie dieser irdische Leib durch die Zeugung und leibliche Geburt entstanden: es ist nicht mit Menschenhänden gemacht, sondern es ist von Gott bereitet; es ist nicht zerbrechlich, sondern es ist ewig in den Himmeln. Wenn wir jezt schon keine nähere Erklärung von diesem Hause geben können, so kann doch der Glaube schon genug daran haben. Dieses Haus ist noch nicht der Auferstehungsleib; denn Paulus sagt, ein Gläubiger habe dieses Haus sobald er dieses Hüttenhaus verliert. Er darf es also gleich nach seinem Tode beziehen und sich nicht fürchten, daß er werde blos erfunden werden. Dieses Haus gehört schon zu unserm himmlischen Erbe und ist uns ein frohes Angeld auf den Tag der Auferstehung. Wer sich im Glauben eines solchen Hauses bewußt ist, der schaut mit Ruhe in jene Welt hinüber und desto mehr hat er Lust, außer dem Leibe zu wallen und daheim zu sein bei dem Herrn. Dieses Haus ist der Tempel des unzerstörlichen Wesens, womit die Seele und Geist eines Gläubigen geschmückt sind. Der ist also selig, wer sich eines solchen Hauses bewußt ist; denn er muß Grund dazu haben, es zu glauben.

II. **Auf was für einem Grunde diese Hoffnung stehe?** Paulus sagt: wir wissen 2c. Es war bei ihm nicht eine ungewisse Hoffnung, sondern es ging aus einem tiefen Grunde. Wie der Mensch überhaupt wenig daran denkt, was nach ihm kommen werde, so ist er auch in Ansehung dieses Hauses nicht viel besorgt. Die meisten sterben dahin und lassen es darauf ankommen, wie es in der Ewigkeit mit ihnen gehen werde: ob sie blos herumlaufen müssen, ob ihre Seele und Geist einen Bau und Ueberkleidung hat, oder nicht. Diese können freilich noch nicht sagen: wir wissens, wir sind davon versichert, wir haben das Zeugnis des Geistes, daß wir auf jene Welt berathen sind; daher sinken sie immer tiefer in die Liebe des irdischen Lebens hinein.

Nun wird freilich Mancher denken: kann man denn dieses wissen, oder wie kann man es wissen? Dazu geben uns die folgenden Verse eine gute Anweisung. Man kann es wissen

1. aus den mancherlei Seufzern, die einem Gläubigen in diesem Hüttenhaus aufsteigen. Er muß oft spüren, daß es ihm zu eng ist: es wird ihm oft bange genug darin. Man kann also schon an diesen Seufzern sehen, daß man nicht in diese zerbrechliche Hütte hineingemünzt ist. Diß ist schon ein gutes Anzeigen, wenn Einem je und je bange wird in diesem Haus. Aber wenn Einer nicht heraus will, wenn er lieber auf immer darin bleiben möchte, das ist nicht gut.

2. Aus dem verborgenen Verlangen. Paulus sagt: uns verlangt, mit dem Haus aus den Himmeln überkleidet zu werden. Diß geht schon weiter. Da wird Einem schon mehreres offenbar von dem, was Einem in jener Welt gut steht. Unter diesem Verlangen ergießen sich die Kräfte der zukünftigen Welt in unser Herz und wir bekommen schon ein Zeugnis von dem Geist aus Gott, daß wir wissen, was uns von Gott geschenkt ist.

3. Aus der Arbeit Gottes an einem Gläubigen. „Der uns aber dazu bereitet, ist Gott." Ihm liegt daran, daß er uns ein Haus zubereite und dazu will er alles thun; besonders durch Mittheilung seines Geistes im Wort, in den Sacramenten, unter den Leiden dieser Zeit.

O wie viel ist also an diesem Hause gelegen! Aber es ist kein Haus, das wie der Kürbis des Jonas über Nacht wächst; es gehört ein Ernst der Heiligung dazu. Wir dürfen uns also wohl alle Mühe darum geben. Alsdann können wir mit freudiger Aussicht auf unsern Tod zu dem Herrn beten: Herr, zieh mir einst mein Pilgerkleid im wahren Glauben aus, und bleib mein Gott in Ewigkeit und bau mir dort ein Haus.

## 32. Leichen-Predigt.

Text: Mat. 5, 6. (1. Sept. 1782.)

Bei dem Abscheiden eines Menschen kommen viele wichtige und bedenkliche Dinge zusammen. Da steht man auf der Grenze zwischen Zeit und Ewigkeit, zwischen der gegenwärtigen und zukünftigen Welt, wie in der Mitte. Da geht es auf das Wort hinaus: ewiges Unglück oder Glück hangt an einem Augenblick. Es ist der Augenblick, da man vieles auf einmal verlassen muß und wo es darauf ankommt, was man mit sich hinübernimmt. Man muß alle seine Habe, Häuser und Güter und wenn man auch den größten Reichthum besessen hätte, verlassen: alles bleibet hinter dir, wenn du trittst ins Grabes Thür. Man muß die Ehre, die man auf der Welt genossen, verlassen; es wird eines solchen Menschen vergessen, als eines Todten. Man muß seine Freunde und nächste Anverwandte verlassen; wenn man vorher noch so genau mit einander verbunden war, so muß es eben jetzt geschieden sein; wenn man noch so viele Gönner und Weltfreunde gehabt, die einem da und dort geholfen, so nutzen sie einen jetzt nichts mehr und man wird von ihnen abgeschnitten. Wie arm ist also da ein Menschenkind, wenn es vorher noch so glücklich und reich gewesen ist! Was ihm in der Stunde des Todes, unter die Augen kommt, ruft ihm entgegen: du mußt mich verlassen. Wenn man so alles verlassen muß, so fragt sich: nimmt man denn gar nichts mit und was nimmt man mit? Freilich nimmt man auch etwas mit; aber es ist wieder ein großer Unterschied. Entweder nimmt man eine mit lauter irdischen Begierden angefüllte Seele mit, oder eine Seele in der das Fünklein der Ewigkeit angeblasen ist. Wo dieses letztere ist, da geschieht Einem das Verlassen nicht sauer. Nun liebe Zuhörer, was ist einem jeden unter uns das nächste, wenn er sich prüfen sollte, was er heute oder morgen mit sich in die Ewigkeit nehmen werde? Unser Text gibt uns eine Anweisung, um was es uns zu thun sein soll.

Das gute Loos eines Gläubigen auch in seinem Tode.

I. Er nimmt einen Hunger und Durst nach der Gerechtigkeit mit.

Es sind viel tausend Wünsche in der Seele eines Menschen und es steigen Tag und Nacht allerlei Begierden darin auf, so viel Begierden, daß man es oft selber nicht weiß. Die Seele fällt bald auf dieses, bald auf jenes hinein und flattert lange herum, bis sie sich auf eine gewisse Sache festgesezt hat. Was man heute begehrt hat, will man morgen nimmer und wenn man auch meint, man habe einmal etwas Gewisses, so findet man doch keinen ganzen Halt dabei. Sie sucht und wünschet immer zu und findet nirgends ihre Ruh. Unter so viel tausend Begierden und Verlangen ist nur ein einziges das rechte; wenn diß Verlangen einmal über alle andern Begierden Meister worden ist, so ists gewonnen, so erblickt man die ersten Stufen der gebrochenen Freiheitsbahn. Was ist aber dieses für ein Verlangen? Es ist das Verlangen nach der Gerechtigkeit. Diese Gerechtigkeit ist etwas Unverwesliches, sie darf sich vor Tod und Verwesung nicht fürchten; sie ist eine Gerechtigkeit Gottes, sie ist der Grund der unbeweglich steht, wenn Erd und Himmel untergeht. Sie ist aber auch etwas, das in den Augen der Menschen entweder gering geachtet oder so hoch hinaufgesezt wird, daß man es für unmöglich hält, es zu erreichen. Ich will daher zeigen, was dieses wichtige, in der h. Schrift oft vorkommende Wort zu bedeuten hat. Die Gerechtigkeit ist ein neuer Verstand, ein neuer Wille, eine neue Kraft in dir. Denn wenn du dich nach deinem Verderben nur ein wenig prüfst so findest du, daß es dir an diesen drei Stücken fehlt. Du weißt nimmer, was gut ist, was deiner Seele behagt. Jedes unvernünftige Thier weiß nach seinem Naturtrieb was ihm gesund ist, es hütet sich vor allem Schädlichen, es kennt sein Futter. So ists mit dir nimmer, du fällst mit deiner Begierde auf lauter Sachen hinein, davon du am Ende sagen mußt: der Tod in den Töpfen! Kurz, du weißt deine rechte Nahrung nimmer und suchst überall herum, ob du nicht etwas findest. Es fehlt dir also an dem rechten Verstand von dem, was deine Seele nährt. Wenn man dir aber auch einmal die rechte Nahrung deiner Seele zeigt, so spürst du einen neuen Fehler, nemlich daß es dir am rechten Willen oder am Verlangen darnach fehlt. Die vorigen verbotenen Speisen haben dich verderbt, daß du keinen rechten Mund dazu hast. Und wenn auch nach und nach wieder ein Wille da ist, wenn du wieder essen magst, so spürst du wieder, daß es dir an Kraft fehlt. Du hast noch einen Magen der nicht verdauen kann, du darfst auch von der rechten Speise für deine Seele nicht zu viel auf einmal nehmen, denn du kannst sie noch nicht zum Nahrungs-Saft recht kochen und verarbeiten. An diesen drei Stücken fehlt es uns und wenn diese drei Dinge gehoben sind, so wirds besser, da wird alsdann die Gerechtigkeit in uns aufgerichtet. Auf diese drei Stücke muß es also bei einem Menschen hinausgehen, wenn er die Gerechtigkeit haben soll, von welcher das Wort Gottes redet und nach diesen muß er ein Verlangen bekommen. Denn mit dem Verlangen fangt die Genesung an. Sobald Einer krank ist, so bald verliert sich auch die Lust zu essen und trinken. Diß ist eines von den ersten Kennzeichen, daß man nicht wohl ist. Sobald aber der Appetit wieder kommt, so hat man Hoffnung zur Genesung. Gerade so ist es auch im Geistlichen. Es fangt mit einem Verlangen an.

Nun fragt sich: wie bringt man diß Verlangen in einen Menschen hinein? Wenn mans erst in die Menschen hineinbringen müßte, so stände es mislich. Wer wollte da Lehrer sein, ich wollte es lieber heute noch aufgeben. Man darfs nicht hineinbringen; es ist schon da. Es darf also nicht erst hineingebracht, sondern nur erweckt werden. Die Frage ist also, wie wird es erweckt? Gott hat viele Mittel und Wege dazu, aber es geht langsam und stufenweise dabei her. Zuerst spürt mans nur je und je, wenn einen oft schnell ein Ekel an allem Irdischen ankommt, wenn man genug hat, dann regt sich diß Verlangen: aber es vergeht auch wieder, es ist nur wie ein Bliz und Wetterleuchten. Hernach kommts öfters, und es regt sich in allerlei Wünschen, z. E. wenn ich nur auch innere Ruhe hätte u. f. w. Endlich wird ein Hunger und Durst daraus. So lang sichs nur so regt, so langs nur Wünsche sind, so lang schiebt man es immer hinaus; aber wenns einmal ein Hunger wird, so will man nimmer länger warten, sondern man will gegessen haben und kommt endlich an den Tisch hin, den die Ge= rechtigkeit bereitet hat. So weit kommt es auch bei einem rechten Gläubigen, alsdann weiß er, daß er schon selig, wenn auch schon noch allerlei unvollkommenes da ist. Die neugeborene Lust in ihm ist schon seine Selig= keit, darin er lebt und diese Seligkeit ist desto größer, weil er

II. diesen Hunger mitnimmt in die Ewigkeit. Der größte Schaz eines Menschen in Absicht auf seine Seele sind seine Begierden. Denn diese folgen ihm nach. Darum liegt viel daran, was für Begierden man mit= nimmt. Hat man im Irdischen gelebt, so nimmt man diese Begierden mit. Man will auch noch darin leben, aber man findet darin keine Sättigung. Wie gings dem reichen Mann? der hat viel verlassen aber auch erstaun= lich viel mitgenommen. Es ist betrübt, so etwas mitzu= nehmen. Hingegen wenn man in der Gerechtigkeit ge= lebt, so nimmt man auch diese Begierde mit und unsre Seele wirkt in diesem seligen Verlangen fort und freut sich dessen. Darum gilt es, sich einen guten Schaz zu sammeln.

Also bringt man ein ins göttliche Wesen, wo alle unsre Wünsche erfüllt werden. Der Hunger wird zwar auch schon in diesem Leben befriedigt, aber es ist doch keine Sättigung. Man ißt und trinkt, aber nicht satt, man will immer mehr; dort aber ist eine Sättigung. Auf diese hat David schon hinausgesehen und sich vertröstet, wenn er sagt: ich will schauen dein Antlitz in Gerechtig= keit, ich will satt werden, wenn ich erwache nach deinem Bilde.

## 33. Leichen-Predigt.

(Am Feiertag Simonis und Judä den 28. Oct. 1782.)
Text: Prediger 7, 1.

Unser l. verstorbener Mitbruder wird heute an seinem Geburts- und Namenstag zur Erde bestattet. Heute ist es 46 Jahre, daß er in diese Welt geboren worden und heute wird sein Leib wiederum der Erde, die unser aller Mutter ist, übergeben und zwar wird er der Erde als ein Samenkorn auf den Tag der Auferstehung übergeben. Heute ist sein Namenstag und also auch der Gedächtnistag seiner Taufe, in der er zu einem Kind Gottes aufgenommen worden und zwar nicht nur auf 46 Jahre, das eine gar kurze Zeit währe, sondern auf eine lange Ewigkeit. Unsere Kindschaft wirket ja durch alle Ewigkeiten. Denn Gott ist nicht ein Gott der Todten, sondern ein Gott der Lebendigen und auch die Todten leben ihm alle. Dieser Tag soll uns ein Antrieb sein, uns in der lebendigen Christenhoffnung zu erneuern. Wie mag wohl ein Christ seinen Geburts- und Namenstag in der Ewigkeit feiern? Da läßt es sich erst gut an diese zwei Tage denken, da wirds Einem erst etwas austragen, daß man geboren ist, da wird man sich seines in der Taufe empfangenen Namens erst recht freuen, weil ein Gläubiger alsdann seine Bitte erfüllt findet, die er in diesem Leben oft gethan hat: Herr, meinen Namen schreibe ins Buch des Lebens ein.

**Wie ein Christ seinen Geburts- und Todes-Tag im Blick auf die Ewigkeit ansehen lerne.**

I. Der Tag der Geburt. Salomo stellt eine Vergleichung an zwischen unserm Geburts- und Todes-Tag, er führt in diesen Vergleichungen fort und stellt allemal zwei unerwartete Dinge zusammen. Er vergleicht das Klag- und Trinkhaus, das Trauern und Lachen und endlich das Schelten und Loben mit einander. Das sind lauter Vergleichungen, wobei nicht ein jeder es mit Salomo halten würde und wozu unsere Natur nicht sogleich ja sagt; oder wenn sie auch aus Gewohnheit ja dazu sagt, so kommt es sie wenigstens in der Ausübung sauer an. Indessen bleibt es doch Wahrheit, was Salomo sagt. Ueberhaupt will er uns mit diesen Worten auf das Andenken der Ewigkeit führen, und zeigen, wie uns einmal nach dem Tod von allen unsern Gedanken und Handlungen nichts freuen werde, als was wir im Blick auf die Ewigkeit gethan, wenn wir erst über diese Welt hinaus und in jene Welt hinüber geschaut haben. Solche Blicke werden wir im Tode mit Freuden mitnehmen, davon werden wir in der Ewigkeit einen wahren Nutzen haben. Und so sollen wir auch unsern Geburts= und Todes=Tag ansehen lernen, daß das Licht der Ewigkeit einen hellen Schein darüber herwerfe. Dieses kann aber niemand so gut thun, als ein wahrer Christ, weil nur dieser eine gewisse Hoffnung des ewigen Lebens hat, weil er weiß, daß er nicht in diesem Leben allein auf Christum hoffen darf. Die Frage ist also diese: wie sieht ein Christ seinen Geburtstag an? Der Geburtstag hat auch bei einem Christen eine doppelte Seite, eine freudige und traurige. Er hat eine freudige Seite, denn es ist eben doch etwas, geboren werden; es ist etwas, wenn man denken darf: ich gehöre auch unter die Geschöpfe, mit denen Gott etwas Großes vorhat; ich bin auch unter der Zahl der Menschen, die alle deswegen da sind, daß sie sollen selig werden und bleiben in Ewigkeit. Von allem diesem wüßte ich nichts, wenn ich nicht geboren wäre. Wer diß bedenkt, der kann nicht nur sagen: ich glaube daß mich Gott geschaffen hat, sondern er kann auch sagen: ich danke Gott und will ihm erst in der Ewigkeit noch recht danken, daß er mich geschaffen hat. Es ist etwas, geboren werden und auf dieser Welt leben dürfen; denn wie viel erfährt man hier von der Barmherzigkeit und Treue Gottes! Wie manches Wort Gottes wird einem verkündigt, wie mancher Gnaden=Antrag wird an einen gebracht! Was kann man für eine schöne Aussaat thun, wenn man sich diese Gnadenzeit zu nuz macht! Was muß einem diese Reise ins himmlische Vaterland austragen! Wenn ein Christ seinen Geburtstag auf dieser Seite ansieht, so muß er ihn gewis allemal freuen.

Er hat aber auch eine traurige Seite. Es heißt auch etwas, in einer Welt geboren werden, einen Leib der Sünde und des Todes mit auf die Welt bringen, mit dem man sich sein Lebtag schleppen muß, der einem zu einer so großen Versuchung werden kann. Diß ist freilich ein beschwerlicher Reiserock den man auf seiner Pilgrimschaft an sich tragen muß, der einem den Weg sauer macht. Es heißt etwas, in einer Welt geboren werden, wo die Sünde gleich mit uns kommt, da uns die Sünde immer anklebt und träge macht, da wir täglich neue Geburt nöthig haben, zu laufen in dem Kampf, der uns verordnet ist. Es heißt etwas, in einer Welt geboren werden, da wir täglich viel sündigen und eitel Strafe verdienen. Es heißt etwas, in einer Welt geboren zu werden, da alles darauf umgeht, einen um sein Kleinod zu bringen, da man sagen möchte: es ist für jedermann besser durchzukommen, als für einen Christen, da man stets muß auf Schlangen gehen ꝛc.; da man es den Gläubigen so macht, wie es Jesus im heutigen Evangelium vorausgesagt hat. Es heißt etwas, in einer Welt geboren werden, von der man nach dem Wort Gottes denken muß: es wird immer schlimmer werden: der Drache, das Thier und der falsche Prophet wird nicht mehr fern sein. In diesem Betracht hat unser Geburtstag auch eine traurige Seite, aber eben diese Seite bringt uns auch einen neuen Vortheil, nemlich, daß man darunter mehr an den Tag des Todes denken lernt.

II. Der Tag des Todes. Der natürliche Mensch kann seinem Todestag nicht gutes Muths unter das Gesicht sehen. Es kann wohl auch je und je eine Zeit geben, da man nach der Natur sagt: der Tag des Todes ꝛc. aber das geht meistens aus der Verlegenheit heraus, wenn es einem nicht geht, wie das Fleisch es gerne hätte, wenn einer diese Welt nicht so gebrauchen kann, wie er es gerne möchte. Hingegen wenn es aufs weitere ankommt, so weiß der natürliche Mensch nichts davon. Nur ein Gläubiger weiß seinen Todes-Tag recht zu schäzen und für etwas Gutes anzusehen. Er weiß, daß er nicht stirbt. Denn ein Christ stirbt nicht, ob man schon so sprich, sein Elend stirbt nur, so steht er da in der reinen Natur. Aus diesem Grund lernt er den Tag seines Todes dem Tag seiner Geburt vorziehen. Dieser Todestag ist gut, denn nun erfährt er, warum er auf der Welt gewesen, was alle seine Leiden und Prüfungen zu bedeuten hatten, warum er da oder dort hat weinen müssen, alle diese Räthsel werden alsdann offenbar. Er hat seinen Todestag gern, denn nun lernt er denjenigen näher kennen, der ihn erlöst und durch diese Welt geführt hat. Da gibt sich ihm die Weisheit ganz, die er hier stets als Mutter hat gespüret 2c. Er ist gut der Todestag; denn da gehen alle Versuchungen aus, man darf nimmer streiten, man ist in einer bessern Welt. Er ist gut der Todestag, denn da ist man nun einen Schritt der Vollendung näher. Mit dem Geburtstag tritt man seine Reise an, und mit dem Todestag beschließt man sie.

Was ist es also für ein Unterschied zwischen einem Gläubigen und einem Ungläubigen in Ansehung dieser beiden Tage! Wohl dem, der sich dieser beiden Tage noch in jener Welt freuen kann.

## 34. Leichen-Predigt.

Text: Röm. 7, 24. (10. Dec. 1782.)

Weil der l. Verstorbene in seinen lezten Tagen diese Worte öfters im Munde geführt, so wollen wir dieselben zu unserer Erneuerung in dem Christenlauf anwenden. Es ist Gnade vom Herrn, wenn uns unter so vielen Sprüchen der h. Schrift, die uns meistens nur zu gewohnt werden, auch nur ein einziger nahe wird und in unser Herz so eindringt, daß wir ihn als ein edles Samenkorn mit in die Ewigkeit hinübernehmen können. Es gibt manche Sprüche, von denen wir meinen, wir verstehen und glauben sie, Sprüche, die wir uns ohne Bedenklichkeit zueignen, aber in jener Welt werden wir erfahren, daß wir noch keinen solchen Antheil daran bekommen haben, den wir gegen alle Widersprüche durchbehaupten können. Da wird ein jeder erst wissen, was er hat. Wie im Leiblichen erst bei dem

Todesfall eines Menschen herauskommt, was er eigentlich gehabt und wie da der ganze Vermögenszustand offenbar wird, so geht es auch mit unfrer geistlichen Haushaltung: die wird uns erst ganz bei unsrem Tode offenbar; da erfährt man, was man errungen und gewonnen, aber auch was man eingebüßt hat, was man in Wahrheit hat und was man nur meinte zu haben. Denn in diesem Leben schäzt man sich selten recht: entweder sieht man sich für reicher oder ärmer an, als man ist. Hingegen das Licht der Ewigkeit wird alles aus einander sezen. Welches Wort Gottes wird uns einmal vornehmlich als ein Eigenthum und als eine Beilage nachfolgen? Ich denke, dasjenige, woran wir unter manchem Gefühl unsers Elends Antheil bekommen haben, dasjenige, das uns gedemüthigt, das uns ins Seufzen über uns selbst, aber auch in ein sehnliches Verlangen nach Gnade hineingetrieben hat: diß wird der gute Theil sein, der nicht wird von uns genommen werden. Wenn also unser Text den inneren Seufzer-Grund bei unserem Verstorbenen aufgeweckt hat, so wird ihm auch die Kraft und der Segen hievon in jene Welt nachfolgen.

Das mannigfaltige Seufzen in dem Leibe dieses Todes.

I. Was die Quellen dieser Seufzer seien. In dieser Welt, da Sünde und Tod herrscht, ist das Seufzen etwas Gewöhnliches. Vom Menschen an, bis auf die geringste Creatur ist nichts davon ausgenommen, es seufzet alles zusammen. (Röm. 8, 18—23.) Um diese Seufzersprache ist es etwas ganz Besonderes, es ist eine Sprache, die die Creatur oft selber nicht kennt, die aber derjenige versteht, vor dem alles Verlangen seiner elenden Geschöpfe offenbar ist (Röm. 8, 27.), und der einmal auf das Seufzen der Creatur herrlich antworten wird. Wann einmal das Wort erfüllt ist, das derjenige, der auf dem Thron sizt, ausspricht (Off. 21, 5): siehe ich mache alles neu, wann kein Tod, kein Leid und Geschrei und Schmerz mehr sein wird, wann das Alte alles dahingegangen: dann werden alle Seufzer der Creaturen erhört sein. Und was von Seufzern aus diesem

Gefühl herausgeht und aus dem Verlangen nach der neuen Schöpfung, das ist nicht verloren.

Das Seufzen ist also etwas, davon keine Creatur ausgenommen ist: es kommt bei Unbekehrten und Bekehrten vor. Es mag sich ein natürlicher Mensch auch noch so sehr gegen das Gefühl des Elends dieser Erde wehren, es mag ihm nach dem Aeußern noch so sehr nach Wunsch gehen, so wirds doch auch Stunden und Augenblicke geben, da er seufzen muß, da sich das Verlangen nach dem Unendlichen, nach dem Bessern, das man nicht in dieser Welt antrifft, in ihm regt, und wenn er in solchen Stunden dem seufzenden Geist Raum ließe, so würde es ihm wohl werden. Einem solchen Menschen dürfte man zusprechen, er soll nur dem Gefühl seines Elends recht Luft machen; das wäre der beste Rath für ihn, damit wäre ihm mehr geholfen, als wenn man ihn vor der Zeit tröstete und ihn wieder einschläferte. Denn es bleibt bei den Worten Jesu, Luc. 6, 21, 25. Diß ist eben die Weisheit der Gläubigen, daß sie sich vor diesem Seufzen nicht fürchten und daß sie darunter mit dem Heil Gottes näher bekannt werden. Unsre Textworte gingen bei Paulus aus dem innersten Grund heraus und besonders aus einer tiefen Erfahrung von dem Leibe des Todes. Wie dieser ein Schatzhaus von so vielem Jammer ist und ein ganzes A. b. c. des menschlichen Elendes enthält, so wird er auch einem Gläubigen eine Quelle mancher Seufzer. Krankheiten und andere Zufälle des menschlichen Lebens können einem freilich offenbaren, was dieser Leib für ein Leib des Todes ist. Wenn man von dem Herrn auf das Siechbette hingelegt wird, wenn man in diesem Leben nimmer so geschäftig und wirksam sein kann, als man vorher gewesen, wenn man manches Vergnügen nicht mehr genießen kann, wie vorher, da empfindet man diesen Leib des Todes, dann geht das Seufzen an: aber doch ist damit der innerste Seufzergrund noch nicht eröffnet; hingegen kann es eine Gelegenheit dazu werden. Es ist ein Seufzen, das erst noch eingeleitet und in die rechte Ordnung gebracht werden muß. Wiederum gibt es Seufzer in diesem

Leibe des Todes, wenn man sich gewisse Lüste und böse Neigungen angewöhnt hat und empfindet, wie man dieselben nimmer wohl los werden kann, wie uns diese bösen Gewohnheiten gefangen nehmen; das sind Seufzer, die schon näher zu der rechten Seufzersprache hinreichen. Doch so lang das innere Verlangen nach Freiheit, nach Freiheit der Kinder Gottes noch nicht ausgeboren ist im Herzen, so lange ist dieses Seufzen noch nicht ganz rechter Art.

Das rechte Seufzen lernt man erst, wenn es einmal bei einem Menschen zur Scheidung kommt, wenn ein doppelter Mensch in einem ist, wenn man neben der alten Creatur auch die neue an sich spürt. Da geht es erst recht an. Und aus diesem Grund geht unser Text heraus. Ein Gläubiger muß über diesen Leib oft seufzen; 1) weil er noch das Gesez der Sünde in den Gliedern spürt. Dem Geist nach möchte er gerne nach dem Gesez Gottes wandeln; es steigen manche Bewegungen zum Guten in ihm auf; aber wenn er denselben Gehorsam leisten will, so ist dieser Leib da, der ihn hindert; da wird er oft schnell wieder hingerissen. Das thut weh und macht seufzen, wenn man einen so nahen Feind hat. 2) Weil er so viele Trägheit an sich findet, die von diesem Leib des Todes herkommt. Ein Gläubiger möchte gern mehr Fleiß anwenden, sich aufzuschwingen, aber er kann nicht: seine Seele und Geist kann den Leib nicht fortbringen. Da seufzet er. 4) Weil er sieht, daß er diesen Leib tragen und sich mit demselben schleppen muß; erst der Tod macht ihn davon frei. Solche Seufzer nun sind gut, diese gehen nicht verloren; unter diesen wächst der innere Mensch: sie sind gleichsam ein Pfand für die Unvermögenheit des äußeren Menschen.

II. **Was uns darunter beruhige.** 1. Ein heiterer Blick in die Erlösung: ich danke Gott 2c. Man erfährt nemlich: es ist doch für dieses Elend noch Rath da. So tief der vorige Seufzer war: o ich elender 2c. so hoch schwingt sich der Geist in diesen Worten: ich danke Gott 2c. 2. Man weiß: es darf mich doch nicht verdammen. Der Leib dieses Todes verdunkelt einem die Gnade Gottes, man kommt in Zweifel, man denkt:

du kannst noch darüber verloren gehen, Gott kann an einem so elenden Menschen keinen Gefallen haben. Aber unter diesem Seufzen wird einem die Gnade Gottes versiegelt, man weiß: es ist nichts Verdammliches ꝛc. 3. Man weiß: das Elend dieses Leibes darf doch nicht über mich Meister werden. Der Leib ist todt um der Sünde willen, der Geist ist das Leben um der Gerechtigkeit willen. Wir sind nicht mehr Schuldner nach dem Fleisch zu leben. 4. Man wird seiner einstmaligen Erlösung gewis und froh und weiß: es wird einmal ausgehen. Unterdessen trägt man an diesem Fleisch in der Aussicht auf die Befreiung und bleibt der Hoffnung: was noch jezt an mir klebt, wird nicht immer an mir bleiben, Jesus wird es schon vertreiben, wenn er mich in sich erhebt. Amen.

## 35. Leichen-Predigt.

(Am 4. Sonntag Epiphanias und Mariä Reinigung den 2. Febr. 1783.)

Text: Luc. 2, 29, 30.

Simeon ist ein Exempel, wie gut es sich in dem Dienst des Herrn sterben lasse und wie der Herr seine getreuen Diener, besonders auch bei ihrem Abschied aus der Welt noch so gnädig zu bedenken wisse. Diß sollte uns aufs neue Muth machen, uns nicht nur in den Dienst dieses Herrn gerne hinzugeben, sondern auch demselben immer getreuer und williger zu dienen. Darin liegt eben auch ein wichtiger Unterschied zwischen dem Dienst eines irdischen und dem des himmlischen Herrn. Wenn man in dem Dienst eines irdischen Herrn noch so viel Gutes genossen, so kann sich eben doch derselbe am Ende des Lebens unserer nicht mehr annehmen, da muß er selber zurückstehen, da hebt sich die alte Verbindung auf einmal auf. Aber bei dem himmlischen Herrn ist es ein anderes, in dessen Händen bleibt man lebendig und todt. Wenn man einem irdischen Herrn lange gedient, so bleibt einem von einem solchen Dienst, wenn er auch noch so gut war, doch immer hin und wieder ein trauriges Andenken, daß man sagen muß: da und dort habe ich an meiner Gesundheit Schaden gelitten, da ist es mir so und so gegangen. Aber diß hat man bei dem Dienst des himmlischen Herrn nicht zu besorgen. Es freuen einen alle Stunden, die man in seinem Dienst zugebracht. Was einen reuen kann, ist dieses, daß man sagen muß: ach, daß ich dir so spät gedient, du treue Liebe du.

Das gute Loos, das man im Dienst des Herrn zu genießen hat.

I. Wie man sich darin zu beweisen habe. Simeon ist schon deswegen ehrwürdig, weil er schon so lange in dem Dienst seines Herrn gestanden. Man hat im menschlichen Leben gegen einen alten Diener schon eine Hochachtung, denn man kann den guten Schluß daraus machen, daß sein Herr mit seinen Diensten wohl zufrieden sein müsse, sonst würde er ihn nicht so lange behalten haben. Ja ein Herr selber hat' gegen seinen alten Diener eine besondere Liebe. Eben so sieht auch Gott seine alten getreuen Diener an. Deswegen wird am Beschluß der Haushaltung A. T. auch der alten getreuen Diener besonders gedacht und ihnen noch am Ende ihres Dienstes ein so gutes Zeugnis gegeben. So wird des alten Zacharias mit Ehren gedacht, so des Simeon und gleich nachher der alten Prophetin Hanna, die bis in ihr spätes Alter hinein dem Herrn Tag und Nacht gedient. Diß ist also schon ein Stück von dem, wie man sich im Dienst des Herrn zu beweisen habe. Fange bei Zeiten an, laß dich frühe in den Dienst dieses Herrn aufnehmen, so kannst du ihm auch eine Weile dienen. Unsre Natur denkt freilich nicht so. Weil sie den Dienst dieses Herrn als etwas sehr Beschwerliches ansieht, so läßt sie es so lange anstehen, als es sein kann und weil sie diesem Herrn nicht recht traut, so will sie es vorher bei andern probiren und wenn sie dann an den andern herumgekommen ist, so sucht sie endlich und zulezt den rechten Herrn auf. Aber diß gibt eben meistens schlechte Diener und es kommt bei einem solchem Dienst nimmer viel heraus. Je länger man diesem Herrn dient, desto seliger ist man.

Das zweite, was zum Dienst dieses Herrn gehört, ist dieses, daß man ihm zu jeder Zeit und an jedem Ort dient. Simeon war ein Diener des Herrn zu Jerusalem. Das war damals nimmer die fromme Stadt, wie sie es vorher gewesen, es kam weit mit derselben herunter, sie war in großem Verfall. Die Anzahl der rechtschaffenen Diener des Herrn ging sehr nahe zusammen, Er hatte meistens lauter kalte und todte Lehrer um sich herum. Das Häuflein der Gläubigen mit denen er sich aufmuntern konnte, war bald gezählt; die andern Leute waren müde von dem langen Warten auf die Ankunft des Messias. Er lebte also nicht an dem besten Ort und nicht zur besten Zeit und doch machte er in dem Dienst seines Herrn fort und ließ sich durch nichts irre machen. Man steckt sich oft gerne hinter allerlei Vorwände der Zeit und des Orts. Da heißt es: wenn ich nur nicht an diesem Ort wäre, so wollte ich gewis dem Herrn dienen; aber da ist es unmöglich, da kann man nicht fortkommen. Oder heißt es: wenns nur eine andere Zeit wäre, so wollte ich auch eher ein Christ werden; aber bei dieser Zeit kann mans einem nicht übel nehmen. Diese Vorwände sind lauter Decken, die wir über unsern faulen und trägen Willen herziehen. So hat Simeon nicht gedacht. Eben an solchen Orten und Zeiten kannst du dem Herrn mit deinem getreuen Dienst Ehre machen. Was war es für ein betrübter Ort, an dem der Engel zu Pergamus sich aufhalten mußte! Da wo der Teufel wohnt. Was war es für eine mißliche Zeit, da man die Zeugen des Herrn tödtete! Und doch diente er seinem Herrn mit aller Treue. Zum Dienst dieses Herrn gehört auch

3) daß man gerecht und gottesfürchtig ist. Da beweist man sich gegen Gott und seinen Nebenmenschen nach dem Sinn der Wahrheit. Die Gerechtigkeit ist die Wurzel aller Pflichten gegen den Nächsten. Solche gerechte Diener hat der Herr gerne. So suchte sich Simeon durch seinen Wandel an dem Herzen des Nächsten zu

beweisen und so beweist sich auch noch jezt jeder Diener an dem Gewissen der andern. Es gibt im menschlichen Leben so vielerlei Ungerechtigkeit, große und kleine. Man hat zu thun, wenn man sich gegen dieselbe verwahren will. Simeon war auch gottesfürchtig, er hatte eine heilige Scheue vor Gott. Was wird dieser Mann in Jerusalem haben sehen und hören müssen. Wie leicht kann einem unter einem ausgearteten Volk das Göttliche gering werden und wie kann einem die nöthige Hochachtung verringert werden, daß man auch an Andern die Sünden und Vergehen nicht so hoch ansieht! Aber die Gottesfurcht ist die beste Verwahrung dagegen. Man protestirt gegen das Böse, man sucht so viel man kann, gegen den Riß zu stehen; man zeigt, daß man keinen Gefallen daran habe.

4. Man wartet auf den Trost Israels, d. i. wenn man es kurz fassen will, man ist patriotisch. Wenn man oft in seine verdorbene Zeit hineinsieht, so fällt einem der Muth, so kann man verlegen werden. Aber man richtet sich auch wieder mit der Hoffnung eines Besseren auf, man tröstet sich damit: so wirds gewis nicht bleiben, es muß anders und besser kommen. Diese Hoffnung rechnet der Herr seinen Knechten hoch an. Wenn man nichts thun kann, als warten, so hat man schon dem Herrn gedient und so nimmt man diese Hoffnung hinüber in jene Welt.

II. **Was man für ein gutes Loos davon genieße.** 1. Man hat es schon in diesem Leben zu genießen. a. durch eine besondere Aufsicht und Bewahrung des Herrn. Diese hat Simeon genossen, er war dem Herrn besonders befohlen. Der Herr weiß alle seine Diener. b. Durch einen Geschmack am Göttlichen. c. Durch immer weitere Blicke in das nahe Heil Gottes: und

2. in jenem Leben a. durch Hinwegnahme im Frieden, ehe die Gerichte einbrechen. b. Durch inneres Zeugnis der göttlichen Zufriedenheit mit ihrem Dienst. c. durch Heimberufung zum Herrn.

## 36. Leichen-Predigt.

Text: Röm. 14, 8. (11. Jan. 1784.)

Was kann sowohl einem Sterbenden, als auch seinen Hinterlassenen eine größere Beruhigung geben, als wenn es in Wahrheit von ihm heißt: er ist dem Herrn gestorben. Davon hat der Verstorbene selber den größten Segen vornehmlich in der Ewigkeit zu genießen. Es ist aber auch ein Segen für die Hinterlassenen, wenn sie bei allem Schmerz des Verlustes denken dürfen: ich habe einen Vater, Mutter, Gattin, Kind, Geschwister bei dem Herrn. Wenn unser Text allen Sterbenden dieses Jahres gilt, so wartet ein seliger Wechsel auf sie.

Das große Recht Jesu an unser Leben und Sterben.

I. Wie wir dieses Recht anerkennen sollen. Es ist etwas, ein Eigenthum des Herrn Jesu zu sein und wer sich einmal so ansehen kann, der weiß, wo er daran ist. Im Grund hat der Herr Jesus ein Recht an unser aller Leben und Sterben; denn wir gehören dem an, der uns erkauft hat und er hat ja sein Blut als das Lösegeld für einen, wie für den andern vergossen. Er kann also sagen: alle Seelen sind mein. Aber weil es auch Leute gibt, die den Herrn, der sie erkauft hat, verleugnen und die also auch dem Herrn Jesu sein Recht über sie abstreiten, so hat man Ursache sich zu prüfen, ob man dieses Recht Jesu auch gerne anerkenne. Im zweiten Haupt-Artikel haben wir ein schönes Exempel, wie ein Gläubiger sich zu seinem Herrn bekennt, es heißt da: ich glaube, daß Jesus Christus sei mein Herr ꝛc. Diese Worte sind die beste Erklärung unsres Textes und wer diesen Sinn in seinem Innersten zu Grund liegen hat, der kann überall durchkommen. Es geben aber auch diese Worte uns eine ganz andere Denkungs- und Lebensart und es ist mit bloßem Sagen nicht ausgerichtet. Ich will daher zeigen, was dazu gehöre, dieses Recht Jesu an uns zu erkennen

1) Redliche Prüfung, wen man bisher zum Herrn

gehabt, und wem man also auch gelebt und gedient. Wir werden freilich allerlei Herren finden und mit Israel sagen müssen: es herrschten wohl andere Herren über uns, denn du. Wir werden sagen müssen: die Welt und ihr Fürst ist mein Herr gewesen, denn ich habe diesen beiden zu gefallen gelebt. Wie vieles habe ich meinen Sünden= kameraden zu gefallen gethan! Was habe ich von mei= ner Gesundheit und Vermögen an sie gerückt! Wenn ich nur den zehnten Theil dem Herrn Jesu, als meinem eigentlichen Herrn hätte zu gefallen thun sollen, so hätte ich Wunder gemeint, was ich dabei verliere. Mein ei= genes Fleisch ist mein Herr gewesen, denn ich that bis= her nichts, als den Willen des Fleisches und der Vernunft. Die Sünde war mein Herr und das ganze Sündenreich herrschte über mich. Habe ich schon nicht in allen Sün= den gelebt, so bin ich doch einer oder der andern vor= züglich gehorsam gewesen. Diß ist das erste, das man zu erkennen hat. Es fangt also mit einem redlichen Be= kenntnis an, daß wir uns bisher an unrechtmäßige Herren gehängt haben. Wer sich nicht zu dieser Prüfung ver= steht, der kommt sein Lebtag zu keiner Gewisheit, ob er seinen rechten Herrn habe, oder nicht.

2) Ernstliche Aufkündigung seiner vorigen Herren. Es gibt Menschen, die es wohl erkennen, daß sie nicht unter ihrem rechtmäßigen Herrn stehen; sie möchten auch je und je gern von ihren alten Herren los werden, sie wagen es aber nicht, mit ihnen zu brechen. Sie denken: was wird die Welt sagen, wenn ich nimmer so gegen sie bin, wie vorher? Was werden meine Kameraden ma= chen, wenn ichs nimmer mit ihnen halte? Sie denken auch: wir haben eben nimmer den Genuß, den Vor= theil und Gewinn, das Vergnügen, das wir vorher gehabt haben: wenn ich meinen rechten Herrn habe, so darf ich nimmer betrügen, nimmer so vortheilhaft sein, als ich gewesen bin. Diese Unentschlossenheit macht, daß man hernach auf beiden Seiten hinkt. Mit den alten Herren mag mans nicht ganz aufgeben: den recht= mäßigen Herrn mag man auch nicht ganz auf die Seite sezen, man behält also diesen zum Stichblatt und wenn

man den vorigen Herren genug gedient, so will man zulezt diesem noch dienen; denn man denkt heimlich: der
nimmt mich doch noch an. Aber das heißt wiederum
nicht, das Recht Jesu anerkennen. Also muß es eben
aufgekündet sein. So heißt es 1 Petr. 4, 3: es ist
genug, daß wir die vorige Zeit hingebracht haben nach
heidnischem Willen ꝛc. Wer noch nicht so aufgekündet
hat, der weiß auch noch nicht, ob er den rechten Herrn
hat, oder nicht.

3) Gehört dazu die lebendige Ueberzeugung, daß
man bei der Uebergabe an seinen rechtmäßigen Herrn
wirklich von allen vorigen Banden und Fesseln frei werde.
Es hält einen manchen der Gedanke auf: ich wollte gern
wieder meinem rechtmäßigen Herrn dienen, aber ich traue
mir nicht, ich kann nicht so sein, wie ers begehrt: ich
kann diese oder jene Schoos-Sünde nimmer lassen, es ist
einmal eine eingewurzelte Gewohnheit, die ich nimmer
von mir bringe. Allein diese Gedanken kommen daher,
weil man seinen rechten Herrn noch nicht kennt. Es
heißt ja: er ist mein Herr, der mich erlöset hat von allen
Sünden. Laß also nur diesen Herrn sorgen: wenn du
dich ihm ernstlich übergeben hast, so wird er dich schon
frei machen. Es gehört dazu

4) der ernstliche Vorsaz der Heiligung, nemlich
der Sinn, dem allein zu leben, der für uns gestorben
und auferstanden ist. Da thut man alles, was man
thut, dem Herrn und dann ist alles recht, was man
thut. Aus diesem großen und wichtigen Grund heraus
beruhigt Paulus die Starken und Schwachen und bezeugt
ihnen, wenn sie nur alles aus Gehorsam gegen ihren
Herrn thun, so sei es ihm gefällig. Diß ist auch die
Sache auf die wir einzig zu sehen haben. Es muß also
dem Herrn gelebt sein. Man lebt ihm von vorne herein. Es ist gar gut, wenn man diesen Herrn bald findet,
ihm von Jugend an dient, wie das Exempel Jesu aus-
weist. Man lebt ihm, es gehe, wie es wolle, was man
auch vom Leibe der Sünde und des Todes erfährt. Man
lebt ihm bis ins Ende dieses Laufs hinein und drüben
fangt man aufs neue wieder an, ihm zu leben. Dann

hat er wieder das ganze Recht über uns und alle das Unsrige.

II. Wie man sich dieses Rechts Jesu über uns freuen soll. Es sind der Leute so viel, die uns unsern Herrn verdächtig machen wollen: Satan, die Welt und unsre eigene Natur. Aber wer einmal diesen Herrn hat, lernt ihn immer besser kennen und zwar 1. daß man sieht, es ist tausendmal mehr Ruhe, Friede und Freude in seinem Dienst als bei der Welt. 2. Daß man seines Dienstes immer mehr froh wird, wie die Jünger Joh. 6, 67 ff., wie Ignatius (Polykarp), da man ihn durch Marter von seinem Herrn wollte abwendig machen. 3. Man weiß, was man im Tode von ihm hat, da er uns gegen alle Feinde schützt. Wenn man da mit Wahrheit sagen kann: Jesus ist mein Herr, so hat man genug: diß Glaubenswort ist so ein großes Machtwort, als das Wort Jesu bei seiner Gefangennehmung: ich bins. Man hält sich an ihn und sein Wort: meine Schafe sind mein 2c. Man weiß, was man beim Durchgang in jene Welt an ihm hat, nemlich den, der uns durchs finstere Todesthal leitet, Ps. 23, 4 ff. 4. Man weiß, was man in jener Welt von ihm hat, nemlich der uns auch bis dahinein Gutes und Barmherzigkeit wird nachfolgen lassen.

Nun wer erkennt Jesus als seinen Herrn, wer freut sich sein? Diesem Herrn sei auch der Verstorbene übergeben. Diesem Herrn wollen wir auch uns ergeben, so können wir mit Freuden sagen: Herr Jesu, dir leb ich, dir leid ich, dir sterb ich, dein bin ich todt und lebendig; mach mich, o Jesu, ewig selig. Amen.

## 37. Leichen=Predigt.

### Text: Ps. 31, 6. (5. Febr. 1784.)

Um eine ganze Uebergabe seiner selbst an den Herrn ist es etwas Wichtiges und Seliges; aber es ist auch eine Sache, die man erst nach und nach lernt, und wozu wir unter allerlei Umständen dieses Lebens, unter manchen Erfahrungen unseres eigenen Herzens eingeleitet werden.

Wenn uns Gott in allerlei Leiden und Trübsale hineinführt, erfahren wir erst, an wen wir uns halten können; wenn wir inne werden, wie uns unsre eigenen Sorgen so vergeblich umtreiben und wie alle unsre Eigenwirksamkeit wenig oder gar nichts hilft, lernen wir uns demjenigen übergeben, der allein für uns sorgt. Und je mehr wir mit der guten Führung Gottes bekannt werden, desto mehr bleibt der Entschluß bei uns: wer sollte sich einem so holdseligen Herrn nicht weiter anvertrauen! Gewiß, wer nur einmal die Probe gemacht hat, sich dem Herrn zu überlassen, der übergibt ihm zulezt seinen ganzen Lauf. Es geht da, wie wenn man mit einem guten Freunde bekannt wird. Diesem vertraut man sich zuerst in einem und dem andern Stück; wenn man ihn nun treu und redlich befunden hat, so vertraut man sich ihm hernach noch weiter und endlich ganz. So gehts auch mit unserer Ueberlassung an Gott: es öffnet sich so zu sagen eine Thüre des Herzens nach der andern, bis zulezt Gott das ganze Vertrauen unseres Herzens bekommt, bis wir ihm uns lassen ganz und gar, mit unsrem Lauf durch die Zeit bis in die Ewigkeit. Da heißt es bei uns: in deine Hände und Herz befehlen wir unsre armen Seelen, unsre dürftigen Leiber, unser ganzes Leben, Verstand und Anschläge, Worte und Werke, Glauben und Bekenntnis, Liebe und Uebung, Hoffnung und Gedult: alles, was wir ausrichten, ist von dir uns gegeben, von deinem Geiste gewirkt: der Anfang und das Ende unsres Lebens, unser Sterben und Auferstehen; mit diesem allem schaffe es, Herr Jesu, wie du willst. Ein solcher Sinn ist allein ein Werk des Geistes Gottes. Einen solchen Sinn hatte David und diß machte ihn zu einem Mann nach dem Herzen Gottes. So können wir auch Menschen nach dem Herzen Gottes werden, nicht durch außerordentliche und besondere Heldenthaten, sondern durch kindlichen Glaubenssinn, der alles, was er braucht, in dem Herzen Gottes sucht.

Die kindliche Ueberlassung eines Gläubigen an Gott.

I. Wie er sich darin durch seinen ganzen

Lauf bis ans Ende übe. Unser Text ist eine kurze aber nachdrückliche Schilderung des kindlichen Sinnes, welchen David gegen Gott hatte. Er war damals von außen in großer Gefahr, es ging ihm ans Leben. Er wurde von seinem Sohn Absalom verfolgt, daß er aus der Stadt fliehen und sich bald da bald dort aufhalten mußte. Absalom hatte auch wirklich ein ganzes Heer wider ihn ausgeschickt, ihn in seine Hand zu bekommen und es wäre ihm beinahe gelungen, wenn sich David nicht noch in die Stadt Mahanaim hätte flüchten können. Unter dieser Verfolgung ging es nun bei David durch manche Angst und Zagen. Pf. 31, 23. Da war dieser kindliche Sinn freilich verdunkelt, aber er brach doch wieder durch alle diese Wolken hindurch und schwang sich in das Herz Gottes hinein. Er übergab sich Gott mit seiner Lebenszeit (V. 16): meine Zeit stehet in deinen Händen; wenn also schon Absolom mir sie gerne abschneiden wollte, so hast du es ihm doch nicht überlassen, sondern meine Lebenstage sind in deiner Hand. Er übergab sich Gott mit seinem Geist (V. 6), der allein darüber wachen und denselben im Leben und Sterben bewahren sollte. Durch diese Ueberlassung an Gott blieb er gestärkt unter allen Leiden. Und diß ist noch die ganze Sache eines Gläubigen in seinem Lauf, daß er sich seinem Herrn in allem überläßt und sich darin bis an sein Ende übt. Was gehört dazu?

1. Uebe dich in dieser Ueberlassung, wenn du auch in deinem Herzen hundert Wiedersprüche und Verdammungen spürst. Man kommt oft in Umstände hinein, wo man denkt: ich wollte mich gerne Gott überlassen, aber ich habe keinen Muth dazu; es ist mir, als wenn ich von Gott verstoßen wäre, als wenn er nichts nach mir fragte. Bei einem solchen Gefühl hälts freilich schwer. Allein wir müssen lernen, auch über dieses Gefühl uns hinausschwingen und denken: ich wills dennoch wagen. So hats David gemacht, er hat, da alles verloren schien, sich doch mit Flehen zum Herrn gewendet und hintennach erfuhr er, daß Gott eben damals, da er in seinem

zaghaften Wesen alles aufgegeben, seines Flehens Stimme gehört. Es mag also von innen und außen aussehen, wie es will, so kann man doch diese Ueberlassung an den Herrn üben.

2. Ueberlasse dich dem Herrn mit deiner ganzen Lebenszeit. Es ist einem Gläubigen an dieser Lebenszeit etwas gelegen, weil er weiß, was sie einem auf jene Welt austrägt; er weiß auch, wie Satan, als der Mörder von Anfang, darauf umgeht, uns unsere Lebenstage zu verkürzen. Aber ein Gläubiger behält auch da sein Vertrauen gegen Gott und sagt: meine Zeit steht in deinen Händen. Du hast alle meine Tage auf dein Buch geschrieben und bestimmt, wie lange meine Pilgrimschaft währen soll; es darf also da nichts fehlen. Ja nicht nur die Währung meiner Lebenszeit, sondern auch alle Begegnisse darin stehen in deiner Hand und ich lasse sie auch gerne darin. Wie viel Freud und Leid, wie viel Gutes und Böses darin vorkommen soll, das überlasse ich dir, der du den besten Austheiler zu machen weißt und bei diesem Ueberlassen will ich alles Fragen und Einwenden vergessen, warum du gerade mit mir so handelst, warum du mich nicht auch so, wie etwa diesen und jenen führest?

3) Ueberlasse dich dem Herrn mit deinem Geist, dieser ist ja das alleredelste. Wenn der Herr unter so manchem Elend dieser Pilgrimschaft etwas Ewiges in deine Seele pflanzt, so freue dich darüber mehr, als über den größten Reichthum. Nimm es aber auch in acht und stehe zu, daß du es bewahrest. Du kannst es aber nicht besser bewahren, als wenn du es dem Herrn anbefiehlst, daß er selber darüber wache. Das Edelste hat gemeiniglich auch die größten Gefahren, deswegen gilt es uns auch, unsre Seelen dem Herrn täglich zu übergeben und in dieser Uebergabe täglich einen neuen Muth zu fassen. Wer seinen Geist täglich dem Herrn so übergibt, der hat am Ende seine Sachen bald in Richtigkeit. Da bestätigt er nur seine bisherigen Ueberlassungen; da heißt es insbesondere: in deine Hände befehle ich meinen Geist und alles, was du darin gewirkt hast, alle Seufzer und Verlangen, alle Gebete, alles Geschrei um Erlösung, alles

diß bewahre mir, alles lege ich in beine Hände und wenn ich nichts mehr um mich weiß, wenn mir nichts einfällt, so laß mich ruhig sein, daß mein Geist in beiner Hand ist. Ein Gläubiger ist in seinem Sterben wie ein Reisender, der seine besten Sachen schon vorausgeschickt hat und sich nur noch mit dem Nöthigsten auf die Reise versieht. In deine Hände befehle ich auch meinen Leib, den du selber als ein Waizenkorn auf deinem Acker aussäen und zu seiner Zeit wollest hervorkeimen lassen. In deine Hände befehle ich alle die Meinigen, die du auch, wie mich, durchführen, vollenden und in jene Welt einsammeln wirst. Diß ist eine kurze Beschreibung von dem Ueberlassen an den Herrn. Es muß aber auch einen Grund haben.

II. Was der feste Grund dieser Ueberlassung sei. David führt zwei Gründe an: 1) die bisherigen Erlösungen, die ihn Gott erfahren lassen, 2) die Wahrheit Gottes. Er konnte sich im Glauben so mancher Hilfe erinnern, die ihm Gott in vorigen Zeiten von Kindheit an wiederfahren ließ: wie ihn Gott als Hirtenknaben errettet von Löwen und Bären, hernach von Goliath, hernach von Saul und so vielen andern Feinden. Diß alles faßt er zusammen als spräche er: du hast mich schon oft erlöst, du wirst mich jezt auch von Absalom erlösen. Ja im Blick auf das Vorige sehe ich mich auch jezt schon als erlöst an. 3. Er hatte aber auch so manche Verheißungen von Gott empfangen; diese machten ihm einen neuen Grund seiner Ueberlassung. Er will sagen: beine Verheißungen werden dich nicht gereuen, du wirst sie auch nicht zurücknehmen; du bist ja der Gott der Wahrheit.

Eben diß sind auch noch jezt die Gründe, woran sich ein Gläubiger hält. a. Du hast mich erlöst und zwar schon da du für mich gestorben. Da ist allen Feinden schon zum voraus bezeugt worden, sie sollen keine Macht noch Gewalt an mich haben. In dieser allgemeinen Erlösung sind alle besonderen schon begriffen. b. Du hast mich erlöst in diesem und jenem besondern Fall: aus der Welt, aus so manchen Sündenbanden und ob ich schon noch oft wie gebunden da liege, so halte ich mich doch an deine Erlösung. Denn mein Geist der bindet dich im Glauben läßt dich nicht 2c. c. Du bist ein treuer Gott, ein Gott der Wahrheit. Ich habe ja dein Wort, daß du mich erlösen willst, diß wird auch geschehen; denn du bist wahrhaftig und getreu. Es werde deine Treu mir täglich neu 2c.

## 38. Leichen-Predigt.
### Text: Ebr. 11, 13. (11. Mai 1784).

Diß ist das Attestat, welches das Wort Gottes den Gläubigen A. T. ertheilt, sowohl in Absicht auf ihren Lauf durch diese Welt, als auch in Absicht auf ihren Ausgang aus derselben. Wie Gott auf den ganzen Haufen der Menschenkinder von seinem Himmel herabschaut, daß er sehe ob jemand klug sei und nach ihm frage, so sieht er insbesondere auf das kleine Häuflein seiner Gläubigen herab und zwar mit einem besonderen Wohlgefallen. Denn das Herz Gottes hat eine besondere Freude daran, wenn er Menschen sieht, denen es um jene Welt zu thun ist, die eine bessere begehren, die über alles Sichtbare hinüber, bis ins Unsichtbare schauen. Zum Beweis, daß der Herr ein so gnädiges Wohlgefallen an dem Glaubenslauf der Seinigen habe, gehört besonders auch dieses, daß das Wort Gottes den Lauf und das Ende so mancher Gläubigen hat beschreiben müssen, damit auch wir dadurch gereizt werden, ihren Fußstapfen nachzufolgen und wie sie durch Glauben und Geduld die Verheißungen zu ererben. Von einem solchen kann man mit Wahrheit sagen: er ist wohl hier gewesen. In diesem Blick sollten wir jede Leiche ansehen und uns nicht sowohl mit allerlei unnöthigen Gedanken von dem Verstorbenen einlassen, als vielmehr eine Prüfung unsrer selbst anstellen, was wir in Absicht auf unsern Lauf einmal für ein Attestat aus der Zeit in die Ewigkeit nehmen. Dieses Attestat ist in unsrem Text kurz zusammengefaßt und begreift zwei Stücke, 1) daß man im Glauben sterbe und 2) daß man im Glauben wandle. Wie wohl mag es einer Seele thun, wenn sie bei ihrem Eingang in jene Welt dieses Zeugnis in sich trägt.

**Wie es einem Gläubigen um ein gutes Attestat des Glaubens zu thun sei.**

I. In Absicht auf seinen Ausgang aus der Welt. Das ganze Cap. woraus unser Text genommen ist, enthält so zu sagen die Personalien der Gläubigen A. T. und Paulus malt uns da den Glauben, den er gleich zu Anfang des Cap. beschreibt, in lebendigen Exempeln aus. Wie die wachsthümliche Kraft in einer Pflanze etwas Unsichtbares ist, aber sich doch durch das wirkliche Wachsthum offenbart, so ist es auch mit der Glaubenskraft; diese ist ebenfalls unsichtbar, aber sie offenbart sich durch sichtbare Wirkungen und diese Wirkungen alle zusammen machen zulezt ein ganzes Gewächs des Glaubens aus, das einmal in jener Welt lieblich dastehen wird. Der Lauf eines Gläubigen bis zu seinem Ende bleibt also ein ewiges Denkmal im Himmel.

Von diesen Gläubigen heißt es: sie haben alle durch den Glauben Zeugnis überkommen. Der Glaube bleibt also ihr größter Ruhm. Was sie gethan haben, das haben sie im Glauben gethan: es hat eine höhere Kraft in ihnen gewirkt und wie dieser Glaube durch ihr ganzes Leben hindurch in ihnen gewirkt, so hat er sich auch selbst in ihrem Tode bewiesen. Sie sind im Glauben gestorben. Es heißt von allen, die jezt nicht mehr auf dieser Welt sind: sie sind gestorben. Wie viele tausende von Menschen sterben in einem einzigen Jahr! Von diesen allen heißt es: sie sind gestorben. Ihr kommet eben von dem Kirchhof zurück; da habt ihr nichts als Gräber gesehen und über alle diese Gräber gehört die Aufschrift: sie sind gestorben. So wird man über kurz oder lang auch von einem jeden unter uns sagen müssen: er ist gestorben. Aber nicht von einem jeden kann man sagen: er ist im Glauben gestorben. O was ist diß für eine ehrwürdige Grabstätte, wenn die Lebenden hinstehen und sagen können: der hier begraben liegt, ist im Glauben gestorben. Was ist die zweifache Höhle, welche Abraham zu einem Erbbegräbnis für seine Familie gekauft, für eine ehrwürdige Todtengruft gewesen! Da war das Grab der Sara, dort das Grab des Abraham, das Grab Isaaks, das Grab Jakobs, das Grab Josephs. Diß ist einer von den schönsten Kirchhöfen, die uns in heil. Schrift gemeldet werden, denn da schliefen lauter Gläubige, da man von einem jeden sagen konnte: er ist wohl hier gewesen, er ist im Glauben gestorben. Auf diesen Kirchhof hat Gott mit Wohlgefallen herabgeschaut; denn er hatte da lauter Todte liegen, die ihm lebten, die sich an ihn gehalten, die auf seine Verheißungen gestorben sind.

Wie sind nun diese alle im Glauben gestorben? Diß wird gleich im Nachfolgenden erklärt, wo es heißt: sie haben die ihnen gegebenen Verheißungen noch nicht empfangen, aber doch so geglaubt, als wenn sie dieselbigen schon hätten. Der Glaube hat es also mit den Verheißungen zu thun, an diese hält er sich durch diese ganze Pilgrimschaft und diese nimmt er auch mit sich in den Tod und in jene Welt hinein. So hat z. E. Abraham manche Verheißungen von Gott empfangen. Die Verheißung von der großen Vermehrung seines Samens, von dem Messias als seinem Samen, durch den alle Geschlechter der Erde sollen gesegnet werden; von dem Land Kanaan, das seine Nachkommen besizen sollen, das waren lauter Verheißungen, deren Erfüllung er nimmer erlebte. Indessen ist er doch mit dem Glaubenssinn aus der Welt gegangen, daß alle diese Verheißungen gewis werden erfüllt werden. So starb Jakob im Glauben. Er wußte, daß das Land Kanaan seinen Nachkommen verheißen war und ob er schon in Egypten starb, so theilte er doch dieses Land schon unter seine Söhne aus. Ja er starb im Glaubensblick auf den Messias und auf das mit ihm zu erwartende Heil, da er sagte: Herr ich warte auf dein Heil. Das heißt also im Glauben sterben, nemlich die Verheißungen Gottes mitnehmen in jene Welt, sich auch im Tode nicht von diesem Blick verrücken lassen. Im Tode stürmt noch so vieles auf unsern Glauben los: da will einem oft etwas ungewis oder doch gleichgiltig werden, was einem vorher gewis und wichtig war. Aber der Glaube läßt sich da nicht zurückschlagen, sondern wird auch in der Schwachheit des Todes kräftig. Er behält sein helles Auge und umfaßt das, was ferne ist, so gewis, als einer, der es schon in den Armen hat. Wer so stirbt, der stirbt im Glauben. Dieses Sterben hat Gott an den Glaubigen Altvätern so wohl gefallen, daß er ihnen noch in späten Zeiten durch den Apostel Paulus die rühmliche Grabschrift hat aufrichten lassen: sie sind im Glauben gestorben.

Um dieses Attestat ist es noch jezt einem jeden Glau=bigen zu thun. Wie die Glaubigen Altväter ihre Ver=heißungen hatten, an die sie sich hielten, so haben auch wir unsere Verheißungen, über denen wir bis in den Augenblick des Todes halten sollen. Wir haben Ver=heißungen von dem, was in jener Welt auf die Glau=bigen wartet; Verheißungen von dem, was noch mit der ganzen Gemeinde vorgehen soll, vom Reich Gottes, wie es noch durch alle Welt= und Höllenriegel durchbrechen soll. Das sind lauter Sachen, die wir noch nicht erlebt haben; aber sie sollen uns doch so gewis sein, daß wir heute noch, wenn es dem Herrn gefiele, darauf sterben könnten. Das heißt: im Glauben an das Heil Gottes sterben. Man nimmt das Seligsterben, das Sterben im Glauben heut zu Tage ohnehin so leicht. Wenn einer stirbt, der sich endlich noch auf seinem Todtenbette mit vielem Kampf so durchgearbeitet hat, daß er noch Hoff=nung bekommen hat, er werde nicht verloren gehen, so heißt es schon von ihm: er ist im Glauben, oder er ist selig gestorben. Es ist freilich schon Gnade, wenn ein Mensch dieses erreicht; indeß heißt dieses doch nach dem ganzen Umfang der Schriftsprache noch nicht im Glauben sterben. Dazu gehört mehr, nemlich ein Blick in den ganzen Vorsaz Gottes mit uns, ein Zeugnis nicht nur, daß wir über unsern Sündenlauf, über die Zeiten der Unwissenheit in demselben Gnade gefunden haben, sondern auch, daß wir an allem, was Gott in Zukunft noch thun wird, auch unsern besondern Antheil haben und uns der noch künftigen Erfüllung der Verheißungen freuen werden. Wenn man ein solches Zeugnis des Glaubens in Absicht auf seinen Ausgang aus der Welt bekommen will, so muß man

II. auch ein solches Glaubens-Attestat von seinem vorigen Lauf durch diese Welt haben. An einem solchen Zeugnis fehlte es den Altvätern nicht. Ihr voriger Glaubensgang wird sehr lieblich beschrieben. Es heißt: 1. sie haben die Verheißungen von ferne gesehen. Sie schärften also ihre Augen immer auf die Zukunft. 2. Sie haben sich der Verheißungen vertröstet und wohl begnügen lassen, oder, sie haben die Verheißungen im Glaubensgeist umfaßt, sie haben eine solche Freude daran gehabt, daß es ihnen in ihrem Innersten war, als ob sie diese Verheißungen schon wirklich hätten. 3. Sie haben sich als Gäste und Fremdlinge bekannt und aufgeführt.

Diß alles gehört auch bei uns zum Glaubensattestat: a. ein gutes helles Auge aufs Künftige; — b. ein rechtes gläubiges Umfassen und Hineinstellen seiner ganzen Seele; c. einen Verleugnungssinn. Mit diesem allem rüste uns der Geist Jesu aus und rufe uns durch so manche Zeugenwolke zu: o Seele sieh doch, wie ein wahrer Christ so selig ist!

## 39. Leichen-Predigt.

Text: 5 Mos. 32, 14. (12. Okt. 1784.)

Wir kommen von dem Grabe eines Jünglings zurück, wo die Liebe es uns zur Pflicht macht, zu weinen mit den Weinenden. Es ist der Liebe gemäß, mit Eltern zu weinen, die der Allmächtige sehr betrübt hat, die den noch übrigen einzigen Sohn zu seinem Grabe begleitet haben, einen Sohn, der ein Kind guter Hoffnung war, einen Sohn, der nach dem verborgenen Rath Gottes auf eine für das elterliche Herz schmerzliche Weise aus dieser Welt in die Ewigkeit abgerufen wurde, den sie durch einen so unvermutheten Unglücksfall dem Herrn aufopfern sollten. Diß ist freilich ein Opfer, wobei es nicht ohne Schmerzen und Thränen abgehen kann und es ist billig, daß wir uns mit aufrichtigem Mitleiden an diese betrübten Eltern anschließen und ihnen zu diesem schmerzlichen Opfergang reichen Zufluß von dem Gott

alles Trostes wünschen und erbitten. Der Herr wird
es auch, wenn wir nur stille halten, an seinen mütter-
lichen Tröstungen nicht fehlen lassen. Es steigen zwar
bei solchen Leidensproben, bei solcherlei Opfern, allerlei
Gedanken aus unsrer Vernunft und Natur auf; allein
so gehts bei einem jeden Opfer her; denn in einem jeden
Opfer muß der natürliche Menschenwille verzehrt und in
den göttlichen Willen verschlungen werden. Dieses kostet
einen Kampf. Wenn aber unser Wille einmal in den
göttlichen verschlungen ist, alsdann findet man auch bei
denjenigen Wegen, welche der Natur nach die bittersten
sind, Ruhe für die betrübte und unruhige Seele 2c.

Wie ein Blick auf das Herz Gottes uns
auch bei schweren Leidensproben beruhige.

I. Das Herz Gottes. Wenn uns der Herr in
schwere Leidensproben hineinführt, so sind unsre Gedanken
und Blicke Anfangs sehr wankend und laufen bald da,
bald dort hin. Wir sehen mit düstern Blicken auf das
Leiden selbst hin; dasselbe will uns zu schwer und zu hart
auffallen; oder wir sehen auf andere Nebenumstände und
meinen, wenn nur dieses oder jenes nicht dabei wäre;
oder wir sehen auf Andere um uns herum und machen,
wie Petrus, die Frage: Herr, was soll aber dieser?
Allein mit allen diesen Gedanken kommen wir zu keiner
Herzensberuhigung, sondern wir verwickeln uns immer
tiefer in unsre eigenen Gedanken und kommen damit
immer weiter von dem Herzen Gottes weg. Und doch
bleibt uns, um zu einem wahren Trost zu gelangen, nichts
übrig, als daß wir uns in das Herz Gottes hinein versenken; denn es kann uns niemand trösten, als eben der
Gott, der uns betrübt hat; es kann uns niemand heilen,
als eben der Gott, der uns geschlagen und verwundet
hat. Das Herz Gottes beschreibt unser Text sehr lieblich und nachdrücklich. Es sind Worte aus dem Munde
des Mannes Gottes, Mose, der öfters mit Gott geredet,
den Gott seine Herrlichkeit sehen lassen, der die Führung
Gottes sowohl an sich selber, als an dem Volk Israel hatte
kennen gelernt; es sind also Worte, die aus einer langen
und tiefen Erfahrung geflossen. Und wie beschreibt er

uns nun das Herz Gottes? Er sagt: 1. der Herr ist ein Fels. Damit zeigt er das Unveränderliche in dem Herzen Gottes gegen uns an. Wir haben nemlich einen Gott, der nicht heute so und morgen wieder anders gegen uns gesinnt ist, sondern der immer eben derselbe ist. Es schien zwar bei der Führung des Volks Israels durch die Wüste einige mal, als ob sich Gott in seinen Gesinnungen gegen sein Volk verändern wollte, besonders da sich das Volk durch das goldene Kalb so schwer an dem Herrn versündigt hatte und es an dem war, daß Gott sein Volk verwerfen wollte. Allein es blieb doch bei der alten Liebe Gottes gegen sein Volk, bei derjenigen Liebe, in die er sein Volk schon in Egypten aufgenommen hatte. Er blieb also ein Fels. Es kann wohl in unserem Lauf allerlei Veränderungen geben, allerlei Abwechslungen von Freude und Leid; allein wir haben doch in beiden den alten Gott. 2. Seine Werke sind unsträflich oder eigentlich: sein Werk ist vollkommen. Was er sich mit uns vornimmt, das führt er auch hinaus. Er macht nicht nur den Anfang, sondern auch den Fortgang und das Ende. Wie er bei dem Volk Israel mit Ausführung aus Egypten den Anfang gemacht, so vollendete er auch dieses angefangene Werk durch die Einführung des Volks in Kanaan. Das war ein ganzes Erlösungswerk. 3. Alles, was er thut, das ist recht. Damit will Moses alle Wege Gottes mit seinem Volk rechtfertigen und dem Volk auch das zurechtlegen, wo es an der Führung Gottes hätte irre werden mögen. Die Wege Gottes fallen oft so gar verschieden auf und sie wollen nicht alle unsrer Natur gleich recht sein. Diß können wir aus der Führung Israels sehen. Daß sie alle Tage das Manna gehabt, das ist ihnen schon recht gewesen; daß er ihnen Wasser aus dem Felsen gegeben, das war ihnen auch recht; aber daß er sie je und je gezüchtigt, daß er viele von ihnen in der Wüste weggerafft, das wollte ihnen eben nicht gleich recht vorkommen; denn es gab je und je ein Murren unter ihnen. Aber nun sagt Moses am Ende dieser 40 Jahre im Namen des ganzen Volkes: alles was er thut und gethan hat, das ist recht. 4. Treu ist Gott und ist kein Böses an ihm. Diß ist ein neues Zeugnis von dem Herzen Gottes gegen uns, von seiner Treue, die uns nicht verlassen will, die uns alles erfüllen will, was er uns geredet hat. Und zwar will er es so erfüllen, daß es nicht fehlen soll. 5. Gerecht und fromm ist er. Seine Gerechtigkeit will uns oft erschrecken und Angst machen und wir müssen mit David sagen: Herr, gehe nicht ins Gericht mit deinem Knecht. Aber hier führt sie Moses auch zum Trost an. Weil er gerecht ist, so muß er sich auch unser annehmen. Und diese Gerechtigkeit ist noch dazu mit seiner Geradheit verbunden. Er ist fromm, d. i. er meints gut mit uns allen; er geht gerade Wege mit uns und am Ende müssen wir sagen: ists doch nichts als lauter Lieben, das sein treues Herze regt 2c.

II. Der beruhigende Blick in dasselbe. So ist also das Herz Gottes. Wer in dasselbe recht hineinschauen kann, der hat unter allen Leiden einen beruhigenden Blick. 1. Das erste ist, daß wir wünschen, Gott wolle uns unter dem Leiden in sein Herz hineinsehen lassen. Wir habens freilich nicht so in unsrer Gewalt, sondern es ist ein Geschenk und Gnade Gottes; doch wenn wir uns in dasselbe hinein zu schwingen angelegen sein lassen, so wird der Herr uns auch entgegenkommen. Aus diesem Herzen Gottes strahle also ein heller Glanz in das Herz der betrübten Eltern, daß, ob sie schon diesen dunkeln Weg noch nicht verstehen, sie es doch glauben: er ist ein Fels; so wird ihnen bei diesem Blick nach und nach die rechte Beruhigung kommen. 2. Glaubet also: er ist ein Fels; er ist deswegen in seiner Liebe gegen euch und euer Kind nicht verändert worden, wenn er schon so wunderbar mit euch handelt. Ihr werdet ihn auch künftig als einen Felsen erfahren. Nehmet also eure Zuflucht zu ihm und wenn allerlei Gedanken euer Herz umtreiben wollen, so lasset euch nur zu diesem Felsen hintreiben. 3. Sein Werk ist vollkommen. Dieser Ausgang eures Kindes aus der Welt hat auch zu dem Werk Gottes mit ihm gehört. Er hats in die Welt hereingeführt, er hats auch ausgeführt. 4. Alles, was er thut, das ist recht. Er hat auch darin nichts versehen in seinem Regiment; es ist recht, wenn wir auch darüber weinen müssen. 5. Treu ist er und kein Böses an ihm. Er hats gewis auch hierunter gut gemeint. Und er ist gerecht und fromm. Glaubet es also einstweilen; es kommt eine Ewigkeit, wo ihr es näher werdet verstehen lernen. Diß ist das Beste, womit ihr Gott jezt ehren könnet. Er wird sich an euch und euren Kindern als die Liebe beweisen. Haltet euch nur an seine Treue und bittet ihn mit uns um diesen Glaubenshalt, mit dem Wort: Gott ist getreu, ach schreibe die drei Worte, dreieiniger Gott doch tief in meinen Sinn ꝛc.

## 40. Leichen-Predigt.

(Zugleich Passionspredigt am Sonntag Lätare den 6. März 1785).

Text: Matth. 27, 6—10.

Wir kommen von dem Plaz her, wo wir lauter Denkmale von dem Ende der Menschen gesehen haben, von dem Plaz, auf dem uns das erste Wort des Herrn, das er zu Adam nach dem Fall geredet, so vielmal bestätigt ist: du bist Erde und zu Erde sollst du werden: von dem Plaz auf dem schon so manche Thränen der Liebe und Zärtlichkeit vergossen, wo schon so mancher schmerzhafte Abschied gemacht worden; von einem Plaz dabei ein jeder denken darf: es kommen Stund und Zeiten, da man dir wird bereiten zur Ruh ein Bettlein in der Erd; von einem Plaz, der uns alle Liebe des Irdischen und dieser ganzen vergänglichen Welt entleiben könnte und sollte. Nach allen diesen Blicken läßt sich ein jeder Kirchhof betrachten, solcherlei Betrachtungen sollten uns bei einem jeden Gang an diesen Ort nahe sein. Aber durch die Gewohnheit werden uns auch diese Dinge alt und gleichgiltig und wir gehen darüber hin. Alle diese Betrachtungen sind wichtig und eindrücklich und doch fließen sie noch nicht aus dem ganzen Licht des Evangeliums. Ein Christ lernt diesen Plaz noch auf andern Seiten betrachten und zwar so, daß ihm darunter sein Heiland groß wird, daß er sieht und glauben lernt, wie sich die Erlösung Christi auch auf diesen Plaz ausbreite. In unsrem Passionstext bekommen wir eine schöne Anleitung zu diesen höheren Betrachtungen, da lernen wir nicht nur an das Grab hin, sondern auch in das Grab hinein, ja endlich gar über dasselbe hinüberschauen.

**Wie das Leiden Jesu und die Herrlichkeit seines Evangeliums einen so hellen Schein über den dunkeln Ort des Grabes ausbreite.**

Es gehört zu einer lebendigen Christenhoffnung, daß wir sowohl unser eigenes Grab, als auch das Grab der Unsrigen mit rechten Augen und mit dem Licht des Evangeliums ansehen, damit wir nicht trauern, wie die andern, die keine Hoffnung haben. Für unser äußeres Auge ist an dem Grabe viel Düsteres und Trauriges, manches, das unsern Muth darniederschlägt. Da muß die Seele trauern, die Fäulnis sieht sie an, des Grabes Todes-Bahn, das Wimmeln vieler Maden drückt unsern düstern Sinn; mit Erde sein beladen wirft allen Muth dahin. Wenn wir also diesen düstern Plaz recht ansehen sollen, so muß uns das helle Licht des Evangeliums anscheinen, da können wirs ansehen

I. als ein uns von Jesu erworbenes Pläz= lein. Merke dabei:

1). wenn, dich das Plüzlein deines Grabes freuen soll, so mußt du auch schon darüber erschrocken sein. Denn es ist ein falscher Muth, der keinen Grund und Bestand hat, wenn du dein Grab, und die Verwesung so für bekannt annimmst, wenn dich dieser Blick noch nicht gedemüthigt hat. Die Gewohnheit macht, daß man nicht so sonderlich darüber nachdenkt, weils eine Sache ist, die allen wiederfährt; aber ein Christ bleibt nicht bei der Gewohnheit. Er läßt sich auch von dem, was schreckend ist, durchdringen und betrachtet es so lang, bis es ihm zu einer Freude wird. Denn diß ist der Vorzug des Evangiums, daß es uns lehrt, den schrecklichsten Dingen unter das Gesicht sehen. Da muß uns auch dasjenige, was sonst erschreckt, erfreulich werden.

2) Lerne deinen Plaz im Grab nicht als einen Raub

dahinnehmen, sondern denselben als eine Wohlthat ansehen. Der Naturmensch denkt, diesen Plaz könne ihm niemand streitig machen. Wenn man nach dem Recht sprechen will, so wird es anders herauskommen. Denn wenn man die Sache nach dem Sündenfall betrachtet, so gehörte uns auch nicht einmal ein Begräbnis. Der Mensch, um deswillen die Erde verflucht wurde, sollte von Rechtswegen auch keinen Plaz nach dem Tode in der Erde haben und die Erde sollte ihn nicht einmal gerne aufnehmen. Es heißt deswegen auch im Buch Hiob von den Gottlosen, die in der Erde begraben liegen, daß die Erde sie einmal als eine Last, die sie bisher gleichsam wider Willen tragen mußte, herausgeschüttelt werden sollen. Gott hat deswegen auch je und je im A. T. Exempel aufgestellt, an denen er zeigte, daß der Mensch sein Begräbnis nicht als einen Raub dahinzunehmen habe und hat daher den Juden gedroht, daß ihre Leichname zur Strafe wie Mist auf den Gassen verfaulen sollen. Durch alle diese Exempel zeigte Gott, daß wir auch um unsern Grabesplaz zu bitten haben.

3) Lerne deine Ansprache an dein Grab im Leiden Jesu suchen. Diß zeigt uns unser heutiger Passionstext. Jesus wurde von Judas um 30 Silberlinge verkauft. Diß Geld durfte er nicht behalten, so begierig er auch darnach war. Er schlug es den Hohenpriestern wieder heim, diese durftens auch nicht behalten und sie wußten sich nicht gleich zu helfen. Endlich faßten sie den Schluß einen Begräbnisplaz für Pilgrime darum zu kaufen. Aus allem diesem sieht man, wie es unter einer besondern Vorsehung Gottes so hat laufen müssen. Nun dürfen also Gläubige ihr Ruhepläzlein als ein ihnen von ihrem Herrn erkauftes Pläzlein ansehen, das du nun fordern kannst.

4) Lerne dich freuen, daß du einen Heiland hast, der vom Kripplein bis zum Grabe, dir, dem Sünder, zugehört, daß du also alles Gute, das du von deiner Wiege an bis in dein Grab hinein zu genießen hast, allein deinem Heiland zuschreiben darfst. Er hat für alles gesorgt, was wir brauchen, auch für das, woran wir nicht

gebacht hätten. Sein Blut muß auch bis auf dein Grab hinreichen. Der Acker, worauf du begraben wirst, heißt dir zum Trost, Blut=Acker, ein Plaz, wo sich die verführende, erlösende Kraft des Blutes Christi dir zum Trost offenbaren muß.

5) Lerne dich immer mehr als einen Pilgrim ansehen; denn Jesus hat deinen Grabesplaz für dich als einen Pilgrim, erkauft. Wenn du dich nach dem rechten Pilgrimssinn auf Erden beträgst, so wirst du auch mit mehrerer Ruhe deines Herzens an deine Grabstätte denken. Diß Pläzlein ist deine lezte Pilgrimsstation. Es ist also dein Grab in doppeltem Verstand ein Plaz für einen Frembling, ein Plaz, wo du hinkommst, als einer, der bisher in dem Leibe gewallt; aber auch ein Plaz, wo dein Leib noch eine Weile ein Frembling ist, bis er nach vielen Umgestaltungen auch in sein Vaterland zurückkehrt. Deswegen ists die lezte Station, auf der nemlich dein Pilgrimsleib vollens die lezte Erlösung erwartet. Bei solchen Blicken wird das finstere Grab helle.

II. **Es ist ein wichtiger Zubereitungsplaz unsres Leibes auf den Tag der Auferstehung.** Wenn wir das Vorige recht betrachten, so muß uns unser Grab aufs neue wichtig sein in Absicht auf die Zukunft.

1. Es ist der Plaz, auf den das Auge des Herrn besonders herabschauen muß, weil er um einen so großen Werth erkauft worden ist. Denn er ist um den Preis gekauft worden, um den der Unschäzbarste ist verkauft worden. Einen solchen Plaz kann Jesus nicht vergessen, da schauen seine Augen gewis herab. 2. Es ist der Plaz, der im besondern Verstand ein Töpfers=Plaz ist. Da wird unser Leib aus der Verwesung heraus wieder umgebildet, da werden einmal allerlei Gefäße hervorkommen. Der Umstand, daß dieser Plaz ein Töpfers= Acker gewesen, ist nicht umsonst angeführt. Wie Gott als ein Töpfer, den ersten Menschen gebildet, so wird er auch im Grab den Menschen wieder bilden. Wie unser Leib ein Gefäß heißt, so muß eben dieses Gefäß aufs neue durch die bildenden Hände des Töpfers laufen. Wohl dem, der als ein Gefäß der Ehren zum Vorschein

kommt; denn nur an solchen will der Töpfer arbeiten, die andern kommen als Misgeburten hervor.

3. Es ist dieser Plaz wichtig, weil nun der Herr Jesus ein besonderes Eigenthumsrecht an diesen Plaz hat. Auf diesem Plaz wird er sein Recht einmal aufsuchen und wird dastehen, als derjenige, der die Seinigen auferwecken will. (Hiob 19, 25 ff.)

## 41. Leichen-Predigt.
Text: Pf. 73, 24. (1. April 1785.)

Ein bekanntes Lied schließt mit den Worten: ach, laß meines Lebens Gang, Jesu, unter deinem Leiten nur gehn in die Ewigkeiten 2c. Diß ist der tägliche Wunsch eines Menschen, der die selige Ewigkeit zu seinem Ziel gemacht hat. Und je mehr wir einsehen, wie es auf der Reise zur Ewigkeit so manche Abwege gibt, je mehr erfahren wir, wie nöthig wir einen Führer haben, der uns auf den rechten Weg lenkt. Unser Herz ist wie das Herz der Israeliten in der Wüste, die sich selber ihren Weg beschwerlich machten. Da kostets Müh auf seiner Hut zu sein; da gilt es, daß man sich an seinen Führer hält und denselben um seine tägliche Leitung bittet. Diese Leitung aber hat auch ein jeder, dem es darum zu thun ist, wirklich zu genießen. Es kann wohl sein, daß man sie nicht immer spürt, es kann uns vorkommen, unser Führer habe sich von uns zurückgezogen und denke nicht an unsern Weg; aber so kommts uns nur vor in Stunden, da wir von unsern eigenen argwöhnischen Gedanken wie in einem Sieb herumgedreht werden. Wenn solche finstere Stunden vorbei sind, so finden wirs ganz anders, so sehen wir erst, wie unser Führer uns dennoch an der Hand gehabt und sein Auge über uns Wache gehalten habe und noch mehr wird einem Gläubigen dieses in der Ewigkeit offenbar werden, wenn er sieht, wie der Herr ihn nach seinem Rath geleitet und so gut durchgebracht.

Die Gnade, die ein Gläubiger in seinem Lauf durch die Welt zu genießen hat.

I. Er wird nach dem Rath Gottes geleitet. In diesem Blick lernt er seinen ganzen Lebenslauf ansehen; er nimmt alles aus der Hand Gottes an.

1) Er weiß, daß alles, was ihm wiederfährt, nicht von ungefähr geschieht. In dieser Welt, wo einem so mancherlei begegnet, bekommt man leicht eine gewisse Gleichgültigkeit, daß man auf seine Begegnisse nicht sonderlich acht gibt, sondern meint, es gehe eben nach dem natürlichen Lauf der Dinge, den Gott selber so gehen lasse. Man sieht z. E. bei einem Elend, bei einer Krankheit, daß man noch viele seinesgleichen hat und weil mans mit vielen andern gemein hat, so sieht man nicht auf die Hand Gottes. Aber ein Glaubiger weiß: auch das allgemeinste Leiden kommt nicht von ungefähr, sondern nach dem Rath Gottes über mich; und deswegen glaubt er auch, daß Gott unter den allgemeinsten Leiden seine besonderen Liebesabsichten mit ihm habe; er bleibt auch nicht bei dem allgemeinen Trost stehen, sondern lernt sich besonders an das Herz Gottes halten, das auch unter den allgemeinsten Leiden Gutes über uns im Sinne hat.

2) Du leitest mich nach deinem Rath, das heißt so viel: meine ganze Führung ist von meinem lieben Gott von Anfang bis ans Ende überdacht. Es geht also in meinem Lauf nicht so durcheinander, sondern es ist alles vorbedacht und ausgemessen; es geht aus dem ganzen Vorsaz der Ewigkeit heraus. Ehe ich in diese Welt geboren worden, hat das Auge Gottes mich schon gesehen, aber auch schon ausgemacht, wie es mich durch diese Welt hindurchbringen werde. Es ist alles in einander gerichtet, daß es zur rechten Zeit und Stunde mir begegnen muß; es ist also eine Führung, die mit der höchsten Weisheit und Liebe gerade für mich und keinen andern ausgesonnen ist. Ich darf also denken: es ist alles auf mich und meine Umstände eingerichtet. Und dadurch werden uns alle die unruhigen Gedanken abgeschnitten, da man sich oft mit andern vergleicht, da man meint, es sollte uns auch, wie andern Leuten gehen. Aber alle dergleichen Gedanken muß man mit dem Wort ab-

weisen: was geht es dich an? das gehört für dich, so hats der Herr für dich bestimmt.

3) Du leitest mich nach deinem Rath; diß ist auch ein Wort des Glaubens. Es ist nemlich in dem Rath Gottes über unsre Führung manches, das wir mit unsrer kurzsichtigen Vernunft nicht begreifen können, wo uns noch manches verborgen bleibt, wo wir nicht einsehen, warum Gott gerade dieses über uns kommen lasse. Wir haben auch nicht nöthig, lange darüber zu studieren und uns den Kopf zu zerbrechen, oder die Ursachen unsrer Führung auszugrübeln zu wollen. Da ist die größte Beruhigung der Glaube. Wenn wir nur glauben: es ist dieses der Rath Gottes über mich, so haben wir nicht nöthig, mehreres zu wissen. Der beste Rath ist dieser: thu als ein Kind und lege dich in Gottes Arme der wird dich aus allen Sorgen bringen. Denn der Rath Gottes will nicht mit unsrer Vernunft verstanden, sondern geglaubt sein, es hat alles einen Bezug auf unsere ewige Errettung, es geht alles darauf hinaus, daß wir am Ende sehen: denen die Gott lieben, müssen alle Dinge zum Besten dienen.

4) Du leitest mich nach deinem Rath, diß ist ein Wort, das alle Eigengeschäftigkeit, alle eigenen Vorschläge unsrer Vernunft, allen andern auch noch so gut scheinenden menschlichen Rath abschneidet. Wenn's auf uns ankäme, unsern Lauf anzuordnen, so würde er freilich ganz anders ausfallen und so ginge es auch, wenn andere Menschen uns unsern Lauf einzurichten hätten. Im Grund ist dieses auch der Wunsch unsres natürlichen Herzens. Aber ein Gläubiger sieht wohl ein, wie übel er berathen wäre, wenn er nach seinem oder anderer Menschen Rath geführt würde und deswegen freut es ihn, daß er sagen darf: du leitest mich nach deinem Rath.

Es bleibt also eine Gnade, daß ein Gläubiger diß glauben darf. Aber eben dieser Glaube lauft durch manche Uebungen. Assaph hat es nicht über Nacht und ohne Kampf gelernt und wenn auch wir es gründlich glauben sollen, so müssen wir auf eine ähnliche Weise lernen, nemlich

a. unter manchem Aergernis über das Glück der Gottlosen, denen es so wohl geht, denen alles auf ihren Kopf hinausgeht, die ihre Sache durchzutreiben wissen. Da denkt man, Gott sitze ruhig droben und bekümmere sich nichts darum. Da will einem, wie Assaph, der Gedanke kommen, man sollte nur auch mitmachen, es helfe einen ja doch nichts, wenn man unschuldig lebe. Diß sind Versuchungen, durch die man sich durchschlagen muß. Man lernts glauben

b. unter dem rechten Leidenssinn. Assaph schrieb diesen Psalm vermuthlich in kümmerlicher Zeit, da es den Glaubigen mislich ging, da sie im Elend leben mußten, da es oft dem Verhungern und Verschmachten gleich sah. Deswegen sagt er: wenn mir auch Leib und Seele verschmachten sollte, so will ich doch darunter ausharren. Dieser Leidenssinn half ihm zu dem Licht, das er in seinen Lauf hineinbekommen hat. Man lernts glauben

c. wenn man reines Herzens ist. Es gehört also ein redlicher Sinn dazu; man darf nicht auf beiden Seiten hinken, sondern man muß es redlich mit dem Israel Gottes halten. Es soll der Entschluß da sein: es mag der kleinen Heerde gehen, wie es will, so habe ich einmal ihr Loos erwählt und dabei will ich auch bleiben. Man lernts glauben

d. unter Blicken ins obere Heiligthum. Dort ist der Lauf eines jeden Menschen ausgemacht, des Gottlosen und des Frommen. Von dorther muß also ein Licht auf unsern Weg herabfallen, alsdann wissen wir, wo wir daran sind und da werden wir auch sehen, was es mit dem Lauf eines Glaubigen für ein gutes Ende nimmt.

II. Diß beschreibt Assaph mit den kurzen Worten: **du nimmst mich endlich mit Ehren an.** Diß wird sich also erst zulezt zeigen, unterdessen ist einem Glaubigen noch manches räthselhaft, übrigens bleibts doch dabei: es lauft alles auf Ehre, auf innere und äußere Herrlichkeit hinaus. Gott nimmt uns mit Ehren an, das heißt: alles Leiden, alles Widrige legt schon jezt in uns einen innern Grund der Herrlichkeit, die einmal offenbar wird. Es wird unter allen Leiden das Bild Gottes in uns erneuert, der innere Mensch wird von Tag zu Tag erneuert. Diß ist schon Gewinn. Die Weltkinder kommen bei ihrem Glück um ihre innere Herrlichkeit; aber die Gläubigen wachsen hier schon zu derselben heran, sie bekommen manchen Blick von ihrem künftigen herrlichen Erbe. Diß wird ihnen schon jezt durch den Geist versichert. Gott nimmt sie aber auch mit Ehren an in ihrem Ende. Da finden sie, daß kein Leiden umsonst war und wie sie dadurch auf die Ewigkeit gefördert worden. Das Ende offenbart den Gottlosen und den Gerechten. Führ mich nur auf dem Pilgrimspfad nach deinem Rath und Wort, so geht mein Glaube ganz gerad zum Vaterlande fort.

## 42. Leichen-Predigt.

Text: Mat. 11, 28. (23. Aug. 1785.)

Unsre Textworte sind der Verstorbenen vom Geist Gottes sowohl in gesunden Tagen, als auch auf ihrem Krankenbette aus Herz gebracht worden, und wir wünschen, daß sie die Kraft dieser Worte durch die Thore des Todes hindurch und in jene Welt begleiten. Wir aber wollen unter so vielen innern und äußern Unruhen uns zu dem hintreiben lassen der uns allein erquicken kann und bei dem wir Ruhe für unsre Seelen finden. Bei der Arbeit des Geistes Gottes an unsern Herzen ist diß ein besonders wichtiges und liebliches Stück, daß er uns aus dem großem Schaz des Worts Gottes ein besonderes Wort anzuweisen weiß, das gerade unsrem Seelenzustand angemessen ist, das wir für unsre Umstände besonders nöthig haben und das als der Grund zu dem Bau anzusehen ist, den der hl. Geist in unsern Herzen aufführen will. Unsre inneren Unruhen treiben uns oft im ganzen Wort Gottes herum und von einem Spruch zu dem andern und es will doch oft von so vielen Worten Gottes keines an unsern Herzen haften. Da fehlt es nur an dem, daß wir uns von dem Geist Gottes nicht ein eigenes Wort anweisen lassen und auf diesem alsdann bestehen und Grund darauf legen. Wenn aber unser Herz einmal ein solches Wort bekommen hat und wir dasselbe verbauen lernen, so wird uns der Geist Gottes von diesem Wort aus in alle Wahrheit leiten. Denn jedes einzelne Wort Gottes wird uns die Thüre und der Schlüssel zum ganzen Wort Gottes. Alsdann ist ein solcher einzelner Spruch uns ein Wagen Gottes, auf dem unser Geist, mit der ganzen Kraft des Worts umgeben, in jene Welt hinüberfährt.

Eine liebliche Stimme aus dem Munde Jesu.

I. Wie sie uns auf unser innerstes Gefühl zurückführe. Unser Text enthält Worte, die Jesus aus einer innersten Bewegung seines Herzens geredet hat. Denn es heißt kurz vorher, er sei in ein gewisses Frohlocken seines Geistes versetzt worden und es stand damals sein Herz gegen die Menschen besonders weit offen. Er hatte allerlei Zuhörer vor sich: Leute, die sich schon satt gehört hatten an dem Täufer Johannes, wiederum Leute, die sich satt gehört und gesehen hatten an den Worten und Wundern Jesu, wie die Einwohner zu Kapernaum, zu Chorazin und Bethsaida. Er hatte ferner Leute vor sich, die er Weise und Kluge dieser Welt nannte. Das waren Leute, die auf Jesus mit hohem Sinn herabsahen, die bei sich selbst dachten: wie kann uns dieser weisen, was gut ist? Er hatte aber auch Leute vor sich, die in allerlei Umtrieb ihres Herzens waren und noch nicht wußten, wo sie sich hinwenden sollten; die bei ihren damaligen Lehrern Beruhigung und Erquickung suchten, aber keine fanden. Ueber diese wurde sein Herz besonders bewegt; er empfand ein besonderes Mitleiden gegen diese Seelen. Und weil sie selber nicht wußten, wo sie daran waren, so bietet er ihnen die Hand und will sie zu sich herlocken mit dem freundlichen Wort: kommet her zu mir 2c. Es war also ein Wort, das diese Leute auf ihr innerstes Gefühl zurückführte. Und diß ist eben das Vorzügliche an dem Wort Jesu, daß man dadurch zu einem Gefühl von sich selber kommt.

Eine große Zeit seines Lebens geht der Mensch dahin ohne recht zu wissen, wo es ihm fehlt. Er spürt wohl, daß ihm etwas fehlt; er spürt von Zeit zu Zeit, daß es bei ihm noch nicht ist, wie es sein sollte; aber er weiß doch noch nicht, was seine Krankheit eigentlich ist und er sucht den Grund seiner Unruhe bald in diesem, bald in jenem. Bald legt er die Schuld auf die äußeren Unruhen dieser Erde, bald auf andere Umstände; aber auf den rechten Punkt kommt er oft lange nicht. Und wenn er auch einmal spürt, daß der Grund seines Umtriebs im Herzen liegt, so weiß er sich doch auch da nicht sogleich zu helfen und den rechten Schaden zu finden. Da kommt nun Jesus einer solchen Seele entgegen, erklärt ihr ihren Zustand und sagt ihr: ich will dir sagen, wo dir's fehlt: du bist eine mühselige und beladene Seele! Zu diesem Wort Jesu sagt alsdann auch ein redliches Herz ja und Amen. Daran kann eben ein Mensch spüren, ob er unter der Arbeit des Geistes Jesu steht, wenn er sich auch unter ein solches Zeugnis Jesu gern hinunterstellt und das sein will, was Jesus sagt, daß er sei. Wenn der Mensch noch nicht im Gefühl seiner selbst steht, so lernt er sich nicht gern für das ansehen, was er ist. Daher kommt es, daß ein mancher so empfindlich wird, wenn man ihn auf den innern Zustand seines Herzens führen will und es richtet oft ein solches Wort bei dem Menschen nur Zorn an. Allein da ist man eben noch kein Mühseliger und Beladener und man hat die Stimme Jesu in unsrem Text noch nicht vernommen.

Was ist aber ein Mühseliger und Beladener? Diß läßt sich besser fühlen und erfahren, als mit Worten beschreiben. Denn unser Elend ist zu groß, als daß es sich nur so geschwind an den Fingern herzählen ließe. Doch will ich einiges anführen. Jesus meint da nicht die äußere Mühseligkeit dieser Erde, wiewohl sie auch viel auf unsern innern Zustand wirkt, sondern die Mühseligkeit, die man durchzumachen hat, bis es einmal einen Durchbruch aus der Finsternis ins Licht gibt. Da sperrt sich der Mensch oft sehr und steht sich durch lauter Mühe selber im Weg und hält sich auf. Man wird mühselig weil man sich gern bald auf diese, bald auf jene Art aus seinem Elend heraushelfen möchte und kann doch nicht. Man greift es z. E. mit allerlei guten Vorsätzen an. Die thun zwar eine Weile gut, aber auf einmal muß man klagen: ach, mein kurzer, fauler Will ist ein wechselnder April, und der Vorsaz anzufangen, oft in einer Stund vergangen. Ein andermal sucht man sich selbst auf allerlei Art und Weise zu trösten und aufzurichten; man will sich an dieses und jenes Wort Gottes halten; man kommt in allen Trostsprüchen herum und am Ende ist man doch nicht beruhigt. Man schnizelt sich allerlei eigene Joche und zieht lieber daran, als an dem Joch Jesu und so wird man unter diesem eigenen Joch endlich ganz mühselig, daß mans gar aufgeben will. Zu diesem Herumirren unsers Herzens kommen hernach noch die äußeren Lasten, die uns auferlegt werden. Solche Lasten wurden damals den Leuten von ihren Lehrern auferlegt, daß sie nicht wußten, wo sie daran waren. Und es gibt zu jeder Zeit solche Lasten: man wird durch allerlei Ungewisheiten herumgejagt, man wird bald dahin bald dorthin gewiesen und zulezt weiß man nimmer, wohin. Durch solcherlei Uebungen lauft es hindurch, bis einen Jesus wieder auf den rechten Weg bringen kann. Und wenn man nur einmal diesen Umtrieb spürt, so ist es schon ein Zeichen, daß man unter der Arbeit des Geistes Jesu steht; und da kann einen der Herr weiter bringen.

II. Wie er uns in den Grund der wahren Seelenruhe einführe. Er thut diß damit, daß er uns zu seinem Herzen herbeilockt. Die Stimme Jesu erschallt von jedem Morgen bis in die Nacht und von jeder Nacht bis wieder an den Morgen in der ganzen Welt. Es heißt immer: kommet her zu mir! Und das ist so ernstlich von Jesu gemeint, daß es ihm lieber wäre, wir wären schon da, als wir kämen erst. Es ist Schade, wenn eine Seele aus der Welt hinauskommt, ohne diese Stimme vernommen zu haben. Aber auch dort in den Chören der Erretteten schallt das liebliche Wort Jesu immer fort: kommet her zu mir ꝛc. Es geht aber dabei durch viele Stufen, die man zu durchlaufen hat. Das erste mal hört man diese Stimme als ein verschüchterter Mensch und hat sich noch gegen den Gedanken zu wehren: darfst du denn auch kommen? ist benn dem Herrn auch mit dir gedient? bist du nicht zu elend? wird er dich nicht von sich stoßen? da muß diese Stimme Jesu: kommet her zu mir, alle Riegel der Schüchternheit zerbrechen.

Wenn man nun dieser Stimme einmal Gehör gegeben hat, so lockt sie uns immer weiter. Denn weil man nachher auch öfters sein Elend fühlen muß, so will man wieder zurückweichen. Da sagt der Heiland: komm her, denn ich bin sanftmüthig, ich kann Geduld mit dir haben, ich will dich nicht übertreiben. — Ein andermal denkt man: ach, ich bin viel zu gering für den Heiland; er hat andere Leute als mich. Aber auch auf diese Gedanken spricht er: komm her, ich bin von Herzen demüthig, du bist mir nicht zu elend und zu gering; ich kann aus dem Elendesten etwas machen zu Lobe der herrlichen Gnade.

Er spricht: kommet her zu mir und wer dieses Wort vernimmt, der hört auch das andere: nehmet auf euch mein Joch. Da ist eine Willigkeit, sich von Jesu weisen zu lassen. Und so kommt man alsdann zur Ruhe. Diese Ruhe ist unaussprechlich. Denn man weiß alsdann, wo man daran ist; man wird über allen Zweifel beruhigt. In dir alleine ist die Ruh, gib, daß mein Herz auch komm dazu.

## 43. Leichen-Predigt.

Text: 2. Tim. 2, 19. (16. Nov. 1785.)

Bei einer jeden Leichenbegleitung sollen der Glaube, die Liebe und die Hoffnung die Gefährten eines Gläubigen sein. Die Liebe schaut ins Grab hinein und erneuert sich noch im Liebesband mit dem abgeschiedenen Glaubenspilgrim und freut sich, daß bei allem Scheiden, die Liebe doch ein unverweltliches Gewächs bleibt, über das der Tod keine Macht hat. Die Hoffnung schaut ins Grab hinein und wo das äußere Auge nichts als Staub und Moder sieht, da sieht die Hoffnung schon die Auferstehungskraft des Herrn, die sich an dem Staub dieses Leibes verherrlichen will; darum kann sie ihr Triumphlied anstimmen und sagen: Liebe, die mich wird erwecken ꝛc. Der Glaube schaut ins Grab hinein und läßt sich seinen Grund durchsuchen, ob er auf Sand oder auf einen festen Felsen gebaut sei und übt sich darauf, bei jedem offenen Grabe, das innere Zeugnis zu haben: ich weiß, an wen ich glaube ꝛc. 2 Tim. 1, 12. So komm mein End heut oder morgen ich weiß, daß mirs mit Jesu glückt. Wenn wir jeden Gang zum Grabe so zu sagen, zu viert machen, so wird uns eine jede Leichenbegleitung zum Segen auf unsere Wallfahrt sowohl, als bis in jene Welt hinein werden.

Der feste Grund Gottes, als der Grund eines ewigen Trostes.

Unser Text ist aus dem letzten Brief des Paulus genommen, den er am Ziel seiner Laufbahn geschrieben. Er zeigt darin auf mannigfaltige Weise, wie er der guten Sache des Evangeliums und seines Glaubens an dasselbe so gewis sei, daß, wie er bisher darauf gelebt, er auch so darauf sterben könne. Diß ist der rechte Glaubenssinn, der mit dem weiteren Lauf seiner Sache immer gewisser wird. Diese Gewisheit aber sucht der Glaube nicht allein in sich, sondern auch außer sich, nemlich: in dem festen Grund Gottes. Von diesem Grund gibt Paulus zwei Stücke an. Das erste derselben ist,

1. Daß der Herr die Seinen kennt. Wir sind nicht im Stand, dieses nach seiner Länge und Breite, Tiefe und Höhe ausgewickelt zu verstehen; unsere Herzen sind zu eng, es zu fassen; doch, wenn wir es nur nach kleinen Fingerzeigen verstehen lernen, so gibt es uns schon einen guten Grund der Zuversicht, auf dem wir im Leben und Sterben bestehen können. Der Herr kennt die Seinen, diß ist nicht eben auf seine Allwissenheit zu deuten, nach der er uns kennt und unsre Herzen und Nieren prüft, sondern es begreift den unerforschlichen Schaz seiner Liebe und Güte, wonach es ihn selber freut, uns unter die Seinigen zählen zu können, uns anzusehen als solche, an denen er den ganzen Reichthum seiner Gnade beweisen kann. Diß Kennen hat (nach Röm. 8) seinen Grund rückwärts in der Ewigkeit. Schon vor Grundlegung der Welt, ehe noch eine Creatur war, hat er uns

schon zuvor erkannt, da war es schon in seinem Herzen
ausgemacht, was er an uns thun wolle. Jeder Gläubige darf also die Gnade, die über ihm aufgegangen ist,
**als eine ewige Gnade ansehen, die nicht erst seit gestern**
und ehegestern an uns gedacht hat, sondern nach der wir
schon vor ewigen Zeiten im Herzen Gottes waren; er
darfs als eine Gnade ansehen, die vor ihm da war, ehe
er in die Welt kam und die ihn gleich bei seinem Eintritt in die Welt umfing. Er kann (Pf. 89, 2.) singen:
ich sage, daß eine ewige Gnade wird aufgehen. Wenn
also der Glaube einmal diß erste Siegel von dem festen
Grund Gottes merken lernt, so wird es ihm an Zuversicht nicht fehlen; denn er weiß davon alles herzuleiten,
was er in der Zeit und der Ewigkeit erwarten darf.
Aus diesem Kennen leitet er die verlaufende Gnade her,
die vor seiner Bekehrung an seinem Herzen gearbeitet hat.
Daraus lernt er verstehen, wie es immer bei Gott darauf angesehen gewesen, uns von der Welt los zu machen;
da sehen wir, warum wir bei allem Genuß der Welt
immer so unruhig in unsrem Innersten gewesen. Das
war schon darauf angesehen, daß wir auf den festen
Grund Gottes sollten gegründet werden. Auch unser
voriger Lauf in der Unwissenheit bestätigt uns das Wort
des Herrn: ich habe dich je und je geliebt, deswegen
habe ich dir alles in der Welt bitter gemacht. So sah
Paulus zurück Gal. 1, 15: der mich von Mutterleibe
hat abgesondert. Aus diesem Kennen dürfen wir auch
die berufende Gnade herleiten. Eben weil uns der Herr
je und je geliebt, so hat er uns auch zu sich gezogen aus
lauter Güte. Wenn ein Gläubiger an die ersten Stunden und Tage denkt, da er dem himmlischen Beruf gehorsam worden, so geht ihm dieses Wort wie eine liebliche Morgenröthe auf: der Herr kennt die Seinen. Er
spürt, daß der Herr ihn mit einer Liebe umfaßt hat,
die schon lange nach ihm begierig war. Aus diesem
Kennen fließt die, unter allem Leiden stärkende Gnade.
Paulus redet in diesem Brief von vielem Leiden, das er
durchzumachen habe, aber auch von Leiden, die alle durchzumachen haben, die gottselig leben wollen in Christo Jesu.

Bei solchen Leiden könnte man leicht schwach werden; die Hize der Anfechtung könnte uns nach unsrem Naturtheil leicht befremden. Daß wir nun da nicht zurückfallen, daß der Herr nicht sagen darf: sie haben sich von mir gewandt, so hält uns auch unter dem Leiden der feste Grund Gottes: der Herr kennt die Seinen; der bewahrt uns, daß wir nicht entfallen von des rechten Glaubens=Trost. Aus diesem Kennen fließt die gegen alle verführenden Geister bewahrende Gnade. Paulus redete vorher von allerlei Verführern, die sich einschlichen und etlicher Glauben verkehrten. Diß sind gefährliche Dinge. Aber auch da soll es gelten: der Herr kennt die Seinen und will sie gegen alle Verführung verwahren. Diß ist auch der einzige Trost gegen die Verführungen der lezten Zeiten davon Paulus in diesem Briefe viel redet. Er kennt die Seinen und wird sie aufstellen, als solche, in denen ein anderer Geist ist. Aus diesem Kennen fließt die vollendende Gnade. Diese sehen wir an Paulus (K. 4, 7. ff.), da er sich schon als Ueberwinder ansehen kann. Diß dürfen wir dem Herrn zutrauen, weil er die Seinigen kennt. Aus diesem Kennen fließt die zum ewigen Reich aushelfende Gnade, die wir an jenem Tag noch sollen zu genießen haben. Wenn er zu Andern sagen wird: ich habe euch noch nie erkannt, so wird er zu den Seinigen sagen: ich kenne euch. Diß versichert er die Seinigen noch vom Himmel aus, wenn er sagt: wer überwindet, den will ich bekennen vor meinem Vater und vor seinen Engeln. Wie viel Glaubenszuversicht liegt also in dem Wort: der Herr kennt die Seinen und wer diß kennt, an dem wird

II. auch der feste Grund Gottes auf die Reinigungsgnade arbeiten. Es trete ab von der Ungerechtigkeit. Es lassen sich diese Worte in doppeltem Betracht ansehen: das erste ist: wenn mich der Herr als den Seinen kennen soll, so soll ich von aller Gemeinschaft mit der Welt mich losmachen. Diß ist die nöthige Absonderung auf die der Herr bringt. Sie gehört zu dem Zeugnis eines Christen (Joh. 17): sie sind nicht von der Welt. Diß muß Jesus seinem Vater versichern können.

Sie gehört zum Durchschlagen; deswegen bringt auch Paulus darauf, als zum Christenbekenntnis gehörig. Sie gibt uns selber immer mehr Muth und Freudigkeit: ich weiß, daß ich der deine bin 2c. Es gehört aber auch dazu die tägliche innerliche Reinigung, daß man sich von allem los machen läßt: wer diese Hoffnung hat, reinigt sich, gleichwie er rein ist. Man reinigt sich von allen Befleckungen des Fleisches und des Geistes und unterwirft sich auch den Reinigungswegen, die die Gnade an jeder fruchtbaren Rebe beweist. Unter dieser Reinigung wird man in dem festen Grund Gottes befestigt.

## 44. Leichen-Predigt.

(Am Feiertag Andreas den 30. Okt. 1785.)
Text: Ps. 119, 5. nebst der Perikope Math. 4, 18—22.

Jede Leiche soll uns das Andenken der Ewigkeit erneuern. Denn wie wir jezt in die Ewigkeit hinüberschauen, so wird es einmal von der Ewigkeit aus manche Rückblicke in diese Welt herein geben. Da werden wir sehen, was die Gnade an uns gethan, aber auch, wie wir sie angewandt haben. Wie viel Seufzer, Gedanken und Wünsche werden wohl bei solchen Rückblicken in uns aufsteigen! Da wirds heißen: ach wäre ich doch getreuer gewesen! ach hätte ich mir meinen Aufenthalt in der Welt, meine Vorbereitungszeit mehr zu nuz gemacht! ach hätte ich doch bälder angefangen! o daß ich dich so spät geliebt, du treue Liebe du! Weil es aber besser ist, Wünsche in die Ewigkeit voranschicken, als Wünsche aus derselben in diese Welt zurückschicken, so wollen wir uns dißmal einen solchen Wunsch zu unserer Ermunterung vorhalten. Es war der Wunsch eines Mannes, dem es daran lag ein Mensch Gottes zu werden, dem es daran lag, in das ganze Bild der Wahrheit sich umgestalten zu lassen. Dieser Wunsch steht Ps. 119, 5. Mit diesem Wunsch sollen wir uns über die Trägheit unseres Herzens und über die Gleichgiltigkeit anderer um uns herum aufschwingen. Mit diesem Herzenswunsch sollen wir die ganze Wolke von Zeugen ansehen, die uns in jene Welt

vorangegangen und die durch den Glauben Zeugnis über=
kommen haben, denen es darum zu thun war, das Ende
des Glaubens, der Seelen Seligkeit davon zu tragen.

Der Wunsch eines ernstlichen Glaubigen:
O daß mein Leben deine Rechte mit ganzem
Ernst hielte.

I. Wie wir so viele Gelegenheit haben,
uns in diesem Wunsch zu erneuern: o daß mein
Leben ꝛc., d. h. ach, daß ich doch ein rechter Christ wäre,
daß es nicht nur bei mir hieße: du sagst, ich bin ein
Christ, sondern daß Name, Wort und That bei mir zu=
sammenträfen, daß ich Jesu auch zur Ehre und Freude
würde, daß ich seine Lehre mit meinem ganzen Wandel
zierte! Wenn dieser Wunsch einmal in dem Herzen eines
Menschen aufsteigt, so schwingt er sich schon über den
gewohnten Gutgenug im Christenthum hinaus und macht
sich alle Gelegenheiten zu nutz, sich in diesem Wunsch zu
erneuern. Solche Gelegenheiten gibt es genug, sowohl
in uns, als außer uns.

Wenns einem Menschen einmal um seine Seligkeit
zu thun ist, so spürt er erst, was für ein Ernst dazu
gehört. Da empfindet man, wie der Geist willig, aber
das Fleisch schwach ist. Es gibt Zeiten, da es einem
ein rechter Ernst ist, einmal durchzudringen, da man sein
Christenthum mit Ernst angreift aber ehe man sichs ver=
steht, so vergißt man wieder seines vorigen Ernstes, man
wird nach und nach lau und träg und endlich kommts
gar zum Stillestehen. Der tägliche Streit zwischen Fleisch
und Geist will einem zulezt entleiden, man kommt auf
den verlegenen Gedanken, weil das Fleisch immer wider
den Geist gelüste, so werde man wohl nicht durchdringen;
man macht sich allerlei seltsame Gedanken von einem
Christen, als ob er schon über Berg und Thal hinüber
wäre und gar nicht mehr zu kämpfen hätte; man will
zu bald fertig sein und weils doch nicht vor sich gehen
will, so gibt mans auf. Das sind Verlegenheiten die
einem jeden begegnen, der die Sache wirklich angreift.
Diß sind Dinge, die einen zwar muthlos machen; wer
aber doch gerne selig werden möchte, der wünscht nur

desto ernstlicher unter diesen Erfahrungen: o daß mein Leben ꝛc. Wenn man neben diesen Erfahrungen an sich selbst noch einen Blick um sich herum thut, so sieht man, wie es die meisten mit ihrem Christenthum aufs Gerathewohl ankommen lassen; wie bei den meisten das Wort eintrifft: wer nicht folgt und seinen Willen thut, dem ist nicht Ernst zum Herren, oder: der ein schafft diß, der ander das, der armen Seel er ganz vergaß, dieweil er lebt auf Erden. Man sieht, wie unter den Menschen so wenig Ernst zum Seligwerden ist. Von dieser Gleichgiltigkeit wird man auch angewandelt und unser Geistesfeuer wird bei solchen Umständen oft gewaltig gedämpft. In solchen Zeiten lebte auch der Verfasser des 119 Psalms, er hatte von außen wenig Aufmunterung; er lebte zu einer Zeit, da fast lauter Kaltsinn gegen das Wort und Zeugnis Gottes unter den Menschen war; aber eben diß brauchte er als eine Gelegenheit, sich in dem Wunsch zu erneuern: o daß mein Leben ꝛc. Dazu sollen wir auch unsere kaltsinnige Zeit anwenden. Wenn Gott einen nach dem andern in die Ewigkeit fordert, so dürfen wir denken: es kann auch bei dir bald den Aufzug spielen die nahe Ewigkeit. Was gibt es aber dabei für Gedanken in uns? Da wird das Herz denken: wärest du auch bereitet? Hast du bisher auch so gewandelt, daß du diesen Schritt mit Freuden thun könntest? Würde dich auch etwas von deinem zurückgelegten Leben freuen? Aber eben bei diesen Fragen würde es auch heißen: o wie mangelt mir noch so viel! Was wäre ich noch für eine unzeitige Geburt auf die Ewigkeit! Wie wenig taugt noch von meinem Leben in den hellen Spiegel der Ewigkeit! Diß sind wieder Gelegenheiten, die dich an den Wunsch erinnern: o daß mein Leben deine Rechte ꝛc. Wenn wir andere anschauen, die sich dem Heiland übergeben haben, die gerungen haben, durch die enge Pforte einzudringen und denen es gelungen, wie es den vier Brüdern im Evangelium gelungen; wenn wir daran denken, wie wohl es denen jetzt in jener Welt ist, denen es ein Ernst war zum Herrn, so gibt es ebenfalls wieder den Wunsch: o daß mein Leben ꝛc.! Es fehlt also nicht an Gelegenheiten, die uns zum Ernst im Christenlauf antreiben und wenn nur einmal dieser Wunsch recht tiefe Wurzeln im Herzen hätte, so würden wir

II. der Erfüllung desselben immer näher kommen. Es bleibt nicht nur bei dem bloßen Wunsch, sondern er wird auch immer weiter erfüllt und zwar auf mancherlei Weise. 1) Denn der Herr hat ein besonderes Auge auf solche Seelen, er sucht sie auf und will sie näher zu sich hinziehen. So gings den vier Jüngern im Ev. Wie werden ihnen so manche brünstige Wünsche im Herzen aufgestiegen sein, wenn sie von ihrem vorigen Lehrer, dem Johannes, so manches von dem zu erwartenden Messias gehört haben! Und diese Wünsche werden ihnen um so reichlicher erfüllt. Trage nur einen solchen Wunsch eine Weile in dir herum, bringe ihn oft vor den Herrn, über kurz oder lang wird dir der Herr geben, was dein Herz wünscht. Aber dieser Wunsch muß aus einer inneren Lust an dem Christenthum herkommen. 2) Du kommst diesem Wunsch immer näher, je mehr du Liebe zu dem Wort und Zeugnissen Jesu hast. Das hat die Jünger Jesu weiter gebracht: weil sie sein Wort liebten, dadurch sind sie zu so großen Werkzeugen des Geistes herangewachsen. 3) Du kommst diesem Wunsch näher, wenn du auch in den Gehorsam hineingehst, denn der Gehorsam ist die Probe deiner Wünsche. Was hätte die vier Apostel der Antrag Jesu genutzt, wenn sie nicht demselben gleich Gehorsam bewiesen hätten? Diß ist auch dein Weg. Folge nur einmal und beweise deinen Gehorsam in einigen Stücken, nur im Geringen, so wirst du eine Kraft bekommen, die Rechte Gottes zu halten. Seze deinen Gehorsam nicht in etwas Großes, sondern beweise ihn nur im Kleinen. 4) Du wirst diesem Wunsch näher kommen durch die Verleugnung. Weil wir das verleugnen fürchten, so will es nicht recht voran bei uns. Aber durch Verleugnung wirst du Gottes Reichthum sehen und seine Rechte verstehen lernen.

## 45. Leichen-Predigt.

Text: Hof. 13, 14. (14. März 1786.)

Die Erlösung, die durch Jesum Christum geschehen ist, ist ein Werk Gottes, über das sich noch Himmel und Erde verwundern wird und wie jezt schon ein Tag dem andern und eine Nacht der andern dieses Werk kund thut, so wirds einmal eine Ewigkeit der andern verkündigen, was dasjenige Werk sei, das der Sohn der Liebe ehemals am Kreuz zwischen Himmel und Erde ausgeführt, da er die Erlösungsmacht zwar in stillem Kampf vollbracht, aber doch in diesem stillen Kampf dasjenige ausgerichtet, worüber die gesammte Menschheit und die ganze Creatur jauchzen sollte und noch jauchzen wird. Aber eben diese Erlösung ist in manchem Betracht noch ein Geheimnis, theils, weil sie noch nicht ganz offenbar ist und Gott sich seine Zeiten vorbehalten hat, in welchen er den großen Umfang derselben offenbaren will, theils weil sie vielen Menschen, selbst denen, die sich Christen nennen, noch unbekannt und in ihren Augen noch so gering ist. Deswegen fehlt es auch an dem rechten Trost und Halt des Herzens im Leben, Leiden und Sterben.

Die überschwengliche Erlösungsgnade.

I. Wie sie eine in dem Liebesherzen Gottes ausgemachte Gnade sei. II. Wie wir uns im Glauben in dieselbe aufschwingen sollen.

Unser Text ist aus der Tiefe des göttlichen Liebesherzens herausgeredet und wenn wir in unserer Unmündigkeit etwas dazu sagen sollen, so ist es dieses, daß wir ausrufen: o du unergründeter Brunnen, wie wird doch mein schwacher Geist, ob er sich gleich hoch befleißt, deine Tief ergründen können. Es sind Worte, die wir zuerst fühlen und glauben müssen, ehe wir sie erkennen und verstehen lernen. Es sind Worte, bei denen wir sagen möchten: beides Lachen und auch Zittern, fangen an in mir zu wittern; denn bei so großen Worten Gottes wie diese sind, muß es in uns durch diese beiden Ge müthsbewegungen laufen, nemlich durch Zittern und Freude. Wir sollen zittern über diese Worte, denn sie sagen uns, wo wir eigentlich hingehören, nemlich, daß wir von Rechtswegen ein Raub der Hölle und eine Beute des Todes sein sollten; daß die Hölle ihren Rachen gegen uns weit aufgethan und daß der Tod uns in seine Macht verschlossen habe. Diß ist eben das, wozu wir uns im Katechismus bekennen, wo es heißt: ich glaube, daß Jesus mich verlornen und verdammten Menschen erlöset hat. Wenn es nicht zu einer solchen Ueberzeugung bei uns kommt, so bleibt uns die Erlösung gering und der Trost, den wir daraus nehmen, ist ein geraubter, gestohlener Trost. Aber wenn man die Bäche Belials schon hat rauschen hören, wenn man etwas von den Stricken des Todes, von den überwältigenden Banden der Hölle empfunden hat, alsdann sind diese Worte wie Oel in tiefe und verzweifelte Wunden und da versteht man

1. **wie die Erlösungsgnade eine überschwengliche, eine in dem Herzen Gottes fest beschlossene und ausgemachte Gnade sei.** Wenn wir unsern Text in seinem Zusammenhang mit dem vorhergehenden betrachten, so lernen wir erst diese Gnade verstehen. 1. Es ist eine festbeschlossene Gnade, die sich von dem großen und tiefen Elend der Creatur nicht abschrecken, oder zurückschlagen läßt. Das Volk Israel war damals in einem sehr verdorbenen Zustand: sie waren in Abgötterei versunken, V. 1. 2. und entfernten sich also damit von ihrem Bundesgott. Sie steckten in dem größten Undank des Herzens und machten alle vorige Liebe und Wohlthaten Gottes an ihnen zu nicht; denn ihr Herz hatte sich darunter wider Gott erhoben V. 4—6. Da war es also weit mit ihnen gekommen. Und doch ruft noch eine Stimme aus dem Herzen Gottes heraus: ich will sie erlösen. Das Elend der Creatur mag also so groß sein, als es will, so ist diese Erlösungsgnade noch größer. 2. Es ist eine durch allen Zorn Gottes durchbrechende Gnade. Es kommt V. 7 ein ernstliches Wort vor, da Gott sagt: ich will gegen sie werden wie ein Löwe 2c. Da kündigt Gott ihnen an, wie er mit ihnen umgehen

wolle. Sie haben auch wirklich diese Drohung erfahren, da sie in die assyrische Gefangenschaft hinziehen mußten. Und doch sagt er nach diesen scharfen Ausdrücken: ich will sie erlösen. Man sollte meinen, diese beiden, so verschiedenen Worte seien nicht aus einem Munde geflossen, es habe sie nicht ein Herr geredet; es scheint, sie widersprechen einander. Und doch sind sie von einem Herrn, aus einem und ebendemselben Herzen, nemlich aus demjenigen, das immer einerlei, gerecht und fromm und ewig treu; aus demjenigen Herzen, das sich durch den Zorn in die Gnade durcharbeitet, das an der Creatur oft ein fremdes Werk thun muß, daß es hernach sein eigenes Werk thun kann. Wenn du dich also nur unter den Zorn Gottes demüthigst, so wirst du auch in diese Gnade hineinfallen. 3. Es ist eine aller Macht der Feinde trozende Gnade. Hölle und Tod sind zwei mächtige Feinde, die wir alle noch nicht haben kennen lernen; der Herr bewahre uns auch in Gnaden, daß wir nicht der Macht dieser Feinde heimfallen. Aber so mächtig diese Feinde sind, so ist doch die Liebesmacht Gottes noch mächtiger. Hier sollen wir die wichtige Stelle Hohel. 8. dazunehmen, da heißt es V. 6. 7. Liebe ist stark 2c. Da sehen wir etwas von dieser Liebesmacht Gottes in unserer Erlösung. Diese Liebesmacht ist so fest beschlossen in dem Herzen Gottes, daß sie auch unsre mächtigsten Feinde herausforbert Jes. 49: Kann man auch einem Riesen den Raub nehmen 2c. 4. Es ist eine nimmer zurückgehende Gnade: „die Reue ist vor meinen Augen verborgen." Das ist eben so geredet wie Jes. 45, 23; ich schwöre bei mir selbst 2c. Es ist also eine Gnade, die nicht abgeändert wird, wie es oft bei Menschen geschehen kann. Das hat der Held in Israel geredet, der nicht lügt und den nichts reut. Sein Wort steht nicht auf Schrauben, was er verspricht, das bricht er nicht. Wenn nur diese Gnade auch so ausgemacht in unseren Herzen wäre!

  II. Es gehört ein rechter Sinn und Herzensfassung dazu, wenn man sich in diese Gnade hineinschwingen soll. Dieser Trost läßt sich nicht als ein Raub dahinreißen, sondern er will mit rechten Hänben aufgenommen werden. 1. Demüthige dich unter allen deinen Verirrungen vor Gott, nach V. 1. 2.; laß dir alle deine Sünden vorhalten. 2. Demüthige dich unter den Zorn Gottes. Die Erlösungsgnade hat auch ein gewisses Recht dem wir uns zu unterwerfen haben. Gott sagt: Jes. 1: Zion muß durchs Recht erlöst werden. Entziehe dich also dem Gefühl des Zorns Gottes nicht. 3. Laß dir auch die Geburtsschmerzen gefallen, unter denen du dich in diese Gnade aufschwingst V. 13. 4. Freue dich aber auch alsdann dieser Gnade und troze allen Feinden damit. Sprich: die Erlösung macht mich jauchzen: so werden auch diese Worte dein Triumphlied sein hier und dort.

## 46. Leichen-Predigt.

Text: Pf. 31, 6. (22. Aug. 1786.)

Diese Worte zeigen uns, was das wichtigste Geschäft eines Gläubigen bei seinem Abschied aus dieser Welt sein soll, nemlich sich mit dem angezündeten Lebensfunken in die Hände des Herrn hineinlegen und sich in die große Erlösungsmacht hineinschwingen. Es kommen auch diese Worte mehrmal in h. Schrift vor. Das erstemal in unsrem Text von David, da er in offenbarer Todesgefahr war und sich auf Leben und Tod seinem Gott übergab. Das zweite mal kommen sie vor bei dem Herrn selbst, der mit eben diesen Worten seinen Geist aufgegeben. Diß Wort hatte in dem Munde Jesu noch mehr zu bedeuten, denn es waren in diesem Wort alle Seelen der Gläubigen eingeschlossen, „dieses Wort heißet der Gläubigen Seelen all' in die Hände des Vaters befehlen." Jeder Gläubige darf also in seinem Sterben denken: für meinen Geist ist schon gesorgt, Jesus hat mit seinem Geist auch den meinigen dem Vater übergeben. Das britte mal kommen diese Worte vor bei dem ersten Blutzeugen Jesu, der noch unter der Steinigung rief: Herr Jesu, nimm meinen Geist auf. Und wie mancher andere Gläubige wird schon in dem Genuß dieser Worte in jene Welt gegangen sein! Auch Luther hat mit diesen Worten seinen Lauf vollendet und sich in den lezten Tagen öfters damit gestärket. Es liegt also mancher Schaz des Trostes darin und wer sie zu gebrauchen weiß, der wird darin einen Anker der Hoffnung finden, der bis ins Innerste des Vorhangs hineinreicht.

Die lezte Uebergabe eines Glaubigen an seinen Herrn.

Unser Text beschreibt die lezte Uebergabe eines Glaubigen an seinen Herrn. Wenn diß die lezte Uebergabe ist, so folgt daraus, daß eine Uebergabe schon vorangegangen ist. Denn der Lauf eines Glaubigen ist ein beständiges Uebergeben an den Herrn. Die erste Uebergabe geht vor, wenn sich ein Mensch von der Welt zum Herrn wendet, wenn er seine Glieder die vorher Waffen der Ungerechtigkeit waren, auf immer zum Dienst der Gerechtigkeit begibt. Diß ist die erste Uebergabe. Er erneuert sich aber nachher öfters und jeden Tag darin. Durch diese tägliche Uebergabe schließt sich der Glaubige immer fester an seinen Herrn an und so wächst sein Glaube, daß er sich einmal mit der lezten Uebergabe ganz in seinen Herrn versenken kann.

I. In dieser lezten Uebergabe concentrirt sich die ganze Glaubenskraft. Denn

1) der Glaubige weiß, wie er sich anzusehen hat, daß er nimmer unter die Fleischlichen gehört, die keinen Geist haben, sondern daß ein Leben aus Gott und Jesus in ihm ist, etwas das unvergänglich und ewig ist, das also auch in jene Welt hinübertaugt. O wie kommt es einem im Sterben so wohl, wenn man einen Geist hat! Der Leib verfällt in Staub und Moder, den muß man als das alte Kleid der Sterblichkeit ausziehen und der Verwesung überlassen; die Seele nimmt man wohl mit; aber ohne den Geist ist sie nichts als Finsternis, ein nagender Wurm ein verzehrendes Feuer. Nur der Geist kann die Finsternis der Seele zu Licht machen, nur der Geist kann das verzehrende Feuer der Seele besänftigen. Da lernt man erst den Geist oder das Leben aus Jesu als einen großen Schaz hochachten.

2) Der Glaubige freut sich auch, daß er diesen

Geist als ein Eigenthum ansehen darf; denn es heißt: in deine Hände befehle ich meinen Geist. Dieser Geist ist also das gute Theil, das nimmer von uns genommen wird, die Beilage, die uns gehört und die der Herr uns bis auf seinen Tag bewahrt. Es sind nicht nur gute Gedanken und Eindrücke, die bald wieder vergehen, weil sie noch nichts Festes haben, sondern es ist der neue Mensch selber mit seinem Erbgut, das er im Himmel hat, das ihm aufbehalten ist im Himmel. Dieser Geist ist das ganze Lebensgewächs, das sich in ihm während seines Glaubenslaufs getrieben hat und wovon er glauben darf: alles, was der Geist Jesu in dieser Zeit in mir gewirkt hat, das wird mir auch bleiben und dessen werde ich mich in alle Ewigkeiten hinein zu getrösten haben.

3) Diesen Geist übergibt der Glaubige in die Hände seines Herrn a. deswegen, weil er ihn von seinem Herrn hat, der sich dessen, was von ihm ist, gewis annehmen wird, in seine Hände, von denen wir mit Wahrheit singen: seine Hände sind ohne Ende, sein Vermögen hat kein Ziel. Und wenn einem auf der Reise in jene Welt noch allerlei vorkommen sollte, so darf man sich auch mit den weiteren Worten trösten: ists beschwerlich, scheints gefährlich, deinem Herrn ist nichts zu viel. b. Deswegen, daß er diesem Geist in den vielen Wohnungen in des Vaters Hause ein Pläzlein anweise, wo er eigentlich hingehört. Das überläßt ein Glaubiger ohne viele Gedanken seinem Herrn. 3) Deswegen, daß er diesen Geist auch noch vor der Trennung des Leibes und der Seele mit seinen Feuerflammenden Augen durchdringe und ihn von allen Befleckungen, die er sich zugezogen haben möchte, scheide, läutere und reinige.

4) Der Glaubige übergibt seinen Geist mit einem Schwung in die Erlösungsmacht Jesu. So heißt es: du hast mich erlöst. Er kann bei dem Eingang in jene Welt sagen: du hast mich ja erlöset von Sünde, Tod, Teufel und Hölle. Wie viel Glaubenskraft liegt in einem solchen Ruhm der Erlösung! Da hat man das helle Glaubenslicht, das des Todes Macht zerbricht und die

Hölle selbst macht stille. In dieser Erlösung kann man den Feinden unter die Augen sehen. Du hast mich erlöst, darin besizt man des Lebens erworbene Freiheit und Rechte, als eines vollendeten Heilands Geschlechte.

5) Der Gläubige übergibt sich in die Treue Gottes. Du getreuer Gott! Er schaut noch beim Tode in die Treue Gottes hinein, die ihn so bewahrt, so durchgebracht hat, daß er den Schaz des Geistes nicht verloren; die ihm half wachen Tag und Nacht und diesen Schaz bewahren. Diese Treue Gottes ist uns noch so verborgen und unerkannt; aber im Sterben kann man noch einen Blick dahin bekommen, da kann man denken: wo hätte es mit mir hinkommen können, wenn der treue Hüter Israels, der nicht schläft noch schlummert, seine Hand nicht über mir gehalten hätte! Und mit diesem Blick auf die Treue Gottes thut man auch den wichtigen Schritt in jene Welt. So geschieht also die lezte Uebergabe eines Gläubigen. Wer unter uns wird nicht wünschen, auch einmal auf diese Worte zu sterben? Aber diß will gelernt sein. Es merkts und fühlts ein jeder, daß es mit einem blosen Nachsprechen dieser Worte nicht ausgerichtet ist und daß mehr dazu gehört.

II. Was zu einer solchen Uebergabe erfordert werde.

1) Hast du schon die vorhergehenden Uebergaben an den Herrn getroffen und ists ausgemacht, wem du angehörest? diß ist eine wichtige Frage. Denn im Tode fällt man demjenigen heim, dem man angehört hat. Da ists gut, wenn man schon vor langer Zeit zum Herrn sagen kann: ich weiß, daß ich der Deine bin, der Deine nicht der Welt. Oder denkst du etwa, du könnest es bis zum Sterben ankommen lassen? Da weiß ich dir nichts zu sagen, als diß: es ist äußerst bedenklich, wenn man die erste und lezte Uebergabe zusammenkommen läßt.

2) Hast du ein Leben aus Gott und Jesu Christo in dir, oder hast du einen Geist? Dieser Geist ist das große Unterscheidungszeichen, auf welches alles ankommt, das auch den Ausschlag gibt, wem du angehörest; denn Paulus sagt: wer Christi Geist nicht hat, der ist nicht

sein. Weißt du auch, was Geist ist? nicht nur etliche zusammengeraffte gute Gedanken, nicht nur gute Züge, die sind ein Werk des an dir arbeitenden Geistes, sondern ein wirklicher Schaz des Herzens, denn du einmal mit in die Ewigkeit nimmst.

3) Bist du auch deines Antheils an der Erlösung gewis und begehrst du dieselbe auch ganz zu genießen, durch alle Stufen hindurch? Kannst du sagen: du hast mich erlöst, du getreuer Gott, erlöst von meinem eiteln Wandel nach väterlicher Weise, von dem Zusammenhang mit der Welt, von meinem bösen Gewissen, von der Gewalt des Feindes, von aller Ungerechtigkeit? Wenn du so sagen kanust, so sind auch die übrigen noch verborgenen Schäze der Erlösung dein.

4) Weißt du, was es auf sich hat, seinen Geist in die Hände des Herrn befehlen? Denkst du auch daran, daß er alle die Befleckungen sehen wird, die du dir im Geist zugezogen hast? ist dirs also in diesem Blick darum zu thun, dich von aller Befleckung zu reinigen in der Furcht Gottes? ist dirs darum zu thun, daß der Gott des Friedens dich durch und durch heilige, daß dein Geist unsträflich erfunden werde?

5) Freust du dich auch der Treue Gottes und hat sie dich auch ganz bewahren können? So viel Bedenkliches auch bei dem Schritt in die Ewigkeit ist, so kann einen doch die Treue des Herrn beruhigen, die Treue die bei allen Mängeln unsrer Treue uns doch nicht aufgegeben, bei der wir auch am lezten Lebenstag sagen dürfen: Gott ist getreu, der uns berufen hat, welcher wirds auch thun. Diese Treue erwecke auch in jedem unter uns den Wunsch: ach laß auch mich dir immer treuer sein ꝛc.

## 38. Leichen-Predigt.

Text: 1 Kor. 4, 1—5. (17. Dez. 1786).

Paulus bezeugt den Korinthern für was er von ihnen angesehen sein wolle, nemlich für einen Diener Christi und für einen Haushalter der Geheimnisse Gottes; und gleich darauf sezt er hinzu, was das erste und haupt=

sächlichste Stück sei, das man von einem jeden Haushalter fordere, nemlich die Treue. Weil er von den Korinthern einigermaßen auf die Seite gestellt und Apollo ihm vorgezogen wurde, so schreibt er ihnen, wie sie ihn beurtheilen sollen. Es komme nicht auf besondere, oder vorzüglich beliebte Gaben an, sondern auf die Treue: nach dieser werde der Herr einmal fragen und diese werde der Herr an jenem Tage loben. Es darf sich jeder unter uns auch als ein Haushalter ansehen, es ist einem jeden etwas anvertraut; es kommt nur darauf an, wie wie wir es verwalten und wie wir einmal dafür Rech=
nung thun können. Diß sollte den Trieb in einem jeden erwecken, so zu handeln, daß ihm an jenem Tage von Gott Lob wiederfahren möge.

Was zu einem rechten Haushalter erfor=
dert werde.

I. Daß er treu erfunden werde. Paulus sagt: nun sucht man nichts mehr an einem Haushalter, denn daß er treu erfunden werde. Wenn man einem unter uns die Frage vorlegte, was zu einem rechten Haushalter gehöre, so würde er vermuthlich auf allerlei fallen; er würde mancherlei von einem Haushalter fordern. Z. E. er muß ein gescheidter Kopf sein, er muß einen guten Saz und Anfang zum Haushalten haben, er muß sich auch auf den Verkehr und dgl. verstehen. Die Treue würde uns vermuthlich zu allerlezt, und einem manchen vielleicht gar nicht einfallen, und Paulus macht sie doch zur ersten und lezten Eigenschaft eines rechten Haushalters. Eben so hoch sezt Jesus die Treue hinauf, Luc. 16, 10: wer im Geringen treu ist 2c. Da können wir sehen, wie wir mit unsern Gedanken noch so weit von dem Wort und Sinn Gottes hinweg sind. Wir können uns aber auch zugleich daran prüfen, warum wir mit dem Wörtlein Treue noch so wenig bekannt sind. Das hat vielerlei Ursachen.

1) Weil wir keine Haushalter, sondern eigene Herren über unser Vermögen sein wollen. Wie unser natür=
liches Herz alles als einen Raub dahinreißt, so behan=
delt es auch das Leibliche; wir denken: das ist mein, ich

kann damit umgehen, wie ich will. Das ist gerade dem Wort Christi entgegen, der das Leibliche das Fremde heißt, Luc. 16, 12. Bei solchen Gedanken fällt uns desto weniger ein, daß wir einmal unsrem Herrn werden Rechenschaft geben müssen und diß hilft dazu, daß wir immer tiefer in den irdischen Sinn hineinwachsen. Wie würde es so bald ganz anders in uns aussehen, wenn wir ernstlich glaubten, daß alles, was wir haben, ein Geschenk Gottes ist!

2) Wir wissen noch so wenig von der Treue, weil sie uns so gering in unsern Augen vorkommt; unser Sinn ist, im leiblichen auch bald zu etwas zu kommen und gleich viel zusammen zu kriegen. Da denken wir, bei der blosen Treue gebe es kein Stück. Deswegen suchen wir uns auf andere Art zu helfen, z. E. durch allerlei Haushaltungsprojekte, durch Verkehr und Handel, durch Vertrauen auf unsere Gescheidheit u. dergl. Bei der Treue aber meinen wir, es gebe kein Stück. Es geht zu langsam, man sieht den Segen Gottes nicht gleich so handgreiflich, diß machts, daß die Treue uns als eine unbedeutende Eigenschaft bei einem Haushalter vorkommt.

Weil wir nun mit der Treue noch so unbekannt sind, so wissen wir auch noch wenig, was dazu gehört. Wir wollen also auch auf diese Eigenschaften der Treue merken. Sie sind in dem Lied: o Gott du frommer Gott, kurz und deutlich beschrieben. Es heißt

a. Gib, daß ich thu mit Fleiß, was mir zu thun gebühret 2c. Gott hat also einem jeden unter uns seine Arbeit und ein gewisses Tagwerk vorgelegt: das sollen wir thun und uns immer darin finden lassen, so wird auch der Segen Gottes mit uns sein. Das sagt auch Salomo: wer seinen Acker baut wird Brots genug haben, wer aber unnützen Dingen nachläuft, wird Mangel leiden. Wenn wir nur auf dem Platz, worauf uns Gott gestellt, ordentlich arbeiten, so wird uns der Herr gewis segnen. b. Gib, daß ichs thue bald, zu der Zeit da ich soll. Diß ist die Unverdrossenheit bei unsrer Arbeit, daß wir alles auch mit heiterer Munterkeit thun, Röm. 12, 11: seid nicht träge, was ihr thun sollt; aber auch, daß wirs zu rechter Zeit thun. Z. E. daß wir nicht mit unsrer Berufsarbeit den Tag des Herrn verderben, sondern alles zu seiner Zeit verrichten. c. Daß wir auch in der Stille arbeiten, ohne zu urtheilen über andere: hilf, daß ich rede stets 2c. Gewis unsre Arbeit würde mehr gesegnet sein, wenn wir nicht durch so viel unnüze Worte, durch so viele unnüze Urtheile über unser Nebenmenschen durch Lügen uns den Segen selber hinwegnähmen. d. Findt sich Gefährlichkeit 2c. Da zeigt sichs, ob man ein treuer Haushalter ist. Wenn es in einer Haushaltung allerlei Unglück gibt, so will man gleich verdrossen werden, so will man das Haushalten entweder aufgeben, oder ganz anders anfangen. Aber wer treu ist, behält unter allem seinen Muth, wie Hiob. e. Laß mich mit jedermann in Fried und Freundschaft leben, so weit es christlich ist 2c. Das Haushalten gibt Gelegenheit zu vielen Feindschaften, zu Neid u. dergl. Diß nimmt den Segen hinweg, da fehlt es an der Treue. f. Willst du mir etwas geben 2c. Zur Treue gehört also auch Furcht vor allem unrechten Gut. Denn diß hebt ja nicht. g. Zur Treue gehört auch, daß man sich die Mühseligkeit dieses Lebens nicht abschrecken läßt. Es geht durch manchen sauren Schweiß, man muß sich allerlei gefallen lassen, aber da kann man eben Treue beweisen. Wenn man nur deswegen haust, daß man gute Tage haben soll, so ist man nicht auf der rechten Spur. Diß sind lauter Stücke, die zur Treue gehören. Daran liegt viel. Nur treu zu sein, das ist der Weg sein Glück recht hoch zu treiben 2c.

II. Daß er sich oft in das Licht jenes Tages hineinstelle. Paulus sieht auf jenen Tag hinaus und zeigt, daß ihm eben diese Aussicht vieles austrage. Was nüzts also einen Haushalter, wenn er da hinaussieht. 1) Er denkt fleißig daran: ich werde auch einmal von meiner Haushaltung Rechnung ablegen müssen. Diß treibt ihn an sich über alles zu prüfen und zu fragen: kannst du diß auch einmal verantworten? 2) Es macht ihn gleich-

giltig gegen die Urtheile der Menschen. Diese Urtheile
wollen einen oft auf Nebenwege bringen; aber wenn man
da hinaussteht, so kann man drüber weg sehen. 3) Es
macht einen ernsthaft und bescheiden in Ansehung seiner
selbst, wenn man sich auch keiner besondern Untreue bewußt ist. Ich bin mir zwar nichts bewußt 2c.; es kommt
doch auf jenen Tag an; ich will mir nicht zu viel herausnehmen; es kommt darauf an, wie man mich findet.
4) Es macht in ihm einen Trieb nach einem guten
Zeugnis aus dem Munde des Herrn. Einem jeden
wird Lob wiederfahren. Ei du frommer und getreuer
Knecht! Ein treuer Haushalter sieht also auf die lezten
Dinge: wie wird mirs auf dem Todtenbett zu Muth
sein, was hab ich für Aussichten auf jenen Tag 2c.?

## 84. Leichen-Predigt.
(Am Sonntag nach dem Neujahr 1787.)
Text: Ps. 4, 4.

Erkennet doch, daß der Herr seine Heiligen wunderlich führt: diß sind Worte Davids. Er war damals in
einem großen Gedräng; er mußte vor seinem leiblichen
Sohn Absalom flüchtig werden und war als König in
seiner eigenen Residenz nicht mehr sicher. Auf seiner
Flucht aus Jerusalem begegnete ihm ein trauriger Umstand nach dem andern. Endlich kam es dazu, daß Absalom ihm mit vielen Tausenden nachjagte und ihn beinahe mit wenigen Leuten, die er bei sich hatte, auf freiem
Feld angegriffen hätte, wenn ihn Gott nicht in dem be-
festigten Städtlein Mahanaim hätte eine Zuflucht finden
lassen. Da sah es betrübt um ihn aus, da verbarg sich
der Weg Gottes vor ihm; aber demungeachtet spürte er
noch den Faden, womit ihn die Hand Gottes mitten
unter diesen Gefahren leitete; er war versichert, daß Gott
ein besonderes Aufsehen auf ihn habe, ob es schon jezt
so seltsam bei ihm aussah. Seine Feinde frohlockten
über dieses Unglück und dachten, wenn er wohl bei Gott
angeschrieben wäre, so würde es ihm nicht so gehen; sie
machten den Schluß, Gott müsse ihn verworfen haben

er müsse vom Königreich verstoßen sein. Aber David sah weiter: die Spuren, die er mitten unter seinem Jammer von der besonderen Vorsehung Gottes hatte, überzeugten ihn eines andern. Deswegen sagt er zu seinen Feinden: erkennt doch ꝛc. d. i.: ihr sollet doch merken, daß mich der Herr noch nicht verworfen, ja daß er noch besondere Liebesabsichten mit mir habe, sonst hätte ich schon lange in eure Hände fallen müssen. Diese Worte Davids gelten dem Lauf eines jeden Gläubigen; wie Gott den einen führt, so führt er in der Hauptsache alle, nemlich wunderlich, über aller Menschen Gedanken hinaus, ja jeder Mensch, der ein wenig aufmerksam auf seinen Lebenslauf ist, wird etwas von dieser Führung erblicken. Erkennet, daß der Herr seine Heiligen wunderlich führt, diß gilt besonders von dem Lauf Jesu, als des größten Heiligen und Gnadengenossen Gottes. Dieser wurde recht wunderlich durch diese Welt hindurchgeführt. Von der ersten Stunde seines Lebens bis auf den lezten Augenblick war alles wunderbar; aber am Ende zeigte sich die allerhöchste Liebe Gottes an seinem Lauf. Nun, wie er ist, so sind seine Gläubigen in der Welt. Wie es dem Herzog der Seligkeit ergangen ist, so geht es auch seinen Unterthanen. Darum ist sein Lauf das Muster und Original von der Führung aller Gläubigen.

Die wunderbare Führung Jesu und seiner Gläubigen.

1. Er führt sie in den Leidensweg hinein. Bei Jesu ging es frühzeitig in die Leidenswege hinein. Schon seine niedrige Geburt in einem Stall, sein Herkommen von armen und geringen Eltern, gehörten zu seinem Leidensweg. Jesus war kaum ein Kind von sechs Wochen, so wurden schon blutige Anschläge wider sein sein Leben gemacht. Herodes, welcher meinte, das Kind werde ihn um seine Herrschaft bringen, faßte den Entschluß es zu tödten und machte solche Anstalten dazu, daß es ihm seiner Meinung nach nicht fehlen sollte. Da mußte nun Jesus in seiner zarten Kindheit fliehen, sein Vaterland verlassen und zu einer beschwerlichen Jahreszeit, mitten im Winter, nach Egypten fliehen. So fing

das Leiden frühe bei ihm an. Er sollte bei Zeiten die verborgenen Wege wählen lernen. Diß war das Wohlgefallen Gottes über ihn, — diß ist eine Weise, welche Gott an mehreren Heiligen beobachtet hat. Bei dem Joseph ging es auch so. In zarter Jugend fing das Leiden an. Er wurde von seinen Brüdern gehaßt, verachtet, verfolgt und endlich in ein fremdes Land verkauft. So ging es Mose, der hernach ein so großes Werkzeug Gottes geworden ist. Er wurde als ein Kind von drei Monaten in den Nilfluß geworfen und kam hernach einer egyptischen Prinzessin in die Hände. So ging es David. Dieser wurde ebenfalls in seiner Jugend in das Leiden geführt; und da er schon von Samuel zum König gesalbt war, mußte er sich von Saul herumtreiben lassen und zwölfmal vor ihm flüchtig werden. Diß waren lauter frühe Leidenswege; aber es war auf lauter Gutes dabei angesehen. Es darf also einen Gläubigen nicht befremden, wenn Gott die Stunden der Demüthigung bald über ihn kommen läßt; diß ist ein frühes Angeld, daß Gott große Dinge mit ihm im Sinne hat.

2. **Gott verdeckt unter diesen Leidenswegen seine großen Absichten mit den Seinigen, a. den Gläubigen selbst.** Es mag dem Joseph und der Maria seltsam vorgekommen sein, da sie befehligt wurden nach Egypten zu fliehen. Sie hatten vorher von den Hirten so große Dinge gehört wegen ihres Kindes. Simeon hatte ihnen manches Große gesagt. Kaum waren die Weisen aus Morgenland da, beteten das Kind als einen König an; und jezt heißt es auf einmal: fliehe nach Egypten. Da wurde über alles Vorige wieder eine Decke gezogen. Joseph und Maria werden gedacht haben: wenn unser Kind ein so großes Kind, ja sogar ein König ist, wenn es von allen himmlischen Heerscharen so hoch geachtet ist, so sollte es nicht fliehen müssen; Gott sollte gleich einen Engel senden, der den trozigen Herodes tödte. Aber nein, es mußte geflohen sein und Joseph und Maria mußten im Dunkeln Glauben lernen. So machts Gott mit jedem Gläubigen. Er zeigt ihm seine großen Absichten, aber er verdeckt dieselben hernach wieder. Und so verdeckt

eben dieses Aufsehen Gottes über seinen Sohn habe ich auch zu genießen. Denket nach über euern Lebensgang. Diß ist das Kleinod in unsern Personalien, wenn man sagen kann, daß wir in Gemeinschaft mit dem Lauf Jesu gestanden. — Himmlischer Vater, mache deine Treue, Auge und Hand, die dein Sohn in seinem Lauf genossen, auch mir und allen deinen Kindern wohl bekannt, die deiner Güte trauen.

## 49. Leichen-Predigt.
Text: Ps. 32, 6. (3. Mai 1787.)

Es ist diß eines von den Hauptgeschäften des Geistes Gottes an den Menschen, daß er ihr Herz sich ängstigen läßt, daß er sie je und je über ihren Seelenzustand unruhig macht, daß er ihnen aufdeckt, wie es ihnen noch so sehr an dem neuen gewissen Geist fehle. Diß will unsrer Natur freilich nicht gefallen, diese phantasirt sich lieber in eine eigene selbstgemachte Gewisheit hinein. Aber es hat eben keinen Halt und keine Dauer. Die wahre Gewisheit kommt aus der Unruhe und Angst heraus, sie lauft durch manches Gebet, durch manches Seufzen des Geistes. Aber alsdann kommt auch etwas heraus, alsdann kann man erst sagen: ich weiß an wen ich glaube; alsbann hat man Friede mit Gott und in diesem Frieden einen täglichen Zugang zu der Gnade Gottes in Christo und endlich kommt es gar zu einem Ruhm der Hoffnung der Herrlichkeit Gottes. Die Vergebung der Sünden und die Versicherung davon im Herzen ist also etwas Großes, aber auch ebendeswegen etwas, das man nicht auf der Gasse findet, das man nicht so geschwind an sich reißen kann, sondern das man durch ein demüthiges Flehen vor dem Gnadenthron Gottes bekommt. Darüber kann man nicht einen jeden fragen, darüber kann einem allein ein Heiliger, ein redlicher Gnadengenosse Gottes einen guten Bescheid ertheilen.

Die selige Gewisheit von der Vergebung der Sünden.

I. Wie man dazu gelange. Wir bekennen im

Gott auch seine Liebesabsichten mit seinen Gläubigen.
b. vor der Welt. Die Nachrichten von Jesu werden
unter den Leuten viel Aufsehen gemacht haben. Da hätte
Jesus bald einen großen Zulauf und Anhang von den
Leuten bekommen. Aber jetzt wurde er wieder unbekannt
und die Verwunderung der Leute hörte wieder auf. Des=
wegen blieb Jesus von seiner Kindheit bis ins dreißigste
Jahr unbekannt. Das ist große Weisheit Gottes.

3. **Er gibt ihnen mitten unter ihren Lei=
den Spuren seines Aufsehens.** So wunderbar
dem Joseph und der Maria ihre Flucht vorkam, so nach=
denklich mußten sie werden, daß Gott den Joseph im
Traum durch einen Engel noch besonders erinnert: daran
merkte er, daß Gott ein besonderes Aufsehen auf sein
Kind habe. Da die Mordgedanken des Herodes noch im
Aufkeimen waren, wurde schon für das Leben des Kindes
gesorgt und dasselbe seinem Grimm entrückt. So waltete
Gott über den Lauf seines lieben Sohnes. Es war
überdiß ein neuer Beweis, daß Gott sein besonderes Auf=
sehen über den Lauf seines Sohnes habe, daß Gott so
viele Kinderseelen um die einzige Seele seines Sohnes
gegeben. Da sah man wieder, wie theuer der Sohn in
den Augen des Vaters geachtet war. Und diß thut Gott
auch an dem Lauf der Gläubigen, wenn sie dem Aeußern
nach meinen, sie seien der Welt preisgegeben.

4. **Er versiegelt ihnen unter dem Leiden
ihre Kindschaft.** Jesus mußte nach Egypten fliehen
und eben daran die erste Probe bekommen, daß er der
geliebte Sohn Gottes sei. Denn so heißt es: auf daß
erfüllet würde, was der Herr durch den Propheten ge=
sagt hat, der da spricht: aus Egypten habe ich meinen
Sohn gerufen. Das führt uns auf den Lauf Israels
zurück, das in Egypten zuerst das Zeugnis bekommen
hat von Gott, daß es ein Sohn Gottes sei (2 Mos. 4, 22).
Also mitten unter dem Leiden funkelt die Herrlichkeit
unsrer Kindschaft hervor.

Das alles bestätigt die Wahrheit, daß der Herr
seine Heiligen wunderlich führt. Wie viel Beruhigung
kann es einem Gläubigen geben, wenn er glauben darf:

Katechismus: ich glaube eine Vergebung der Sünden. Aber es ist eben meistens aus Gewohnheit hingeredet. Wenn man es von Herzen nnd mit ganzer Ueberzeugung sagen soll, so muß man auch wissen, wie man dazugekommen; dann wird einem die Vergebung der Sünden erst groß. Es muß auch in allweg etwas Großes darum sein, weil Paulus Kol. 1 die ganze Erlösung in die Worte zusammenfaßt: in Christo haben wir die Erlösung durch sein Blut, nemlich die Vergebung der Sünde. Von dieser Vergebungsgnade hatte auch David einen tiefen Eindruck in seinem Herzen, deswegen fangt er den Psalm damit an: wohl dem, dem die Uebertretungen 2c. Warum redet er aber so eindrücklich davon? Weil er wohl wußte, wie er dazu gekommen und wie viel Bitterkeit er vorher geschmeckt, bis er diese Süßigkeit kosten durfte. Es ist zwar die Sache Gottes nicht, uns diese große Wohlthat so schwer zu machen; er läßt uns vielmehr Röm. 10 sagen: du darfst nicht in die Höhe und nicht in die Tiefe fahren, sondern das Wort (der Gnade) ist dir nahe in deinem Munde und in deinem Herzen; sein Wille ist, seine Gnadenmittel sollen leicht sein; daß es aber doch in dieser Sache meistens so schwer hergeht, daß Viele so langsam dazukommen, da muß es anderswo fehlen, da muß die Schuld am Menschen selber liegen. Und so ist es auch. Die erste Frage also wäre diese: warum kommen so Wenige zu dieser Gnade? Wenn wir diß einmal verstehen, so werden wir bald verstehen, wie man dazu komme. Es kommen Wenige zu dieser Gnade, 1) weil sie von der Vergebung der Sünden noch zu gering denken. Sie sehens an als eine Sache, die bald ausgemacht sein werde; sie sehens an, wie wenn ein armer Mann einem reichen Herrn einen Posten schuldig ist; da denkt man: er ist ja ein guter Herr, er ist ein reicher Herr, er kann mirs wohl nachlassen, er spürts nicht. Bei diesem Sinn fordert man die Vergebung der Sünden heimlich als eine Schuldigkeit von Gott und wenn man bei diesem Sinn sie wirklich erhielte, so wäre es einem hintennach erst kein besonderer Dank. So lang man so klein davon denkt, so lang kann man nicht dazu kommen. Und woher kommts, daß du so klein denkst? Du behandelst die Vergebung der Sünden nur als etwas, dadurch du und der liebe Gott sollen auseinander gesezt werden. Wie es einem Schuldner unanständig ist, wenn er je und je von seinem Gläubiger angemahnt und zur Bezahlung angehalten wird, so ist dirs auch unanständig, wenn dich Gott je und je in deinem Gewissen an deine Schulden mahnt; und wie ein Schuldner, wenn die Schuld abgethan ist, hernach von seinem Gläubiger quitt ist und vielleicht sein Lebtag nicht mehr mit ihm zu thun hat, so willst du die Vergebung der Sünde auch behandeln, nemlich Gott soll dir deine Sünden vergeben, nur deswegen, daß du nichts mehr von ihm zu befahren hast, daß du keine Strafe von ihm zu befürchten hast; und doch du solltest sie deswegen suchen, daß du wieder näher zu ihm hinkämst. Es heißt Jes. 59, 2: eure Sünden scheiden euch und eueren Gott von einander. Durch die Vergebung der Sünde soll also aus der Trennung wieder eine Verbindung werden. Das zeigt auch unser Text, da es heißt: dafür werden dich alle Heiligen bitten. Wer zur Vergebung der Sünde gelangen will, dem muß es darum zu thun sein, daß er wieder ein Heiliger, oder wie es eigentlich lautet, ein Gnadengenosse Gottes werde. Wenige kommen zu dieser Gnade.

2) Auch deswegen, weil sie sich nicht recht schuldig geben und zu ihrer ganzen Schuld bekennen wollen. Dadurch hat sich David auch aufgehalten und er bekennts selber, er habe es wollen eine Zeitlang verschweigen, aber es sei dabei übel ärger worden. Es hält schwer, bis ein Mensch in seinen Schuldbrief recht hineinsieht; unsre Natur will nicht in die ganze Erkenntnis des Elends hinein und noch weniger mit der Sprache vor Gott und Menschen heraus. Damit halten wir uns nur selber auf. Wir machens, wie ein Mensch der eine schändliche Krankheit an seinem Leib hat und gern gesund sein möchte. Er bittet zwar den Arzt, aber er redet nur so um seine Krankheit herum. Da kann zwar der Arzt ihm allerlei gute Mittel verordnen, aber der Hauptkrankheit wird doch nicht abgeholfen. Diß ist auch noch ein Stück von der Falschheit, die noch im Herzen zurück ist. Deswegen

sagt David: wohl dem Menschen in deß Geist kein falsch ist! Wenn du Vergebung der Sünden willst, so mußt du dich vor Gott hinstellen, wie du bist. Ein rechter Sünder steht vor Gott ganz aufgedeckt, da ein Heuchler sich versteckt. Es wird dich aber diese Redlichkeit einen Kampf kosten wie den David auch, der sagt: ich sprach, ich will dem Herrn meine Uebertretung bekennen. Es war ein unter manchem Kampf in ihm geborner Entschluß und so bald er da durchbrach, kam er in die Gnade. Wenige kommen dazu.

3) Weil sie es an dem demüthigen Flehen ermangeln lassen. Es heißt: dafür werden dich alle Heiligen bitten. Die Noth muß einen zu dem lieben Gott hintreiben, man muß den Gnadenthron aufsuchen lernen. Durch wie viel Gebet ist es bei David gelaufen, bis es wieder helle in ihm worden. Wenige kommen dazu.

4) weil sie die Zeiten Gottes nicht wahrnehmen. Es heißt: sie werden dich bitten zu rechter Zeit, oder eigentlich: zur Zeit des Findens. Wer auf diese Zeiten nicht acht gibt, der versäumt vieles. Der Mensch meint, es thue sich's immer; aber es ist auch da wahr: Gott thut alles fein zu seiner Zeit. Was sind es denn für Zeiten? Es gibt Zeiten, da ein Mensch ganz verschlossen ist, da Gott ihm nicht beikommen kann; so hat David eine Zeit gehabt gleich nach seinem Fall, da dachte er nicht an Vergebung der Sünden. Aber nachher, da Nathan zu ihm kam und mit ihm redete, war eine Zeit des Findens; da hatte er sein Herz gefunden, da kam er zu sich selber, da fand er auch das Wort der Vergebung, das ihm Nathan verkündigte. Aber er kam nachher doch wieder in neue Angst hinein, bis auf den Tod seines Kindes. Da lernte er wieder suchen und flehen und da fand er wieder neue Bestätigung der Gnade. Siehe, so hat Gott seine Zeiten auch bei dir. Diese mußt du wahrnehmen; da sollst du beten lernen. Wenn du diese wohl anwendest, so wirst du hernach die Vergebungsgnade desto mehr zu genießen haben.

II. Was man davon zu genießen habe. Von dem Genuß dieser Gnade rühmt David vieles. Der erste

Genuß ist dieser: du spürst daß es dir dabei wohl ums Herz ist, daß alles weg ist, was dich bisher vom Hinzunahen zu Gott zurückgehalten hat. Mit wie vieler Erweiterung des Herzens redet David von dieser Gnade, was es sei, wenn man Vergebung habe, wenn Gott wieder zudecke, wenn Gott einen nach der Gnade behandle, daß er einem nichts mehr aufrechnet.

Der zweite Genuß kommt im Text vor: darum wenn große Wasserfluthen kommen ꝛc. Man ist durch diese Gnade auf alle zukünftigen Fälle gefaßt. Die Vergebung der Sünden muß durchbehauptet werden. Die Wasserfluthen bleiben nicht aus, theils noch in diesem Leben, theils im Tode: aber die Vergebungsgnade ist unser Schutz. Sie kommen wohl, aber sie dürfen nichts thun. Man weiß: es ist nun nichts Verdammliches an denen, die in Christo Jesu sind. Der dritte Genuß ist: der Herr läßt einen seine gnädige Bewahrung auch weiterhin genießen. David sagt: du wirst mich vor Angst bewahren, du wirst mich als einen Erretteten durchführen. Der vierte Genuß ist, daß man unter der täglichen Augenleitung Gottes steht und in den Wegen des Herrn immer weiter fortwandelt. Ich will dich unterweisen ꝛc. Diese Gnade faßt uns also immer mehr an.

## 50. Leichen-Predigt.
(Am Sonntag Cantate 6. Mai 1787.)
Text: Joh. 16, 5—7 ff.

Das heutige Evangelium enthält Worte eines Sterbenden, Worte Jesu, der im Begriff war, die Welt zu verlassen und zu seinem Vater zu gehen. Sie sind der beste Grund zu Leichenbetrachtungen. Denn was können wir Besseres thun, als daß wir uns den Lauf Jesu vor Augen stellen, an dem wir sehen können, wie wir auch in Absicht unsres Sterbens sollen gesinnt sein. Aber nicht nur das, sondern wir sollen seinen Hingang auch so betrachten lernen, daß wir daraus auf unser Sterben Zuversicht gewinnen und es mit Wahrheit bei uns heißt: auf deinen Abschied, Herr, ich trau, darauf die lezte Hinfahrt bau. Es kommt viel darauf an, daß man bei dem Schritt in die Ewigkeit wenigstens etwas von dem Bild Jesu im Herzen hinüberbringt; denn vor Gott nichts gilt, als des Heilands Bild. Alles andere, es sei so scheinbar als es wolle, wird als untauglich verworfen und (nach 1 Kor. 3.) als Holz, Heu und Stoppeln verbrannt werden, weil es die Feuerprobe nicht hält. Der geringste Anfang aber von dem Bild Jesu im Herzen wird bleiben und als eine Frucht der Ewigkeit fortgrünen. Wie gelangt man aber zu diesem Bild? Der Anfang dazu geht durch ein unverrücktes, glaubiges Hinschauen auf Jesum, wie ehemals die Israeliten in der Wüste durch das Hinschauen auf die erhöhte Schlange mußten geheilt werden. Gewis, es fehlt uns an nichts so sehr, als an diesem Hinschauen auf Jesum und es wird uns in jener Welt nichts so schmerzlich reuen, als daß wir zu wenig auf unsern Heiland hingesehen; denn dieser Anblick gibt Kraft, ja er bringt uns zulezt zur ganzen Umgestaltung in das Bild Jesu. Wir haben uns also immer zuzusprechen: es müsse doch mein Herz nur Christum schauen. Wir haben immer zu bitten: Jesu, hefte Aug und Herz auf dich.

Wie wir in dem Hingang Jesu die rechte Zuversicht und Vorbereitung auf unsern Hingang finden.

I. Mit was für einem Sinn ist er zum Vater gegangen? Es sind kurze und einfältige Worte, die Jesus von seinem Abschied gebraucht, aber wenn man sie in der Stille betrachtet, so liegt doch darin das ganze liebliche Bild von seinem Herzen, von seinen Gesinnungen in Absicht auf sich, auf seinen Vater, auf seine Jünger, auf die ganze Welt. Er sagt: nun gehe ich hin zu dem der mich gesandt hat. Diese Worte zeigen

1) wie er seinen Hingang in Absicht auf sich selbst angesehen. Es hat in seinem Herzen geheißen: ich gehe hin zu meinem lieben Vater. Es ist aus dem kindlichen Geist herausgeredet, in welchem er auf Erden gewandelt hatte. Da bezeugt er, wie in seinem Herzen nicht nur nichts sei, das ihm auf seinen Hingang Angst mache,

das ihn beunruhige, sondern, wie er sich freue, daß er nun einmal diesem Schritt so nahe sei; denn sein ganzer Wandel war immer zum Vater hingerichtet, sein Wandel war ein beständiges Hinaufschauen zu seinem Vater und nun war es ein erquickender Gedanke für ihn: jetzt ist es an dem, daß ich zu ihm komme, oder wie es Joh. 17 heißt: nun aber komme ich zu dir; nun wird der Sohn den Vater sehen. Es sind also diese Worte ein kurzer Inbegriff seines kindlichen Geistes, ein Beweis, wie nahe er immer mit seinen Gedanken beim Vater gewesen, aber auch ein Beweis, wie er indessen seinem kindlichen Sinn nichts vergeben habe, wie er sich den doch nichts habe verrücken lassen, wie er gewiß war: ich darf kommen, mein Vater nimmt mich mit ganzer Liebe auf; es steht mir nichts im Weg, ich habe einen freien Zugang zu ihm.

Diese Worte zeigen 2) seine Gesinnungen gegen seinen himmlischen Vater, vornehmlich insofern er der Gesandte des Vaters war. Deswegen heißt es: ich gehe hin zu dem, der mich gesandt hat. Da stellt er sich in den ganzen Beruf hinein, den ihm der Vater aufgetragen hat. Er schaut auf seine Amtsjahre zurück, auf alles, was in seiner Amts-Instruction enthalten war und sagt nun ganz ruhig: ich gehe ꝛc. Hätte er nicht in seinem Amt Treue bewiesen, hätte er nur das Geringste zurückgelassen, so hätte er von seinem Hingang nicht so reden können. Aber er hatte das Zeugnis in sich, daß er den Willen seines Vaters gethan; er wußte, daß er sein Werk vollendet und seinen Dienst erfüllt hatte und so geht er dann mit einem ruhigen Herzen zum Vater hin. Diese Worte zeigen

3) seine Gesinnungen gegen seine Jünger. Diese hatte er lieb, an diesen war ihm viel gelegen und diese mußte er in der Welt zurücklassen. Und wie ließ er sie zurück? als schwache Leute V. 12. Man möchte denken: diese hätten ihm seinen Hingang schwer machen sollen. Aber nein, er sagt: ich gehe hin. Und das sagt er nicht mit Gleichgiltigkeit, als ob ihm einerlei wäre, wie es ihnen nach seinem Hingang gehen würde; sondern er geht auch

über sie beruhigt hin: beruhigt, daß er so viel an ihnen gethan, als er konnte oder vielmehr als sie annehmen konnten, aber auch beruhigt, daß es ihnen gut gehen werde und daß er auch nach seinem Hingang durch seinen Geist an und in ihnen fortwirken werde. Deswegen hinterläßt er ihnen noch die größten Verheißungen. Diese Worte zeigen

4) seine Gesinnungen gegen die noch ungläubige Welt. Er sah bei seinem Hingang noch wenig Frucht von seinem Amt unter den Menschen. Er mußte sich so viel Widersprechen von den Sündern gefallen lassen; es war noch so wenig Glaube an ihn in der Welt und er wußte doch, daß er vom Vater zum Heil der ganzen Welt gesandt war. Diß hätte ihm auch seinen Hingang schwer machen können, aber er sagt doch: ich gehe hin. Und warum geht er so ruhig? er wußte, daß die Nachwirkung seines Amts nicht ausbleiben werde, deswegen sagt er: der Geist werde die Welt bestrafen. Mit einem solchen Sinn ist Jesus zu seinem Vater hingegangen. Wenn wir ihn nun bei diesem seinem Hingang recht anschauen,

II. **Was haben wir für einen Genuß davon?** Der Genuß hievon soll ein doppelter sein. Er soll uns 1. ein Grund der Zuversicht werden, daß wir denken dürfen: durch ihn kann ich auch einmal den Zugang zum Vater bekommen; aber wenn er nicht vorangegangen wäre, so wäre mirs Angst auf meinen Hingang. Es sind schon so viele Millionen Menschen aus dieser in jene Welt hinübergegangen, aber so ist noch keiner hinübergegangen, wie dieser einzige Mensch in Gnaden. Wie mancher ist schon mit Angst und Schrecken hinübergegangen, mit dem quälenden Gedanken: wie wird es dir gehen? mit allerlei Vorwürfen des Gewissens, mit dem Bewußtsein: wie viel Böses habe ich gethan, wie viel Gutes habe ich unterlassen! Auch selbst die Seligen, die einen guten Eingang in jene Welt gehabt, sind doch nicht so hingegangen, wie Jesus. Denn von diesen heißt es: Gottes liebste Kinder gehn als arme Sünder in den Himmel ein. Wo kann einer von uns das Zeugnis aufweisen, er habe sich niemal von seinem kindlichen Sinn verrücken lassen? er sei immer im Gehorsam geblieben? er sei immer ein Werkzeug Gottes und seines Geistes gewesen? So kann er reden; dieser Ruhm bleibt allein dem Sohn, an dem der Vater alles Wohlgefallen hatte. Wenn uns also auch in unsrem Herzen solche Vorwürfe gemacht werden: was sollen wir thun? uns auf den Hingang Jesu berufen und bitten, daß uns auch ein Antheil daran geschenkt werde. Wenn wir diesen Gerechten anschauen, so wird uns der Vater auch ansehen. Wollen wir aber in diesem Hingang einen Grund der Zuversicht finden, so sollen wir ihn 2. jezt schon als einen Spiegel der Vorbereitung brauchen und bitten, daß Jesus auch da sein Bild in uns hineindrücke. Und diß sollen wir so thun:

a. Laß dein ganzes Leben eine Vorbereitung auf deinen Hingang sein. So war es beim Heiland: er ging diesem nun immer entgegen. Diese Worte müssen der Ring sein, der deine ganze Lebenskette in dieser und jener Welt aneinanderschließt. — Aber bei manchen macht dieses freilich einen großen Unterschied. Ich bin bisher meine eigenen Wege gegangen — nun aber gehe ich hin — b. Laß dich immer in deinem Beruf erneuern; denke warum bin ich da? was will der Herr von mir? diß war des Heilands Sinn. Dir ist auch ein Werk zu thun gegeben, davon mußt du Red und Antwort geben: du kommst zu dem, der dich gesandt hat. c. Laß dich deine Schwachheit, die du noch an dir hast, nicht abschrecken, sondern gib dich desto mehr dem Herrn Jesu hin. d. Nimm auch die Deinigen, die dir anvertraut sind, täglich in dein Herz hinein und denke: du nimmst das, was du an ihnen gearbeitet auch einmal hinüber. e. Laß dich in die drei Artikel von der Sünde, Gerechtigkeit und Gericht immer mehr einleiten, es wird dir wohl kommen, wenn du sie in deinem Sterben verstehst.

## 51. Leichen-Predigt.

Text: Pf. 69, 4. (5. Oktbr. 1787.)

Der 69. Psalm gehört unter die Leidenspsalmen, da der Geist Gottes den Sinn und das Betragen des Messias unter seinem Leiden zum voraus abgebildet hat. Der Psalm fangt sehr tief an, aber geht hernach hoch aus; er endigt sich mit einem Lob Gottes, in welches die ganze Creatur mit hineingezogen wird, welche auch einmal das Ihrige dazu beitragen soll, den Gott zu verherrlichen, der seinen Elenden so herrlich geholfen hat. Der ganze Inhalt des Psalms ließe sich also in die Worte zusammenfassen: tief hinab und hoch hinan, geht der Liebe Bahn. Diese Bahn ist Jesus geführt worden, diese Bahn führt er als der Herzog der Seligkeit alle diejenigen, die ihm im Glauben gehorsam werden. Wenn uns nun diese Bahn vorgelegt wird, so dürfen wir denken, es sei eine Sache nicht nur zum Anschauen, sondern er rede uns zugleich mit dem Wort an: gib mir mein Sohn, dein Herz und laß deinen Augen meine Wege wohlgefallen; wir dürfen denken, er frage uns: ist diß recht, wenn du auch so geübt wirst? oder, wie er jene zwei Jünger gefragt: kannst du den Kelch trinken, den ich getrunken? 2c. Es wird einmal vieles darauf ankommen, es wird zu unserer größeren oder geringeren Aehnlichkeit mit Christo vieles beitragen, wie weit wir uns in diese Bahn haben hineinführen lassen.

Die wunderbare Bahn der Liebe Gottes mit den Seinigen.

I. Wie es dabei durch ein beständiges Warten gehe. Wenn man einem die Hauptsache von dem Lauf eines Gläubigen sowohl in dieser, als in der zukünftigen Welt bis auf den Tag Jesu Christi kurz sagen soll, so lauft es auf das Wörtlein Warten hinaus. Diß ist das Wörtlein, an dem wir in dieser und jener Welt zu lernen haben, da wir aber zugleich an dem Herrn Jesu einen herrlichen Vorgänger haben. Im Text wird der Messias als ein solcher hingestellt, der auch lange auf seinen Gott gewartet hat. In diesem Warten übte er sich in seinem ganzen Leben, besonders aber in seinem Amts= und Leidenslauf. Er wartete in seinem Amt, bis er von seinem Lehren, von seinen Wundern, von seinen Bemühungen um das Heil der Menschen eine bleibende Frucht sah. Das war ein Warten, das ihn manche Uebung kostete, denn Jes. 49 steht es, wie ihm unter diesem Warten öfters zu Muth gewesen. Da sagt er: ich dachte, ich arbeitete vergeblich ꝛc. Er wartete bei seinen Jüngern, bis es bei diesen auch zu einer lebendigen Ueberzeugung von ihm und seiner Person kam, bis er ihnen das Zeugnis geben konnte: jezt glaubet ihr und auch bei diesem Warten hat er das Uebende erfahren müssen und hat sichs einmal anmerken lassen, z. E. da er nach seiner Verklärung auf dem Berge wieder zu seinen übrigen Jüngern kam und zu ihnen sagte: wie lange muß ich bei euch sein, wie lange muß ich euch tragen! Er wartete in seinem Leiden: davon finden wir besonders manche Zeugnisse in seinen Leidenspsalmen. Im Leiden wurde das Warten noch schwerer, da lief es durch Seufzen, durch Beten, durch Weinen hindurch. Er sagt Psalm 22: ich heule, aber meine Hilfe ist ferne. Ja sein Vater führte ihn noch tiefer in diese Lektion des Wartens hinein, als alle vorige Glaubige. Er sagt: mein Gott, des Tages rufe ich ꝛc. Eben so redet er auch in unserem Text: ich habe mich müde geschrieen ꝛc. Er wartete in seinem Tode, auf seinen Gott und nahm diese wartende Hoffnung mit ins Grab nach Pf. 16. Er wartete nach seiner Auferstehung, bis er zur Rechten seines Vaters erhöhet und mit der Klarheit verklärt wurde, die er bei Gott hatte, ehe der Welt Grund gelegt war. Ja er wartet noch jezt; denn der Vater hat ihm verheißen, alle Feinde zum Schemel seiner Füße zu legen; und diß ist noch nicht geschehen. Der Vater hat ihm verheißen, sein herrliches Leben noch vor Engeln, Menschen und aller Creatur zu offenbaren; diß ist noch verborgen. Der Vater hat ihm einen unzählbaren Samen unter den Menschen verheißen; der ist noch nicht eingesammelt. Also wartet er auch noch darauf. So ist der Lauf Jesu ein Warten und ebenso ist auch der Lauf eines jeden Gläubigen. Ein Gläubiger muß warten lernen, bis er aus so manchen Verunstaltungen der Sünde und der verdorbenen Natur herausgearbeitet ist. Als Nebukadnezar wegen seines Hochmuths in den thierischen Staub herabgesezt wurde, mußte er warten, bis sieben Zeiten vorbei waren. Und wie lang muß ein Mensch oft warten bis seine Thiers= zeit aus ist! Man muß warten lernen, bis Christus in uns eine Gestalt gewinnt. Man muß warten lernen, bis man von einem geistlichen Alter ins andere schreitet, vom Kinds=, ins Jünglings= und von diesem ins Vaters= Alter. Man muß warten lernen, bis man erlöst wird von diesem Leib der Sünde und des Todes. Man muß warten lernen, wenn man oft in allerlei Leiden und Dunkelheiten hineingeführt wird, wenn sich das bisherige Licht ganz zurückzieht, bis es wieder Tag wird. Und wenn man das Warten in diesem Leben durchgeübt hat, so macht man im andern Leben fort. Dort hat man auch noch zu warten: zu warten, wie uns der Herr über Lebendige und Todte von einer Station in die andere führt; zu warten, wie er alles in jener Welt zurüstet auf seinen Tag; zu warten, wie er als der große Töpfer unsern Leib zubereitet auf den Tag der Offenbarung; zu warten auf die Erscheinung seines Reichs; zu warten auf die Vollendung unserer Mitknechte. Es ist also diß Warten eine Lektion, an der wir nicht so bald ausge= lernt haben; deswegen wollen wir sehen,

II. was zu diesem Warten gehöre. Wenn man warten soll, so muß man wissen 1) was man er= warten soll, unser Warten muß einen Grund haben. Der Hauptgrund ist dieser, wenn ein Mensch einmal Gott wieder seinen Gott nennen kann (Text). Das blieb in dem Herzen Jesu unter allen Stürmen als ein un= beweglicher Fels stehen: Gott ist mein Gott. Diß muß auch der Grund vom ganzen Bau unserer Hoffnung sein. So lange ein Mensch noch von Gott entfernt ist, wenn noch kein Anfang zu einer Gemeinschaft mit Gott ge= macht ist, so kann man vom Warten noch nicht recht mit ihm sprechen: ein solcher wartet entweder gar nicht, oder sein Warten lauft zulezt auf ein Verzagen hinaus; oder wenn seine Zuversicht auf Gott nur etwas Eingebildetes ist, so ist sein Warten wie die Hoffnung eines Heuchlers, die Salomo mit einem faulen Zahn vergleicht. (Spr. 25, 19.) Fange also damit an, daß du wieder das Zeugnis in dir hast: Gott ist mein Gott. Dann darfst du glauben: er wird sich an mir als mein Gott erweisen, es gehe auch noch, durch was es wolle.

2) Wenn du das Warten lernen willst, so mache dich gefaßt, daß du dein unlittiges Herz auf mancherlei Weise werdest müssen kennen lernen. Wir können nichts weniger als warten; es gehört zu unserer Erbsünde von Adam her. Dieser hätte auch sollen warten, bis er zur höchsten Stufe der Gottähnlichkeit aufgestiegen wäre; aber er hats nicht lernen wollen und fiel darüber in Sünde; und nun ist der Zeiger an dieser Uhr des Wartens noch weiter hinausgesteckt worden; wir müssen unsere Ungeschicklichkeit im Warten nun auf mannigfaltige Weise kennen lernen. Es zeigen sich die zwei Abgründe unsres Herzens je und je, nemlich Troz und Verzagung. Wie unlittig sind wir oft schon in kleinen Uebungen des Wartens!

3) Wenn du das Warten lernen willst, so lerne es auch ganz. Denn das Warten hat vielerlei Lektionen, von denen man sagen kann: und ist auch eine Lektion wohl ausgerichtet, biß machts noch nicht. Lerne warten, erwarten und auswarten. Man kann das Warten eine Weile treiben, aber man verliegt doch noch daran. Hüte dich vor Sauls Geist, der hat lang auf Samuel gewartet und es hätte nur wenig Zeit gefehlt, aber er hat nicht ausgewartet und darüber hat er viel verloren. 4) Lerne warten, wenn dichs auch manchen Kampf kostet, wie Jesum, wenn du dich heiser schreien mußt. 5) Laß dir unter dem Warten die Zeiten Gottes mehr aufschließen, denn Gott hat alles in seine Zeiten eingeschlossen. Diese Zeiten sind uns anfänglich unbekannt, aber nach und nach lernt man sich auf die Uhr Gottes auch verstehen; auf die Uhr, die auf unsern eigenen Lauf geht; wie Jesus sie so genau wußte, wenn er sagte: die Stunde ist kommen 2c. Joh. 17, 1. Auf die große Uhr lerne merken, so wirst

du glauben: er weiß schon nach seinem Willen mein Verlangen zu erfüllen, es hat alles seine Zeit; ich hab ihm nichts vorzuschreiben; wie Gott will, so muß es bleiben, wann Gott will, bin ich bereit. Amen.

## 52. Leichen-Predigt.
Text: Röm. 8, 16. (7. Nov. 1787.)

Ihr kommet von einem Grabe zurück, in welches viel Elend, Trübsal und Seufzen mit begraben worden ist; von dem Grabe einer Person, von der wir hoffen: ihr Jammer, Trübsal und Elend ist kommen zu einem seligen End; von einem Grabe, wobei wir den Herrn anbeten können als den, der von allem Uebel erlösen kann, besonders aber auch als den, dem alles dienen muß, wenn er ein armes Menschenkind zu sich ziehen, wenn er ein verirrtes Schaf zu seiner Heerde bringen will. Es gefiel ihm, unsre l. Verstorbene auf ein langes und beschwerliches Krankenbett hinzulegen; aber eben diß sollte das Mittel sein, dem durch den vorigen jugendlichen Leichtsinn unterdrückten Geistesfunken aufzuhelfen und den Meister ihrer Jugend aufzusuchen. Deswegen wirkte er bald zu Anfang ihrer Krankheit ein Verlangen in ihr, ihrer Seligkeit gewiß zu werden und sie mußte eben dieses Verlangen durch manche Verurtheilungen ihres Herzens durch manches Ja und Nein, durch manche Abwechslungen von Vernunft und Glauben durchbehaupten, bis sie sich der freien Gnade Gottes überlassen und in das ewige Erbarmen Gottes einsenken lernte. L. Z. dieses Werk der Gnade an unserer Verstorbenen soll uns allen eine Aufforderung sein, diß zu unsrer vornehmsten Sorge zu machen, daß wir haben mögen eine gewisse Hoffnung des ewigen Lebens, daß wir Zeugnis haben mögen, wir seien Kinder Gottes. An dem ist doch einem Christen alles gelegen, diß ist das Zeugnis, das des Todes Macht zerbricht und die Hölle selbst macht stille.

Von dem einem Christen unentbehrlichen Zeugnis der Kindschaft.

Es ist etwas Großes, wenn ein armes, in viel

Sündenelend versunkenes Menschenkind wieder sagen darf: ich bin ein Kind Gottes; denn in diesem Zeugnis ist die ganze Christenhoffnung zusammengefaßt, wie Paulus sagt: sind wir nun Kinder, so sind wir auch Erben ꝛc. Aber dieses Zeugnis ist etwas, das man nicht auf der Gasse findet, das man nicht als einen Raub an sich reißen kann, da man beten lernt: komm, o komm du Geist des Lebens, so wird Kraft und Licht und Schein in dein finstern Herzen sein. Ehe ich aber davon rede, wie man zu diesem Zeugnis der Kindschaft Gottes gelange, so will ich vorher von den Ab= und Umwegen reden, die der Mensch bei dieser wichtigen Sache macht. Man verirrt sich da gemeiniglich auf zweierlei Weise. Der erste Abweg ist der Unglaube; denn wenn der Mensch auf seine innersten Grundgedanken zurückgehen will, so wird er eingestehen müssen, daß er es für eine unmögliche Sache halte, dieses Zeugnis bekommen zu können. Diese ungläubigen Gedanken des Menschen offenbaren sich vornehmlich bei seinem Haß gegen die wahren Kinder Gottes. Denn wenn er einen Menschen sieht, der diß Zeugnis wieder in sich hat und es auch gegen die Welt behauptet, so regt sich gleich etwas Widriges dagegen in ihm, so zeigt sich gleich sein feindseliger und spöttischer Geist. Wenn Weish. 2. die Gottlosen nach ihrem feindseligen Sinn gegen die Gläubigen beschrieben werden, so kommt, diß auch als eine ihrer ersten Beschwerden vor: er gibt vor, daß er Gott kenne und rühmt sich Gottes Kind. Damit zeigt ja der natürliche Mensch, daß er diß Zeugnis von der Kindschaft Gottes für etwas Unmögliches halte. Eben so sind die Feinde mit Jesu selber umgegangen: sie haben ihm das innere Zeugnis seiner Sohnschaft noch bis in die lezten Augenblicke seines Lebens hinein angegriffen, da sie ihm den spöttischen Vorwurf gemacht: er hat gesagt, er sei Gottes Sohn. Diß ist der eine Abweg. Der andere Abweg ist gerade das Gegentheil, nemlich, daß der Mensch sich selber die falsche Einbildung macht, er sei Gottes Kind und mit pharisäischem Sinn sich in alle Rechte der Kindschaft hineinsezt, während er doch den geringsten Grund nicht dazu hat. Sehet, so wankt unser Herz in dieser wichtigen Sache herüber und hinüber. Es ist also nicht überflüssig, wenn man fragt,

1. wie man zu dem Zeugnis der Kindschaft gelange. Gott hat freilich vielerlei Wege, wie er uns hiezu bringt; indessen haben diese verschiedenen Wege doch etwas Gemeinsames. Wie gelangt man also dazu?

Das erste ist, daß wir einsehen, wir haben unser Kindesrecht verloren, wir haben uns durch unsere eigene Schuld darum gebracht. Wir haben uns nemlich darum gebracht, wie der verlorene Sohn. Dem wars nimmer anständig, unter der genauen Aufsicht seines Vaters zu leben und seinen Willen dem väterlichen Willen zu unterwerfen; deswegen ging er davon und gab sein Kindsrecht auf. So bringt sich der Mensch selber um sein Kindsrecht, weil er lieber nach seinem Willen, als nach Gottes Willen leben will. Diß müssen wir zuerst erkennen lernen, diß ist der erste Schritt, auf dem wir zu diesem Zeugnis gelangen. Weil aber diß einem nicht sogleich einfällt, weil man sich ungerne selbst beschuldigt und anklagt, so geht Gott uns entgegen und läßt uns in allerlei Leiden hineinkommen und da lernen wir erst erkennen, wo wir daran sind.

Das zweite ist, daß wir uns dieser Kindschaft unwürdig achten, wie der verlorene Sohn. Da wird uns anfänglich die Sache weit hinweggestellt, da geht die Hoffnung nahe zusammen, aber doch bleibt der Trieb in uns bewahrt, wieder zum Vater zu gehen.

Das dritte ist, daß wir bekennen, wie wir uns der väterlichen Liebe unwürdig gemacht und also mit all unsrem Elend vor ihm niederwerfen, bis wir wieder zur Gnade gelangen. So gelangt man nach dem Gleichnis von dem verlorenen Sohn zu diesem Zeugnis. Wir wollen aber auch sehen, wie man nach dem ganzen Zusammenhang des Briefs an die Römer dazu gelange. Das geht so zu: man stellt sich nach C. 1. unter die Offenbarung des Zorns Gottes vom Himmel und erkennt, wie man eigentlich unter diesem stehe und wie man unter den ganzen elenden Menschenhaufen hineingehöre, der bekennen muß: wir mangeln alle des Ruhms, den wir vor Gott haben sollen. Man läßt sich aber auch nach E. 5. in die Gnade Gottes, die sich über alle Menschen ausgebreitet, hineinstellen; da fangt wieder die Hoffnung an zu grünen. Aber man hats doch noch nicht so in der Hand. Man erfährt nach dem 7. E. wie man mit seinem alten Menschen immer noch zu kämpfen hat und wie einem bei den Ueberbleibseln der Sünde immer wieder neue Zweifel kommen wollen. Da hat man sich durch manches Seufzen durchzuarbeiten. Wenn man aber da die gehörige Treue beweist, so wird einem dieses Zeugnis nach dem 8. E. noch näher und endlich wird es einem durch den inwohnenden Geist Gottes versiegelt: du bist ein Kind Gottes. Wir hätten uns also vornehmlich folgendes zu merken.

a. Es läßt sich diß Zeugnis nicht so übereilen, wie du meinst, sondern du mußt darauf warten lernen. b. Es geht zuerst durch einen gewissen allgemeinen Glauben, da du dich an das ganze große Heil Gottes anschließest. c. Wenn du schon einen Anfang von diesem Zeugnis hast, so hast du es immer aufs neue durchzubehaupten durch den Anblick so vieles Elends, das noch an dir ist. d. Endlich geht dir dieses Zeugnis als etwas Bleibendes auf durch den Geist; aber doch so, daß du es nicht in deiner eigenen Gewalt hast, doch wird es dir nie fehlen, so oft du es brauchst und du wirst finden

II. was es dir nuzt durch deinen ganzen Lauf. Es nuzt dir 1) zu einem Wandel nach dem Geist, daß du dich von dem Geist Gottes treiben lässest. 2) Es nuzt dir in deinem Gebet, daß du Gott als deinen Vater anrufen kannst und so mancherlei Furcht beslegen lernst. 3) Es nuzt dir zur Geduld im Leiden, daß dich diß nicht irre macht, sondern deine Hoffnung belebt. 4) Es gibt dir Blicke in den ganzen Vorsaz Gottes. 5) Es macht dich fest und gewis.

## 53. Leichen-Predigt.

Text: 1 Tim. 1, 16. (17. Mai 1788.)

Wartet auf die Barmherzigkeit unseres Herrn Jesu Christi zum ewigen Leben (Jud. 21). Diß ist eine von den vier Erinnerungen des Judas, welche die Pflichten eines Gläubigen gegen sich selbst enthalten. Er begehrt von ihnen, a. sie sollen sich auf ihren allerheiligsten Glauben erbauen, es also nicht nur beim ersten Grund und Anfang bewenden lassen, sondern auch ein ganzes Gebäude aufführen. b. Empfiehlt er ihnen zu beten im h. Geist, weil das rechte Gebet eine so gute Förderung im Christenlauf ist. c. Schreibt er ihnen, sie sollen sich in der Liebe Gottes bewahren, daß sie nimmer aus derselben entfallen und endlich d. sie sollen auf die Barmherzigkeit des Herrn Jesu Christi warten ꝛc. Aus dieser Ordnung erhellt auch zugleich, wie man dieses Warten zu üben habe. Man wartet nemlich nicht nur für die lange Weile, nicht ohne Grund, nicht aufs Ungewisse, sondern man weiß, was man wartet, wie und warum man wartet. Man wartet als ein solcher, der einmal einen festen Grund des Glaubens gelegt hat, man wartet und unterhält diesen Geist des Wartens durch anhaltendes Gebet, man wartet und sucht eben deswegen in die Liebe Gottes immer fester eingeschlossen zu sein, man wartet und dringt mit diesem Geist des Wartens bis ins ewige Leben hinein. Wenn wir hiemit unsern Text vergleichen, so ist der nächste Schluß dieser: der ganze Lauf eines Menschen, der selig wird, geht also durch Barmherzigkeit. Die Barmherzigkeit Gottes über uns macht den Anfang und den Beschluß. Um so mehr bleibt sie das Ziel, dem wir alle entgegenlaufen sollen. Was nutzt einen alles Erdenglück, aller Reichthum, alle Güter dieses Lebens, alle Ehre dieser Zeit, wenn man nicht sagen kann; mir ist Barmherzigkeit wiederfahren? Und wiederum, was schadets, wenn es einem auch in der Welt oft kümmerlich geht, wenn man die Mühseligkeit dieser Erde auf mancherlei Weise erfahren muß, wenn man nur weiß: mir ist Barmherzigkeit wiederfahren?

Das selige Zeugnis eines Gläubigen: mir ist Barmherzigkeit wiederfahren.

I. Wie gelangt man dazu? Die Barmherzigkeit Gottes hat einen erstaunlich großen Umfang; denn sie geht nicht nur über alle Menschen ohne Unterschied, Gute und Böse, über Gerechte und Ungerechte, sondern sie breitet sich auch über alle Geschöpfe aus. David sagt Pf. 146: der Herr ist allen gnädig und erbarmt sich aller seiner Werke. So weit sich das Elend erstreckt, so weit erstreckt sich auch das Erbarmen Gottes, es thut ihm wehe, so viel elende Creaturen zu sehen; er kann sie nicht ansehen, ohne daß sich zugleich sein mitleidiges Herz bewegte. Mit einem solchen Erbarmen hat er auch zum voraus in den Fall des Menschen hineingesehen und nach seiner Barmherzigkeit gleich ein Mittel ausgedacht, ihm wieder zu helfen. Da jammert Gott von Ewigkeit mein Elend ohne maßen, er dacht an sein Barmherzigkeit und wollt mir helfen lassen 2c. Diese Barmherzigkeit Gottes macht es, daß wir bei so viel innerem und äußerem Elend doch noch fortkommen können; denn wenn schon der Taufendste nicht daran denkt, so hat er doch dieses Erbarmen Gottes zu genießen. Denn ohne dieses Erbarmen Gottes wär's nicht zu ertragen, man müßte erliegen und verschmachten; das mannigfaltige Elend dieser Erde wäre schon unsre Hölle. Weil also unter alles Leiden dieser Zeit ein Tropfen Barmherzigkeit hineingemengt ist, so ist's immer erträglich, so ist's nicht halb so schwer. Ist nun die Barmherzigkeit Gottes so allgemein, so möchte man denken: also ist's überflüssig, wenn man einem noch die Frage vorlegt: wie gelangt man dazu? denn was ich schon habe, das darf ich nimmer suchen. Wie ist es also mit dieser Frage gemeint? Paulus stand ja vorher schon unter der Barmherzigkeit Gottes, wie konnte er denn erst von seiner Bekehrung an sagen: mir ist Barmherzigkeit wiederfahren? Es hebt eines das andere nicht auf. Es bleibt dabei: ein jeder genießt die Barmherzigkeit Gottes, auch wenn er noch auf seinen Sündengassen fortläuft; aber er genießt sie noch nicht so, wie sie Gott ihm gerne gönnte; der arme Mensch kann noch nicht den rechten Gebrauch davon machen. Hingegen wenn er einmal mit Ernst an seine Bekehrung geht, alsdann heißt es: jezt kann die Barmherzigkeit Gottes erst alles an mir thun, was sie gern möchte; jezt kann sich erst das Erbarmen Gottes an mir recht offenbaren. Die Absicht unsrer Frage ist also diese: wie mache ich, daß ich zum ganzen Genuß der Barmherzigkeit komme? bisher habe ich sie nur tropfenweise nehmen können, aber es soll bei mir zu einem solchen Stand kommen, da man nichts als Erbarmung spürt, wo eine Gnadenfluth die andere rührt. Dazu gelangt man, wie Paulus, nemlich durch eine ganze Bekehrung, die uns zu andern Menschen macht. Er war vorher ein Verfolger, ein Lästerer, ein Schmäher, aber es ist ihm Barmherzigkeit widerfahren. Wenn es bei einem Menschen nicht auch heißt: nun sei einmal das Ziel gesteckt, den frechen Missethaten ꝛc. So kommt er nicht zur Barmherzigkeit. Man kommt dazu, wie der verlorene Sohn, nemlich daß man sich aufmacht und zum Vater geht. Es geht nicht so, wie der größte Theil der Menschen meint, der sich immer zum voraus tröstet, bis aufs Todtenbett hinaus tröstet, Gott werde uns schon noch annehmen: er sei ja barmherzig. Wenn man sich mit der Barmherzigkeit Gottes tröstet und doch noch bei seinen Schweinen bleibt und doch noch immer die Treber mit ihnen ißt, so ist das ein falscher Trost. Aufmachen muß man sich und zum Vater gehen. Aber diß Aufmachen, wirst du sagen, das kommt einen schwer an, darüber besinnt man sich lang. Du hast recht, aber da kommt einem die Barmherzigkeit Gottes entgegen; doch muß man auch etwas dabei thun. Der Mensch muß sich ansehen als einen, der in eine tiefe Grube gefallen, wo ihm alle Hoffnung, heranzukommen, abgeschnitten ist. Gott aber bietet dem Menschen die Hand, doch so, daß er sich auch darnach ausstrecken soll. Alsdann faßt Gott gleich unsre Hand und zieht uns mächtig heraus. Diß will der Mensch lang nicht verstehen, er will sich gar nicht regen, nicht die geringste Hilfe geben; darum kommt er auch nicht zur ganzen Hilfe. Strecke doch also deine Hand nach Gott aus, so wirst du bald etwas Großes spüren! Wenn wir unsre Hand in die Hand Gottes einschlagen fangt schon das süße Wort an: mir ist Barmherzigkeit wiederfahren. Und von da an steht man in ununterbrochenem Genuß der Barmherzigkeit.

II. **Wie hat man sie zu genießen?** 1) Sie macht einen so wichtigen Abschnitt und Veränderung in unsern Lebenslauf hinein, daß man weiß: da hats aufgehört, von da an ists ein anderes mit mir worden. Vorher gings immer in der Irre mit mir herum, lief ich, so wars zum Gerichte; aber nun suche ich den Weg zum Leben ꝛc. Das hat es auf sich, wenn man sagen kann: mir ist Barmherzigkeit wiederfahren. 2) Man lernt Gott für seine Langmuth danken. Wie viel thut Gott an einem Menschen in seinem unbekehrten Zustand! aber der Mensch merkt nicht darauf. Hingegen wenn er zum Licht kommt, so wirds ihm erst aufgeschlossen. Es geht da, wie mit einem ungerathenen Sohn: so lang er in seinem Ungehorsam fortlauft, ist ihm alle Liebe und Gedult des Vaters kein Dank, er macht eine Schuldigkeit daraus; aber wenn er sich faßt, fällts ihm erst ein und wird ihm zu einem beugenden Dank. So kommt man zur Erkenntnis der Barmherzigkeit Gottes.

3) Man wandelt bei seinem neuen Lauf in dieser Erbarmung Gottes fort, denn nun ist man auf dem Wege, wo Gott mit seinem ganzen Erbarmen ankommen kann, wo das Wort gilt: wessen ich mich erbarme, des will ich mich weiterhin erbarmen. 4) Man genießt es auf dem Todtenbette; da thuts wohl, wenn man mit Zuversicht beten kann: hilf, daß ich den Tod nicht fürchte. 5) Man genießts in jenem Leben und wartet auf die weitere Offenbarung der Barmherzigkeit auch in jener Welt; auch daß man am Tage des Gerichts sagen kann: mir ist Barmherzigkeit wiederfahren.

## 54. Leichen-Predigt.

Text: Röm. 14, 9. (12. Aug. 1788.)

Es ist ein bekanntes Wort, welches man Sterbenden gewöhnlich noch in den lezten Augenblicken zuruft: Herr Jesu dir leb ich, dir leid ich, dir sterb ich; dein bin ich todt und lebendig, mach mich, o Jesu, ewig selig. Mit diesen Worten schließt auch unser Confirmationsbuch und so stimmt der Anfang und das Ende desselben lieblich zusammen; denn wenn es einem sein ganzes Leben hindurch darum zu thun gewesen, eine gewisse Hoffnung des ewigen Lebens zu haben, so kann man auch in seiner Todesstunde dieses Wort fröhlich und getrost sprechen, oder sich vorsprechen lassen. Denn es liegt darin ein ganzes Bekenntnis zu Jesu und eine ganze Uebergabe an ihn. In gewisser Art gilt dieses Wort allen Sterbenden; denn alle stehen unter der Gewalt des Herrn Jesu, als des Richters über Lebendige und Todte. Ihm stirbt ein jeder, d. i. er kommt mit seinem Tod nicht aus der Macht Jesu hinaus, sondern er wird im Tod noch mehr erfahren, wie weit sich die Herrschaft Jesu über alles erstrecke, wie alle Seelen sein seien, die Seele des Gläubigen, wie des Ungläubigen, des Gerechten wie des Ungerechten. In so fern muß ein jeder sagen: Herr Jesu dir sterb ich, ich kann dir auch im Tod deine Macht nicht absprechen. Deswegen steht in unserem Confirmationsbuch der Zusaz: daß ich in meiner Todesstunde fröhlich und getrost sprechen möge, d. i. es freut mich, daß Jesus mein Herr ist, daß kein innerer Zweifel da ist: wird dich wohl der Herr auch als sein Eigenthum erkennen und annehmen, ist dirs auch in deinem Leben darum zu thun gewesen, daß du ihm angehörest? Wenn diß seine Richtigkeit hat, so ist dieses Wort zugleich ein liebliches Bekenntnis womit ein Sterbender den Seinigen sagen will: seid ruhig über mein Abscheiden; wisset, daß ich zu meinem Herrn gehe, dem ich mich schon lang auf Leben und Sterben übergeben habe, der mich als der getreue Hirte durchs finstere Todes-Thal hindurchführen, mit seinem Stecken und Stab trösten und die Wege des Lebens mir kund thun wird. Um dieses innere Zeugnis muß es uns desto mehr zu thun sein, da wir nicht wissen die Stunde, wann der Herr kommen wird.

**Die Herrschaft Jesu über Lebendige und Todte.**

I. Was der Grund dieser Herrschaft sei. Jesus ist Herr über Todte und Lebendige. Diß schreibt Paulus den glaubigen Römern zum Trost; er will mit diesen Worten Frieden und Eintracht unter ihnen stiften und allerlei lieblosen Urtheilen zuvorkommen. Denn es waren zweierlei Leute unter ihnen: es gab Schwache und Starke. Die Starken hatten eine innere Freiheit, manches Zuthun, was die Schwachen nicht konnten; deswegen wollten sich die Starken über die Schwachen etwas herausnehmen und hielten sich als solche, die weiter gekommen, für besser. Darum sagt ihnen Paulus, sie sollen sich nicht nach der Stärke oder Schwäche im geistlichen Leben messen, sondern einander als ein Eigenthum des Herrn ansehen; sie sollen denken: ein Herr, ein Geist, ein Glaube, eine Taufe ꝛc. Sie sollen wissen, daß einer wie der andere dem Herrn angehöre und zwar im Leben wie im Tod; alsdann werde alles Urtheilen über einander aufhören. Er zeigt ihnen also, wie nöthig sie haben, immer daran zu denken: Jesus ist Herr über Todte und Lebendige und gibt ihnen den Grund dieser Herrschaft an, nemlich Jesus ist Herr, weil er selber gestorben und auferstanden ist. Seine Herrschaft hat also einen doppelten Grund a) in seinem Tode. Er ist gestorben nicht für sich, sondern für uns, uns zu gut. Er ist gestorben, daß er dem Satan, der des Todes Gewalt hatte, seinen Raub nehme und ihm seine Gefangenen losmache. Er ist gestorben, daß er dem Tode die Macht nehme, der von Adam an über alle Menschen geherrscht hatte. Er hat damit das Recht erworben, daß alles, was stirbt, sein ist, besonders aber diejenigen, die sich im Glauben seines Todes trösten können. Er ist gestorben und hat das Bitterste des Todes schmecken wollen. Was ist aber das Bitterste am Tode? diß, daß wir da unsre ganze natürliche Entfernung von dem Leben, das aus Gott ist, erfahren müssen; deswegen hat er am Kreuz auch noch die tiefe Verlassung durchgemacht. Und weil er diß geschmeckt hat, so ist er nun Herr auch über die Todten. Er ist gestorben und hat mit der Uebergabe seines Geistes auch alle Seelen in die Hände seines Vaters empfohlen. Alle diese Seelen nun, die er seinem Vater überliefert hat, hat sein Vater ihm wieder gegeben, da er ihn zum Herrn über die Todten gemacht. Wers von Herzen glaubt, der darf es sich nun zueignen. Er ist gestorben im Glauben an seinen Vater (Ps. 16), er wußte, daß er nach Seele und Leib einen festen Halt an seinem Vater hatte und durch diesen Glauben ist er nun ein Herzog der Seligkeit für seine entschlafenen Gläubigen, sie gehören ihm an. Er ist auch dieses Wegs, durch den er zur Herrschaft über die Todten gekommen, noch auf dem Thron eingedenk, Off. 1, 18. 2, 8: ich ward todt 2c.

Der zweite Grund seiner Herrschaft ist sein Leben, denn er ist auch deswegen auferstanden, daß er der Herr sei. Er hat durch seine Auferstehung allen, die an ihn glauben, das Recht zum Leben erworben und was er noch vor seinem Tode zu seinen Jüngern gesagt: ich lebe und ihr sollt auch leben, das gilt allen Gläubigen. Alle in ihm gestorbene Todte leben ihm auch. Er ist auferstanden, daß er sein unverwesliches Leben in seine Gläubigen überleite. Denn jezt ist noch ihr Leben verborgen mit ihm in Gott, aber es wird offenbar werden. Deswegen ist er der Erstgeborene aus den Todten, damit er seinen Brüdern den Weg bahne ins Leben. Diß sind zwei unumstößliche Gründe seiner Herrschaft. So gewis er gestorben ist (diß bleibt aber in alle Ewigkeit unvergessen, denn er wird ja im Himmel immer und von allen angebetet als das Lamm, das sich hat schlachten lassen), und so gewis er auf dem Thron der Herrlichkeit sizt, als der durch das Blut des ewigen Testaments ausgeführte Hirte der Schafe, so gewis ist er Herr über Todte und Lebendige. Diß gibt Trost.

II. Wie getrösten wir uns seiner Herrschaft? Wer diese Wahrheit im Leben glauben lernt, wer sich im Tode daran halten kann, der kann auch sagen: ich weiß, an wen ich glaube. Es möchte nach dem Tode aussehen, wie es wollte, wenn einer nur diese Wahrheit mit in die Ewigkeit hinüberbrächte: Jesus ist Herr über die Todten ꝛc., so dürfte er sichs nicht bange sein lassen. Es werden sichs in jener Welt manche wünschen: ach wenn ichs nur glauben könnte und dürfte! es wird solche geben, denen es viele Jahre nicht einfällt. Wir wollen also mit dieser Wahrheit hier recht bekannt werden und uns derselben trösten lernen, daß wir jezt schon sagen können: ich bin des Herrn; auf meinen Jesum will ich sterben. Jesus ist Herr über mich schon in diesem Leben, ich will nur nach seinem Willen leben, nicht mir, nicht der Welt, sondern ihm und was ich ihm zu Ehren thun und leiden kann. Er ist Herr über mich, über meine Lebenszeit, so lange ich hier wallen soll. Ich will nicht bälder und nicht später sterben, als er will. Er ist mein Herr auch im Tode. Ihm will ich heimfallen. Ich mag jezt in meinem inneren Leben schwach oder stark sein, ich gehöre ihm an. Er ist der Herr auch über ein glimmendes Docht. Er ist mein Herr, wenn ich auch unter den Todten bin, wenn ich nur unter seinen Todten bin, von denen es heißt: aber deine Todten werden leben. Er wird mir auch einen Plaz in jenen Wohnungen anweisen, mir zeigen, daß er die Liebe ist, die für meine Seele bitt und mich kräftig vertritt. Er wird meinen Geist auch in jener Welt immer weiter zum Anblick meines Erbes erwachen lassen. Ja er wird mich auch als mein Herr in Ansehung meines Leibs erkennen und wenn ich dem Leib nach unter der Erde ausgeschlafen habe, auferwecken. Wenns also einmal angefangen hat, so gehts fort bis auf jenen Tag. Liebe die mich wird erwecken ꝛc.

## 55. Leichen-Predigt.

Text: Phil. 1, 6. (6. Okt. 1788.)

Herr, du machst dein Werk lebendig mitten in den Jahren und lässest es kommen mitten in den Jahren. Diß sind Worte des Propheten Habak. C. 3, 1. Er bekam da von dem Geist Gottes einen Blick in die Ferne, einen Blick in ein großes wichtiges Werk Gottes, in ein Werk Gottes, das zwar damals noch ruhte in dem Herzen Gottes, das damals noch ein Vorsaz war, der erst weiterhin sollte ausgeführt werden; aber er freute sich sowohl über den Plan dieses göttlichen Werks, als auch über die Versicherung, die er in seinem Herzen bekam, daß dieses Werk werde ausgeführt oder wie er sich ausdrückt, lebendig gemacht und kund gemacht werden und daß sich Gott an Ausführung desselben nicht werde hindern oder aufhalten lassen, wenn es auch noch so viel Widerstände und Hindernisse geben sollte. Ja es wurde dem Propheten zugleich auch die Zeit geoffenbart, wann der Herr dieses Werk werde lebendig und kund machen, nemlich mitten in den Jahren der Welt. Was ist nun wohl dieses für ein Werk Gottes? Gott hat, seit dem die Welt steht, schon so viele große Werke gethan. Sein erstes großes Werk ist die Schöpfung der Welt, ein anderes war die Verderbung der Erde durch die Sündfluth, ein drittes die Ausführung Israels aus Egypten. Und so könnten wir noch mehrere Werke Gottes anführen. Aber alle diese sind nicht gemeint. Der Prophet redet nur von einem einzigen Werk Gottes und diß ist ihm so groß, daß er alle andern in diß eine zusammenfaßt, daß seine Freude und das Verlangen seines Geistes allein auf dieses Werk geht. Was ist also dieses für ein Werk? Soll ichs sagen? Wenn ich es sage, so werden die meisten denken: das wissen wir schon lang, das ist uns von Kindheit an bekannt. Es ist das Werk, das Gott durch die Erlösung Jesu Christi ausgeführt hat, es ist das Werk, von dem der Sohn Gottes am Ende seines Laufs zu seinem Vater sagte: ich habe vollendet das Werk, das du mir gegeben haft, daß ichs thun sollte Joh. 17.; es ist das Werk, das mitten in den Jahren der Welt ist ausgeführt worden. Mit diesem Werk ist der lange Prozeß, den das menschliche Geschlecht etliche Jahrtausende mit dem Tod und Teufel und mit vielen andern Feinden hatte, ausgemacht und zu unsrem ewigem Heil gewonnen worden. Von da an ist dieses Werk lebendig und hat schon an viel tausend Seelen Wunderdinge gewirkt, wenn schon auch manche tausend noch in der Welt und besonders in der Christenheit sind, von denen man sagen muß: Herr, wer glaubt unsrer Predigt 2c.? Von diesem großen Werk, hängt alles das gute Werk ab, das indessen in so viel tausend Gläubigen angefangen und gewirkt worden und ist wie ein großer Strom, der seine Ausflüsse in jedes fähige Herz ergießen möchte. So hängen unsre Textworte mit den Eingangsworten lieblich zusammen. Warum sind wir auf der Welt? Antwort: daß wir etwas von diesem großen Werk vernehmen und daß sich dasselbe auch an unsern Herzen beweise.

**Der Ernst Gottes, in jeder Seele sein Werk lebendig zu machen.**

I. Laß dirs angelegen sein, hier schon einen Anfang dieses Werks in dir zu haben. Es kommt bei einem Menschen alles darauf an, ob etwas von diesem guten Werk in ihm ist. Diß ist das einzige und feste Erbe, das man aus der Welt mit sich hinausnimmt. Wenn man vor den Thoren der Ewigkeit steht, kann mans spüren, ob etwas von diesem Werk in der Seele ist, oder nicht. Noch mehr wird man es empfinden beim wirklichen Eingang in jene Welt. Die Engel, die Einen hinüberführen sollen, werdens an Einem merken; alle Gesellschaften der Seligen werden jeden neuen Ankömmling nach diesem Blick prüfen, ob er etwas oder nichts, ob er viel oder wenig von diesem guten Werk in sich habe. Da gelten alle unbesonnenen Urtheile der Menschen, die bald zu viel, bald zu wenig aus Einem machen, nichts mehr. Wems also darum zu thun ist, in jener Welt mit Ehren zu bestehen, der muß hier schon einen Anfang von diesem guten Werk in sich haben.

Was ist aber diß gute Werk? Es ist da nicht die Rede von unsern Werken, sondern von einem einzigen Werk und zwar von einem Werk des Herrn selbst und diß ist das Werk seiner Gnade, das neue Leben in der Seele, wenn man sagen kann: so lebe nun nicht ich, sondern Christus lebt in mir. Wenn diß Leben in der Seele ist, so ist ein gutes Werk in uns. Ein solches Werk war in den glaubigen Philippern und das hat den Paulus so gefreut, daß er Gott darüber dankte, so oft er an sie dachte.

Wie wird aber der Grund zu diesem Werk in uns gelegt? Antwort: eben so wie bei den Philippern, nemlich durch die Gemeinschaft am Evangelium. Sie hörten den Paulus von dem großen Werk Gottes predigen, sie hörten, was die Liebesabsichten Gottes mit den Menschen seien und an diesem bekamen sie eine Freude, darüber haben sie nachgedacht, daran haben sie auch einen Antheil gewünscht; da hat denn der Herr dieses gute Werk in ihnen angefangen. Wenn du also deine Gleichgiltigkeit gegen das Evangelium ablegst, wenn du einsiehst: ich muß Gott in Christo kennen lernen, wenn du statt deines Flickens am Christenthum auch einmal ins Ganze hineingehst, so fangt diß gute Werk in dir an und um diß soll es dir zu thun sein. Und wie dann, wirst du fragen?
a. Erkenne, wie von Natur noch nichts von einem guten Werk in dir ist. Entweder sind noch Teufelswerke in dir, oder Werke des Fleisches, wie sie von den Aposteln in ihren Briefen nach der Reihe her erzählt werden, oder Gleißnerswerke, die Gott hoch verdammt. Wenn du diß einmal einsiehst im Licht Gottes, so wirst du sehen, daß ein anderes Werk in dir muß aufgerichtet werden. b. Erkenne, wie lang dir Gott schon nachgeht, ein gutes Werk in dir aufzurichten, wie viele gute Bewegungen, wie manche Ermüdungen am Dienst der Eitelkeit, wie manche heimliche Ahnungen, wie am Ende eine Frucht herauskommen werde, deren du dich schämen müßest, wie manche gute Vorsäze! c. Mache aber aus diesen noch nicht das gute Werk selbst. Sie sind nur eine Aufforderung dazu; noch weniger siehe das für das gute Werk an, wenn du von

Zeit zu Zeit wieder ausflickst. d. Schiebe den Anfang des guten Werks in dir nicht so weit hinaus, denn je bälder du anfangst, desto besser und je mehr in dieser Welt daran ausgemacht wird, desto besser. Wie weit haben es die Philipper darin gebracht! e. Wenn dir aber Gott bei allem Aufschieben am Ende deines Laufs noch so freundlich begegnet, so eile und greife mit beiden Händen zu.

II. Ueberlaß dich mit diesem Werk deinem Herrn bis zu deiner Vollendung. Es ist Gnade, wenn man so aus dieser Welt hinauskommt, daß dieses gute Werk in Einem angefangen ist. O was gibt es für verschiedene Menschen! Einige gehen hinaus aus dieser Welt, denen man muß nachsehen, wie einem, den man in den Kerker führt, wo er nicht herausgelassen wird, bis er den lezten Heller bezahlt. Einige gehen aus der Welt und ihre bösen Werke folgen ihnen nach, ihre Ungerechtigkeit, Unreinigkeit, Empörungen wieder Gott und sie bleiben darin bis auf den Tag des Gerichts. Einige gehen hinüber und wissen nicht wo es hingeht, obs heller oder dunkler werden wird. Einige gehen hinüber und haben kaum noch einsehen gelernt, daß noch nichts von diesem guten Werk in ihnen ist und beseufzen es jezt mit Schmerzen. Einige gehen hinüber, haben aber noch einen schwachen Anfang, sind zwar froh, daß sie angefangen, aber werden wünschen, daß sie es weiter gebracht hätten. Einige haben schon einen schönen Anfang gemacht, kommen aber hinüber als solche, die im Geist angefangen, aber im Fleisch vollendet haben. Wie wichtig ist also dieser Schritt und wie nöthig ist Jesus auch in jener Welt! Deswegen heißt er auch Herr über die Todten. Was ist nun sein Geschäft an diesen? das Werk Gottes fortzuführen. Und wie lieblich wird diß fortgehen bei denen, die ihm getreu gewesen! Da wirds von einem Licht und Kraft zur andern gehen. Er wird der Fürsprecher sein, er wird dafür sorgen, wie er einen jeden ausrüste auf seinen Tag, wie er ihn noch zu der großen Versammlung der Heiligen tüchtig mache. Meister, laß dein Werk nicht liegen 2c.

## 56. Leichen-Predigt.

Text: Pf. 73, 22—24. (3. Nov. 1788.)

Wir kommen von dem Grab einer l. Mitschwester her, die schon lang als eine Gefangene auf Hoffnung da lag, in deren Innerstem der Seufzer oft aufgestiegen sein mag: ich elender Mensch, wer wird mich erlösen von dem Leibe dieses Todes. Und nun hat ihr der Herr auf ihr Klaglied in Gnaden geantwortet und hat sie die Erstlinge der Freiheit vom Leibe dieses Todes genießen lassen. Und so hört sie endlich auf zu weinen, endlich bricht der Thränenkrug, endlich spricht der Tod genug. So schmerzlich also in Ansehung der Liebe ihr Abschied sein mag, so bleibt es doch auch eine Pflicht der Liebe, ihr diesen Eingang ins Geraume zu gönnen. Weil es aber dem Herrn gefallen, sie durch einen uns räthselhaften und verborgenen Weg ihrer Erlösung entgegenzuführen, so sind wirs auch der Ehrerbietung gegen die Führung Gottes mit den Seinigen schuldig, ihren Weg mit dem Wort Gottes zu vergleichen und den Herrn zu bitten, daß er uns offene Augen nicht nur in die Führung anderer, sondern auch in unsere eigene schenken möge. Es ist mir bei den Besuchen, die ich bei der Verstorbenen gemacht, das Wort oft nahe gewesen: ich aber muß wie ein Narr sein 2c. Sie brachte die meiste Zeit ihrer Krankheit ohne vieles Bewußtsein zu. Sie lag da als eine, die nichts wissen mußte und die ihren Weg nicht kannte. Da aber der Herr schon in gesunden Tagen sein Werk in ihr angefangen, so hat ers gewis auch in diesem Zustand nicht bei ihr liegen lassen; wenn sie auch, nach dem Ausdruck Assaphs, wie ein Thier sein sollte, so war sie es doch vor ihm und bei ihm; und es blieb in dem Geist eine Stätte übrig, die Gott unter allem Leid ihm zum Siz bereitete.

L. Z. wie ist es so was Großes, so was Anbetungswürdiges um die Führung Gottes mit den Seinigen! Was ist es Wunder, wenn die ganze Welt sich oft an dem Lauf eines Gläubigen stoßt und ärgert? kommt ja der Gläubige selber darüber oft in so manche Dunkelheit, daß er nicht weiß, wo er daran ist, daß alle seine natürliche Vernunft in eine thierische Unvernunft dahinsinkt und ihm nichts übrig bleibt, als an der Hand seines Führers auszuhalten, bis einmal der frohe Morgen jener Welt die bangen Sorgen dieser Wallfahrt verscheucht.

**Die gnädige, aber oft verborgene Führung des Herrn mit den Seinigen.**

I. **Es geht dabei durch viele Finsternisse und Dunkelheiten.** Assaph fangt den Psalm mit dem Wort an: Israel hat dennoch Gott zum Trost, wer es nur redlich mit ihm meint. Diese Wahrheit stand wie ein Fels in seinem Herzen. Aber nun wollte er auch erzählen, wie es ihm gegangen sei, bis er dieses habe glauben lernen, wie mancher Verdacht und Argwohn gegen das Herz Gottes in ihm aufgestiegen, wie er es so lang nicht habe zusammen reimen können, daß es den Gläubigen so mißlich, den Gottlosen aber so gut gehen soll; wie er über diese Sache seiner Vernunft nach zum Narren und zu einem unvernünftigen Thier werden, bis er endlich gelernt, daß er, unter allen dergleichen Irrungen und Anstößen seiner Natur bei dem täglichen Hinzunahen zu Gott sich am besten befinde und dadurch tüchtig werde, alle seine Werke zu erzählen. So kam Assaph dazu, daß er die Führung Gottes näher kennen lernte und es gehört auch zum Trost der Schrift, daß sie uns die Erfahrungswege der Gläubigen hinlegt. Wir meinen oft Wunder, wie viel wir wissen; wir können auch manches wissen, aber es ist noch nicht im Tiegel geläutert drei, vier, sieben mal. Da geht es dann durch allerlei Finsternisse. Es liegt ohnehin der Gedanke und die Einbildung in unsern natürlichen Herzen, als ob wir den Weg und die Führung Gottes leicht und bald verstehen könnten, ja wir sind Leute, die ihrem Führer gleich über den Kopf hinauswachsen wollen. Da muß uns dann gezeigt werden, wie Gottes Gedanken viel höher als unsere Gedanken seien und da muß uns der Herr in eine Art von Thierzustandes versezen, uns vorher unsre Blindheit und Unwissenheit zeigen und alsdann erst verständig machen. Warum muß es aber durch dergleichen Wege gehen? Davon lassen sich mehrere Ursachen angeben.

a) Unser höchster Führer hat das Recht dazu; er ist nicht schuldig uns seinen ganzen Plan von A bis O vorzulegen, uns zum Voraus alle Stationen, auf die er uns führen will, zu zeigen, uns von allem, was er thut, Grund zu geben. Unter dieses Recht sollen wir uns mit unserer vorlaufenden Vernunft demüthigen lernen und immer sagen: er ist der Herr, er thue was ihm wohlgefällt. Wenn wir nur wissen, daß er uns führt, so können wir daran genug haben; wenn wir nur glauben können, daß er seines Israels Trost ist, so ists genug, unsere Vernunft mag denken was sie will. Wir müssen b) auch deswegen in einen solchen Thieresstand versetzt werden, weil wir zu wenig auf das Unsichtbare und zu viel auf das Sichtbare sehen. So hat Assaph bei dem Glück der Gottlosen zu viel auf das Sichtbare gesehen; er wollte es mit seiner Vernunft ausmachen, er dachte ihm nach, daß ers begreifen möchte; aber es war ihm zu schwer und er mußte darüber zu einem Thoren werden. Sobald wir also unsern und anderer Weg nach unserer äußeren Vernunft ausmachen wollen, so muß uns Gott in unsre Unvernunft hineinfallen lassen, so bleibt uns der Verhang vorgezogen. Die Führung Gottes mit uns ist also weit über unsere Gedanken hinaus Jes. 55, 8. 9. Wir sollen in den Sinn unsres großen Anführers eintreten, wie er Jes. 42, 19. beschrieben wird. Ueber alles aber sollen wir ins Heiligthum Gottes hineinsehen lernen, das uns im N. T. geöffnet ist, da wir nun einen sichern Anker der Hoffnung haben, der bis hinter den Verhang hineinreicht. — Zu den Höhen aufzusehen, wäre deines Glaubens Pflicht. So viel aber der Dunkelheiten sind, in die wir uns mit unserer eigenen Vernunft hineinwirken,

II. so kommen wir doch dabei nicht von der Hand des Herrn hinweg. Dennoch bleibe ich stets an dir 2c. Es ist eine Versuchung für einen Gläubigen. Wenn ihm sein Lauf so dunkel wird, daß er sich über seinen Führer zu besinnen hat. Da möchte sich der finstere Herzensgrund gern von seinem Führer abreißen. Assaph hat dergleichen Versuchungen gespürt, daß er bei nahe auf die Seite der Gottlosen hinübergefallen wäre; aber er blieb doch an seinem Führer, weil er reines Herzens war. Was ist also der Gewinn bei allen solchen Dunkelheiten? Antwort: daß man nur desto mehr an seinen treuen Führer angeheftet wird. Wenn die Vernunft rumort und sich empört, so ruft im Innersten eine Stimme des Geistes hervor: dennoch bleib ich stets an dir, als wollte man sagen: ich weiß wohl, was mir meine Vernunft für Anschläge gibt, wie sie mir allerlei vorschwätzt; aber dennoch bleibe ich stets an dir und wie es am Ende noch nachdrücklich heißt: und wenn mir auch Leib und Seele verschmachtet 2c. Woher kommt aber dieser Entschluß? — Denn du hältst mich an meiner rechten Hand; du hast mich das erstemal so angefaßt, daß ich nimmer von dir wegkommen kann und mein erstes Jawort ging so aus dem Innersten heraus, daß ich es nimmer zurücknehmen kann. Die Gnade thut uns also Jesus als der Hohepriester unsres Bekenntnisses, daß er unser erstes Jawort, da wir uns in seine ganze Führung übergeben, so aufbehält, daß wir nicht davon entsinken. Und so läßt er uns

III. seinen Rath mit uns als einen hellen Lichtstrahl aufgehen. Assaph sah es nach dem Gewirr ein: du leitest mich nach deinem Rath; du überläßt mich nicht meinen eigenen Gedanken. Denn führ ich mich selber ohne dich, so werd ich leicht verführt 2c. Du leitest mich nicht nach dem Rath anderer Menschen, denn wer unterweiset den Geist des Herrn, wer will ihm über das Werk seiner Hände etwas befehlen? sondern du leitest mich nach deinem Rath und dieser soll auch allein gelten. Pflegt es auch schon wunderseltsam auszusehen, so triumphire nur dein hoher Rath. Und was ist das Ziel von diesem Rath? du nimmst mich endlich mit Ehren an. Es wird auf die Ehre deines Namens hinauslaufen, es wird zu meiner ewigen Herrlichkeit gereichen, wann du dich wirst bewundern lassen, über deine Führung mit mir, wann du aus der Dunkelheit Licht, aus der Schmach Ehre, aus der Traurigkeit Freude machen wirst. Je mehr dieser Rath uns klar wird, desto treuer werden wir ihm anhangen.

## 57. Leichen-Predigt.

Text: 1 Kor. 1, 30, 31. (19. März 1789.)

Wenn man weiß und bedenkt, was sterben heißt und daß Sterben kein Kinderspiel ist, so wird man auch einsehen, daß man einen höhern Beistand dabei nöthig hat. Im Tode weicht alles von uns zurück, da will menschlicher Trost und menschliche Hilfe nimmer anschlagen, da erfährt man nichts als Schwachheit und Unvermögenheit, da muß man also anderswoher einen Halt und einen Anker der Hoffnung haben, der hineinreicht bis ins Innerste des Vorhangs, dahinein Jesus uns vorangegangen ist. Und doch denken die Meisten nicht ernstlich genug auf diesen letzten Schritt: es ist bei Wenigen ausgemacht, auf was sie sterben. Der eine stirbt auf sich selber hin, nemlich auf die wenige und unvollkommene Gerechtigkeit, die er etwa in seinem Leben bewiesen zu haben glaubt und denkt: es kann mir so übel nicht gehen, ich habe mich doch eines guten und ehrbaren Wandels beflissen. Der andere stirbt auf einen allgemeinen Glauben hin und denkt: wie es andern geht und gegangen ist, wird es mir auch gehen; ich habs ja auch mit andern Christen gehalten, ich gehöre doch auch zur Christengemeinde; aber ein solcher denkt nicht an jenes ernste Wort, welches von den Israeliten in der Wüste geschrieben steht und das auch von einem großen Theil unsrer Christenheit gilt: aber an ihrer vielen hatte Gott keinen Gefallen. Wieder ein anderer stirbt aufs Gerathewohl, er läßt es darauf ankommen, wie es ihm in jener Welt gehen werde. Er tröstet sich heimlich damit, man werde es dort so genau nicht nehmen, man werde nicht den strengsten Weg gehen. Aber das alles heißt eben nicht auf Jesum sterben. Was heißt denn: auf den Herrn Jesum sterben? Wenn einem die Wahrheit mit dem Finger des Geistes Gottes ins Herz hineingeschrieben ist (Apg. 4, 12): es ist in keinem andern das Heil ꝛc. Auf diesen Namen stirbt man allein gut. Es heißt aber im Liede nicht nur: auf Jesum will ich sterben, sondern es heißt: auf **meinen** Jesum will ich sterben, auf Jesum, zu dem man sagen kann: du bist durch den Glauben mein und ich bin durch den Glauben dein.

**Das Sterben eines Gläubigen auf Jesum.**

I. Was heißt auf Jesum sterben? Auf Jesum sterben ist eine Sache, die gelernt sein muß und zwar in der Schule des Geistes Gottes, unter manchem begierigem Aufmerken auf das Wort Gottes, dessen Kern und Stern allein der Name Jesus ist. Wer unsern Text recht glaubt, der weiß wohl, was es heißt: auf Jesum sterben und der wird ihn auch so brauchen lernen, wie er ihm von Gott dazu gemacht ist. Das erste ist: lerne auf Jesum sterben, als auf denjenigen, der deine Weisheit ist. Es ist eine solche Feindschaft im menschlichen Herzen und in der ganzen Welt gegen Jesum, daß man recht darauf studirt, ob man nicht einen andern Weg ausfindig machen könnte, selig zu werden, als durch Christum. Denn dieser Weg ist der Natur ein Aergerniß und eine Thorheit. Darum gibt es so viele falsche Trostgründe, womit man sich gegen den Tod trösten will. Und wenn sich der Mensch auch einigermaßen diesen Weg gefallen läßt, so weiß er erst nicht, wie er Jesum brauchen soll, so fragt er erst noch, was soll ich denn machen mit dem Jesu, den man Christum nennt? Der Jammer ist also zweifach,

a) daß man lang nichts von diesem Jesu wissen will und b) daß man nicht einmal weiß, wie man ihn brauchen soll. Diesem doppelten Jammer hilft der Glaube ab dadurch, daß er Jesum als seine Weisheit annimmt, und zwar theils damit, daß er erkennt: es gibt keinen andern Helfer als diesen; ich laufe also gerade zu dem Mann, der zum Seligsterben helfen kann; theils damit, daß er sich Jesum immer besser zu nuz macht und weiß,

wie er sein ganzes Evangelium brauchen kann. Zu dieser
Weisheit gehören zwei Stücke: Demuth und Einfalt
(s. Eins ist noth V. 5). Werde also demüthig und erkenne, wie thöricht du bisher gewesen bist, daß du dich
so wenig um Jesum bekümmert, der doch allein der Weg,
die Wahrheit und das Leben ist. Gib dich hin als einen
solchen, der den Weg zur Seligkeit noch nicht versteht,
der bisher unter denjenigen gelaufen ist, von denen es
heißt: den Weg des Friedens wissen sie nicht und laß
dir alles von Jesu sagen und zeigen. Diß ist Demuth.
Und wenn du ihn so erkannt hast, so bleibe unverrückt
an ihm, laß dich durch nichts irre machen, sondern schaue
nur auf ihn hin. Diß ist Einfalt. Auf diesem Weg
wird Jesus deine Weisheit werden.

2) Brauche ihn aber auch als deine Gerechtigkeit.
Wenn man sterben soll, so spürt man, daß man etwas
haben muß, womit man kann vor Gott bestehen. Da
sieht man erst die vielen Lücken in seinem Lebenslauf.
Diese will man nun bald auf diese, bald auf jene Weise
ausfüllen; aber es reicht eben nicht zu. Da hilft wieder
niemand als derjenige, der uns von Gott zur Gerechtigkeit gemacht ist. Da fällt aller eigene Ruhm dahin
(Eins ist noth V. 6). Wenn man diese Welt verlassen
soll, so will man in eine andere und bessere; aber dazu
gehört auch ein Paß, ein Recht zum Einlaß. Denn man
kann wohl wünschen: thut mir auf die Thore der Gerechtigkeit; aber es steht auch gleich dabei: diß ist das
Thor des Herrn, die Gerechten (hörst du diß Wörtlein?),
die Gerechten werden da hinein gehen. Da muß Jesus
deine Gerechtigkeit sein.

3) Brauche Jesum als deine Heiligung. Wir wissen alle
den Spruch: das ist der Wille Gottes, eure Heiligung. Es ist
das Ziel Gottes mit den Seinigen, sie einmal heilig, unbefleckt und ohne Tadel darzustellen. Aber wie sieht es mit uns
aus? Wie mancher trägt bis an sein Ende hin den befleckten
Rock des Fleisches und will nur als ein Brand aus dem Feuer
errettet werden. Wie wenige sind derer, die ihre Kleider nicht
besudelt haben! Wie viel gibt es thörichte Jungfrauen,
die kein Oel in den Gefäßen, d. i. keinen Schatz und

Vorrath der Heiligung haben! Es fehlt überall an dem Wort: Christus ist uns gemacht von Gott zur Heiligung. Man bekümmert sich um keine Kleider, man zieht sich nicht auf den Sabbath an, und stirbt dann nicht ohne die traurige Furcht, man möchte blos erfunden werden. Brauche also doch Jesum zu deiner Heiligung und zwar bei Zeiten. Bitte: nun so gib, daß meine Seele auch nach deinem Bild erwach ꝛc. (V. 7). So kann man auf Jesum sterben.

4) Brauche Jesum als deine Erlösung. Diß ist das lezte an dem großen Werk Gottes mit uns; und weil es langsam damit geht, so gibt Gott seinen heiligen Geist zum Pfand auf den Tag der Erlösung. Man genießt zwar in diesem Leben schon manchen Segen der Erlösung Jesu, manchen Vorschmack von der Freiheit der Kinder Gottes, aber es sind doch nur Erstlinge, es ist nur ein Anfang. Darum sollen wir Jesum bei Zeiten als unsere Erlösung ergreifen; denn in ihm haben wir die Anwartschaft zur Freiheit. Und so viel wir auch noch von Feinden spüren, so dürfen wir uns doch in der Hoffnung an ihn halten und zu ihm sagen: aber unser Geist der bindet dich im Glauben, läßt dich nicht ꝛc. Ja gewis du wirst nicht säumen; laß nur uns nicht läßig sein ꝛc. Wenn wir auch den Leib des Todes noch mit Schmerzen fühlen, so dürfen wir uns doch mit dem Wort trösten: was noch jezo an mir klebt, wird nicht immer an mir bleiben, Jesus wird es schon vertreiben, wenn er mich in sich erhebt.

II. Was man dabei gewinne, das glaubt niemand als wer es erfährt. Ein solcher kann sagen: was ist wohl, das man nicht in Jesu genießt? Im Text kommen zwei Stücke vor, die diesen Gewinn genug an den Tag legen. Das erste ist: aus welchem auch ihr herkommet; man ist also in Jesum eingepflanzt und genießt durch diese Einpflanzung alles, was Jesus hat. Das ist unser neuer Geburtsbrief: wir sind nimmer aus uns selber, wir leben nimmer von unsrer eigenen Weisheit, wir behelfen uns nimmer mit unsrer eigenen Gerechtigkeit, wir haben keine selbstersonnene Heiligkeit, keine erzwungene Freiheit; unser Lob ist nicht aus Menschen, sondern aus Gott und Jesu Christo. Das zweite ist, wir können uns alsdann des Herrn rühmen; darin liegt die wahre Zuversicht, die nicht zu Schanden wird.

## 58. Leichen-Predigt.
### Text: Ebr. 2, 10. (2. April 1789).

Unter so manchen tröstlichen Namen, die dem Herrn Jesu in heiliger Schrift gegeben werden, ist dieser besonders wichtig, daß er Ebr. 2. ein Herzog der Seligkeit heißt, der viele Kinder in die (künftige) Herrlichkeit einführen soll. Deswegen ist er in die Welt gekommen, deswegen ist es bei ihm durch so tiefe Todesleiden gegangen, daß er die Menschen erlöse, aus Satans-Kindern zu Kindern Gottes mache und alsdann in jene Welt einmal einführe. Wer Jesum so ansehen lernt, der weiß, wozu er uns gegeben ist. Er führt uns aus dem Jammerthal und macht uns zu Erben in seinem Saal. Hallelujah. Und wer ihn so kennt, und an ihm einen Herzog der Seligkeit jetzt schon hat, der sage: Hallelujah. L. Z. es ist keiner unter uns, der nicht im Sinn hätte, selig zu werden und vielleicht ist manchem bei dem Grabe unsrer l. Verstorbenen der Gedanke gekommen: ach wenn ich nur gewis einmal selig werde! Diß ist ein guter Gedanke; aber man muß ihm recht Plaz machen im Herzen, man muß sich dadurch aus seinem bisherigen Leichtsinn herausheben lassen. Denn die Menschen nehmen das Seligwerden zu leicht: sie laufen Jahre lang ruhig auf der breiten Straße fort und denken, wenns einmal zum Tode gehe, so wollen sie quer Feld ein auf die Himmelsstraße und dem Thor der seligen Ewigkeit zu; sie brauchen, ihrer Meinung nach, keinen Anführer, keinen Herzog der Seligkeit; sie stellen sich vor, als wenn an dem Thor des Himmels keine Wacht sei, als ob man Krummes und Lahmes dahineinlasse, als ob man froh sei, wenn die Leute nur kommen. Aber es ist nicht so! man muß einen Herzog der Seligkeit haben, dieser muß uns den Eingang in jene Welt verschaffen und uns einführen. Weißt du, wer der ist? Er heißt Jesus Christ.

Er hat seitdem er zur Rechten Gottes sizt, schon viele eingeführt und da er in den Himmel einging, ging er nicht allein hinein, sondern brachte schon einen mit, an dem er den ersten Beweis gab, daß er noch mehrere dahineinführen wolle. Diß ist der Schächer, der sich in sein Andenken empfohlen, der Schächer, dessen Exempel mancher zu einem Ruhekissen der Sicherheit brauchen will und daher seine Buße von einer Zeit zur andern aufschiebt, aber eben bei diesem Misbrauch den unentbehrlichen Herzog der Seligkeit vergißt und nicht daran denkt, daß dieser einmal sagen möchte: du hast mich bisher nicht zum Herzog deiner Seligkeit begehrt und jezt schreist du: thu mir des Himmels Thür weit auf, wenn ich beschließ meines Lebens Lauf? Zu einem solchen Misbrauch ist uns dieses Exempel nicht aufgeschrieben.

Jesus der große Herzog der Seligkeit.

1. Lerne ihn, noch ehe du stirbst, als deinen Herzog recht kennen. Freue dich über das, was du von ihm zu hoffen hast. Diß war das selige Licht, das dem armen Schächer noch in seinen lezten Lebensstunden aufgegangen, diß war die erste Bekanntschaft, in die er mit Jesu noch am Kreuz kam. Er mag wohl vorher schon etwas von dem Jesus von Nazareth gehört haben, aber er wird sich bei seinem schlechten Leben nicht viel Zeit genommen haben, darüber zu denken; und wenn er Jesum auch gekannt, so hat er ihn doch nicht so gekannt, wie am Kreuz. Da bekam er einen Blick auf Jesum, dergleichen er vorher keinen gehabt; denn da gefiel es Gott, seinen Sohn in dem Herzen dieses armen Sünders zu offenbaren. Wie viel ging da in seiner Seele vor! Er erkannte Jesum als den Gerechten, als den Herrn und König, den man nicht für einen solchen wollte gelten lassen; als den dessen Reich sich erst noch einmal offenbaren werde; und weil er dieses unzweifelhaft glaubte, so empfahl er sich ihm auf die Zukunft zum Angedenken, er bat, Jesus möchte, wenn er einmal in seinem Reich komme, sich doch erinnern, daß ein armer Sünder sich ihm empfohlen habe. So lernte der Schächer Jesum als den Herzog der Seligkeit kennen.

Lerne Jesum kennen, als den, der das Verlorene

sucht. Das hat er durch alle seine Amtsjahre hindurch gethan. Sünder die von andern aufgegeben wurden, von denen man glaubte, daß nichts mehr an ihnen zu erholen sei, diese hat er aufgesucht und aufgenommen. Und wie er diß immer sein Geschäft sein ließ, so war es auch noch am Kreuz seine Freude. Auch da gehört ihm der Ruhm: du bist ja der Auserkorne, das Verlorene hast du niemals weggejagt. Wenn du also noch so verirrt wärest, wenn nicht nur andere dich aufgeben, sondern wenn du in deinen Gedanken dich selber aufgibst, so darfst du doch noch einen Muth fassen zu ihm und er wird dir Kraft geben, dich durch die Macht der Finsternis zu reißen.

Lerne Jesum kennen in dem Reich, das er den Seinigen erworben und bereitet hat. Das war der Glaubensblick, von dem die Seele des Schächers durchdrungen wurde, daß er Jesum als König erkannte, daß er glaubte: es wird doch aus seinem Reich noch etwas werden, wenn es schon jezt kein Ansehen dazu hat. Auf den Antheil an diesem Reich wünschte er von Jesu noch vertröstet zu werden. Da hat er weit hinausgesehen. L. Z. wir sagen ja auch in unsrem Glaubensbekenntnis: er wird wiederkommen zu richten, das ist eben das, was der Schächer glaubte, Jesus werde einmal kommen in seinem Reich. Aber ist uns bisher auch so viel daran gelegen gewesen, als dem Schächer? Haben wir uns auch in diese Zeit recht hineingestellt? ists auch bei uns ausgemacht, wie es uns alsbann gehen werde? Haben wir die Hoffnung, daß wir alsdann in seinem Reich unter ihm leben und ihm dienen werden in ewiger Unschuld und Heiligkeit. Wir denken meistens nur an das, was das Nächste ist, aber weit hinaus mögen wir nicht denken. So machen wirs in unsrem Christenthum, so machen wirs mit unsrem Sterben, wenn wir nur aus der nächsten Noth hinauskommen. Aber den Schächer hat das Sterben nicht sowohl angefochten, als der Gedanke: bei diesem Jesu möchte ich einmal sein, wenn er in seinem Reich kommt.

Siehe, daß du irgend einen Strahl von der Erkenntnis

Jesu in dein Herz bekommst. Beim Schächer war es der Blick auf Jesum, als König; bei dir kann es ein anderer sein. Gut wäre es freilich, wenn wir Jesum nach allem, wozu er uns gemacht ist, kennen lernten; aber wenn du es auch nicht so weit bringst, wenn du ihn nur nach einem oder dem andern Theil kennst, entweder als deinen Versöhner, oder als deinen Hohepriester und Fürsprecher, oder als den holdseligen Sünderfreund, so bist du doch an ihn angefaßt, so bist du doch in seiner Hand, so kann er dich etwas von seinem Amt, als Herzog der Seligkeit erfahren lassen.

Empfiehl dich, wie der Schächer, in sein Angedenken. Die Glaubensbitte des Schächers an Jesum ging aus dem Innersten seines Herzens heraus und drang mit solcher Kraft in das Herz Jesu, daß er ihn nicht zurückweisen konnte. O was ist es um einen Seufzer, der aus der Tiefe des Herzens geht! Wenn du in deinem Leben nur einmal mit ganzer Kraft in das Herz Jesu hineingebetet hast, so ists nicht vergessen vor ihm, so denkt er dir daran, so darfst du dich darauf berufen, noch vielmehr, wenn du viele dergleichen Seufzer zu ihm gethan. Wie wird es dich freuen, wenn du dich in jener Welt auf ein und das andere ernstliche Gebet berufen und deinen Herrn daran erinnern kannst.

II. Du wirst erfahren, was du an ihm hast, erfahren a) im Tode, wie er es den Schächer hat genießen lassen, daß dein Glaube da nicht aufhöre. b) Nach dem Tode, wenn er dich in jene Welt aufnimmt, ins Paradies, wo du schon den Glauben an Jesum zu genießen hast, daß er bei dir ist und du bei ihm. Da zeigt er sich schon an dir als den Herzog der Seligkeit, der dich in das Haus des Vaters führt und dir da deine Wohnung anweist. c) An jenem Tage, wann er dich einmal gar in sein Reich einführen wird. Von dem Augenblick an, da du ihn kennest und dich ihm übergibst, kommst du ihm nimmer aus seinem Sinn. Da thut er sein Priestergeschäft an dir, daß er deinen Namen auf seiner Brust trägt, in seinem Munde führt, das angefangene Werk fortsetzt. Werde also nur nicht müde, dich immer in sein Andenken hineinzubeten, zulezt wirst du sagen können: mein Rufen ist erhört, mein Herr gedachte mein. Amen.

## 59. Leichen-Predigt.
### Text: Ps. 25, 7. (29. Mai 1789.)

Unsere Textworte stellen uns David als einen Mann nach dem Herzen Gottes dar; denn es leuchtet aus denselben sein gerader und aufrichtiger Sinn hervor. Er wollte sich vor Gott nicht anders darstellen, als er wirklich war; er hatte keine Ruhe als bis alles hinweg war, was sein Vertrauen zu Gott schwächen konnte, bis er überzeugt war, daß er an die Gnade Gottes eine freie und ungehinderte Ansprache habe. Diß ist ein edler Sinn und der Weg, worauf einem am bäldesten kann geholfen werden: aber es ist ein Sinn, der nicht auf unsrem Grund und Boden wächst; von Natur ist es unsre Sache nicht, so gerade herauszugehen, sondern wir sind gewohnt, unser Elend nicht nur vor uns und andern, sondern auch vor Gott zu verstecken. Aber eben diß macht, daß wir zu keinem Frieden und Beruhigung unsres Herzens kommen. David schämt sich nicht, es zu bekennen, daß ihn seine Jugend-Sünden noch anfechten und wünscht daher, von Gott eine Versicherung zu bekommen, daß sie ihm vergeben seien.

Da der l. Verstorbene sich auf seinem Todtenbette seiner Lebensjahre und zugleich seiner vorigen Abweichungen von Gott erinnerte, so habe ich diese Worte zum Grund unserer Betrachtung gelegt. Eure Liebe soll es also nicht als einen Vorwurf ansehen, den wir damit dem Verstorbenen machen wollen, sondern als eine Gelegenheit, an uns selber zu denken und einen Blick auf unsre vorigen Jahre zu werfen. Jede Leichen-Predigt geschieht theils zum Andenken des Verstorbenen und soll also dem Sinn des Verstorbenen gemäß sein, so daß, wenn derselbe gegenwärtig wäre, er gern zuhören würde. So würde es z. E. einem Verstorbenen, der mit einem gedemüthigten und zerbrochenen Geist in jene Welt hinübergegangen, ein schlechter Dank sein, wenn man mit übertriebenen Lobeserhebungen von ihm sprechen wollte, weil eben dadurch der Gnade ihr wahrer Ruhm genommen würde; und was würde es einem in seinen Sünden Gestorbenen nutzen, wenn man seine Sünden mit einem eiteln Lob zudecken wollte? er bliebe doch der Sünder, der er ist; und wer weiß, ob ihm nicht mehr damit geholfen wäre, wenn eine ganze Gemeinde ihn in seiner wahren vorigen Lebensgestalt dem Herrn darstellte? Die Leichenpredigten geschehen aber auch und zwar vornehmlich um der Lebenden willen, die bei einem jeden Todesfall sich selber auch in die nahe Ewigkeit hineinstellen sollen; und wer diese Gelegenheiten dazu braucht, der wird sich gewis nicht lange bei dem Verstorbenen aufhalten, sondern bei einer jeden Todtenbegleitung seinen eigenen lezten Schritt vor Augen haben und sich durch das Wort Gottes in seinem Innern richten und prüfen lassen.

**Der doppelte Blick eines Christen im Leben und Sterben.**

I. auf seine Sünden, besonders auch auf die Jugend-Sünden, II. auf die Gnade und Erbarmung Gottes. Die ganze Sache des Christenthums lauft auf dasjenige hinaus, was die Apostel ihren Gemeinden in allen Briefen wünschen, nemlich auf Gnade und Frieden; im Gegentheil ist ein noch nicht begnadigter Mensch ein solcher, der noch keinen Frieden des Gewissens, keine Ruhe in seinem Innern hat. Und woher kommt seine Unruhe? Nirgend anders her, als von seinen Sünden; denn es bleibt bei dem Wort (Jes. 48, 22): die Gottlosen, spricht mein Gott, haben keinen Frieden. Nun kann zwar diese Unruhe eine Zeitlang in einem Menschen stille sein und sich nicht regen, aber sobald seine Sünden aufwachen, so wacht auch seine Unruhe auf. Es läßt sich ein solcher gar wohl mit einem Menschen vergleichen, der in einer tiefen Schuldenlast steckt. Dieser kann wohl eine Zeitlang ruhig oder vielmehr sicher sein, wiewohl es Zeiten geben wird, wo ihn eine schnelle Angst über seine Schulden überfällt, die er aber freilich bald wieder aus dem Sinn schlägt; hingegen wenn die Gläubiger einmal aufwachen, so wacht auch die lang verschlafene Angst und Unruhe bei ihm auf und er weiß nimmer, wo er zuerst helfen soll, denn da kommen alte und neue Gläubiger zusammen und wollen bezahlt sein. Gerade so geht es den Menschen mit ihren Sünden: sie mögen meistens nicht daran denken, bis sie müssen; und diß vermehrt alsdann ihre Noth und Unruhe. Und wie bei einem verschuldeten Menschen die ältesten Gläubiger das größte Recht haben, so gehts gerade auch mit den Sünden: die Jugend-Sünden, als die ältesten Schulden, machen einem am meisten zu schaffen, denn diese wollen vorzüglich bezahlt sein.

1) Was sind aber Jugend-Sünden? Das ganze Leben eines Menschen ist zwar eine Kette von Sünden, aber an dieser Sündenkette sind besonders die Jugend-Sünden merkwürdig. Diese sind mancherlei, es gehört dazu alles das, wovor 1 Johannes 2, die Jünglinge warnt, nemlich Augenlust, Fleischeslust und hoffärtiges Wesen: dieses sind die drei Hauptgözen der Welt, die dem Menschen besonders in seiner Jugend nachstellt. Das Herz wird gleich in der Jugend zerrissen und zerstreut dadurch, daß man meint, man müsse bei allen Lustbarkeiten und Vergnügungen dieser Welt sein, man müße sich alle Reichthümer dieser Welt zeigen lassen, damit man auch wisse, was die Welt hat; und so wird im Herzen die Wurzel der Flatterhaftigkeit und des Leichtsinns bei Zeiten gepflanzt und man wird so zerstreut, daß man die Stimme der Weisheit nicht mehr hören kann. Aus der Augenlust kommt die Fleischeslust, da wachen die Fleisches-Sünden und die Sünden der Unreinigkeit auf, da gibt man seinen Leib, der ein Tempel des heiligen Geistes sein soll, der Sünde Preis und stellt seine Glieder dar zu Waffen der Unreinigkeit. Und diese Fleischeslust wird noch mehr genährt durch die Unmäßigkeit im Essen und Trinken, die man besonders in der Jugend treibt. Dazu kommt das hoffährtige Leben, das Großthun, da man unter den Anhängern der Welt sich auch will sehen lassen und damit in den ganzen Ab-

grund der Eitelkeit hineinfällt und alles haben will, wie es die Welt auch hat. Sehet, so fangt das Sündigen an und in diesen drei Punkten fließen alle Jugend-Sünden zusammen. Man könnte deren noch mehrere namhaft machen. Dahin gehört z. E. so manche Versäumnis des Guten, da man in der Jugend so wenig Freude an dem Wort Gottes hat, — aber diese Sünde kommt von der Augenlust her; denn wenn das Herz frühe in diese Welt hineinzerstreut ist, so mag es freilich nimmer viel von der Weisheit, von Gott und göttlichen Dingen hören. Zu den Jugend-Sünden gehört auch der Ungehorsam; der kommt her von der Fleischeslust; denn wenn diese einmal in einem Menschen erwacht, so läßt er sich nimmer gerne etwas sagen; der Ungehorsam kommt auch her vom hoffärtigen Leben; denn je mehr die Liebe der Eitelkeit in einem Menschen über Hand nimmt, desto ungehorsamer wird er. Von diesen Sünden kann jeder den Spiegel theils an sich selbst, theils an seinen Kindern sehen. Es gehören aber zu der Jugend nicht allein die eigentlichen Jugendjahre, oder die ledigen Jahre, sondern auch die Mannsjahre, da man noch bei seinen besten Kräften ist, kurz, da man der Sünde am besten abwarten kann. Man kann also den Schluß machen, wie diese Gattung von Sünden einen beträchtlichen Theil in unsrem Sündenregister ausmachen.

2) Warum soll aber der Mensch auf diese Jugend-Sünden besonders merken und sich darüber bemüthigen? Wer zur Erkenntnis seiner selbst schon gekommen ist, wird diese Frage wohl beantworten können. Diese Sünden machen einem deswegen so viel zu schaffen a. weil sie einen so großen Theil unsres Lebens ausmachen; denn wenn mancher nichts zu berichtigen hätte, als seine Jugend-Sünden, so hätte er genug zu thun; b) weil die Sünde dadurch ein altes Recht an uns bekommt und eine vermehrte Macht. Warum kann ein mancher mit dieser oder jener Sünde nicht fertig werden? Antwort: es ist eine alte Sünde, der er schon von Jugend an gedient. Der Hurer und Ehebrecher ist der nehmliche von seiner Jugend her schon gewesen und so der Trunkenbold, der Spieler u. s. w. Bei

solchen trifft das Wort ein: Leidenschaften in uns haften, der Gewohnheit Lohn. c) Weil man durch die Jugend=Sünden um seine erste Kraft zum Guten kommt; diese Unmacht muß man hernach im Fortgang mit Schmerzen empfinden. d) Weil die Jugend=Sünden gemeiniglich wieder andere Sünden nach sich ziehen. Wenn man in seiner Jugend durch das hoffärtige Leben sein Vermögen verschwendet hat, so will man es im Alter hereinbringen; alsdann fällt man in die Sünde des Geizes und allerlei Ungerechtigkeiten und so werden gemeiniglich die Jugend=Sünden eine Mutter von den Sünden des Alters. e) Weil sie gerne alte Narben zurücklassen, wie bei Gewächsen, die anfangs gleich verletzt worden. f) Weil sie einem die Versicherung des Gnadenstandes schwer machen oder oft wieder verdunkeln.

3) Wie hat man sich wegen der Jugend=Sünden zu verhalten? a) Laß dir von dem Geist Gottes deine Jugend=Sünden ins Licht stellen. Man sieht so gerne darüber hinweg, aber es gehört zur ganzen Erkenntnis der Sünde, daß man sein Verderben von vorne herein kennen lernt, wie es auch zur ganzen Reinigung von Sünden gehört, daß der erste Unflath abgewaschen ist; denn sonst ist es keine ganze Reinigung. b) Hüte dich vor der gewöhnlichen Entschuldigung der Jugend=Sünden. Aus diesen macht man sich gemeiniglich wenig oder gar nichts, aber diß ist auch die Ursache, daß so wenige im Christenthum zu etwas Rechtem kommen. David hatte sich mit keinen so groben Sünden vergangen und doch wurde er darüber angefochten. c) Suche die ganze Reinigung von Sünden; dann wirst du II. auf den zweiten Blick geleitet werden, nemlich **auf die Gnade und Erbarmung Gottes in Christo.** Von diesem Blick handelt die Bitte Davids: gedenke mein 2c. Ich will dabei nur folgendes bemerken. a) Begehre Gnade nicht nur überhaupt, sondern dringe durch den Anblick der Sünde in die Gnade ein. Man kann so wenige Menschen zum Blick auf ihre Sünden bringen, aber ebendeswegen kommen sie auch nicht recht zur Gnade. Sie haben nicht nur es nicht gerne, wenn sie von andern

darauf geführt werden und wollens einem noch übel nehmen, sondern sie mögen selber nicht daran denken; und so bleiben sie meistens im Dunkeln. b) Glaube, daß wenn dir deine Jugend-Sünden öfters einfallen, es dem Geist Gottes nicht darum zu thun ist, dir nur einen quälenden Vorwurf davon zu machen, sondern er will dadurch ein Verlangen nach Gnade in dir erwecken; er möchte dir gerne zu einem ganzen Frieden verhelfen und dich eben deßwegen antreiben, auch hierüber Gnade zu suchen. Lerne also bitten, suchen und anklopfen. c) Glaube, daß die Erbarmung Gottes weit über all dein Sündenelend hinausreicht; denn Gott hat es bei der zweiten Welt nach der Sündfluth schon in die Rechnung genommen, daß das Dichten des menschlichen Herzens nur böse sei von Jugend auf und er will sich an dir als ein Gott beweisen, der dir alle deine Sünden vergibt und heilet alle deine Gebrechen. Dazu hat er sich schon lange verstanden und du darfst ihn mit David daran mahnen Pf. 25, 6: gedenke, Herr, an deine Barmherzigkeit die von der Welt her gewesen ist. In diß Erbarmen ersenke dich bei allen Verdammungen deines Herzens und sprich: es gehe nur nach dessen Willen, bei dem so viel Erbarmen ist ꝛc.

## 60. Leichen-Predigt.

Text: Pf. 25, 8. 9. (11. Juli 1789.)

Wenn man der Ewigkeit entgegengeht, so gibt es manches wichtige und tiefe Gefühl von Gott in der Seele. Man spürt Gott in seiner Liebe, da er noch am Ende unsres Lebens mit neuen Zügen an unser Herz kommt und an uns arbeitet, als derjenige, der nicht will, daß jemand verloren gehe, sondern daß sich jedermann zur Buße kehre. Man spürt Gott in seiner Liebe, nach welcher er will, daß allen Menschen geholfen werde und daß sie zur Erkenntnis der Wahrheit kommen. Man fühlt aber auch etwas von der Heiligkeit Gottes und wie viel dazu gehört, zu Gott zu nahen, was dazu erfordert wird, dem Gott sich darzustellen, der Herzen und Nieren prüft und der die Geister abwiegt. Man fühlt in sich selbst allerlei Gedanken, die sich unter einander verklagen und entschuldigen, man fühlt das innere Verderben, die weite Entfernung des Herzens von Gott, die mannigfaltigen Untreuen und Versäumnisse, man fühlt ein ringendes und kämpfendes Verlangen, noch zu einer Gewisheit zu kommen, wie man mit sich selber daran sei, ob man mit einer gewissen Hoffnung des ewigen Lebens abscheiden könne. Alle diese Gefühle stellen sich am Ende unsers Lebens im Herzen ein. Da lernt man freilich ausrufen: ach mein Gott wie wunderlich, spüret meine Seele dich! Und es ist Gnade, wenn sich ein solches Gefühl bei uns zeigt, wie es im Gegentheil etwas Trauriges ist, wenn ein Mensch vor dem Thor der Ewigkeit steht und nichts davon fühlt, oder dieses mannigfaltige Gefühl, weil es ihn beunruhigt, vor sich selber zu verbergen oder zu unterdrücken sucht. Diß kann besonders bei denen geschehen, die in gesunden Tagen das Gefühl von Gott so oft unterdrückt haben. Denn es liegt in einem jeden Menschen ein Vermögen, Gott zu fühlen, der nicht ferne ist von einem jeglichen unter uns, in welchem wir leben, weben und sind. Diß Gefühl ist eines von den ersten Anzeichen des wieder aufwachenden inneren Lebens, wie bei einem in einer Schwäche liegenden Menschen dieses wieder das erste ist, wenn er etwas fühlt. Auf dieses Gefühl arbeitet Gott an einem jeden. Deswegen sagt Paulus Apg. 14, er lasse sich an keinem unbezeugt, sondern thue allerlei an einem jeden, ob man ihn etwa fühlen und finden möchte. Diß ist auch das Allergeringste, was man von einem Menschen verlangen kann; denn es fehlt leider bei vielen an einer näheren Erkenntnis Gottes und seiner Wahrheit; aber fühlen sollte ihn doch ein jeder. Und wenn man diesem Gefühl getreu nachginge, so würde man Gott auch lebendig erkennen lernen, so kennen lernen, daß man wüßte, was man an ihm habe und was man von ihm erwarten dürfe. Ein solches Gefühl bekam David von Gott, und darunter wurde er gewis, wie er mit Gott stehe.

  Die große Liebesarbeit Gottes, einen jeden

so zu führen, daß er ihn in seiner ganzen Güte und Liebe fühle und erkenne.

Wenn man die Menschen nach dem Gefühl, das sie von Gott haben, beurtheilen will, so lassen sie sich in mancherlei Classen eintheilen. Es gibt 1. Menschen, die Gott sehr wenig fühlen und meistens in einem unempfindlichen Sinn und Herzen dahingehen. Diß sind Menschen, die unter die äußeren Sinne gefangen und verkauft sind; denn sie haben sich dem äußeren Gefühl zu viel überlassen. Da kann freilich das innere Gefühl nimmer viel in ihnen wirken. Denn das Innere und Aeußere sind bei dem Menschen, wie zwei Wagschalen: wenn die eine fällt, so steigt die andere. Wenn das Aeußere bei einem Menschen die Oberhand hat, so wird das Innere immer schwächer. Solche Leute rührt nur das, was ins Sichtbare hineingeht, sie bekommen immer mehr Gefühl für Augenlust, Fleischeslust und hoffärtiges Leben, ein Gefühl zu dem Irdischen. Wenn dann Gott sich ihnen will zu fühlen geben, so spüren sie nicht viel davon. Mit solchen kann es endlich so weit kommen, wie das Wort Gottes es beschreibt, daß ihr Herz wird wie Schmer, daß also Gott ihnen nimmer viel beikommen kann. Es gibt 2. Menschen, die Gott je und je in ihrem Innern fühlen, aber sie sind doch noch so zerstreut, daß sie diesem Gefühl nicht ganz nachgehen, sondern bald wieder die Spur verlieren. Diß sind diejenigen Menschen, die schon manche Eindrücke gehabt haben, aber weil sie flatterhaft sind, weil sie dieses Gefühl von Gott nicht zur Ueberwindung ihrer selbst anwenden, so kommen sie doch selten zu etwas Gründlichem und am Ende müssen sie es mit Seufzen einsehen, daß sie dem Reich Gottes oft nahe gewesen und doch nicht hineingegangen sind. Es gibt 3. Menschen, die Gott fühlen, aber weil sie durch dieses Gefühl zugleich an ihre oftmaligen Abweichungen und Entfernungen von Gott erinnert werden, so ist es mit mancher Furcht vor Gott verbunden. Sie fühlen Gott, aber mit vielen Verdammungen ihrer selbst; sie fühlen Gott, wie Adam im Paradies nach dem Sündenfall; sie wagen es nicht, zu Gott hinzunahen, sondern suchen sich vor ihm zu verbergen. Da fühlt man etwas von der Heiligkeit Gottes, die einen darniederschlägt. Diß Gefühl greift freilich an und thut wehe, aber es ist doch gut und es muß so gehen, wenn anders der Mensch näher zu Gott kommen soll. Es gibt 4. Menschen, die Gott auf die vorbeschriebene Weise fühlen und doch zu dem Herzen Gottes durchdringen, sich über die Verdammungen ihres eigenen Herzens aufschwingen und der Gnade Gottes versichert werden möchten. So war es bei David: er hatte ein inniges Gefühl von Gott, er streckte sich nach Gott aus mit den Worten: nach dir, Herr, verlangt mich; aber es standen ihm noch seine Sünden besonders die Sünden seiner Jugend im Weg, darüber wollten seiner Seele die Flügel sinken, daher fing er an zu beten: gedenke nicht der Sünden meiner Jugend ꝛc. und der Herr ließ es ihm gelingen, daß er sich auch über dieses niederdrückende Gefühl erheben konnte in unsrem Text: der Herr ist gut und fromm ꝛc. Da kam er 5. in die Classe derjenigen, die Gott in seiner ganzen Güte und Liebe fühlen. Da konnte er erst mit dem tiefsten Eindruck sagen: ach mein Gott wie wunderlich spüret meine Seele dich!

Wie will sich also Gott uns zu fühlen geben? 1. Er will sich uns zu fühlen geben in seiner Güte, daß wir ihm das Zeugnis geben: er ist gut, er kanns nicht böse meinen; er gedenkt gerne an seine Güte, die von der Welt her gewesen ist. Die Güte ist im Herzen Gottes das erste und das lezte; so ist sie auch in der Führung Gottes mit den Menschen das erste und das lezte; darum muß es noch auf das große Loblied hinauslaufen: seine Güte währt ewig; der Herr ist allen gütig und erbarmt sich aller seiner Werke. Wenn der Herr einen seine Güte fühlen läßt, diß überwiegt alle Zweifel unsres Herzens. Er will sich 2. von uns fühlen lassen als ein frommer, oder wie es eigentlich heißt, als ein gerader Gott, der nichts gegen uns zurückbehält, der keine verborgenen, widrigen Gedanken in Absicht aufs Vergangene gegen uns haben und keinen Argwohn in Absicht aufs Künftige gegen uns tragen will. Diß ist, wie es Jak. 1, heißt: die Einfalt Gottes, der jedem, der ihn bittet, einfältig gibt und rückets niemand vor. Wenn diß Gefühl einmal in uns befestigt wird, so stehen wir im rechten kindlichen Sinn, denn auch ein Gläubiger hat sich immer hauptsächlich auf zweierlei Seiten zu wehren, rückwärts und vorwärts. Das Andenken an die vorige Untreue gegen die Gnade will ihn oft blöde und an dem Herzen Gottes irre machen; da wollen ihm aus dem Vergangenen heraus allerlei Zweifel aufsteigen und wenn er vorwärts sieht, wenn er daran denkt, daß er eben noch ein Kind ist, das auf schwachen Füßen steht, wenn er denkt, daß er dem l. Gott nicht viel versprechen kann, so könnte diß ihm sein kindliches Gefühl von Gott bald wieder verrücken. Aber ein tiefes Gefühl von der Geradheit Gottes bewahrt ihn von vorne und von hinten. Wie viel gehört dazu, bis man diese Geradheit Gottes fühlen lernt, und darüber hält! Dazu kommt man nicht, als bis man ein Mensch wird, in deffen Geist kein Falsch ist. Denn unredliche Seelen würden diese Geradheit Gottes nur misbrauchen. Weil aber dieses Gefühl einem Gläubigen oft will verdunkelt werden, so kommt auch noch 3. diß hinzu, daß er die tägliche Unterweisung Gottes auf dem Wege genießt; d. h.: ein Gläubiger begehrt diß Gefühl nicht immer in seiner Gewalt zu haben, er wünscht nur als ein Sünder, als ein Mensch, der in einem Leib der Sünde und des Todes wohnt, alle Augenblick von Gott geleitet zu werden, daß Gott ihn durch seinen Geist und Wort immer wieder in diese zwei Felsenklüfte des göttlichen Herzens, nemlich in die Güte und Geradheit Gottes hineinstelle. Daran kann er sich genügen lassen, so wird er nie stecken bleiben, sondern immer gefördert werden. Man braucht keine besondere Gewisheit, keine außerordentliche Versicherung, sondern man geht auf dem ordentlichen Weg einher. Diß ist das Schlecht und Recht, welches David am Ende des Psalms sich ausgebeten. Bei dieser täglichen Unterweisung gibt man sich 4. in die genaue Führung Gottes hin und will als ein Elender geleitet sein nach dem genauen Recht Gottes. Da fühlt man wie er die Elenden recht leitet, aufs genaueste und läßt sich alle Rechte Gottes gefallen; endlich 5. wird er unser Lehrer, der uns seinen ganzen Weg bekannt macht, daß wir sein ganzes Werk mit uns immer besser übersehen und uns ihm übergeben.

## 61. Leichen-Predigt.
(Am 13. Sonntag nach Trinitatis, 6. Sept. 1789.)
Text: Perikope, Luk. 10, 23—37.

Es ist ein großes Lob vor Gott und Menschen, wenn einer das Zeugnis aus der Welt hinausnimmt, das ein Sterblich in die wenigen Worte zusammenfaßt: der ist wohl hier gewesen. Unser Aufenthalt auf der Welt ist kurz, aber doch wichtig und viel bedeutend und es muß einem etwas anstragen, wenn man am Beschluß seines Lebens zurückdenkt, wie man hier gewesen und was man unter den Lebenden für ein Andenken zurückläßt, ob es im Segen bleibt oder ob unser Name verweset. Der einzige Gedanke, ob man wohl oder nicht wohl hier gewesen, kann einem eine Reihe von 40—80 Jahren, wenn sie dem Fleisch nach noch so süß waren, gallenbitter machen, aber er kann uns auch ein ganzes Leben voll Mühe und Arbeit am Ende versüßen. Was hat man z. E. davon, wenn man in diesem Leben alle Vergnügungen des Fleisches genossen, am Ende aber von dem Gedanken gepeinigt wird: wie reuen mich meine Lebensjahre, die wie ein Geschwäz dahingegangen sind! wenn du dein Leben wieder von vorne anfangen dürftest, so wolltest du es klüger machen! Wie mags einem zu Muth sein, wenn man denken muß: du hast so viel Jahre lang auf das Fleisch gesät, jezt wirst du vom Fleisch das Verderben ernten. Hingegen was schadet es einem, wenn man auch manche trübselige Zeit gehabt hat, wenn es mich nur nicht einmal reuen darf, gelebt zu haben! Wenns einem aber auch ernstlich um diesen Sinn zu thun ist, so gibts doch noch viele Dinge, die eine Reue in uns zurücklassen. Es ist auch der Erfahrung gemäß, was wir singen: ist einer alt an Jahren, so hat er viel erfahren was ihn noch heute kränkt ꝛc. Es ist also keine Kleinigkeit, wenn man sich um das Zeugnis bemühen soll: der ist wohl hier gewesen. Gehet auf den Kirchhof hinaus und schauet auf den Gräbern derjenigen herum, die ihr selber schon zu Grabe begleitet habt: wie viel mögen etwa unter diesen sein, von denen man mit Wahrheit sagen kann: sie sind wohl hier gewesen? So viele aber auch unter ihnen sein mögen, die nicht wohl hier gewesen, so können sie es nimmer anders machen, es bleibt dabei. Aber wenns einem von uns einfällt: du bist bisher nicht wohl auf der Welt gewesen, der kanns noch ändern, der kann noch manches gut machen und die Klugheit der Gerechten lernen. Es sind also diese wenigen Worte eine große und. lange Lection. Wir sollten uns öfters in diesen Gedanken hineinstellen, wir sollten das Wort Gottes mehr aus diesem Blick ansehen, so würden wir manches darin finden, was wir vorher nicht darin gesucht haben.

Was dazu gehöre, einmal wohl hier gewesen zu sein.

I. Das erste ist der Glaube, oder daß man lebendige und bleibende Eindrücke von Jesu ins Herz bekommt. Jesus sagt zu seinen Jüngern: selig sind die Augen, die sehen, was ihr sehet. Vorher wird gemeldet, wie er seine 70 Jünger im jüdischen Lande umhergeschickt, das Volk von dem nahegekommenen Himmelreich und von seiner Erscheinung unter den Menschen zu belehren. Da sie von dieser Gesandschaft zurückgekommen, freute er sich über seine Jünger im Geist und zwar vornehmlich deswegen, daß ihnen etwas von dem Sohn Gottes und von der Offenbarung des Vaters in dem Sohn kund worden. Gleich darauf wandte er sich zu seinen Jüngern insonderheit und sprach: selig ꝛc. Aus allem diesem sieht man, wie viel darauf ankommt, daß man Jesum kennt, denn a. ein Mensch wird Jesu erst alsdann zur Freude, wenn er ihn seinem himmlischen Vater darstellen kann, als einen, der den Sohn kennt. Jesus hätte in seinem Abschiedsgebet mancherlei von den Jüngern sagen können: er hätte theils rühmliche Dinge, theils Fehler von ihnen anführen können; aber er sagt nur das einzige: sie haben meine Worte angenommen und erkannt, daß du mich gesandt hast. Diß war das Größte womit er sie bei seinem himmlischen Vater empfehlen konnte. b. Alle Arbeit Gottes an einem Menschen, besonders in der Christenheit geht dahinaus, daß er seinen Sohn im Herzen offenbart. Der Vater hat im Himmel und auf Erden nichts Größeres und Lieberes, als seinen Sohn und darin will er eben seine große Liebe gegen die Menschen beweisen, daß er ihnen seinen Sohn offenbart und uns zu der Seligkeit bringen will, Jesum zu sehen. Um diß muß es uns also vornehmlich zu thun sein. Wie wirds einem zu Muth sein, der so viel in seinem Leben von Christo gehört und doch keine lebendigen Eindrücke von ihm ins Herze bekommen hat. Wie mags denen gewesen sein, die zu den Zeiten Jesu auf Erden gelebt, ihn gesehen und doch nicht gekannt und erkannt haben, wenn sie in der Ewigkeit eingesehen: der Mann, den wir so oft gesehen und gehört haben, ist der Sohn Gottes gewesen: ei warum haben wir ihn doch nicht erkannt, nicht besser geachtet, wie unverständig sind wir gewesen! Diese haben denken müssen: ach wir sind nicht wohl hier gewesen. Nehmet hingegen den alten Simeon wie es ihm gewesen sein mag, wie er Gott gedankt haben wird, daß seine Augen noch den Heiland gesehen.

II. Laß es dir um das ewige Leben zu thun sein. Es liegt in jedem Menschen etwas von diesem Gedanken, ein Gefühl von jener Welt. Diß lag auch in dem Schriftgelehrten, deswegen machte er diese Frage. Es war noch viel Ungeschicktes daran; es wäre gut gewesen, wenn er Jesum ausgehört und ihm nicht so unzeitig in die Rede gefallen wäre; und doch hat ihn Jesus mit Gedult angehört; denn es gefällt ihm, wenn sich in einem Menschen etwas von der Ewigkeit regt. Diß ist der Faden, woran Gott noch manchen Menschen im Verborgenen hält. Ein Mensch mag sich vereiteln, wie er will: er mag nach Reichthum, nach Ehre, nach Wollust trachten, so viel er will: so wird ihn doch je und je der Gedanke von einem ewigen Leben durchbringen. Nur Schade, daß eine solche Empfindung so bald wieder vorübergeht. Aber wem dieses einmal die Hauptsorge wird, der ist wohl hier gewesen. Trachte also nach dem ewigen Leben und zwar insofern es ein Erbe ist, das dir Jesus erstritten hat und laß es deinen Hauptgedanken sein.

III. Laß dir auch die mancherlei Mühseligkeit dieses Lebens gefallen. Das heutige Evangelium malt uns diese Welt hin, wie sie ist, als eine Welt, da man seine Seele immer in den Händen tragen muß, als eine Mördergrube; die Menschen als solche, die selten daran denken, warum sie da sind. Da gibt es also allerlei zu dulden. Wie mühselig ist der Umgang mit Menschen! unter tausend trifft man wenige an, die auch einmal möchten wohl hier gewesen sein. Diß alles laß dich nicht ermüden und denke: wenn du Geduld geübt hast, so wirds auch von dir heißen: er ist wohl hier gewesen, er ist ewig genesen, man mag mit dir umgehen, wie man will.

IV. Lerne besonders die Lektion der Liebe. Davon wäre viel zu sagen, diß ist die Lektion, die der Schriftgelehrte zu lernen hatte und wir alle. Aber sie ist ein seltenes Gewächs; man findet sie nicht, wo sie zu Haus sein sollte, bei Christen, bei Lehrern; und doch sieht Jesus so darauf. Sie sollte als eine Pflanze in seinem Garten anzutreffen sein; er freut sich aber um so mehr, wenn er auch vor dem Zaun draußen dieses schöne Gewächs antrifft.

Diß sind schöne Personalien, wie die Jünger ihrem Herrn selber geben; wie dort die Glaubigen der verstorbenen Dorkas geben. Deswegen ist so viel Elend auf der Welt, daß die Liebe recht erhoben werde. Diese übe, übe sie an Unglaubigen und Glaubigen; alsdann bist du wohl hier gewesen.

# 62. Leichen-Predigt.

Text: Hos. 11, 1. (27. Nov. 1789.)

An der Tochter des Jairus offenbarte Jesus nicht

nur seine Macht über den Tod, sondern auch seine Liebe zu der Jugend; ja ein Hauptgrund, warum er sie wieder lebendig machte, war seine Liebe. In der Offenbarung rief Jesus dem Johannes, der über den Anblick seiner Herrlichkeit wie ein Todter dahingesunken, das große Wort zu: fürchte dich nicht, ich bin der erste und der lezte; ich ward todt und stehe, ich bin lebendig und habe die Schlüssel der Hölle und des Todes. Diß ist ein Beweis von der Macht Jesu; aber wenn man dabei im Innersten versichert ist: Jesus liebt mich, er wird also diese Macht zu meinem Besten gebrauchen, er wird auch an mir zeigen, daß seine Liebe stärker sei, als der Tod, er wird zeigen, daß er sich die Seinigen weder vom Tode noch von der Hölle rauben läßt, so kann man sich erst über diese Macht Jesu recht freuen. Wenn man acht gibt, wer diejenigen Personen gewesen, an denen er schon bei seinem Wandel auf Erden die Macht über den Tod bewiesen, so finden wir, daß es lauter junge Leute gewesen. Die Tochter des Obersten war das erste Exempel, auf diese folgte der Jüngling zu Nain und das lezte Exempel war Lazarus, ein Bruder der Maria und Martha. Wir dürfen also aus diesen Exempeln wohl den Schluß machen, daß sich Jesus mit seiner Liebe gerne auch an der Jugend offenbare. Aber eben diß soll uns auch auf den andern Gedanken bringen: wenn Jesus seine Liebe so gerne an der Jugend offenbart, so soll ich ihm auch nicht im Wege stehen, so soll es mir darum zu thun sein, seiner Liebe entgegenzugehen und sie so anzuwenden, daß ich dem Führer und Meister meiner Jugend gehorsam und getreu sei.

L. Z. unsre verstorbene Mitschwester ist noch in dem Jugendalter gestorben; wir dürfen es der Treue Jesu zutrauen, er werde sich mit seiner Liebe an ihr nicht unbezeugt gelassen haben. Sie wird in jener Welt einsehen nicht nur, was sie von diesem Führer ihrer Jugend genossen, sondern auch, was sie hätte genießen können, wenn sie ihm ihr Herz ganz übergeben, ihre ganze Jugend aufgeopfert hätte. Wir wollen also bei ihrem

Sterben den Herrn kennen lernen, der uns von Jugend an geliebt hat.

**Die große Liebe Gottes und Jesu Christi gegen uns schon von unsrer Jugend her.**

I. Wie wir uns vom Geist Gottes öfters an diese Liebe sollen erinnern lassen. Wir erinnern uns alle gern unsrer Jugendjahre: aber meist nicht auf die rechte Art. Wenn wir z. E. unsre Jugend in den Freuden dieser Welt zugebracht haben, so thut es uns, nach dem Leichtsinn unsrer Natur, oft im Alter noch wohl, wenn wir zurückdenken, wie wir da oder dort gelebt und mit der Welt mitgemacht haben. Daher kommt es: daß die Alten sich ihrer Jugendstreiche oft noch rühmen, da es doch einmal Zeit wäre, darüber Buße zu thun. Oder wenn man eine harte Jugend gehabt, so weiß man sich etwas darauf und denkt, man habe dadurch ein Recht bekommen, sich im Alter desto eher etwas zu gut zu thun. Und so gibt es noch mancherlei Arten, sich seiner Jugend zu erinnern; aber eben meistens so, daß man bei diesem Andenken nichts für das Herz gewinnt. So gehts allemal, wenn man bei diesem Zurückdenken den Meister seiner Jugend nicht selber dazunimmt, oder sich nicht von ihm selber sagen läßt. In unsrem Text führt Gott selbst das Volk Israel auf seine erste Zeit zurück, aber so, daß er dasselbe zu einer innern Beschämung bringen möchte. Er will ihnen sagen: in eurer ersten Zeit seid ihr mir gehorsamer gewesen, als jetzt; damals konnte ich mit meiner Liebe besser an euch kommen, aber jetzt achtet ihr auf mein Rufen nimmer viel. Er will ihnen damit zu verstehen geben, wenns dir nur noch so wäre, wie ehmals. Ehmals habe er mehr Zugang zu ihrem Herzen gehabt, aber nun seien sie gegen ihn verschlossen. Es liegt also in diesen Worten ein doppelter Vorhalt, sowohl was Gott von Anfang an ihnen gethan, als auch, wie es damals bei ihnen ausgesehen. In diesem doppelten Blick wollen wir unsere Jugend ansehen. Also

a. was hat Gott von Jugend auf an mir gethan? Kann ihm eines unter uns mit Recht vorwerfen: er hat mich laufen laſſen, er hat ſich nichts um mich bekümmert, wenn er mir nur auch gute Bewegungen geſchenkt hätte. So wird keiner mit Grund zu ihm ſagen können. Gott iſt ja ein Liebhaber der Menſchen und mit dieſer Liebe fangt er an, ſo bald er kann, gleich frühe. Deswegen kann er zu einem jedem unter uns ſagen: da du jung warſt, hatte ich dich lieb, ſchon da bin ich dir nachgegangen, ſchon da wollte ich dich zubereiten, meine Liebe ganz genießen zu können. Diß iſt alſo ſchon etwas Großes, daß ſein Herz von Jugend an, gegen uns offen ſteht.

b. Wie hat er ſeine Liebe gegen mich geoffenbart? Text: ich rief ihn meinen Sohn in Egypten, oder ich nahm mein Volk ſchon in Egypten als meinen Sohn an. Darin lag ſchon der ganze Liebesplan Gottes gegen ſein Volk, daß er ihnen bezeugte, er wolle ſie nicht nur lieben, wie andere Völker, ſondern er wolle ſie zu ſeinem eigenen Volk aufnehmen, ſie auf der ganzen Erde, als das Volk aufſtellen, das Gott in beſonderem Verſtand zu ſeinem Gott habe. Auch wir haben etwas von dieſer Liebe erfahren, wenn wir anders zurückdenken mögen. Er iſt auch ſchon in unſrer Kindheit unſer Gott worden; er wird uns auch einmal daran erinnern: da du noch ein Kind warſt, habe ich dich ſchon als mein Kind aufgenommen und dir verſprochen, dein gnädiger Gott und Vater zu ſein. Und in dieſer unſrer Aufnahme an Kindesſtatt liegt auch der Beruf, nach welchem er uns von Jugend an aus der Welt herausziehen und uns der vergänglichen Luſt der Welt entreißen will. Diß ſind Beweiſe ſeiner Liebe, die wir nicht ableugnen können, und wenn wir ſie vergeſſen wollten, ſo wird er uns ſchon daran mahnen, ja

c. ebendarin beſteht ſeine Liebe gegen uns, daß er uns oft diß Andenken ſeiner Liebe erneuert, daß er uns einfallen läßt: was hat Gott an dir gethan! Aber Schade, daß wir uns ſo ungern daran erinnern laſſen.

II. Wie ſollen wir nun dieſe Liebe anwenden? a. Erinnere dich öfters aller der Gnade und Gnadenzüge, die von deiner Jugend an an dein Herz gekommen sind, so wirst du sehen, daß es Gott ein Ernst war, dich selig zu machen und daß es ihm darum zu thun ist, dich nicht dahinten zu lassen. Du wirst finden, daß er sich dir schon von Jugend an als ein Führer angetragen hat. b. Besinne dich, warum Gott so früh mit seinen Gnadenzügen angefangen hat. Er wollte dein Herz ergreifen, da es noch weich war, er wollte seinen Samen bald in dich hineinsäen, weil er wohl wußte, daß sein Feind auch hintennach kommen und Unkraut in dich säen werde. Deswegen hat er den guten Samen früh säen wollen, daß dieser von dem Unkraut nimmer ganz unterdrückt werden könne. Man weiß aus der Erfahrung, daß auch die ausgeartetsten jungen Leute in ihren jüngern Jahren eine Zeit gehabt haben, da sie sehr ordentlich und liebenswürdig waren. c. Wenn du im Zurückdenken an deine Jugendjahre denken mußt: ich bin abgekommen, ich bin nimmer, wie vorher, so laß es zu deiner Beschämung und Demüthigung auf der einen Seite dienen, auf der andern aber raffe dich auf und schließe dich an die erste Liebe Gottes gegen dich an, — Jesu hilf siegen, ach wer muß nicht klagen ꝛc. Es ist leider bekannt, daß es mit uns meistens den Krebsgang geht. Die Schuljahre sind meistens nimmer wie die Kinderjahre und wenn bei unsrer Confirmation etwas Gutes sich zeigt, so kommt die Welt mit ihren drei Götzen hinter uns und nimmt uns wieder den Confirmationssegen und da wirds gemeiniglich schlimmer als vorher. Da thuts weh, wenns einem einfällt: ach der Herr Jesus hat mich lieb gehabt, aber ich bin abgekommen. Solche Erinnerungen brauche, den Führer deiner Jugend aufzusuchen. d. Brauche alle seine ehemaligen Züge, daß du dich aus Egypten rufen lässest.

# 63. Leichen-Predigt.

(Am Feiertag des Thomas, den 21. Dec. 1789.)

Text: Jes. 40, 6—8. nebst der Perikope Joh. 20, 24—29.

Es spricht eine Stimme: predige ꝛc. So befiehlt

der Herr mit seinem Volk zu reden Jes. 40, 6—8 und zwar mitten unter die lieblichsten Verheißungen hinein, die er seinem Volk auf die zukünftige Zeit geben ließ. Vor diesen Worten redet er von der Zukunft Christi ins Fleisch und bezeugt, wie durch dieselbe die Herrlichkeit des Herrn soll offenbar werden und nach diesen Worten sieht er schon auf die zweite Zukunft hinaus, wann er kommen wird und sein Lohn bei ihm und seine Vergeltung vor ihm sein wird. Da möchte man wohl denken, diß Zeugnis von der Hinfälligkeit des Menschen stehe am unrechten Ort. Aber es steht doch am rechten Ort. Zwei Wahrheiten sollen wir glauben lernen: die eine ist die Wahrheit von unsrer Hinfälligkeit und Nichtigkeit, die andere ist die Wahrheit von der Herrlichkeit des Herrn, womit er sich an so nichtigen Creaturen, wie wir sind, verherrlichen will. Wenn man diese zwei Wahrheiten mit einander verbindet, so wird man nie verzagen, aber auch sich nie erheben; da wird man erst recht froh, daß ein Evangelium in der Welt ist und daß diß Evangelium einen Herrn predigt, der Leben und unvergängliches Wesen ans Licht gebracht hat. L. Z. ihr habt an dem heutigen Leichenbegängnis einen neuen Beweis von der Wahrheit unsrer Eingangsworte. Wie bald und wie unvermuthet ist unsre verstorbene Freundin verwelkt und wie hat der Geist des Herrn dareingeblasen! Ihr Grab predigt uns allen: ach wie nichtig, ach wie flüchtig ist der Menschen Leben! Wir wollen also heute uns alle vor den Spiegel unsrer Hinfälligkeit hinstellen. Ach was ist Gutes an dem armen Menschenleben, wenn es auch noch so köstlich ist? Was ist es um alle Vergnügungen dieser Welt? man muß eben doch verwelken. Was ist es um alle Güter dieser Erde? man muß eben doch verwelken. Was sind alle Anschläge, die der Mensch oft macht, wie er sich emporschwingen, wie er sich durch die Welt durchbringen wolle? man muß doch verwelken und alsdann sind alle diese Anschläge verloren. Es ist gut, wenn man sich oft in diese Gedanken hineinstellt und nach unsern Eingangsworten soll mans ja unter die Menschen hineinpredigen. Denn diese Predigt ist eine gute Vorbereitung auf das

Evangelium der Herrlichkeit. So kann auch der Tod unsrer verstorbenen Freundin uns unser heutiges Evangelium erst recht annehmungswürdig machen.

Der wahre Trost des Evangeliums gegen unsre Hinfälligkeit.

I. Wir haben einen Herrn, der Leben und unvergängliches Wesen ans Licht gebracht hat. Der größte Beweis unsrer Hinfälligkeit liegt im Tode, denn dahin ging der richterliche Ausspruch schon im Paradies: du bist Erde ꝛc. Wir haben zwar außer dem Tode noch manche Beweise unsrer Hinfälligkeit. Der ganze Prediger Salomo ist ein aneinanderhangendes Zeugnis von der Eitelkeit aller Dinge und wie auf dieser Erde nichts Bleibendes anzutreffen sei, wie alles verwelke; aber doch ist der Tod der höchste Beweis davon. Diß ist ein Blick, der den Menschen sehr demüthigen muß, ja ein Blick, der ihm alle Hoffnung abschneidet. Was wäre nun das für ein elendes Leben in der Welt, wenn wir keine andere Aussicht hätten, als diese: du mußt einmal verwelken und verdorren? da gehörten wir unter die, die keine Hoffnung haben. Es ist zu verwundern, daß so manche Menschen in der Welt dahin gehen, die das Gericht von ihrem Verwelken in sich tragen und oft wider ihren Willen fühlen und doch nicht um eine bessere Hoffnung bekümmert sind. Und doch gönnt es uns der Herr Jesus so gerne und es ist ihm darum zu thun, uns zu überzeugen, er allein sei der, der Leben und unvergängliches Wesen ans Licht gebracht hat. Seine Jünger standen in einem tiefen Gefühl von der Hinfälligkeit und Eitelkeit: sie sahen sich ihres Herrn und Meisters beraubt und weil sie durch den Lauf Jesu noch nicht durchsahen, so mögen allerlei finstere Gedanken in ihnen aufgestiegen sein; sie mögen gedacht haben: unser l. Meister hat eben doch seine Sache nimmer ganz ausführen können, er ist darüber hinweggestorben und nun ist es auch um uns gethan. Es kam ihnen vor, als wenn alles verdorrt und verwelkt wäre. Aber nun sehen sie ihn in ihrer Mitte, sie sehen, daß alle vorige Schwachheit hinweg ist, sie fühlen alle seine Lebenskraft und sie genießen das Wort, das er ihnen wenige Tage vorher gesagt hatte: ich lebe und ihr sollt auch leben. Er ist also der Herr, der unsre Hinfälligkeit verschlungen hat. Wer diesen Herrn nicht kennt, dem bleibt freilich nichts anderes übrig, als zulezt ein Verzagen. Aber wohl uns, daß wir wissen, wie er uns dem Tode entrissen. Und davon möchte er uns gerne recht gewis machen: deswegen stellt er im heutigen Evangelium seine Wunden zu Bürgen. Durch diese hat er uns aus unsrem verwelkten Zustand errettet: seine Hände, seine Füße, seine offene Seite, aus der ein doppelter Balsam der Unvergänglichkeit herausgeflossen. Wohl dem, der diß glauben kann. Ein solcher Glaube bringt auch

II. ein rechtes Glaubensbekenntnis. Als Thomas in das Wort ausbrach: mein Herr, und mein Gott, wurde es auf einmal helle, so finster es vorher gewesen. In diesem Bekenntnis ist das Vergangene und Zukünftige zusammengefaßt. Er sagt: mein Herr, und damit sieht er auf das Vergangene; es war ihm zu Muth, wie einem treuen Diener, der seinen Herrn eine Zeitlang vermißt und nach überstandener Gefahr auf einmal wieder sieht. Es freuete ihn, daß er schon vorher drei Jahre lang an ihn geglaubt, ihn gehört, ihm gefolgt. Er wollte damit sagen: du bist noch jezt und jezt mehr als vorher mein l. Herr und Meister! Wie lieb ist mirs, daß ich an dich geglaubt habe! Sehet, l. Z., so müssen wir Jesum zu unserm Herrn haben, es muß einmal unsere Uebergabe an ihn richtig sein. Es können wohl Stunden kommen, da wir denken: was hast du davon, daß er dein Herr ist? Aber es werden auch Zeiten kommen, da du dich freuen wirst, daß du ihn zum Herrn hast. Im Tode, in der Ewigkeit wird dichs freuen, da wird dirs erst versiegelt werden: diß ist der rechte Herr, ich hätte mich keinem bessern übergeben können. Das zweite heißt: mein Gott; da fand Thomas an Jesu das, was er vorher nicht so deutlich gesagt. Das war ein Blick in die Kraft des unauflöslichen göttlichen Lebens in Jesu, da fand er: dieser ists, an den ich mich auf Zeit und Ewigkeit halten kann.

III. Lerne also über alles Sichtbare hin=

aus und in das Unsichtbare sehen. Der Begriff von unsrer Erlösung geht über alle Vernunft hinaus. Die Vernunft sieht nur auf das Sichtbare und Gegenwärtige, aber der Glaube sieht weiter. Darum sagte Jesus: selig sind, die nicht sehen und doch glauben. Es ist eine wunderbare Sache um unsere Erlösung und um den Halt an unsern Erlöser. Man sagt uns immer so viel von Jesu und wir haben ihn doch nie gesehen und sollen doch glauben: da hat man zu thun, bis man das Vergangene sich gegenwärtig macht: den Tod' Jesu, seine Auferstehung, seine Himmelfahrt. Wiederum sagt man uns so viel von dem Zukünftigen, von der Erlösung und wir sehen sie doch nicht; wir müssen sterben und der Tod soll doch überwunden sein. Wir sollen Unvergänglichkeit haben und es ist doch lauter Verwelken da u. s. f. Da heißt es wohl: selig sind, die nicht sehen und doch glauben; glauben: ich werde es doch so finden, wie es das Wort Gottes sagt; aber es soll doch nicht fehlen an rechten Augen 2c.

## 64. Leichen-Predigt.

Text: Joh. 13, 7. (8. Febr. 1790.)

Ihr kommet von einer Leichenbegleitung zurück, die mit manchen Thränen der Wehmuth, der Liebe und des Mitleidens verbunden war, von dem Grabe eines Mannes, den der Herr in der Hälfte der Tage hinweggenommen, von dem Grabe eines Ehegatten, dessen Witwe seiner Leiche von Haus aus mit wehmüthigen Blicken nachsehen muß, von dem Grabe eines Vaters, dessen Tod 10 Kinder zu Waisen machte und worunter noch solche sind, die den Verlust eines Vaters noch nicht einmal fühlen und überdenken können. Lauter Umstände, die unser ganzes Mitleiden auffordern, aber auch Umstände, die uns auf den Weg und die Führung Gottes aufmerksam machen sollen. Und wie die Liebe ihr Geschäft dabei hat, so hat es auch der Glaube. Gott handelt mit den Menschen oft so, daß man denken möchte: diß hätte er nicht thun sollen, oder da sei er zu hart verfahren, da habe er nicht nach der Liebe, sondern nach der Schärfe gehandelt. Aus einer solchen Verwirrung der Gedanken kann einem allein der Glaube heraushelfen. Die Menschen sind insgemein gewohnt, bei traurigen Fällen sich selber mit dem Wort zuzusprechen: was Gott thut, das ist wohlgethan. Diß ist ein schöner Trost, aber man muß ihn auch verstehen und recht gebrauchen können. Und da fehlt es meistens, denn man will damit gemeiniglich das erste Gefühl des Schmerzens betäuben und sich die Mühe ersparen, über das aufgelegte Leiden in der Stille nachzudenken und ins Heiligthum Gottes zu gehen. Anstatt das Kreuz auf sich zu nehmen, will man es mit einem solchen übereilten Trost von sich abschütteln; allein das Kreuz bleibt und hintennach kommt erst das Murren und die Unlittigkeit und so schlägt sich der Mensch selber auf den Mund und nimmt sein erstes Bekenntnis wieder zurück. Ein solches Bekenntnis, daß man zu allem sagen kann: was Gott thut, das ist wohlgethan, erfordert eine lange Bekanntschaft mit den Wegen Gottes, es gehört etwas dazu, bis man Gott in allem gleich Recht geben kann. Der treue Knecht Gottes, Moses, war 120 Jahre alt, da er die Worte aussprach: treu ist Gott und ist kein Böses an ihm; er ist ein Fels und alle seine Werke sind unsträflich. Wenn wir also zu einem solchen Trost noch zu jung sind, so wollen wir lieber mit Assaph sagen: das ist das Schwachsein, das für mich gehört: ich sprach: ich muß biß leiden, die rechte Hand des Höchsten kann alles ändern. Gott ist es gewohnt, daß unsre Vernunft ihm öfters widerspricht und ihren Kopf zu seinem Wege schüttelt. Er weiß unsre verborgenen Aergernisse besser, als wir selber; er hat aber auch Gedult mit uns. Er kann sichs gefallen lassen, wenn wir uns über seinen Weg aufhalten. Er kann aber auch warten, bis wir ihm recht geben. Und auf dieser Seite wollen wir auch den gegenwärtigen betrübten Todesfall ansehen und unsern Text verstehen lernen.

**Das rechte Verhalten eines Gläubigen bei dunkeln Wegen Gottes.**

I. Sich in seinen Unverstand und Unwissenheit von dem Weg Gottes versenken.

Unsre Textworte sind eine Anrede Jesu an Petrus bei der Fußwaschung. Jesus handelte da ganz besonders, daß seine Jünger es nicht verstehen konnten, was er damit wollte. Er erniedrigte sich, als ihr Herr und Meister so, daß er ihnen die Füße wusch, da es vielmehr umgekehrt hätte sein sollen. In dieses konnte sich Petrus nicht finden und protestirte dagegen ernstlich mit dem Wort: nimmermehr sollst du mir die Füße waschen, bis Jesus ihm bezeugte, er soll es nur geschehen lassen, wenn es ihm schon widersinnig vorkomme. Er wisse zwar nicht, was er jezt thue, er werde es aber schon hernach erfahren, ja es komme so viel darauf an, daß er keinen Theil an ihm habe, wenn er sich nicht waschen lasse. Jesus wollte also seinem Jünger nicht gleich alles erklären, warum er so handle, sondern wollte nur schlechthin Gehorsam von ihm, einen Gehorsam in Unwissenheit. Es kommt in der Führung Gottes mit den Menschen je und je etwas vor, da er nicht anders mit uns sprechen kann, als wie Jesus mit Petrus. Gott kann sich nicht in lange und umständliche Erklärungen mit uns einlassen, sondern er muß eben in seiner Sache fortmachen. Diß geschieht besonders bei Sterbfällen. Und so ist auch der gegenwärtige Fall. Wenn Gott hierüber mit uns zu Rath gegangen wäre, so hätte er nicht so handeln dürfen, so würden wir noch mehr als Petrus protestirt haben. Allein wir wollen uns eben jezt in unsern eigenen Unverstand versenken und dem Herrn Recht geben. Unser l. Verstorbener wußte auch selbst nicht, was der Herr mit ihm thue, und warum er so handle. Er hätte denken können: es käme mir doch wohl, wenn ich noch länger leben dürfte, wenn ich auf jene Welt noch weiter geübt und vorbereitet würde, wenn ich noch mehr auf die Ewigkeit ausstreuen könnte. Er hätte denken können: es wäre doch gut, wenn ich noch länger unter den Meinigen lebte, ich würde mich mit erneuertem Vorsaz unter sie hineingestellt und sie die Wege des Herrn gelehrt haben. Und so könnte auch seine Witwe denken: wie gut wäre es mir gekommen, wenn ich an meinem Ehegatten noch länger eine Stüze gehabt hätte: ich hätte ihn wieder aufs neue aus der Hand Gottes angenommen. Und noch mehr könnten die verlaſſenen Waiſen ſagen: ach wir könnten unſern Vater auch noch länger brauchen, warum ſollen wir ihn ſchon ſo frühe miſſen, warum ſo bald in den Waiſenſtand verſezt werden? diß ſind lauter Vorſtellungen, die Gott unſrer Meinung nach hätte können und ſollen gelten laſſen. Aber er hat eben doch in der Sache fort= gemacht und läßt uns nichts, als das Wort: was ich thue, weißt du jezt nicht. Er will alſo, wir ſollten uns in unſre Unwiſſenheit in den Wegen Gottes verſenken. Und diß iſt freilich jezt das Nächſte für uns. So ſchwer dieſe Lektion iſt, ſo iſt ſie doch die einzige und beſte; und wenn wir ſie recht lernen mögen, ſo ſind wir vor man= chen Abweichungen unſers Herzens verwahrt. Wir ſind verwahrt

1) vor den Aergerniſſen unſers Herzens, daß wir nicht in ein heimliches Murren und Empören wider Gott hineinkommen, ſondern ihm Recht geben, wenn wir es ſchon nicht wiſſen und verſtehen. 2) Vor vielen über= flüſſigen Gedanken, die ſich in dergleichen Fällen gerne dazuſchlagen, da wir bald diß, bald jenes rathen und doch dabei verkehrt urtheilen. Wenn wir aber diß Ver= ſenken in unſern Unverſtand recht lernen, ſo kommt zu= lezt eine wahre Beruhigung heraus; denn wir ſehen, daß kein anderer Weg übrig iſt und man lernt in ſich ſeine Schwachheit immer beſſer finden und ſieht ein: a. ich ſolls nicht wiſſen, denn mancher Weg wäre nicht göttlich, wenn wir ihn gleich verſtänden; es iſt unerforſchlich, wie er regiert. b. Ich kanns nicht wiſſen: ich bin noch zu jung und zu minderjährig dazu; wenn mirs Gott auch erklären wollte, ſo verſtände ich es doch nicht. c. Ich wills auch jezt nicht wiſſen, daß ihn mein Glaube deſto beſſer ehren kann. Denn er iſt ein Gott, den man nur hinten nach ſehen kann. Man muß ſich mit den Worten Luthers tröſten: „nicht wiſſen, wohin du geheſt, das heißt erſt wiſſen, wohin du geheſt." Unter dieſer Unwiſſenheit

wird man vorbereitet, daß man erst hintennach den Weg
Gottes versteht. Und das ist das zweite,

II. nemlich man darf sich bei aller Unwissenheit
doch in die Hoffnung aufschwingen: ich werde
es nachher erfahren. Denn Gott wird sich noch über
alle seine Wege mit uns rechtfertigen und am Ende wird
es heißen: er hat alles wohl gemacht. Am Ende kann
man erst sagen: was Gott thut, das ist wohl gethan.
Mit einer solchen stillen Hoffnung sollen wir alles Leiden
übernehmen. Aus unsrer Unwissenheit muß erst der
Verstand, wie eine Blume aus dem Mist hervorwachsen.
Es denke nur ein jeder in der Stille über seinen Lauf
nach, so wird er finden, wie Gott so manches gethan,
das man anfangs übel verstanden und doch nachher ein=
gesehen hat. Selbst bei dem Lauf der liebsten Kinder
Gottes geht es so, z. E. beim Lauf Josephs. Und mit
diesem wollen wir uns auch gegenwärtig trösten. Unser
l. Verstorbener wirds inne werden in der Ewigkeit und
dem Herrn Recht geben. Seine Witwe wirds inne wer=
den, wenn sie dabei glauben lernt; ihre Waisen werdens
inne werden; auch die Mitleidtragenden. Aber bei diesen
dunkeln Wegen ist das Lieblichste diß, daß es darauf an=
gesehen ist, daß wir darunter Theil an Jesu bekommen.
Diß verherrlicht alle Wege Gottes mit uns. Ihm sei
Ehre. Amen.

## 65. Leichen-Predigt.

Text: Joh. 14, 2. (21. Juli 1790.)

Vater, ich will, daß, wo ich bin, auch die bei mir
seien, die du mir gegeben hast ꝛc. Diß sind Worte Jesu
in seinem Abschiedsgebet, Joh. 17, 24. Sie sind ein
Zeugnis von der großen Liebe, womit er die Seinigen
geliebt hat, nicht nur bis ans Ende seines Laufs, sondern
die er auch nachher gegen sie in seinem Herzen behielt
und mitnahm auf den Thron der Herrlichkeit. Was
mögen die Jünger in ihrem Innersten gefühlt haben, da
sie ihren Herrn so beten hörten! Was muß es ihnen
für ein Trost gewesen sein, daß sie denken durften, wir

werden nur auf kurze Zeit von ihm getrennt, wir sind so mit ihm verbunden, daß kein Tod diese Verbindung aufheben kann, es ist ein Band, das in alle Ewigkeit fortwährt. Ja diese Worte mußten ihnen nun so gewisser sein, da sie so viele herrliche Verheißungen auf die Zukunft von ihrem Herrn empfangen hatten, z. E. die große Versicherung Mat. 19, 28., wiederum die herrliche Verheißung, womit er ihren Rangstreit beigelegt und sie zugleich einer gewissen Belohnung ihrer bisherigen Treue versichert Luc. 22, 28—30. Diß sind lauter Verheißungen, die in die ferne Zukunft gehen, deren Erfüllung die Jünger selbst noch nicht erlebt haben, deren Erfüllung sie auch in jener Welt noch entgegensehen. Gleichwie nun diese Verheißungen auf weite Zeiten hinausgehen, so gab er ihnen auch eine nähere Verheißung, deren Genuß gleich nach Vollendung ihrer irdischen Laufbahn anfangen sollte. Er versprach ihnen, sie sollen nach dem Tod in das Haus ihres Vaters aufgenommen werden, in welchem viele Wohnungen seien und er werde bei seinem Hingang dafür besorgt sein, ihnen insbesondere eine Stätte und Wohnung daselbst zu bereiten. Wenn wir nun diese zwei Verheißungen zusammennehmen, so sehen wir, wie ein Glaubiger so gut berathen ist und wie Jesus für die Seinigen sorgt, sowohl gleich nach dem Tod, als auch bis auf den Tag der Offenbarung hinaus. Denn ein Glaubiger kann sich damit trösten: ich lebe oder sterbe, so bin ich des Herrn.

Wie das Haus des Vaters das große Augenmerk eines Glaubigen im Hause seiner Wallfahrt sei, dadurch

I. daß er seines Antheils daran schon hier gewis werde. Es ist etwas Seliges, wenn ein Mensch seiner Sache auf die Ewigkeit gewis ist und diese Seligkeit ist desto größer, da die meisten in diesem Stück aufs Ungewisse dahinlaufen und entweder sich keine Mühe geben, zu einer Gewisheit zu kommen, oder bei ihrem finstern und trägen Unglauben es für unmöglich halten. Und doch gehört es einem Glaubigen zu, daß er weiß, wo es mit ihm hingeht; und man soll es nicht nur wissen, sondern man kann es auch wissen. Es liegt also einem Gläubigen daran, seines Antheils an dem Haus des Vaters gewiß zu werden und der Geist Gottes ist ihm auch gerne dazu behilflich. Das Wort Gottes redet von zweierlei Häusern, mit denen ein Mensch, dem es um jene Welt zu thun ist, bekannt sein muß. Das erste Haus ist das Haus dieser Wallfahrt, von welchem David einigemal in seinen Psalmen redet. Unter diesem Haus ist theils unser Lauf durch die vergängliche Welt gemeint, theils unser Aufenthalt in dieser zerbrechlichen Hütte des Leibes. Der Plaz also, wo wir uns in dieser Welt aufhalten, ist ein Haus der Wallfahrt, d. i. ein Plaz, wo wir nicht immer bleiben. Er mag so gut sein, als er will, so müssen wir ihn eben verlassen und er mag so beschwerlich sein, als er will, so dürfen wir ihn einmal verlassen. Die Leute, mit denen wir umgehen, gehören auch zum Hause unserer Wallfahrt. Unsere Verbindung mit den meisten ist also eine Sache von kurzer Dauer, es geht bald wieder auseinander, es hebt sich bald auf. Und so verhält es sich auch mit unsrem eigenen Leib. Auch dieser heißt 2 Kor. 5 ein Haus dieser Hütte; wir sind also in unserem eigenen Leib nicht zu Haus und müssen oder dürfen ihn einmal ablegen. Wer diß von Herzen glaubt, der kann unmöglich dabei stehen bleiben, sondern es muß ihm um einen bleibenden Plaz zu thun sein. Er sehnt sich nach einem Haus, das ewig ist in den Himmeln, er sehnt sich nach Menschen, in deren Umgang er immer sein kann und er ruht auch nicht, bis er etwas Gewisses von einem Haus weiß, da er bleiben darf. Mit einem solchen kann man von dem großen Haus des Vaters reden. Aber traurig ist es, wenn man noch unter die Leute dieser Welt gehört, unter die Kinder dieses Zeitlaufs.

Das zweite Haus, mit dem sich ein Gläubiger bekannt macht, ist das Haus Gottes, wie es Paulus 1 Tim. 3 nennt, oder die Gemeinde Gottes; es ist das, von dem er auch Ebr. 3 redet, welches Haus sind wir, wenn wir anders das angefangene Wesen bis ans Ende festbehalten. In diesem Haus soll man von Rechtswegen verbürgert sein, wenn man seiner Sache auf die Ewigkeit gewis sein will; und unsre Bürgerschaft darin muß schon auf dieser Welt ausgemacht und richtig sein. Diß ist das Haus, an dem der Herr schon viel tausend Jahre baut und das noch heranwachsen wird zu einem heiligen Tempel in dem Herrn, zu einer Behausung Gottes im Geist. Das sind also selige Menschen, die sagen können, wie Paulus Eph. 2, 19. schreibt: so sind wir nun nicht mehr Gäste und Frembdlinge ꝛc. Um diß Haus ist es einem Gläubigen zu thun. Wem daran liegt, daß er in diesem Haus verbürgert sei, der hat das rechte Augenmerk. Bekümmere dich also um einen rechten Antheil an der Gemeinde Gottes, suche die Leute auf, mit denen du einmal einen ewigen, ununterbrochenen Umgang wirst genießen dürfen. Fliehe den großen Haufen und liebe die kleine Heerde.

Das dritte Haus, ist endlich das Haus des Vaters. Diß ist das Haus dem wir entgegen gehen. Wir können freilich in unsrer gegenwärtigen Frembdlingschaft noch nicht vieles davon reden, wir können nicht anders davon reden, als von einem Ort, den wir noch nicht selber gesehen, den wir uns nur haben beschreiben lassen; aber doch dürfen wir uns auf diese Beschreibungen verlassen. Es ist das Haus des Vaters, wo sich Gott uns nicht nur als Gott, sondern auch als der Vater Jesu Christi offenbaren will; es ist ein Haus, wo wir vom Vater in guter und sicherer Bewahrung aufbehalten werden, bis auf den Tag, da Christus, unser Leben, wird offenbar werden; es ist ein Haus, wo wir bei Christo unserm Herrn sind, so wie der Schächer gleich nach dem Tod bei Christo im Paradiese war; es ist ein Haus, das aus vielen Wohnungen besteht, da immer eine herrlicher ist, als die andere. So wie die Herrlichkeit in der Auferstehung verschieden ist, so wird auch noch vorher die Herrlichkeit dieser Wohnungen verschieden sein. Und wie der Tempel aus vielen und vielerlei heiligen Plätzen bestand, da immer ein Platz heiliger war, als der andere, so sind auch diese Wohnungen, und es wird jeder eine Wohnung bekommen, die seiner jezigen Verwandtschaft mit Christo gemäß ist. Diß ist also das Haus, in das ein Glaubiger sucht aufgenommen zu werden, wenn er aus dem Hause dieser Wallfahrt ausgeht. Er begehrt also auch

II. in der Hoffnung einer seligen Aufnahme in diß Haus einmal abzuscheiden. Was gehört aber zu dieser Hoffnung? 1) Erkenne dich gerne als ein Fremdling und wehre dich gegen die fleischlichen Lüste, die in deinem Hüttenhaus die Seele bestreiten; denn da könntest du das Haus, das ewig ist, verlieren. Es soll schon jezt der neue Bau in uns angelegt werden und wir sollen davon eine Gewisheit haben in uns. 2) Bekenne dich gerne zur Gemeinschaft der Heiligen. In jenem Hause des Vaters sind lauter Heilige und Glaubige. Wie willst du bei diesen sein, wenn du jezt nichts nach ihnen fragst, oder sie gar verwirfst? Hingegen wird dich dort ihre Gemeinschaft noch mehr freuen. 3) Glaube, daß diß ein Hauptgeschäft Jesu vor seinem Hingang war, auch dir eine Stätte zu bereiten; denn es liegt ihm daran, die Seinigen versorgt zu wissen; und eben so liegt auch dem Vater daran, die Kinder, die der Herzog der Seligkeit zur Herrlichkeit einführt, zu berathen. 4) Freue dich Jesu, als des großen Priesters über das Haus Gottes, der sich deiner auch in des Vaters Haus annehmen wird und dich zubereiten auf seinen großen Tag. Wie selig ist ein Mensch, der ein solches Zeugnis des Glaubens in sich trägt und sich auf diß Ziel vorbereiten läßt. Herr du wollst mir Gnade geben, die zum Ernst im Kampf mich treibt, bis mein Geist nach diesem Leben in des Vaters Hause bleibt. Amen.

# 66. Leichen-Predigt.

Text: Ps. 90, 12. (19. Sept. 1790.)

Die lezten Dinge, die in der christlichen Lehre vorkommen, sind Dinge von größter Wichtigkeit. Es gehört zu denselben der Tod, die Ewigkeit, oder der Zustand nach dem Tode, die Auferstehung der Todten, das Gericht, das ewige Leben, die ewige Verdammnis — lauter Worte, die Einem, der nicht gar in den tiefsten Leichtsinn versunken ist, wie ein Schwert durch die Seele dringen müssen; lauter Dinge, denen jeder Mensch entgegensteht, die gewis und unfehlbar kommen werden. Und doch wollen die Wenigsten daran denken, theils, weil man nur aufs Gegenwärtige sieht und es den Meisten um den leeren, marklosen Genuß der sichtbaren Welt zu thun ist, theils, weil man sich scheut, diesen fürchterlichen Dingen unter das Gesicht zu sehen. Denn es ist bei diesen Dingen das Liebliche und Schreckliche so mit einander vermengt, daß man, wenn noch kein Glaube im Herzen ist, nur das Fürchterliche daran sieht. Unter diesen lezten Dingen ist der Tod das erste. Schon dieser hat manches Erschütternde an sich, sowohl für unsre Natur, als für unser Herz und Gewissen. Es ist etwas Schreckliches für die Natur, wenn sie sehen muß, daß eine solche Zerstörung auf sie wartet. Wir wohnen zwar in diesem Leibe als in einer Hütte; und doch fürchtet sich die Natur vor der einstmaligen Zerbrechung dieses Hüttenhauses, und selbst Gläubige können sich nicht immer des Wunsches erwehren, lieber überkleidet, als entkleidet zu werden. Es ist etwas, durch den Tod auf einmal von der Gemeinschaft der in dieser Welt lebenden Menschen getrennt zu werden; und doch ist dieses nur erst das Natürliche an dem Tod, das gleich in die Augen fallende. Aber wenn man noch dabei bedenkt: der Tod ist das Thor der Ewigkeit, er ist der Zeitpunkt, von dem wir singen: ewiges Glück und Unglück hängt an einem Augenblick; wenn wir an die bekannten Worte gedenken: wie du lebst, so stirbst du, so muß uns der Gedanke des Todes bis ins Innerste hinein bewegen. Denn die übrigen lezten Dinge hängen alle von dem Tode ab: wie du stirbst, so wird dein Zustand nach dem Tode sein, so wirst du entweder mit Freuden oder mit Angst und Schrecken auf das Weitere warten; wie du stirbst, so wird einmal deine Auferstehung sein: entweder selig oder unselig; wie du stirbst, so

wird einmal das lezte und große entscheidende Gericht
über dich ausfallen; wie du stirbst, so wartet entweder
ewiges Leben oder ewige Verdammnis auf dich. Wer
auf alles dieses hinaussieht, der betrachtet den Tod auf
einer andern Seite, als der größte Theil der Menschen
es gemeiniglich thut.

**Wie wir den Tod nach seinen mancherlei
Seiten betrachten sollen.**

Die Todesbetrachtungen, die bei den Menschen je
und je vorkommen, sind mancherlei. Es gibt Todesbe=
trachtungen, die man mit einem gleichgiltigen Gemüth
anstellt, da man sich allerlei Gedanken macht, da
man mit seiner Vernunft über diese Sache her raison=
nirt 2c.; das sind Betrachtungen, denen man wohl an=
spürt, daß sie nicht weit her kommen, die den Mann
lassen, wie er ist. Es gibt ferner Betrachtungen des
Todes, die von Anwandlungen der Furcht herkommen,
wenn z. B. ein Mensch entweder aus Gelegenheit eines
Todesfalles oder ohne eine äußere Veranlassung schnell
von einem Gefühl des Todes erschüttert wird, daß er
wenigstens einige Augenblicke oder Stunden ernstlich da=
rüber nachdenken muß. Solche Betrachtungen gehen schon
etwas tiefer; aber weil sie den Menschen so sehr er=
schüttern, so hält er sie nicht lange aus, sondern er sucht
dieselben bald wieder abzuschütteln und es kommt also
doch nicht heraus, was herauskommen könnte und sollte.
Woher kommen also die rechten Betrachtungen? Diese
kommen allein vor den Herrn, der sie in uns mitwirken
muß. Deswegen wird Psalm 90, 12. der Herr darum
angerufen. Von diesen Todesbetrachtungen ist das die
erste:

I. Ich kann sterben, d. h. lerne dich ansehen als
einen Menschen, der keine Stunde und keinen Augen=
blick vor dem Tode sicher ist. Ich kann sterben, denn
ich habe ja von Geburt an schon den Samen des Todes
in mir; predigen doch meine Glieder täglich von der
Sterblichkeit. Ich kann sterben, wenn ich auch in den
besten Jahren, wenn ich auch noch in meiner Jugend=
kraft, in meiner männlichen Kraft stehe; denn ich bin

ein Mensch, der Odem in seiner Nase hat und wie bald, wie leicht kann der Herr diesen Odem, den er mir gegeben, wieder wegnehmen und an sich ziehen. Wie nüzlich würde dieser Gedanke sein, wenn wir uns öfters in denselben einlassen möchten! Wenn z. B. der leichtsinnige Jüngling dächte: ich kann sterben, es kann also die Rechnung fehlen, die ich mir gemacht, ich wolle mich in meinen älteren Jahren bekehren; wenn der Irdischgesinnte dächte: ich kann sterben, ich kann mitten in meinem Sammeln hingerissen werden, es könnte diese Nacht die Stimme über mich erschallen: heute wird man deine Seele von dir fordern; wenn der Hurer und Fleischlichgesinnte dächte: ich kann sterben, und es kann sein, daß ich all meinen Wust muß in die Ewigkeit hinübernehmen, ehe ich mich durch Bekenntnis und Buße daran losmachen kann; wenn der Ungerechte dächte: ich kann sterben und es kann sein, es wird mir nimmer so gut, als dem ungerechten Haushalter, daß ich mich von meiner Ungerechtigkeit losmachen und mir nur einigermaßen helfen kann; wenn der Feindselige dächte: ich kann sterben, ehe ich mich noch versöhnt habe, so daß mir die Anklagen meines Widersachers nachfolgen rc. — wie wäre allen diesen Gattungen von Menschen der Gedanke: ich kann sterben, so nüzlich.

II. **Ich muß sterben.** Diß schneidet noch tiefer ein. Bisher haben wir nur von der Möglichkeit geredet, aber jezt ist auch die Rede von der Nothwendigkeit. Bei diesem Punkte fühlt das Herz etwas von dem Gerichtlichen am Tode. Gleich nach dem Sündenfall hieß es: du bist Erde und sollst zu Erde werden 1 Mos. 3, 19. Von dieser ernstlichen Stimme Gottes ist in eines jeden Menschen Herz etwas eingedrungen und es gibt Zeiten, da mans fühlt im Innersten. In diesem Gefühl und Gedanken: ich muß sterben, liegt die Furcht des Todes, die so manche Menschen in ihrem ganzen Leben zu Knechten macht. Wie gehts, wenn z. B. der Arzt einem Kranken, der lange zwischen Furcht und Hoffnung stand, auf einmal das Leben abspricht? Da siehts nicht viel besser aus, als wenn man einem Missethäter das Todesurtheil ankündigt. Was hat der fromme Hiskias gefühlt, als Jesajas ihm eine so ernstliche Nachricht brachte! Also auch in diesen Gedanken: ich muß sterben, sollen wir uns recht hineinstellen; denn wer sich recht darunter demüthigt, der bricht ins Licht und Geraume durch und kommt zum dritten Punkt:

3) ich will sterben. Da ist schon Vieles gewonnen. Es sterben viele hundert Menschen, weil sie sterben müssen. Sie würden ihr Leben gerne theuer erkaufen, wenn es sich thun ließe; sie sterben also als Dahingerissene, wie Einer, den der Strom fortnimmt. Hingegen wenn es einmal bei Einem heißt: ich will sterben, der stirbt, wie ein Reisender, der Abschied nimmt, der alle Anstalten zu seiner Reise macht, der nicht im Sinn hat, noch begehrt, da zu bleiben. Er will sterben, weil es der Wille des Herrn über ihn beschlossen hat; weil er weiß, daß es der Herr ist, der über ihn zu gebieten hat. Diß ist die rechte Gelassenheit und Uebergabe an den Herrn; aus dieser fließen die Worte: darum will ich dieses Leben, wenn es meinem Gott beliebt, auch ganz willig von mir geben, bin darüber nicht betrübt. Diese Willigkeit wirkt allein der Geist Gottes. Die höchste Stufe aber ist die vierte:

4) ich darf sterben. Da sieht man den Tod nimmer als ein trauriges Muß an; man ist über das Gerichtliche des Todes erhaben und weggesezt und lernt den Tod als eine Wohlthat schäzen. Aber diß ist freilich die höchste Frucht des Evangeliums und löst uns allen das größte Räthsel Simsons auf: Speise ging aus dem Fresser und Süßigkeit aus dem Starken; denn es lehrt uns, wie der Tod in den Sieg verschlungen ist. Ich darf sterben; da wird der Tod so vielen Seufzern ein Ende machen, die ich in diesem Leibe des Todes gethan habe. Ich darf sterben, daß ich einmal das Haus, das ewig ist, aus den Himmeln bewohne, daß der Streit mit der Sünde ausgeht. Herz, freu dich, du sollst werden vom Elend dieser Erden und von der Sündenarbeit frei. Ich darf sterben, damit ich der Erlösung wieder um eine Stufe näher komme. Ich darf sterben, denn ich

weiß, an wen ich glaube. Wir dürfen sterben, damit wir unserem Erbe näher entgegenrücken, das uns aufbehalten ist in den Himmeln. Wir dürfen sterben, nicht: wir müssen. Wir freuen uns, weil wir wissen, daß der, der den Herrn Jesus hat auferweckt, wird uns auch auferwecken durch Jesum. Ja, Herr Jesu, hilf mir dazu, daß ich auch gern und freudig sterb, wie du.

## 267. Leichen-Predigt.
[Text: Ps. 23, 4. (21. Sept. 1790.)

Der Tod unsrer l. Mitschwester ist eine neue Aufmunterung zu ernstlichen Todesbetrachtungen. Der Herr hat sie in den besten Lebenskräften, in den blühenden Jahren der Jugend, in den ersten Jahren ihres Ehestandes hinweggenommen und an ihrem Sterben gezeigt, wie er der höchste Gebieter über unser Leben und über die kurze oder lange Dauer desselben sei. Dieser Gedanke kann zwar unsrer Natur unangenehm auffallen, denn der Natur wäre es lieber, wenn unser Leben in unsrer Macht stände, wenn wir es nach Belieben verlängern oder verkürzen könnten. Allein dem Glauben ist dieser Gedanke desto erfreulicher. Wie viel Beruhigung hat es dem David Ps. 31 gemacht, daß er glauben durfte: meine Zeit steht in deinen Händen. Wenn wir die vielen Gefahren betrachten, denen unser Leben ausgesezt ist, die mancherlei Krankheiten des menschlichen Körpers, so viel andere sichtbare und unsichtbare Feinde, die nach unsrem Leben stehen, so müssen wir uns wundern, daß wir unser Leben so weit gebracht haben und so lernen wir nach und nach einsehen und glauben: meine Zeit steht in Gottes Händen d. i. ich wäre längst todt, wenn mich nicht Gott mit seinem Arm umfangen hätte. So lernt man auch erst recht den Tod nach der vierfachen Seite betrachten: ich kann, muß, will, darf sterben. Denn von Rechtswegen soll ein jeder diese vier Stücke in seiner Erfahrung durchmachen. Das Sterbenkönnen und müssen erfahren zwar alle Menschen, aber das Sterben-wollen und dürfen lernen die

Wenigſten. Und wenn nicht dieſe vier Stücke zuſammen genommen werden, ſo hat man, daß ich ſo ſage, den Tod noch nicht von vorne und von hinten beſehen. Die Meiſten bleiben nur bei der Vorderſeite des Todes ſtehen, d. i. ſie betrachten ihn nur nach ſeinen ſichtbaren in die Augen fallenden Wirkungen und Folgen; ſie kennen ihn nicht anders, als in ſo fern er Leib und Seele ſcheidet, in ſo fern er dem gegenwärtigen irdiſchen Leben ein Ende macht, in ſo fern er manche Trennung zwiſchen den liebſten Freunden verurſacht. Diß iſt nur ſeine Vorderſeite; aber ſeine Hinterſeite iſt noch bedenklicher und wichtiger, nemlich in ſo fern er uns in eine wichtige Ewigkeit führt, in ſo fern er ſeine ſchreckliche Macht auch nach der Trennung Leibes und der Seele gegen uns fortſezen darf oder nicht; diß iſt die Hinterſeite, die aber nicht in die Augen fällt, die man erſt nach dem wirklichen Sterben erfährt. So lang ein Menſch ihn auf dieſer Hinterſeite nicht kennt und die Furcht vor ihm hat überwinden lernen, ſo lang hat er keine Luſt zum Sterben und noch viel weniger kann er das Sterben als Wohlthat und Gewinn anſehen. Auf dieſer Hinterſeite wird uns der Tod in unſrem Text vorgeſtellt, ſo vorgeſtellt, wie nur der Glaube ihn anſehen kann.

Wie ein Chriſt den Tod anſehen lerne 1. Ohne Furcht. In unſrem Text wird der Tod nicht nur auf ſeiner Vorder- ſondern vornehmlich auf ſeiner Hinterſeite vorgeſtellt; d. i. David redet nicht nur von dem wirklichen Sterben, ſondern von dem, was darauf folgt, nemlich von dem finſtern Todesthal, in welches man erſt nach dem wirklichen Sterben geführt wird und das man bei der Reiſe in die Ewigkeit durchzuwandern hat. Es mag nun dieſe Vorſtellung ſich auf die altteſtamentliche Verfaſſung beziehen, es mag etwas von den finſtern und furchtſamen Blicken damit verbunden ſein, die ſich die Gläubigen A. T. von dieſer Sache machten, die aus Furcht des Todes in ihrem ganzen Leben Knechte ſein mußten: ſo bleibt doch immer dieſer Gedanke übrig: das Sterben iſt eine Reiſe, ein Weg in die Ewigkeit, worauf einem allerlei vorkommen kann. Und wie die Israeliten beim Durchgang durchs rothe Meer nicht gleich den Fuß in das Land Kanaan hineinsezen durften, sondern vorher noch eine Wüste zu durchreisen hatten: so hat auch der Weg in jene Welt seine Stationen. Ferner, wie den Israeliten in der Wüste noch manches Furchtmachende vorkam, wie sie nach Ps. 91 auf Schlangen und Ottern gehen und auf junge Löwen und Drachen treten mußten, so wird auch in unsrem Text der Todtenweg beschrieben, als ein Weg, worauf man noch furchtmachende Dinge antreffen möchte. Er wird beschrieben, als ein Thal: es geht also vorher in die Tiefe, ehe es in die Höhe geht; er heißt ein Todesthal, es ist also ein Weg, auf dem man den Tod in seiner wahren Gestalt kennen lernt, ein Weg, der in das Territorium des Todes gehört, es ist ein finsteres Todesthal und diese Finsternis könnte einem manche Furcht und Blödigkeit machen. Alles dieses hatte David im Gesicht, er dachte also von dem Todesthal nicht leichtsinnig, er nahm dabei alles in die Rechnung und doch sagte er: ich fürchte doch dabei kein Unglück oder keinen Unfall, es kann mir doch nichts Uebels darauf begegnen, ich lasse mich doch nicht blöde machen. Mit einem solchen furchtlosen Sinn soll ein Christ den Tod ansehen lernen, besonders auf der Hinterseite, nemlich nach dem Weg zur Ewigkeit. Wir dürfen es der Herrlichkeit des N. T. zutrauen, daß auch dieser Todtenweg mehr gebahnt worden ist: es wird jeder Gläubige inne werden, daß sein Herr ihm auf dieser Straße vorangezogen ist und zwar als ein Durchbrecher aller, auch der Todesbande; er wird es inne werden, daß er einen Herrn hat, der auch in Bezug auf diese Reise gesagt hat: ich bin der Weg, die Wahrheit und das Leben, einen Herrn, der ihm zuspricht: fürchte dich nicht, ich ward todt und siehe 2c. (Off. 1, 18). Es mag also auf diesem Weg noch vorkommen, was immer will, so darf sich der Gläubige doch nicht fürchten, denn er ist in allem Betracht von der Furcht befreit. Er hat sich nicht zu fürchten vor dem Vergangenen. Nach dem Tod wird einem manchen das Vergangene erst noch Angst machen.

Wenn einem Sünden einfallen, an die man vorher nie hat denken mögen und sich noch viel weniger von Andern hat daran mahnen lassen; wenn man ein Gewissen voller Anklagen mit auf die Reise nimmt, wenn man noch so viel Unausgemachtes hinter sich zurückläßt, wenn noch so viele Seufzer und Klagen der Zurückgebliebenen einen verfolgen, wie in dieser Welt ein Flüchtling mit Steckbriefen verfolgt wird, wenn man so viele vorsätzliche Versäumnisse, so viele umsonst empfangene Gnade besitzen und beklagen muß: so hat man freilich Angst und Furcht auf der Reise zur Ewigkeit. Aber ein Gläubiger hat sich schon von dieser Furcht befreien und sein Gewissen durch das Blut Jesu vollenden lassen und also hat er kein Unglück zu befürchten. Er hat sich nicht zu fürchten vor dem Gegenwärtigen. Wenn der Ungläubige sich mit Geistern der Finsternis umgeben sieht, wenn er die Finsternis und Schatten des Todes, in denen er vorher, ohne daran zu denken und es zu wissen, gesessen ist, wirklich zu sehen und zu fühlen bekommt, wenn er die Bäche Belials wirklich daherrauschen hört; wenn die Finsternis seine Augen so verblendet, daß er nicht weiß, wo er hingeht: so hat ein Gläubiger sich vor allem diesem nicht zu fürchten; denn er hat schon in diesem Leben an denjenigen glauben gelernt, der ihn von allen diesen fürchterlichen Dingen befreit und von der Macht des Todes nach dem Tod erlöst hat. Er hat sich nicht zu fürchten vor dem Zukünftigen. Wenn bei den andern ein schreckliches Warten des Gerichts ist, wenn ihnen auf den künftigen Zorn des Lamms bange wird, wenn sie sich selbst es ausmachen müssen, sie werden vom Tode gehalten werden und Gefangene desselben bleiben: so sind die Gläubigen auch über diese Furcht erhaben und genießen des Lebens erworbene Freiheit und Rechte, als eines vollendeten Heilands Geschlechte und wissen, wie sie schon hier aus dem Tod ins Leben durchgedrungen, so werden sie diesen Durchbruch noch viel mehr nach dem Tode reichlich zu genießen haben. So groß ist der Vortheil, den ein Gläubiger in Ansehung des Todes hat, daß er sich vor nichts Bösem zu fürchten hat. Zu diesem furchtlosen Stand kommt aber auch noch

II. der Glaubensmuth. Dieser Glaubensmuth beruht auf zwei wichtigen Gründen. Der erste ist dieser: du bist bei mir. Ein Glaubiger darf also diesen Weg nicht allein machen, sondern bekommt einen guten Führer. Wie Tobias seinem Sohn für einen guten Begleiter auf der Reise besorgt war, so hat der himmlische Vater auch hierin für seine Gläubigen gesorgt, und ihnen seinen eigenen Sohn zum Führer gegeben; und wie der Sohn Gottes nach seinem Grablied (Pf. 16) auf dem nehmlichen Weg den Herrn zu seiner Rechten gehabt hat, eben so will er nun den Seinigen auch zur Rechten sein, daß sie nicht bewegt werden. Er ist den Seinigen auf diesem Weg auch die Wolken- und Feuer-Säule, die vor ihnen herzieht und wobei sie alles Schutzes versichert sein können. Er gibt einem jeden seiner Gläubigen seine gewisse Verheißung als einen Paß mit auf den Weg: fürchte dich nicht, ich bin bei dir. Wer diesen Paß bei sich hat, der ist bei dieser bedenklichen Reise doch getrost. Der zweite Grund der Zuversicht ist der Stecken und Stab Jesu, als des guten Hirten. Auch diß gehört zu dem großen Führeramt Jesu. Sein sanfter Stecken ist es, womit er seine Schafe auf dem Weg in das ewige Leben fortführt, mit welchem er uns auf unsrer Reise fördert, daß wir nicht zu lange liegen bleiben, daß auch noch dort öfters wird gesungen werden: Gott Lob, ein Schritt zu seinem Reich und Tag ist abermals vollendet. Unter diesem Stecken rücken wir auch in jener Welt von einer Station zu der andern fort.

Sein Stab ist unsre Bedeckung und wird uns gegen alles, was uns beunruhigen könnte, genugsam beschützen. Und also wird es jedem seiner Schafe auch dort nicht fehlen an irgend einem Guten. Er muntere uns nur auf, ihm zu folgen und an ihm zu bleiben, dem treuen Heiland, der es auf sich genommen hat, uns sicher einzuführen ins rechte Vaterland. Amen.

## 68. Leichen-Predigt.

Text: Pf. 49, 16. (29. Sept. 1790.)

Ich habe in einem Lied von dem Gang der Gläubigen die Worte gelesen: ei, wie gehen sie so still, zu der Ewigkeiten Füll. Diese Worte haben einen tiefen Eindruck in meiner Seele zurückgelassen und den Wunsch erregt, daß mein Gang durch diese Welt und aus derselben auch so still sein und werden möchte. Der Gang eines Gläubigen durch diese Welt ist still, d. i. er macht kein großes Aufsehen, er begehrt sich nicht auszuzeichnen, er übt die täglichen und allgemeinsten Pflichten, so wie sie im 15. Psalm beschrieben werden; er begehrt von Gott auch keine besondere Behandlung und läßt es sich gerne gefallen, das Bild des Irdischen sammt den damit verbundenen Beschwerden zu tragen, ohne daß Gott ihm dabei viel Besonderes machen soll. Er hat kein Wohlgefallen an sich selber; denn wo freilich dieses ist, da geht es nicht stille her, da macht man ein Geräusch in die Welt hinein. Er ehrt auch hierin den stillen Gang seines Herrn, von dem es heißt: er wird nicht schreien rc. Jes. 42, 2. Eben so still ist auch der Gang eines Gläubigen aus dieser Welt hinaus. Bei andern geht es noch durch manche Unruhe hindurch, bis sie sich unter das Gesez des Todes bemüthigen. Wie viel Unruhe gibt es, bis nur ein wenig Grund der Ewigkeit gelegt worden ist, bis sie nur mit einem Faden noch an die selige Ewigkeit angeheftet werden, bis nur die ersten Vorbereitungen gemacht sind auf ein Sterben, das nicht gar ohne Hoffnung sein soll, bis die gröbsten Bande mit dieser sichtbaren Welt ab- und aufgelöst sind. Da macht man noch manches Geräusch unter die Menschen hinein. Aber ein Gläubiger, der nicht alles auf den lezten Augenblick ankommen läßt, geht stille aus der Welt hinaus. Und woher kommt dieser stille Gang und Abschied? Daher, weil seine Sache richtig und ausgemacht ist, weil er seiner Erlösung gewiß ist und weiß, was er von seinem Herrn zu erwarten hat.

Was uns zu einem stillen Gang durch die Welt und aus der Welt behilflich sei?

Der 49. Psalm ist von großer Wichtigkeit; gleich der Anfang fordert alle Menschen zu einem ernstlichen Aufmerken auf. Er redet alle Völker an, die in dieser vergänglichen Zeit leben, er bezieht sich auf alle Classen der Menschen, auf Vornehme und Geringe, auf Reiche und Arme, er verspricht uns eine Weisheit und Klugheit zu lehren, die keiner entbehren kann, die über die gegenwärtige Welt hinausreicht. Dieser Eingang muß uns auf den übrigen Inhalt begierig machen. Und was kommt denn da vor? Nichts als eine Beschreibung von Gottlosen, die auf weiter nichts, als auf Reichthum, auf langes Leben und auf Nachruhm bei der Welt sehen und wie es diesen nach dem Tod gehen werde. Von dem Gerechten kommt nichts vor, als die Worte: V. 16: Gott wird meine Seele 2c. Aber eben desto wichtiger sind diese Worte, weil sie den großen Vorzug des Gerechten so kurz und nachdrücklich beschreiben. Da kommt einem der Gerechte vor, wie jene vier Boten, die dem Hiob die erlittenen Unglücksfälle anzeigten, deren jeder sagte: ich bin allein entronnen, daß ich dirs ansagte. Und was macht den Gerechten so getrost? Nichts als

I. das Zeugnis seiner Erlösung, mit welchem er sich über den Haufen derer, die verloren gehen, hinüber glauben kann. Was nutzt ihn nun dieses Zeugnis der Erlösung? Dieser Nutzen wird auf mancherlei Art beschrieben.

1) Es macht ihn von der Furcht des Todes frei, daß es ihm, wenn auch je und je ein böses Stündlein kommt, nicht zu Angst werden darf. Es kann nemlich auch einen Gläubigen noch je und je eine Furcht des Todes anwandeln, er kann und muß auch bisweilen etwas von den Fersenstichen des Todes empfinden; denn sonst weiß er ja nicht, von was er erlöst ist. Aber durch alle diese Empfindungen schwingt sich sein Glaube hindurch und lernt darunter die Erlösung ergreifen. Darum heißt es: warum sollt ich mich fürchten in bösen Tagen, wenn

mich die Missethat meiner Untertreter umgibt, oder wie es eigentlich möchte gegeben werden: wenn mich meine Sünden und die auf dieselbe folgende Strafe anfechten will; wenn ich auch erfahren muß, wie mich die Sünde dem Tode übergibt; weil man doch durch die Sünde nur dem Tode Frucht bringt. Auch da darf ich mich nicht fürchten, denn Gott wird meine Seele erlösen ꝛc. 2) Diß Zeugnis der Erlösung macht ihn von der Anhänglichkeit des Irdischen und von der Begierde nach Reichthum frei. Paulus sagt: die reich werden wollen, fallen in Versuchung ꝛc. Dadurch wird man also immer mehr ein Gefangener. Und wer nur irdisch Gut sucht, dem mags wohl auf den Tod und die Ewigkeit Angst sein. Daher heißt es V. 7: nur die mögen sich vor dem Tod fürchten, die sich verlassen auf ihr Gut ꝛc. und dabei um die Erlösung Jesu Christi nicht bekümmert sind. Diese werden inne werden, daß kein Reichthum ihnen vor Gott behülflich ist und sie erlösen kann. 3) Diß Zeugnis macht ihn von der Begierde nach langem Leben frei. Die Gottlosen werden im Psalm als Leute beschrieben, die bitter ungerne sterben; es heißt von ihnen V. 12: diß ist ihr Herz ꝛc. Und warum wollen sie nicht sterben? weil sie nichts von der Erlösung wissen. Hingegen ein Gläubiger freut sich seiner Erlösung, die seinem mühseligen Leben ein Ende macht. 4) Diß Zeugnis gibt ihm eine heitere Aussicht in jene Welt hinüber. Im Text ist von einer Gewalt der Hölle die Rede: da wird auf die unsichtbaren Dinge gezielt, die einem in der Ewigkeit noch werden vorkommen. Es wird gezeigt, wie diese ihre Macht gegen den Menschen werden versuchen wollen und unmittelbar vorher wird gemeldet, wie es den Gottlosen nach dem Tode gehen werde: sie werden in der Hölle liegen, der Tod werde an ihnen nagen (eigentlich: sie weiden). Ueber alles dieses glaubt sich ein Gläubiger mit seiner Erlösung hinaus: aber Gott wird meine Seele erlösen ꝛc. Wie ihn nun diß Zeugnis der Erlösung von allem frei macht, so stärkt ihn auch noch

II. die Hoffnung einer seligen Aufnahme.

es heißt: er wird mich annehmen. Es liegt so viel in der Erlösung, daß wir uns schon mit diesen Vortheilen begnügen könnten: was wird es sein, wann die Freiheit bricht herein? Aber doch will es der Herr nicht dabei bewenden lassen. Er will uns auch aufnehmen, oder wie Paulus sagt: er will uns einführen in sein ewiges Reich. Also diß bleibt der Trost eines Gläubigen: er wird mich aufnehmen; er wird meiner langen Fremdlingschaft ein Ende machen. Wie oft spürt ein Gläubiger, daß er nicht zu Haus ist und wie erquickend muß es ihm sein. Er wird mich aufnehmen; wenn es jezt schon noch durch allerlei Gedränge geht, so wird er mich hindurchreißen zur Herrlichkeit; denn er hat auch mir in dem Hause seines Vaters eine Stätte bereitet. Er wird mich aufnehmen und mich leiten in jener Welt. Er wird mich aufnehmen, auch mit dem Leib; denn er wird mich erwecken aus der Erden, daß ich in der Herrlichkeit um ihn sein mög alle Zeit. Amen.

## 69. Leichen-Predigt.

Text: Joh. 6, 39. (9. Okt. 1790.)

Auf meinen Jesum will ich sterben. Diß sind süße Worte für einen, der sie versteht und seinen Glauben damit stärken kann. Mit diesen Worten kann man die Bitterkeit des Todes vertreiben, daß man ihn weder von vorne noch von hinten fürchten darf. Aber wenn man so soll sagen können, so muß man den Tod kennen und den Herrn Jesum kennen. Man muß den Tod kennen, d. i. man darf das Sterben nicht leicht nehmen; man muß wissen, was man für einen Feind vor sich hat; man muß bedenken, was da mit einem vorgeht, wenn man am Ziel dieses sichtbaren Lebens steht, wenn man der Ewigkeit so nahe gekommen ist. Wer sich ernstlich in diese Gedanken hineinstellt, der wird sich gewis besinnen: wie willst du mit dem Tod zu recht kommen? getraust du dich, ihn zu überwinden? er wird bei solchen Betrachtungen finden, wie nöthig es sei, den Mann zu kennen, der zum Wohlsterben helfen kann. Dieser ist Jesus, von dem wir so oft singen und beten: auf meinen Jesum will ich sterben. Bei wem diß einmal ausgemacht ist, der gibt alle andern Arten und Wege zu sterben auf, womit sich die Menschen sonst behelfen mögen; denn es sterben leider nicht alle auf Jesum. Hingegen ein Gläubiger ist überzeugt, daß er, wenn er selig sterben soll, nicht anders sterben kann, als auf Jesum. Er stirbt nicht auf die Gewohnheit der meisten, die sich aus einer verborgenen Verzweiflung zum Sterben verstehen, weil es, wie sie selber sagen, doch einmal gestorben sein muß, sei es nun früher oder später; er stirbt nicht auf Gerathwohl, daß er sich mit dem ungewissen Trost behilft: Gott wird mir doch gnädig sein und mich nicht verwerfen. Er stirbt nicht auf sein eigen Gutdünken und auf die guten Einbildungen von sich, daß er sich damit trösten wollte, er habe doch auch hie und da manches Gute gethan, er sei nicht in allzugrobe Sünden gefallen, darum könne es ihm so übel nicht gehen. Er stirbt nicht so überhaupt auf Jesum, daß er sich nur geschwind des Verdienstes Christi trösten und dasselbe ergreifen will, ehe er noch die Glaubenshände dazu hat; sondern es heißt bei ihm: auf meinen Jesum will ich sterben, auf den Heiland, zu dem er getrost sagen darf: mit Leib und Seele bin ich dein. Wer so stirbt, der stirbt wohl.

Das selige Sterben auf Jesum.

I. Weil er so treulich für uns besorgt ist. Von dieser Treue versichert er uns selber in unsrem Text; und zwar ist es eine doppelte Treue, eine Treue, die er als der Gesandte seines Vaters, und eine Treue, die er aus Liebe und zärtlicher Sorgfalt gegen uns selber beweist. Was er also an uns thut, das thut er zuvörderst um seines Vaters Willen, weil die Menschen ihm vom Vater übergeben sind, daß er sie in acht nehmen, keinen verlieren soll. Er, als der eingeborne Sohn, der in des Vaters Schoos war, kennt seinen Liebessinn gegen die Menschen am besten; er, als derjenige, dem das Innerste des väterlichen Herzens bekannt ist, weiß, wie wahrhaftig die Worte sind: Gott will nicht, daß jemand verloren werde 2c. Deswegen beruft er sich auch darauf, diß sei der Wille seines Vaters, darum habe er ihn gesandt und aufgestellt, daß niemand soll verloren gehen. Er beruft sich also auf seinen Auftrag; denn ihm war vom Vater das ganze menschliche Geschlecht als ein Haufe von Verlorenen übergeben, damit er an diesen sich als das große Heil Gottes beweise, daß er sie von der Sünde, vom Zorn Gottes, von der Macht des Teufels, des Todes und der Hölle errette. Darum sandte er ihn. Diß stand dem Herrn Jesu in seinem Wandel auf Erden immer vor Augen und er berief sich auch öfters darauf, z. E. Mat. 11: alles ist mir übergeben von meinem Vater; und noch in den lezten Tagen sprach er aus einem tiefen Eindruck: du hast deinem Sohn Macht gegeben über alles Fleisch 2c. Joh. 17, 2. Es sind also alle an ihn gewiesen, als an den, der nichts werde verloren gehen lassen, der es auf sich genommen hat, seinem Vater dafür zu stehen und ihm Bürge zu sein. Was er also an uns Verlornen thut, das thut er seinem Vater zu lieb. Aber auch gegen diejenigen, die er übernommen hat, beweist er seine Treue. Es ist ihm zwar alles übergeben, aber es kommt nicht alles zu ihm. Wenn aber eines zu ihm kommt, so versichert er auch zum voraus, er werde an einem solchen alles thun. Hierher gehören die kurz vorhergehenden Worte: wer zu mir kommt und sich vom Vater zu mir ziehen läßt, den will ich nicht hinausstoßen. So ist auch Jes. 42. beschrieben, wie gerne er jeden aufnehme: wenn er auch wie ein glimmender Docht und ein zerstoßenes Rohr sei, so wolle er einen solchen doch nicht wegwerfen, sondern sich seiner mit aller Sanftmuth und Geduld annehmen. So bewies er sich auch an seinen Jüngern: er konnte dem Vater für sie Red und Antwort geben, er konnte sagen: ich habe derer keinen verloren, die 2c., ich habe sie bewahrt. Also läßt sich getrost sagen: auf meinen Jesum will ich sterben. Ich will sterben a. auf den Heiland, dem ich mit dem ganzen Sünderheer vom Vater übergeben bin, der mich also auch nicht wird dahinten lassen; b. auf den Heiland, zu dem mich der Vater gerne hinziehen will, an den mich der Vater selber weist. Ich will fleißig bitten: zeuch mich, o Vater zu dem Sohne ꝛc. c. Auf den Heiland, der selber mich so liebt, daß er mich nicht will dahinten lassen; den es freut, so oft er wieder Einen dem Tod und der Hölle entreißen kann; der noch in den lezten Stunden seines Lebens am Schächer zeigte, wie er nicht einen Einzigen verliere. In diesen Sinn der Liebe Jesu legen wir auch unsere l. Verstorbene hinein. Er lasse sie in diese Treue auch noch jezo eingeschlossen sein und bleiben. Denn seine Treue reicht so weit hinaus, daß er

II. sie an uns bis auf den Tag der Auferstehung verherrlichen will. Es ist ihm nicht nur darum zu thun, daß wir nicht verloren gehen, sondern er will sich auch in und nach dem Tod unser annehmen. Er verspricht in unsrem Text, er wolle uns auferwecken am jüngsten Tag. Darin liegt die Versicherung, daß er auch im Tode sich unsrer annehmen und nach dem Tode sein Werk noch fortführen wolle. a. Im Tod und beim Uebergang in jene Welt gibt es noch allerlei ernstliche Ahnungen, da steigen Gedanken auf: ach wenn ich nur nicht verloren gehe. Und diese kann allein Jesus und der Glaube an ihn überwinden. Bei Jesu darf man sagen: ach nicht verloren, nein vielmehr das Leben ewig haben. Ich will also auf den Jesum sterben von dem ich sagen kann: ich weiß, er läßt mich nicht verderben. b. Und wenn auch der Gedanke kommen will: wie wirds in jener Welt gehen? so soll es heißen: auf meinen Jesum will ich sterben, der gesagt hat: meine Schafe sind mein und niemand wird sie mir aus meiner Hand reißen. Weder Gegenwärtiges noch Zukünftiges kann und darf mich von ihm scheiden. c. Und wenn man fühlt, wie man noch so viele Mängel des Glaubens hat, was ist da zu thun? Auf meinen Jesum will ich sterben, dem ich übergeben bin, bis auf den Tag Jesu Christi, der nach dem Willen des Vaters sein Werk in uns ausführen soll und den ich daran mahnen darf: ists doch deines Vaters Wille, daß du endest dieses Werk ꝛc.

## 70. Leichen-Predigt.

Text: Joh. 8, 51. (18. Okt. 1790.)

Es ist aus einem tiefen Gefühl der menschlichen Vergänglichkeit herausgeredet, wenn David Psalm 39, 6. sagt: siehe meine Tage sind eine Hand breit vor dir und mein Leben ist wie nichts vor dir. Wer in einem solchen Eindruck von der Kürze unsrer Lebenstage steht, dem kann er großen Nutzen schaffen; aber es muß freilich kein überhingehender und bald wieder verschwindender Eindruck sein. Denn es ist nicht leicht ein Mensch, der nicht auch zu gewissen Zeiten von einem solchen Gefühl angewandelt würde, aber es hält nicht lange bei ihm.

Was soll nun dieser Gedanke in uns wirken? Wer sich denselben zu nuz machen will, der kann es auf mancherlei Art thun. a. Er soll den Herrn selber darum bitten, daß er durch seinen Geist ihm diese Wahrheit ins Herz hineinschreibe, daß es nicht selbstgemachte Betrachtungen und nachgeschwäzte Reden, sondern gewurzelte Gedanken sind. Deswegen steht V. 5. die Bitte: Herr, lehre du mich bedenken 2c. b. Es soll ihm die Augen öffnen, daß er die meisten Menschen um sich her besser kennen lernt, nemlich als Menschen, die so manche Exempel der Vergänglichkeit vor sich sehen und doch gleich wieder so sicher leben. c. Es soll uns verwahren, daß wir uns nicht aufhalten über das Glück der Gottlosen; denn es währt ja doch nicht länger, als dieses kurze Leben auch; wie kann man also einem ein so kurzes Glück misgönnen? d. Es soll uns immer mehr in den Verleugnungssinn hineinleiten, daß wir dieser Welt so brauchen, daß wir derselben nicht misbrauchen, daß wir kaufen, als besäßen wir es nicht, uns freuen 2c. Vorzüglich aber soll uns e. die Kürze dieses Lebens auch über diß Leben hinaus denken lehren, uns lehren, wie wir den Tod ansehen sollen, wie wir als Christen davon denken sollen, nemlich als solche, die nicht allein in diesem kurzen Leben auf Christum hoffen, sondern deren Hoffnung hineinreicht bis ins Innerste des Vorhangs, hinausreicht bis auf den

Tag Jesu Christi, hindurch durch alle Ewigkeiten. Diß können wir vorzüglich aus unserem Text lernen. Da sagt Jesus ein Wort, wozu ein erweitertes Herz erfordert wird.

Die große Verheißung Jesu von dem Sieg eines Gläubigen über den Tod.

I. Nach ihrem Inhalt. Unsre Textworte sind eine Aufgabe für den Glauben; deswegen habe ich gesagt, es gehöre ein erweitertes Herz dazu, wenn man dieselben verstehen wolle. Luther läßt sich auch in keine eigentliche Erklärung darüber ein, sondern bleibt bei einer heiligen und gläubigen Verwunderung stehen und sagt: „das mag heißen ein guter Apotheker, der solche Arznei geben kann, daß der Tod nicht nur überwunden sein, sondern auch nicht und nimmermehr soll gesehen werden und ist etwas Wunderbares, daß ein Mensch sterben muß und doch den Tod nicht sehen soll, wo er Gottes Wort im Herzen hat." Diß kommt mir vor, wie wenn ich einem sage: ich will dich über das Wasser führen und du sollst doch kein Wasser sehen. Wir haben in einigen Liedern auch solche Ausdrücke, die uns etwas von diesem großen Wort Jesu merken lassen; z. E. in einem Osterlied heißts: hier bleibet nichts wie Todesgestalt, den Stachel hat er verloren. Und in einem anderen heißt es: du kannst durch die Todesthüren träumend führen und machst uns auf einmal frei. Aber alle diese Ausdrücke sagen doch noch nicht das, was Jesus sagt. Ein Gläubiger soll sterben und soll doch den Tod nicht sehen und zwar in Ewigkeit nicht sehen. Das, was wir nach dem Aeußerlichen bei Sterbenden von dem Tod sehen, das ist eigentlich nicht der Tod; da sehen wir weiter nichts, als wie dieses natürliche Leben nach und nach aufgelöst wird, wie das Haus dieser Leibeshütte abgebrochen wird; wie sich das Leben nach und nach von den äußeren Theilen des Leibes zurück- und vollends gegen das Herz zieht, bis endlich das Herz bricht: diß ist alles, was die Umstehenden beim Sterben sehen. Der Tod ist eine unsichtbare Macht der Finsternis; er steht in Verbindung mit dem Satan, der des Todes Gewalt hat, er ist eine feindliche Macht und gehört unter die Feinde, die Jesus überwunden hat. Diesen Tod sehen wir bei einem sterbenden Menschen nicht, wenn ihn der Sterbende auch wirklich sehen und fühlen sollte. Von diesem Tod sagt Jesus, daß ein Gläubiger ihn nicht sehen soll.

Es kann ein Mensch dem Aeußern nach hart sterben und darf doch den Tod nicht sehen; und wiederum, es kann einer dem Aeußeren nach leicht und sanft sterben und muß doch den Tod sehen. Und wiederum es kann ein Gottloser im leiblichen Sterben wenig oder nichts vom Tode sehen, hingegen kann er ihn nach dem Sterben erst recht zu sehen bekommen, wenn er ganz in die Gewalt des Todes übergeben, wenn er in die großen Behältnisse, Tod und Hölle, wovon Jesus die Schlüssel hat, verriegelt wird. Deswegen heißt es, der Gläubige werde den Tod in Ewigkeit nicht sehen, d. i. er soll gleich nach dem leiblichen Sterben ins Erbtheil des Lebens aufgenommen werden, wo kein Tod Macht noch Gewalt an ihm haben werde, weil er hier schon durch den Glauben aus dem Tod ins Leben hindurchgedrungen ist. Diß ist also eine große Verheißung, die Jesus dem Glauben gibt. Ich kann sie nicht ganz erklären, sie geht über unsre jetzige Erfahrung hinaus, sie begreift nicht den leiblichen, sondern den andern Tod. Es ist eine Verheißung, die mit jener an den Engel zu Smyrna übereinkommt, wo Jesus sagt: wer überwindet, dem soll kein Leid geschehen vom zweiten Tod, den darf er nicht berühren, der genießt im ganzen Umfang des Lebens vollkommene Freiheit und Rechte mit unsers vollendeten Heilands Geschlechte. Wenn wir nun schon diese große Verheißung nicht erklären können, so können wir sie doch glauben und uns tüchtig machen lassen, derselben theilhaftig zu werden.

II. Der Weg dazu ist sehr einfältig: Jesus begehrt keine großen Dinge von dir, du sollst nur sein Wort annehmen und halten. Diß Wort ist seine h. Lehre, die uns ausrüstet, den schrecklichsten Dingen recht unter das Gesicht zu sehen. Niemand kann uns sagen, was der Tod sei, als sein Wort; was das Leben sei, als sein Wort; was uns frei mache, als sein Wort. Daher

fordert er nur biß von seinen Jüngern, sie sollen die
Wahrheit erkennen lernen, diese werde sie frei machen.
Diß Wort pflanzt andere Gedanken in uns, als wir von
Natur haben und als wir nach dem gemeinen Lauf der
Dinge einander beibringen; in diesem Wort haben wir
eine Macht über alles Feindselige, das gegen uns auf=
treten kann; denn es sind alle Elemente, es ist alles im
Sichtbaren und Unsichtbaren diesem Wort unterthan.
Mit diesem Wort, wenn wirs im Glauben ergreifen,
können wir auch Krankheiten und den leiblichen Tod von
uns entfernen, wie ein Lehrer, der aus einer tödtlichen
Krankheit sich mit der lieblichen Verheißung herausge=
glaubt, Jes. 40: die auf den Herrn hoffen, kriegen neue
Kraft ꝛc. Sobald er diese Verheißung im Glauben er=
greifen konnte, erfolgte auch seine Genesung. Mit diesem
Wort überwindet man den Argen und die ganze Welt,
die im Argen liegt. Man glaubt freilich lange nicht,
daß eine solche Kraft im Wort Jesu liegen soll; aber
das kommt daher, weil es den Wenigsten ein Ernst ist,
mit demselben recht bekannt zu werden und weil so We=
nige es zu halten verstehen; das heißt: wenn mans ein=
mal angenommen hat, es auch behaupten, wie es, Kor. 15.
heißt: welches ihr angenommen habt, in welchem ihr auch
stehet, durch welches ihr auch selig werdet. Zu diesem
Halten gehört, daß du glaubst, was Jesus sagt; daß es
dir mehr ist, als alle Lügen und Widersprüche der Welt;
daß du es unter allen Schwachheiten und Versuchungen
behältst; daß deine Hoffnung unbeweglich ist und du dir
deinen Hoffnungsgrund nicht umstoßen läßest; daß du
aber auch thust, wozu dich dieses Wort anweist: alle
Schmach über dich nimmst, dich zu allen Demüthigungen
über deinen alten Menschen verstehst: so wird dir an
dem Wort Gottes nichts fehlen; es wird in deinem
weiteren Lauf heißen: siehe es kam alles. Denn was
der ewige gütige Gott in seinem Wort verheißen hat,
das hält und gibt er. Amen.

## 71. Leichen-Predigt.

Text: Jer. 31, 3. (20. Okt. 1790.)

Ein frühes Sterben ist gewöhnlich etwas für die Menschen Unerwartetes, denn es macht sich jeder gern auf ein längeres Leben Rechnung, jeder bittet: mein Gott nimm mich nicht weg in der Hälfte meiner Tage. Es kommt aber bei diesem Wunsch auf den Grund an, aus dem er fließt. Wenn man den Herrn deswegen um Verlängerung seiner Tage bittet, daß man desto mehr zubereitet werde auf das große Ziel der Ewigkeit, daß man in dem Gewächs des neuen Menschen weitere Fortschritte thue, daß man einmal als eine reife Frucht in die himmlische Scheune kann eingesammelt werden, so ist dieser Wunsch keinem übel zu deuten. Aber sich nur ein langes Leben wünschen, daß man dieser Welt desto länger genießen könne, daß man seine Buße, die man etwa doch noch im Sinn hat, desto weiter hinausschieben könne, daß man die Schuld der Natur, wie man den Tod zu nennen pflegt, als ein schlechter Zähler, so spät als möglich bezahle: in einem solchen Wunsch steckt viel Unedles und Niederträchtiges. So wird also auf Seiten der Menschen ein frühes Sterben verschieden angesehen. Eben so läßt sich aber auch auf Seiten Gottes das frühe Sterben auf einer doppelten Seite ansehen. Denn entweder ist es ein Zeichen der Ungnade Gottes, oder es ist ein Zeichen des göttlichen Wohlgefallens. Es ist bisweilen ein Zeichen der Ungnade Gottes, wenn er einen Menschen schnell hinwegraffen muß, wenn er einen Jüngling, der den Meister seiner Jugend, verachtet und den Bund Gottes fahren läßt, an seinen Sünden sterben läßt; wenn er an jungen Leuten den Ungehorsam mit einem frühen Tod, wie an den Söhnen Eli, strafen muß. Das heißt alsdann, hingerissen werden mit den Uebelthätern. Es ist aber auch ein Zeichen der Gnade, wenn Gott einen in der frühen Jugend sterben läßt. Davon redet besonders das Buch der Weisheit C. 4. sehr lieblich, und stellt die Spuren der göttlichen Liebe in ein schönes Licht. Da heißt es V. 10: er gefällt Gott wohl und ist ihm lieb und wird weggenommen aus dem Leben unter den Sündern. Weil es einem so schwer wird, unter dem verkehrten Geschlecht dieser Welt sich durchzuschlagen, so nimmt einen solchen Gerechten Gott aus väterlicher Liebe hinweg. Er läßt ihn aber auch sterben, um ihn so manchen Gefahren der Versuchung zu entreißen, darum heißt es ferner V. 11. 12: er wird hingerückt ꝛc. Auf die Besorgnis, man erreiche bei einem solchen frühen Sterben nicht sein ganzes geistliches Ziel, wird geantwortet V. 13, 14: er ist bald vollkommen worden ꝛc. (Vgl. 1 Mos. 5, 21—24.)

Die Liebe Gottes, womit er über den Seinigen waltet.

I. Nach ihrem tiefen Grund. Unsere Textworte sind Worte aus dem Munde Gottes selbst; sie sind zunächst an das jüdische Volk gerichtet, an welchem sie erst noch ihre ganze Erfüllung erreichen werden, wenn es in der lezten Zeit in seine Ruhe wird eingeführt werden; da werden sie erst diese lieblichen Worte verstehen lernen und sich derselben freuen, da werden sie erst die Liebe Gottes erkennen, die von jeher über ihnen gewaltet und die auch in ihrer Verstoßung nie ganz von ihnen gewichen. Sie sind also anzusehen wie ein gnädiges Decret über sie, das aber noch im Kabinet Gottes aufbehalten ist, bis es zu seiner Zeit ausgeführt wird. Indessen sind sie doch auch uns ein Spiegel und Denkmal von der Liebe Gottes, wie sie sich an einem jeden glaubigen Bundesgenossen verherrlichen will und wer sich zum Volk Gottes zählen darf, der hat auch eine Ansprache daran. Lasset diese Liebe einige Augenblicke an euer Herz reden. Ich habe dich je und je geliebt, eigentlich heißt es: ich habe dich mit einer ewigen Liebe geliebt. Die Liebe Gottes ist eine ewige Liebe. Sie ist nicht erst von gestern her, sondern hat einen ewigen Grund. Wenn etwas ewig heißt, so kann es nach der h. Schrift in doppeltem Verstand so heißen: entweder in so fern es schon war, ehe die Welt war, oder in so fern es über diese Welt hinaus währen wird. In beiderlei Verstand ist die Liebe Gottes eine ewige Liebe, sie ist vorwärts und rückwärts ewig. In diese ewige Liebe ist ein Gläubiger eingeschlossen. Pf. 139. beschreibt David die große Schöpfungs- und Erhaltungs-Kraft, wie sie sich an dem Menschen auf so mannigfaltige Weise offenbare; da gebraucht er nach dem Grundtext die Worte: du umschließest mich von vorne und von hinten und hältst deine Hand über mir. Noch vielmehr lassen sich diese Worte auf die ewige Liebe Gottes gegen die Seinigen anwenden, mit der sie von vorne und hinten umschlossen werden.

Weil nun diese Liebe in doppeltem Verstand ewig ist, so ist sie uns in manchem Betracht noch unbekannt und verborgen, besonders wie sie über einen Gläubigen schon von vorne herein gewaltet, oder in so fern sie rückwärts ewig ist. Gott führt uns also auf das Vergangene zurück und läßt uns in den tiefen Abgrund dieser Liebe hineinschauen. Er versichert einen Gläubigen: ich habe dich je und je geliebt. Diese Worte werden uns in dem Wort Gottes auf vielfache Art erklärt: ich habe dich schon vor Grundlegung der Welt geliebt und mir da schon vorgenommen, meine Liebe an dir zu verherrlichen und dich deswegen lassen geboren werden.

Ich habe dich geliebt, da du noch in Mutterleibe warst, da ich meine Hand über dir hielt. Ich habe dich geliebt, da ich dich durch die Taufe in meinen Gnadenbund aufgenommen als einen Menschen, der mich noch nicht kannte. Ich habe dich geliebt, da ich über deinen ganzen Lauf die Verordnung machte, es soll alles, was dir begegnet, zu deinem Besten dienen. Diß sind lauter Siegel der ewigen Liebe Gottes gegen die Seinigen. Wie tief ist also der Grund derselben! er reicht über all unser Elend, aber auch über alle unsere besten Werke weit hinaus; er liegt nicht in uns, sondern im Herzen Gottes und steht also unbeweglich, wenn Erd und Himmel untergeht. Es ist eine Liebe, die man nicht erst erwerben darf, sondern schon antrifft. Aus dieser rückwärts ewigen Liebe fließt auch alles, was wir in dieser Zeit und in der Ewigkeit von derselben genießen. Aus dieser fließen

II. ihre reichlichen Offenbarungen. Diese werden durch das Wort Ziehen ausgedrückt. Das ganze Geschäft dieser Liebe besteht in mancherlei Zügen an uns. Wem man diese Züge erst lange erklären muß, der wird nicht viel davon verstehen. Aber ein auf die Arbeit des Geistes an sich selber aufmerksames Herz wird genug verstehen. Ich will nur von den mancherlei Zeiten und Arten dieser Züge etwas sagen. Die Liebe Gottes zieht an uns bei manchen Zeiten und Gelegenheiten. Sie zieht an uns a. schon in unsern Kinderjahren. Was kann sie schon an einem Kinde thun, wenn sie nicht gehindert wird! b. in den Schuljahren, in der Confirmationszeit und da ist es ihr schon an Manchen gelungen, daß sie seinem Herzen näher worden ist; c. in den ledigen Jahren, wenn im Gegentheil das Fleisch und die Welt anfangen an einem zu ziehen, da verdoppelt sie ihre Züge; d. in den älteren Jahren, wo die Sorgen dieses Lebens einen verfinstern und von Gott abziehen wollen; e. in Krankheiten, sowohl an uns selbst, als andern; f. noch in den lezten Tagen und Stunden eines Menschen. Das sind die gnädigen Besuchungen, die Gott je und je bei den Menschen macht; diß sind Zeiten der ziehenden Liebe. Da sollte es heißen; weil er ziehet, muß ich laufen, er will mich ihm selbst erkaufen. Aber auch die Arten dieser Züge sind mancherlei und lieblich. Es ist eine Liebe, a. die uns herauszieht aus dem Verderben, aus dem großen Haufen derer, die verloren gehen 2c., b. die uns hineinzieht in die Gemeinschaft der Gläubigen, c. sie zieht überwärts, d. sie zieht hindurch, e. sie zieht hinaus, f. sie zieht hinauf und hinein. Zeuch uns hin erhöhter Herr 2c. Amen.

## 72. Leichen=Predigt.

Text: 2 Kor. 5, 9. (3. Dec. 1790.)

Unser ganzes Leben, wenn wirs wohl anwenden, besteht in einem zweifachen Advent. Der erste ist, daß der Herr Jesus zu uns kommt, nemlich daß er unser Herz auf mancherlei Weise ihm zur Wohnung zubereitet;

denn unser Herz ist dazu geschaffen, daß es eine Wohnung des Herrn sein soll; und was Ps. 132, 14 von dem Berg Zion gesagt wird, gilt in gewissem Maße auch von dem menschlichen Herzen, nemlich das Wort: diß ist meine Ruhe ewiglich; hier will ich wohnen, denn es gefällt mir wohl. Wie nun der Berg Zion, ehe er eine Wohnung des Herrn wurde, ein dürrer, kahler, unfruchtbarer Berg war, so ist gerade auch das menschliche Herz nicht nur eine dürre, leere und unfruchtbare Stätte, sondern noch dazu eine befleckte und verwüstete Stätte, die vorher gereinigt werden muß, ehe der Herr darin wohnen kann. Und doch will er da hinein kommen; es kommt nur darauf an, daß wir ihm eine Bahn machen, ihm unser Herz öffnen, ihm mit der ernstlichen Bitte entgegen kommen: richte dir doch eine Bahn auch in meinem Herzen an. Diß ist das große Geschäft Gottes mit einem Menschen in diesem Leben, es lauft alles da hinaus: ich will zu dir kommen, ich möchte gerne in dir wohnen und wandeln: ich möchte gern meine Wohnung in dir haben, die ich mir von Anfang bei dir ausersehen habe. Wer sein Leben als eine solche Adventszeit anwendet, an dem kann Gott seine Liebesabsicht erreichen und der genießt auch den andern Advent. Wie Jesus zu uns kommt, so dürfen wir auch einmal zu ihm kommen; ja deswegen will er vorher zu uns kommen, daß wir einmal zu ihm kommen können; denn wir können nicht zu ihm kommen, wenn er nicht vorher zu uns und in uns gekommen ist. Diß ist der Wunsch eines jeden Gläubigen, nemlich zu seinem Herrn zu kommen und bei ihm zu sein. Sein Glaubens- und Hoffnungsziel ist die Versammlung aller Gläubigen zum Herrn, 2 Thess. 2, 1. So weiß ein Gläubiger, was sein Ziel ist, sowohl im Wallen, als auch beim künftigen Daheimsein; und zu diesem Ziel begehrt er sich immer mehr ausrüsten zu lassen.

**Der edle Fleiß eines Gläubigen in seiner Wallfahrt.**

I. Wie er kurz zusammengefaßt sei. Alles, was Paulus von dem Bestreben eines Gläubigen sagt, ist in ein paar Worte zusammengefaßt, nemlich seinem Herrn wohlgefallen in dieser und der zukünftigen Welt. Wenn man uns die Frage vorlegen sollte, um was sich ein Gläubiger vornehmlich bestreben soll, so würden wir lange hin und her rathen, wir würden vielleicht ein ganzes Register anführen von dem, was ein Gläubiger zu thun habe, und damit würden wir die Sache nur dunkler und schwerer machen. Hingegen Paulus sagt mit diesen wenigen Worten alles auf einmal. Eben so faßt Paulus auch 1 Kor. 7. das Verhältnis der Verehlichten gegen einander kurz in die Worte zusammen: das Weib suche dem Mann und der Mann dem Weibe zu gefallen. Wenn diß das Bestreben der Eheleute gegeneinander ist, so werden sie auch alles andere thun, was sie einander schuldig sind. Und so ists auch mit dem Christenthum: wems nur darum zu thun ist, dem Herrn Jesu wohl zu gefallen, der thut auch alles andere, was zu einem Christen gehört. Denn es ist alles darin begriffen.

a. Diß Bestreben eines Gläubigen kommt überein mit dem großen Schöpfungsplan Gottes; denn als Gott die Schöpfung vollendet hatte, sah er alle seine Werke an, die er gemacht hatte und siehe, es war alles sehr gut. Der erste Zweck der Schöpfung war also, daß Gott Wohlgefallen hätte an seinen Werken. Was ist also das Bestreben eines Gläubigen? Er möchte gern wieder eine Creatur werden, an der Gott sein hohes Schöpfungsziel erreicht sieht. Denn die Ehre des Herrn ist ewig, d. i. er kann sie nicht vereitelt sehen, er wird seine Ehre wieder retten und zwar damit, daß er Wohlgefallen hat an seinen Werken Pf. 104, 31. Ein Gläubiger begehrt also nichts, als was Gott selber sucht, als das Ziel, um welches Willen alles geschaffen ist. b. Es kommt überein mit dem großen Erlösungsplan, den Jesus ausgeführt hat. Der Herr Jesus war kaum in der Welt, so mußte es vom Himmel herab durch ein himmlisches Heer verkündigt werden, warum der Sohn Gottes zu uns gekommen sei, nemlich weil Gott an den Menschen ein Wohlgefallen habe; und Paulus sezt das ganze Lob der herrlichen Gnade Gottes darein, daß er durch die-

selbe uns angenehm gemacht habe in dem Geliebten.
c. Es kommt überein mit dem großen Heiligungsplan,
denn was ist das ganze Geschäft des Geistes an einem
Gläubigen in diesem Leben anders, als ihn so auszurüsten, daß er seinem Herrn wieder wohlgefalle? Er
wirkt den Glauben in ihm, weil es ohne diesen unmöglich ist, Gott zu gefallen. Er arbeitet an einem jeden,
daß er einmal das große Zeugnis bekomme, er habe Gott
gefallen. Dieser Fleiß begreift also alle drei Haupt-
artikel unsres Glaubens in sich. d. Es kommt überein
mit dem großen Vollendungsplan, den sich Gott mit
seinen Gläubigen vorgesezt; denn was ist dieser anders,
als daß wir einmal heilig, unbefleckt und ohne Tadel
vor ihm dargestellt werden in der Liebe, mithin so dargestellt werden, daß das ganze Wohlgefallen Gottes uns
bestrahlen kann? Aus diesem Grund läßt sich auch erklären e. wie ein Gläubiger nicht nur im Wallen, sondern
auch im Daheimsein seinem Herrn zu gefallen suche. Es
ist also eine Pflicht, die nicht nur in dieses Leben her-
eingeht, sondern auch hinüberreicht. Unter den Pflichten
eines Gläubigen sind auch solche, die mit dieser Wallfahrt ihre Endschaft erreichen, die er drüben nimmer
ausüben kann; aber diese währt auch dort noch fort, auch
dort sucht er zum Wohlgefallen seines Herrn immer mehr
heranzuwachsen. f. In diesem Fleiß, dem Herrn zu gefallen, sind auch alle Bemühungen in diesem Leben zusammengefaßt; denn die besten Handlungen, wenn sie diesen
Hauptzweck nicht haben, gefallen Gott nicht. Wenn dieser
Zweck fehlt, so ist alles Knechtsarbeit und Frohndienst;
denn es geschieht nichts aus innerer Lust; dieser Fleiß
aber heiligt alles, d. i. ich thue es nicht, weil ich muß,
weil es mich nuzt, weil ich alsdann nicht verdammt
werde, sondern weil es dem Herrn wohlgefällt. Dieser
Fleiß ist der freiwillige Geist, an dem Gott allein Wohlgefallen hat.

II. Was gehört zu einem solchen Fleiß?
a. Erkenne die großen Absichten Gottes mit dir, die alle
darauf gehen, daß du ihm gefallest und halte das nicht
für unmöglich, wozu du erschaffen, erlöst und geheiligt

bist. b. Ueberwinde die Hindernisse, die dir in deinem Hüttenhaus vorkommen. Du wohnst in einem Leibe, darin du seufzen mußt, als ein Beschwerter; laß durch alle solche Seufzer deinen Fleiß desto mehr entzündet werden 2 Kor. 5, 4. c. Glaube, Gott will dich selber dazu ausrüsten durch das Pfand des Geistes V. 5. d. Laß den himmlischen Sinn immer mehr die Oberhand bekommen über den irdischen und wachse in der Lust, außer dem Leibe zu wallen V. 8. Dadurch wird sich besonders derjenige Theil des irdischen Sinns verlieren, der darin besteht, daß du noch so tief in der Menschen Gefälligkeit steckst. e. Habe den Richterstuhl Christi vor Augen V. 10, dann wirst du wünschen, dem Herrn wohlzugefallen 2c. Laß also alles diß den Wunsch und die Bitte in dir erneuern: ach Herr Jesu, laß uns wissen und bestreben, wie man dir gefallen soll 2c.

## 73. Leichen-Predigt.
Text: Ps. 16, 9. (18. Febr. 1791).
Die Freude eines Gläubigen im Tode.
I. Nach ihrem guten Grund. Sich im Tode freuen können, ist keine Kleinigkeit; eine solche Freude muß ihren guten Grund haben. Denn der Tod bleibt immer für unsre Natur etwas Erschreckliches und es heißt etwas, in die lange Ewigkeit hinüberschauen; es heißt etwas, sich von allen Anklagen desjenigen befreit wissen, der des Todes Gewalt hat, d. i. des Teufels. Der Grund, den Simeon zu seiner Freude hatte, war kein anderer, als Jesus, das Heil Gottes; weil er diesen noch zu sehen bekam, so freute er sich zu sterben. Und er sah doch damals weiter nichts, als den Anfang dieses großen Heils. Was würde er gesagt und wie würde er sich gefreut haben, wenn er den Tod Jesu und seinen Sieg über den Tod erlebt hätte! Ein Gläubiger hat also heut zu Tage mehr Grund zur Freude im Tode, weil er weiß, wie Jesus auch hierin für die Seinigen der Durchbrecher worden ist, wie es ihm im Tode und nach dem Tode zu Muth war. Der Grund seiner Freude

im Tode ist also die Freude Jesu im Tode, von welcher unser Text redet. Dieser ist eigentlich ein Grablied des Messias und ein Zeugniß, mit was für einem Sinn er in den Tod gegangen, wie es ihm in- und nach dem Tode zu Muth gewesen. Sein Tod war zwar mit mancher Bitterkeit verknüpft, diß erfuhr er nicht nur am Oelberg, sondern auch nachher am Kreuz bei seiner Verlassung; ja man kann sagen: er hat die Bitterkeit des Todes so empfunden, daß keiner von seinen Gläubigen dieselbe so empfinden wird; aber sein Geist drang doch durch alles Bittere zur Freude hindurch. Deswegen sagt er: mein Herz freut sich, meine Ehre, mein Innerstes ist fröhlich, und auch mein Fleisch wird ruhen auf Hoffnung. Er war also in Ansehung des Innern und Aeußern, des Gegenwärtigen und Zukünftigen beruhigt. Er war ruhig in seinem Innern, weil er das Zeugniß hatte, er habe sich den Herrn immer vor Augen gesezt, er habe vor den Augen seines Vaters gelitten und sei vor seinen Augen gestorben, darum bleibe dieser ihm zur Rechten, daß er nicht bewegt werde. Sein Grund bleibe auch im Tode unerschüttert. Er sei nicht nur ruhig, sondern er genieße auch ein Frohlocken in seinem Geist, weil er wisse, daß ihm das Loos aufs Liebliche gefallen, daß ihm ein schönes Erbtheil werden und daß der Herr ihm sein Loos erhalten und bewahren werde. Er war ruhig in Ansehung seines Leibs, denn er wußte, daß er auf Hoffnung im Grabe liege und daß sein Vater ihm die Wege des Lebens kund thun werde. So war Jesus im Tode gesinnt; damit ist er durch alle Angst hindurchgebrochen und hat auch den Seinigen einen Weg zur Freude im Tode gebahnt; denn er ist ja deswegen in alles dieses hineingegangen, daß er für die Seinigen ein Herzog der Seligkeit werden möchte. Wer nun auf diesen Grund seine Freude im Tode baut, der hat auf einen Felsen gebaut und darf sich auch von dieser Freude

II. manchen seligen Genuß versprechen. Warum fehlt es aber bei so vielen an dieser Freude? Es verlegen sich die meisten den Weg dazu aus eigener Schuld 1) weil sie es mit einer gewissen Hoffnung des ewigen

Lebens so lange anstehen lassen. Die meisten gehen sorglos dahin und lassen es darauf ankommen, wie es ihnen einmal gehen werde; sie denken heimlich, es werde nicht so übel ablaufen. Diese armen Seelen wissen nicht und wollen nicht wissen, was mit einer solchen zwischen Zeit und Ewigkeit schwebenden Seele vorgehen werde, was es sein mag, wenn die Sturmwinde und die Plazregen auf ihr Sandhaus hinstürmen. Würden sie sich mehr in diesen Gedanken hineinstellen, so würden sie die Sache ernstlicher nehmen. 2) Weil sie mit der ganzen unsichtbaren Welt nicht begehren jezt schon bekannt zu werden. Sie wollen in einen Himmel, wo sie doch keine Bekannte antreffen, oder, wenn sie auch Bekannte daselbst antreffen würden, so haben sie sich doch hier schon von ihrer Bekanntschaft losgerissen: sie wollen zu den Geistern der vollendeten Gerechten und haben doch in diesem Leben nichts nach den Gerechten gefragt, sondern sie vielmehr verlacht; sie wollen zum Berg Zion, zur Stadt des lebendigen Gottes und haben doch alle diese Pläze für etwas Fabelhaftes angesehen 2c. 3) Weil sie keinen Grund aus dem Wort Gottes gesammelt. Sie singen wohl: dein Wort sei meine Speise, bis ich gen Himmel reise; aber sie haben nichts davon in sich, sie können nicht mit Wahrheit sagen: dieses oder jenes Wort hat mir der Geist Gottes versiegelt. Wo nun keine Gewisheit ist, da ist auch keine Freude. Diese hat also allein bei einem Gläubigen statt. Und wie genießt er sie in und nach dem Tode? a. Er genießt sie durch einen innern Halt an die göttlichen Verheißungen. Es kann zwar wohl noch Anfechtungen geben, es können ihn die Bäche Belials erschrecken, es kann ihn das Feuer jenes Tages erschüttern; aber er glaubt dem Wort des Herrn: wenn du durchs Wasser gehst 2c., Jes. 43, 2. b. Er hat ein inneres Zeugnis von seinem Erbe, weil er den Geist der Kindschaft hat und weiß, daß der Herr auch ihm sein Loos und Erbtheil erhalten wird. In diesem Geist der Kindschaft lernt er glauben: dort ist mein Theil und Erbe zugerichtet. c. Wenn auch im Tode selber sich nicht viel Freudiges bei ihm zeigt, so ist ihm diese Freude nach dem

Tode aufbehalten, wo er sich seiner Beilage freuen wird, wo er von dem Herrn Jesu erwarten wird, er werde ihm die Wege des Herrn immer mehr kund thun. d. Er ist getrost, auch in Ansehung seines Leibes, denn er weiß, daß er auf Hoffnung ruhen darf. Alles dieses genießt er um seiner Gemeinschaft mit Jesu willen. Diese ist der Grund aller Freude. Wer also Freude sucht, der suche Gemeinschaft mit Jesu, so wird er im Geist Jesu beten können: Jesu, ich wünsche mit dir nur zu sterben, Jesu, mit dir nur zum Grabe zu gehn, Jesu, mit dir nur den Himmel zu erben, Jesu, mit dir nur mich selig zu sehn, Jesu, bei dir nur auf ewig zu leben; Jesu, sprich Amen, du kannst es nur geben.

## 74. Leichen-Predigt.
(Am Sonntag Rogate 29 Mai 1791.)
Text: 2 Kor. 5, 4. in Verbindung mit der Perikope Joh. 16, 23—30.

Das heutige Evangelium und unser Text kommen in ihrem Inhalt viel miteinander überein. Im Evangelium ermuntert Jesus seine Jünger zum Gebet und bezeugt ihnen, wie sie künftig alle ihre Bedürfnisse dem himmlischen Vater getrost vorlegen dürfen und dabei versichert seien, ihre Bitten werden gewis erhört werden; im Text aber stellt uns Paulus einen Gläubigen dar, den das innere Gefühl seines Elends zum Flehen und Beten antreibt. Aus beiden Stellen sehen wir, worauf es beim Beten ankomme und was der beste Trieb zum Gebet sei. Nicht die Bedürfnisse machen es allemal, daß der Mensch betet. Es fehlt oft dem Menschen im Natürlichen und Leiblichen manches, es fällt ihm aber deswegen doch oft lange nicht ein, Gott darum zu bitten und ihm seine leiblichen Angelegenheiten zu empfehlen. Noch mehreres fehlt dem Menschen im Geistlichen; Manchem fehlt es noch an Allem, was zum wahren Christenthum gehört; Manchem fehlt es an Glauben, Liebe, Hoffnung, Geduld, kurz an dem Nöthigsten; aber wenn er redlich sagen sollte, wie oft er Gott um diese Stücke angerufen, so würde es entweder noch niemals, oder selten geschehen sein. Die Erfahrung bestätigt es also, daß so viele und mancherlei Bedürfnisse einen doch nicht allemal zum Beten treiben. Es ist schon Vieles gewonnen, wenn sich einer durch seine Bedürfnisse den Weg zum Gnadenthron bahnen läßt, wenn es bei einem heißt: meine Armuth macht mich schreien ꝛc. Eben so geht es dem Menschen bei so manchem Elend dieser Erde, bei so manchen Beschwerungen, die er in dieser Leibeshütte erfahren muß. Mancher hat vieles an seinem Körper zu leiden, aber er ist unter all diesem Leiden in eine gewisse Gewohnheit und Fühllosigkeit gekommen und hat nicht beten lernen. Es ist also auch das bekannte Sprichwort nicht allemal wahr: die Noth lehrt beten. Denn entweder betet man gar nicht, oder man probirt es etwa eine Weile und alsdann läßt man wieder nach. Zum Beten gehört ein ganz anderer Grund und dieser ist uns sowohl im Evangelium, als auch in unserem Text beschrieben. Wenn man recht beten soll, so muß man den Hingang Jesu zum Vater verstehen, man muß wissen und glauben: ich habe einen Heiland, der auferweckt ist, welcher ist zur Rechten Gottes und vertritt uns, einen Heiland, dem als einem treuen und mitleidigen Hohepriester alle meine Angelegenheiten und Bedürfnisse zu Herzen gehen. Wer diß von Herzen glaubt, der betet auch gerne. Eben so verhält es sich mit dem Gebet nach unsrem Text: wenn man unter so manchem Druck dieser Leibeshütte beten soll, so muß man wissen, daß man einen Bau von Gott zu erwarten hat, ein Haus im Himmel; oder wie es im vorhergehenden Capitel heißt, man muß den Geist des Glaubens haben, alsdann wird einem alles ein Antrieb zum Gebet.

Das rechte Verhalten eines Gläubigen unter dem Leiden dieses Leibes. Es besteht

I. in demüthiger Unterwerfung unter so manchen Druck dieser Hütte. Es sind hauptsächlich zwei Stücke, die einem Gläubigen seinen Lauf schwer machen. Das erste ist die Welt. Von dieser hat Jesus in seiner Abschiedsrede vieles mit seinen Jüngern geredet und ihnen bezeugt, wie die Welt theils durch ihren Unglauben, theils durch ihren Verfolgungsgeist ihnen ihren Lauf werde schwer machen. Er faßt daher am Ende alles zusammen, wenn er sagt: in der Welt habt ihr Angst ꝛc. Das zweite ist unser Leib, der einem Glaubigen auf seiner Reise zur Ewigkeit so manche Beschwerden und Hindernisse macht. Das sind zwei beschwerliche Dinge. Wenn ein Reisender keinen guten Weg und bei dem schlechten Weg noch ein schlechtes Gefährt hat, wobei er immer in Sorgen sein muß, stecken und unterwegs liegen zu bleiben, so hat er allweg eine mühsame Reise. Beides trifft bei einem Glaubigen ein. Was ist da zu machen? Soll er sich immer mit dem unnöthigen Wunsch aufhalten: wenn nur der Weg anders und besser wäre? Damit wird er nicht weiter kommen, denn die Welt, durch die er seinen Weg machen muß, bleibt Welt, sie wird nicht besser, eher schlimmer und er muß eben hindurch. Soll er sich über sein Gefährt beschweren, soll er über seinen Leib klagen? Das hilft auch nichts, dieser Leib muß ein Hüttenleib bleiben; und, wenn er die Sache recht beim Licht besieht, so sieht er wohl ein, daß man zur Reise auch Kleider haben muß, die dazu taugen. Also bleibt ihm nichts übrig, als eine demüthige Unterwerfung unter so manchen Druck dieser Leibeshütte. Was gehört aber zu dieser Unterwerfung?

a. Glaube, daß dein jeziger Leib nur eine Hütte ist, die dir nicht auf immer gegeben ist. So soll jeder Glaubige seinen Leib ansehen lernen. So schreibt Petrus von seinem Leib: ich weiß, daß ich meine Hütte bald ablegen muß. Ein Glaubiger weiß also wohl, daß der Leib, den er mit Augen sieht, sein rechter Leib nicht ist. Deswegen macht Paulus auch einen Unterschied zwischen dem äußeren und inneren Menschen, d. i. zwischen dem äußeren und inneren Leib. Er bezeugt, das mache ihn nicht verlegen, wenn gleich der äußere Mensch verwese, wenn nur der innere von Tag zu Tag erneuert werde. Was er da vom äußeren und inneren Menschen C. 4. sagt, das beschreibt er C. 5, 1. durch das irdische Haus und durch das Haus vom Himmel. Was also einem Glaubigen Beschwerde macht, das ist der äußere Mensch, das ist das irdische Haus dieser Hütte. Diß ist das Kleid, das über uns hergezogen wurde, sobald unsere ersten Eltern ihren ersten Rock verloren hatten, da sie das erstemal sahen, daß sie nackend waren. Dieser Leib ist das Kleid, das wir nun durch die fleischliche Zeugung bekommen, das Kleid, von dem Paulus schreibt: Fleisch und Blut können das Reich Gottes nicht ererben. Es ist aber doch das Kleid, das wir haben müssen, wenn es uns auch viele Beschwerde macht; wenn wir nur einmal wissen, wie wir es anzusehen haben, wenn wir nur glauben, daß es eine Hütte ist, die abgebrochen werden muß.

b. Wisse, daß du von dieser Leibeshütte manchen Druck erfahren mußt. Diß hat der Apostel Paulus auch erfahren. Er bezeugt im vorhergehenden Cap., wie sein apostolisches Amt ihn bei seinem Leib oft schwer und sauer werde, weil er den Schatz des Evangelium in einem irdenen und also zerbrechlichen Gefäß trage, weil ihm der äußere Mensch oft allerlei Angst und Bekleinmung mache. Ja in eben diesem Brief schreibt er, wie ihm ein Pfahl ins Fleisch gegeben worden sei, wie ihn ein Satansengel mit Fäusten habe schlagen dürfen; er hat also aus eigener Erfahrung inne worden, was er schreibt: so lange wir in der Hütte sind, sind wir beschwert. Und so erfährt noch ein Gläubiger manchen Druck dieser Hütte, daß er sich über so manche Ermüdungen nicht aufschwingen kann, daß der Geist willig, aber das Fleisch schwach ist, daß er durch diesen dicken Vorhang des Fleisches nicht durchsehen kann, daß er im Glauben wandeln muß und nicht im Schauen. Diß alles und noch mehreres gehört zu der Beschwernis, die uns dieser Hüttenleib macht. Unter das alles sollen wir uns demüthigen und denken: anders kanns nicht sein auf Erden, drüben wird es besser werden.

c. Unterwirf dich auch um dieses Leibes willen manchem Tode, der über dich gehen soll. Denn an eben diesem Hüttenleib sollst du das Sterben Jesu auch herumtragen; dieser äußere Mensch ist es, an dem du das Sterben Jesu herumtragen sollst; Jesus will auch an dir zeigen, wie sein Sterben, wie sein Aufenthalt in unserem äußeren Menschen uns ein Gewinn werden soll.

Es ist kein Leiden, das über deinen äußeren Menschen geht, Jesus will es dir durch die Gemeinschaft mit seinen Leiden heiligen.

d. Wisse, daß auch die Lebenskraft Jesu sich bei dem Druck der Hütte offenbart. Er will zeigen, wie alle unsere Schwachheit ihn doch nicht hindere. Die Hütten sind gebrechlich, die Kraft ist unaussprechlich.

II. **Schwing dich auf in die rechte Sehnsucht nach dem Himmlischen.** Es heißt im Text: wir sehnen uns. Diß ist das Einzige, was einem Gläubigen unter so manchen Leiden dieser Zeit von einem Ungläubigen unterscheidet. Wenn ein Ungläubiger noch so viel zu leiden hat, so ist er entweder finster oder gleichgültig, oder unsittig und will aus dem Leiden heraus. Aber ein Gläubiger sehnt sich; unter allem Leiden wird ihm das Ziel der Herrlichkeit desto näher und er sehnt sich nach dem Bau, von Gott erbaut, den er gleich nach dem Tode beziehen darf; er sehnt sich nach der Behausung im Himmel, die er an jenem Tag bekommen wird. Aber diese Sehnsucht muß freilich einen Grund haben. Man muß wissen, daß man einen inneren Menschen hat, welcher der schon in diesem Leib erbaute Bau von Gott ist. Man weiß aber auch, daß man einmal überkleidet werden soll mit der Behausung vom Himmel. Diß weiß man aus den Erstlingen des Geistes, zu welchen eben der innere Mensch gehört.

## 75. Leichen-Predigt.
Bei der Beerdigung eines Schulmeisters am 6. Sonntag nach Trinitatis den 31. Juli 1791.

Text: Phil. 3, 9. nebst der Perikope, Mat. 5, 17—48.

Ihr habt die Leiche eines Mannes zu Grabe begleitet, der in einer 46jährigen Verbindung mit dieser Gemeinde gestanden, den ihr also mit desto größerer Theilnahme zu seiner Grabstätte begleitet habt. Wie mancher von euch hat von diesem Mann den ersten jugendlichen Unterricht bekommen! Was kann nun beiden Theilen jezt eine wahre Beruhigung bringen? Dem Lehrenden biß, wenn er durch Wort und Wandel manches gute Körnlein ausgesät hat, dem Lernenden aber, wenn manches Körnlein angewurzelt und Früchte getragen hat. Denn nur das sind selige Stunden, worin man etwas auf die Ewigkeit gewirkt hat; sonst vergeht alle Zeit, die wir zubringen auf Erden. Wir sollen selig werden und bleiben in Ewigkeit. Wie manches Mitglied dieser Gemeinde hat er zu Grabe begleitet! Wie manches Wort hat er an den offenen Gräbern geredet, wie manchen Eindruck von der Ewigkeit hat er also in sein Herz bekommen können! Ja erst vor einem Vierteljahr stand er unter den Gräbern als eine Blume, die bald verwelken und abgehauen werden sollte: wie ist da der treue Gott mit der Sprache der Ewigkeit ihm so nahe ans Herz gekommen! Wie manchem Gottesdienst hat er in diesem Hause beigewohnt, wie manches Wort Gottes gehört, wie manches Lied vorgesungen, also wie manche Gelegenheit gehabt, einen Schaz der Wahrheit zu sammeln! Auch seine Nebenämter waren ihm ein Beruf, Gerechtigkeit zu wirken. Wir wollen es ihm also gönnen und wünschen, daß er von so manchen Gelegenheiten, Gutes zu wirken auch einen Gewinn in jene Welt hinüber bringe. Ja sein Tod soll uns allen, die wir noch auf dem Wege sind, eine neue Aufmunterung werden, die angenehmen Zeiten Gottes wohl anzuwenden. Denn alles, was Gott in diesem Leben an uns thut, das haben wir als Einnahmen anzusehen, die wir wieder zu verrechnen haben, da der Herr nicht nur nach dem Pfund wieder fragen wird, das er uns anvertraut hat, sondern auch, ob und was und wie viel wir damit gewonnen haben. Darin besteht auch die wahre Gerechtigkeit, nemlich in demjenigen, was wir von dem Herrn empfangen und wie wir dasselbige anwenden. An dieser Gerechtigkeit ist einem, der seines Eingangs in das Himmelreich gewis sein möchte, alles gelegen. Um diese Gerechtigkeit hat Paulus nach unsrem Text alles andere hergegeben, diese Gerechtigkeit verkündigt auch Jesus im heutigen Evangelium als der Lehrer der Gerechtigkeit.

Wie man gesinnt sein müsse, wenn man nach der wahren Gerechtigkeit trachten will.

Das Trachten nach der wahren Gerechtigkeit ist eine Art von einer Leiter, da man stufenweise aufsteigt und eine Sprosse nach der andern betreten muß, bis man endlich die lezte Sprosse erreicht. Wer sich diese Ordnung nicht gefallen läßt, wer nur so zufahren will, der kommt zu nichts und wird nie recht gewis, wie er mit sich selber daran ist. Was ist nun die erste Sprosse an dieser Leiter der Gerechtigkeit?

I. Diese, daß ich glauben lerne: ich habe noch keine Gerechtigkeit: die beste Anweisung, die man einem geben kann, ist diese: hebe an, Zion heb am Elend an, an der Armuth, an dem Staube; wenn man sich in den allgemeinen Sünderhaufen von Herzen hineinstellen kann und sich gar nichts über diejenigen herausnimmt, von denen Gott selber sagt: sie sind alle abgewichen Röm. 3, 12.: sie sind allzumal Sünder V. 23. Aber was kostet es den l. Gott, bis er einen Menschen nur auf diese erste Sprosse hinstellen kann! wie lange wehrt sich der Mensch, bis er einmal der Gerechtigkeit Gottes recht gibt; wie oft muß Gott dem Menschen rufen: Adam, wo bist du? Was hat Jesus dem Engel zu Laodicea müssen schreiben lassen? Du weißt nicht, daß du bist arm, jämmerlich blind und bloß! Wie ist der Mensch so empfindlich, wenn man ihn zu dieser ersten Sprosse hinführen will! Man muß zu Manchem sagen, wenn man ihn auf dieser Seite angreifen will: bin ich denn euer Feind worden, daß ich euch die Wahrheit schreibe? Eben daher kommen so wenige allein durch Handleitung und Ueberzeugung eines andern Lehrers oder Christen zu dieser Erkenntnis; Gott muß gemeiniglich noch mit besonderen Schickungen hinten drein kommen. Er läßt es auch nach seiner Treue an solchen Schickungen nicht fehlen. Ich kann hier nicht umhin, euch an die Nacht des lezten Mittwochs zu erinnern. Haben die Blize des Allmächtigen nicht auch in euern Herzen etwas helle gemacht und das Leere aufgedeckt? Haben die schrecklichen Donnerschläge nicht auch euer Herz erschüttert? oder soll auch da wieder das Wort in Erfüllung gehen: Gott donnert ꝛc. Hiob 37, 5. Ja wie schwer hält es bei einem manchen, wenn er schon vor dem Thor der Ewigkeit steht, daß er noch die Wahrheit erkennen lernt: ich habe noch keine Gerechtigkeit, die vor Gott gilt. Der Fehler ist aber nicht nur, daß man seine Mängel nicht einsieht, sondern daß man sich noch mit einer eigenen untauglichen Gerechtigkeit behilft. Das hat Paulus so ernstlich weggeräumt, wenn er bezeugt: daß ich nicht habe meine Gerechtigkeit. Er hatte manches dessen er sich hätte rühmen können; aber er wollte von allem diesem nichts wissen. Könnten unsre Leute sich einen solchen Ruhm herausnehmen, wie viel würden sie sich darauf einbilden! Eben so räumt auch Jesus alle eigene Gerechtigkeit hinweg und bezeugt, daß diese kein Recht zum Eingang ins Himmelreich gebe. Also stehe da vor Gott entweder ganz bloß oder wenn du dich mit Feigenblättern deckst, so laß dir auch diß Kleid ausziehen und wirf es als einen Hurenschmuck hinweg von dir, so erreichst du die erste Sprosse an dieser Leiter der Gerechtigkeit. Die zweite Sprosse ist

II. ich muß die wahre Gerechtigkeit haben. Auch diß hält schwer, den Menschen von dieser Wahrheit zu überzeugen. Denn da bei unsern Christen immer der Gutgenug herrscht, so nehmen sie es hierin auch nicht so genau. Sie räumen es einem etwa noch ein, es gebe Leute, die es in der wahren Gerechtigkeit weit bringen, aber diß muthe Gott nicht einem jeden zu; es wäre gefehlt, wenn alle verloren giengen, die es nicht so weit bringen. Gott werde also schon mit ihnen für lieb nehmen. Was soll man diesen sagen? Ihr arme Leute, machts mit demjenigen aus, der es im heutigen Evangelium mit einem Wahrlich betheuert. Man kann sich über den Leichtsinn des menschlichen Herzens nicht genug verwundern, wenn doch der Herr, als der künftige Richter, mit einem vom Gericht, von der Feuerhölle, vom Kerker spricht, wo man bis auf den lezten Heller bezahlen muß und man will sich noch beigehen lassen: es wird nicht so ernstlich hergehen! Diß ist die Unart des menschlichen Herzens, die Paulus mit den Worten beschreibt: es sei der

Gerechtigkeit Gottes nicht unterthan. Es ist ein gewisser Empörungsgeist im Menschen, der es Gott übel nimmt, wenn er von ihm begehrt: du mußt nothwendig die wahre und bessere Gerechtigkeit haben. Es erwacht ein gewisser Grimm im Menschen, wenn man ihm sagt, wie er von rechtswegen sein sollte. Es gehört schon viel Demüthigung vor Gott dazu, bis man ihm so viel eingesteht, bis man es ihm einräumt: du kannst fordern, daß ich wieder so bin und werde, wie ich aus deinen Händen gekommen bin.

III. Ich möchte gerne die wahre Gerechtigkeit haben; da steht man schon auf einer andern Stufe. Auf den zwei ersten Stufen fühlt man noch manches Drückende und Darniederschlagende; aber nun geht es schon dem Besseren zu. Da empfindet man etwas von dem Hunger und Durst nach der wahren Gerechtigkeit. Da sieht man, wie man bei dieser Gerechtigkeit so wohl bedeckt ist. So ungern man vorher sein Eigenes hergegeben, so gern wirft man jezt alles weg; man sieht das Unvollständige des Eigenen, der eigene Talar bedeckte die Blöße nicht halb und nicht gar.

IV. Ich kann sie haben, d. i. die lezte Sprosse auf dieser Leiter, da ist man in der Fassung, sie zu empfangen. Ich kann sie haben, denn a. Gott bietet sie mir selber an, er ist bereit, mich, wie den verlorenen Sohn, auszukleiden und mich aufs Neue anzuziehen. b. Er hat selber sie erworben und zuwege gebracht; eine Gerechtigkeit, die nicht verzagen darf, wenn der größte Sünder seine Zuflucht zu ihr nimmt. c. Ich kann sie bekommen, wenn mir auch alles im Weg steht und der Hoffnung Grund herabwirft.

Nun prüfet euch nach diesen vier Stücken. Wenn es richtig damit ist, so habt ihr euer Haus auf einen Felsen gebaut. Lasset euch ein offenes Grab, das offene Thor der Ewigkeit, eine Aufweckung sein. Es gilt euer eigenes Heil. Der Tag wirds offenbaren. Der Tag des Todes, der Tag der Erscheinung Jesu Christi.

## 76. Leichen-Predigt.

Text: Pf. 103, 15—18. (25. Aug. 1791.)

„Drücke stets in meinen Sinn, wer du bist und wer ich bin." Wenn wir diese zwei Wahrheiten in unsrem Gemüthe recht zusammenstellten, wenn wir diese zwei Eindrücke uns recht durchdringen ließen, so würden wir es in unsrem mühseligen Lauf durch diese Welt reichlich zu genießen haben, wir würden uns manches zurechtlegen können, woran wir uns oft lange ärgern. Aber eben diese zwei Eindrücke gehören zusammen und lassen sich nicht wohl von einander trennen. Denn wenn ich nur fühle, was ich bin, so drückt es mich zu Boden, so macht es mich verdrossen und verlegen, wenn ich nicht glauben darf, daß ich mich bei aller meiner Hinfälligkeit an einen Gott halten darf, der sich über mich, wie ein Vater über sein Kind erbarmt, der daran denkt, daß ich Staub bin und mich nach eben diesem Zustand behandelt. Wenn ich aber nur allein fühlen will, was Gott ist und dabei nicht an mein Elend und Hinfälligkeit zurückdenken, so ist mir die Gnade, die Gott an mir beweist, nimmer so groß, so lerne ich mich nicht unter dieselbige demüthigen und dem Herrn von Herzen dafür dankbar werden. Stelle ich aber beides zusammen, so kommt der liebliche Eindruck heraus, den David Psalm 8, 5. beschreibt: was ist der Mensch, daß du sein gedenkst 2c. An diesen zwei Eindrücken fehlt es den Menschen gar sehr. Von uns selbst haben wir entweder gar kein Gefühl oder ein falsches und verderbtes. Entweder mögen wir gar nicht an unser Elend und Hinfälligkeit denken und schlagen uns dasselbe so viel möglich aus dem Sinn, oder wir können uns bei all unsrem Elend noch erheben und uns weiß nicht was einbilden. Das Gefühl von Gott aber ist unsern Herzen ziemlich fremd. Denn entweder fühlen wir nur dasjenige von Gott, was uns schreckt und zurückschlägt, oder wir machen uns ein eigenes Gefühl von Gnade und Erbarmen, welches unsern armen Herzen keine wahre Beruhigung bringt. Alle diese Fühllosigkeiten und Verirrungen unseres Gefühls kommen daher, weil es uns an Eindrücken fehlt, die von Gott selbst in uns gepflanzt sind und weil wir uns so gern an unsern eigenen Gedanken begnügen. Und doch läßt es uns Gott nicht an Gelegenheiten fehlen, da er solche Eindrücke in uns pflanzen will. Auch der Tod unsrer l. Mitschwester ist eine solche Gelegenheit. Wenn man auf einem Todtenacker steht und um sich her nichts als Verwesung sieht, soll es einem da nicht einfallen, was man sei? Und kann man auch mit Ruhe bei diesem drückenden Gefühl stehen bleiben? Aber wie wohl thut es dem Herzen, wenn man sagen kann: legt man mich gleich in das Grab, ach Herr, wenn ich nur dich hab.

**Wie nothwendig die tägliche Erneuerung unsres Herzens sei.**

I. **Im Andenken an unsre Hinfälligkeit.** So nahe uns dieses Gefühl sein könnte und sollte, so wenig lassen wir dasselbige auf uns wirken. Es kann sich zwar der Mensch diesem Gefühl nicht ganz entziehen, auch der eitelste Mensch muß je und je etwas davon fühlen; und es ist also an diesem Gefühl etwas Unvermeidliches. Aber der Mensch läßt es doch nicht leicht zu seiner ganzen Kraft und Wirkung kommen, theils aus Gewohnheit, da er den Anblick von so manchem Elend nach und nach gewohnt wird und sich also nimmer viel daraus macht, theils weil er solche Eindrücke gerne vergißt; denn er ist auch hierin, wie jener Mensch (Jak. 1.), der sein Angesicht im Spiegel beschaut und geht hin und vergißt gleich wieder, wie er gestaltet war. Weil nun der Mensch so gerne über diese Dinge hinüberfährt, so führt ihn das Wort Gottes immer wieder dazu hin und möchte bleibende Eindrücke in ihn pflanzen. Von einem solchen Gefühl der Hinfälligkeit zeugt unser Text, wo David unsre Vergänglichkeit auf eine nachdrückliche Weise beschreibt. Er zeigt dieselbe

a. **an unsrer kurzen Lebenszeit.** Ein Mensch ist in seinem Leben wie Gras, oder vielmehr seine Tage sind wie die Tage des Grases; seine Währung in dieser Welt ist nicht viel länger, als des Grases, das heute blüht und morgen in den Ofen geworfen wird. So steht es um das Leben des Menschen so lange die Eitelkeit unter der Sonne herrscht. In den künftigen Zeiten des Reichs Christi wird es auch in diesem Stück besser um den Menschen stehen; denn von dieser Zeit heißt es: die Tage meines Volks werden sein, wie die Tage eines Baums. Unsre Hinfälligkeit zeigt sich auch

b. an dem besten und blühendsten Zustand unsres Lebens: der Mensch blüht wie eine Blume auf dem Felde rc. Es gibt Zeiten in dem menschlichen Leben, wo wir in einem blühenden Zustand sind, wo wir meinen, es sei an unsrem irdischen Glück und an unsrem leiblichen Wohlstand etwas Reelles und Bleibendes; aber auch diese Blüthe ist unbeständig und kann bald und leicht vergehen; denn es ist die Blüthe einer Feldblume, die keine genugsame Bewahrung und Verpflegung hat, die vielen zufälligen Anstößen ausgesezt ist. Ein anders ist das Blühen des Gerechten, wie es Ps. 92. beschrieben wird, der blüht nicht als eine Blume, sondern wie ein Palm- und Cederbaum; er blüht nicht wie eine Blume des Feldes, sondern in den Vorhöfen Gottes, als ein Gewächs, das seine Wurzel im Innersten des Hauses Gottes hat und darf sich also nicht vor einem jeden Wind fürchten. Endlich zeigt sich unsre Hinfälligkeit

c. auch darin, daß mit dem Tod unser Zusammenhang mit dieser Welt aufhört: die verwelkte Blume kennt ihre Stätte nicht mehr. So gehts gerade auch mit den Menschen. Wenn diejenigen, die vor hundert Jahren gelebt haben, wieder zurückkämen, sie würden wohl ihre Häuser nimmer zu finden wissen und ihre Häuser würden nichts von ihnen wissen. Jezt kennst du dein Haus, deine Aecker und Wiesen gut: es thut dir wohl, wenn du sagen kannst: diß ist mein Acker, mein Gut, mein Haus; aber stirb und komm in 50 Jahren wieder, ob du es auch noch kennest und wissest; komm wieder und denk alsdann, wie dirs zu Muth sein möchte, wenn du sehen wirst, daß ein ganz Fremder und Unbekannter deinen Acker hat; wenn du nichts von dem Deinen mehr antriffst, als etwa noch die Ueberbleibsel von Fluch und Ungerechtigkeit, die sich von dir herschreiben und die du gepflanzt hast. Wie wird es dir zu Muth sein, wenn dich diese Stätte nicht mehr als den Eigenthümer erkennen will und wenn du doch keine andere Stätte hast; wenn du nicht mit dem Trost Davids gestorben bist: ich werde bleiben im Hause des Herrn immerdar! Diß sind ernstliche Zeugnisse von der menschlichen Hinfälligkeit. Bei dieser Hinfälligkeit aber dürfen wir nicht vergessen, daß es sich mit derselben nicht bei einem wie beim andern Menschen verhalte. Denn ein anders ist, ein ganzer Raub der Hinfälligkeit sein, ein anders ist, neben der Hinfälligkeit auch schon etwas in sich haben, das diese Hinfälligkeit nicht ganz über uns herrschen läßt.

II. Diß ist die ewige Gnade Gottes, womit wir uns über das Gefühl der Hinfälligkeit erheben können.

David kommt von einer niederdrückenden Betrachtung auf einmal ins Geraume und in ein weites unüberschauliches Feld; er fangt mit dem güldenen Aber auf einmal einen ganz andern Ton an: aber die Güte des Herrn währt von Ewigkeit zu Ewigkeit ꝛc. Wir sind nach unserm leiblichen Dasein von gestern her, es kann sich jeder unter uns wohl denken, wie lang er da ist; aber die Güte Gottes ist von Ewigkeit her, diese war da, ehe wir da waren, sie hat uns schon bei unsrem Eingang in diese Welt empfangen. Wir vergehen nach dem äußern Menschen bald wieder, unsers Bleibens ist nicht lange, aber Gottes Güte währet in Ewigkeit. Wenn wir also an dieser Güte Theil haben, so vergehen wir nicht, so haben wir etwas Bleibendes. So lange dieses Leben währt, ist er stets unser Heil, und wenn wir scheiden von der Erd, verbleibt er unser Theil. Er will aber seine Güte nicht nur an uns selber verherrlichen, sondern auch unsre Kinder und Kindeskinder sollen seine Gerechtigkeit zu genießen haben und erfahren, daß er seine Güte auch gern auf die Nachkommen fortpflanzt. Geschieht es bei Menschen, bei großen Herren, daß sie den Nachkömmlingen ihrer ehmaligen Lieblinge gerne Gutes thun und Gnade erzeigen, wie vielmehr bei Gott, der bis ins tausendste Glied zu lieben und wohlzuthun versprochen hat. Diß ist das Gegentheil von dem, was gesagt worden von der Blume, daß sie von ihrer vorigen Stätte, wo sie gestanden, nimmer gekannt werde. Gott denkt an den Plaz, wo wir in dieser Welt gewesen und an den Samen, den wir auf dieser Welt zurückgelassen haben und so pflanzt er seine Güte fort.

Damit wir aber von dieser Güte recht gewiß sein mögen, so hat er sich in einen Bund mit uns eingelassen. Er hat sich selber verbindlich gemacht, uns seine Gnade und Wahrheit zu halten bis in Ewigkeit. Diß ist ein großer Trost für unser wankendes und von so manchen Zweifeln herumgetriebenes Herz. Wer sich nun im Glauben an diese ewige Gnade Gottes erneuert, dem darf seine Hinfälligkeit nicht bange machen. Was ist aber der Grund dieser Erneuerung und worin besteht sie? a. in einer reinen kindlichen Furcht, daß diß unsre größte Sorge ist, niemals aus dieser ewigen Gnade zu fallen, es gehe uns auch in der Welt, wie es wolle; b. in Bewahrung des Bundes Gottes, daß wir uns im Glauben an seine Bundesverheißungen stärken, und nicht durch schiefe Blicke auf Weltglück uns um unsern Antheil an dem Erbe der Gläubigen verkürzen; das heißt den Bund bewahren, glauben: es ist wahr, was Gott verheißen hat, nicht, wie Esau, die Vorzüge des Bundes gering schäzen. c. Im Andenken an seine Gebote; das heißt würdiglich wandeln dem himmlischen Beruf, sich als einen Auserwählten Gottes betragen. So wächst man von Grad zu Grade, und ist auch noch zur lezten Stunde froh. Amen.

# 77. Leichen-Predigt.
Text: Mat. 7, 7. (1. Okt. 1791.)

Unsre l. Verstorbene hat diese Worte öfters im Munde geführt. Es ist gut, wenn wir aus dem großen Schaz der göttlichen Wahrheiten uns eine zu Nuz machen und zueignen; denn wir sind doch nicht im Stand, uns auf einmal in die ganze Wahrheit hineinzusezen;

unser Herz ist viel zu eng, als daß es so viel auf einmal fassen könnte. Hingegen an solchen einzelnen Sprüchen kann uns der Geist Gottes zur rechten Treue angewöhnen; wenn wir mit diesen treu umgehen, so kann uns mehreres anvertraut werden. Was könnte ein einziger Spruch an uns ausrichten, wenn wir ihn nur einige Wochen lang alle Tage in unserm Herzen bewegten, wenn wir fleißig darüber beteten, wenn wir von demselben täglich etwas in Ausübung zu bringen bedacht wären! Da könnten wir erfahren, daß ein einziges solches Samenkorn sich 30—60, ja 100fältig vermehren würde. Aber auch solche einzelne Sprüche hangen nicht von unsrer eigenen Wahl ab, sondern sie müssen uns vom Geist Gottes unter allerlei Schickungen gegeben werden. Wir sehen zwar, wie sich der natürliche Mensch oft auch an gewisse Sprüche des Worts zu halten weiß, aber er hat doch nicht den gehörigen Nutzen und die Kraft davon, weil er sich in dergleichen Zeugnissen nicht erneuern läßt, und die gehörige Treue darunter nicht beweist, besonders aber, weil er sich solche Sprüche selber wählt und gemeiniglich nur solche Sprüche sucht, mit denen er sich bei seinem natürlichen Sinn beruhigen will und bei denen er ein ungeänderter Mensch bleibt. Soll ein solches Wort Gottes seine Kraft an unsern Herzen beweisen, so läßt es uns nicht, wie wir sind, sondern es wirkt fort an unserm Herzen und wenn wir diese Wirkungen annehmen, so wird es zuletzt unser Erbe, ein Erbe, das nimmer von uns genommen werden kann, ein Erbe, das uns bis in jene Welt begleitet.

Wie wir die liebliche Verheißung des Herrn anwenden sollen.

I. Als eine Anmahnung an unser Elend. So lieblich und tröstlich unsre Textworte sind, so können wir sie doch nicht recht benutzen, wenn wir uns nicht zuerst auf die Erkenntnis unsers Elends führen lassen. Denn Gott will sich an unsrem Elend verherrlichen; aber wir müssens erkennen lernen, wir müssen uns gern als solche bekennen, die wir sind. Es ist schon viel gewonnen, wenn es einmal bei uns heißt: wo ihrs fehle, spürt die

Seele. Denn der Mensch begehrt sein Elend nicht nur vor andern, sondern auch vor sich selber zu verbergen. Der Engel zu Laodicäa sagte zu sich selbst: ich bin reich und habe satt und bedarf nichts. Es ist also schon eine Gnade, wenn die Seele spürt, wo es ihr fehlt; und wer nicht selber ein Wohlgefallen daran hat, mit sich unbekannt zu bleiben, den wird der Herr durch seinen Geist auch in diese Erkenntnis immer mehr einleiten und zwar auf eine recht liebliche Weise. Im Text redet Jesus ja recht freundlich mit uns; aber bei aller dieser Freundlichkeit zeigt er uns unsern elenden Zustand. Dieser ist dreifach. a. Wir sind voller Bedürfnisse. Wenn wir unsern Zustand nur ein wenig mit demjenigen vergleichen, in welchem wir nach der gerechten Forderung Gottes sein sollten, so finden wir, wie Vieles uns fehlt, was wir haben sollten. Wir sollten Glauben haben und er ist doch nicht da; wir sollten ein Herz haben, das Gott liebt und es ist nichts davon da; wir sollen Lust an Gott, Verlangen nach dem Ewigen haben und es ist doch nichts da. Da finden wir also lauter Bedürfnisse, die uns von Herzen bemüthigen sollen. b. Wir haben Vieles verloren, sonst würde uns Jesus nicht anweisen zu suchen. Lerne also erkennen, um wie Vieles du gekommen bist, was du verloren hast. Man könnte freilich einwenden: was kann ein armes Menschenkind, das in Sünden empfangen und geboren ist, das so viel Elend mit auf die Welt bringt, verlieren? Wer nichts hat, kann nichts verlieren. Allein wenn wir nachdenken mögen, werden wir doch manches finden, das wir verloren haben. Eben das, daß wir mit so vielem Elend geboren werden, mahnt uns an das, was wir in unserm ersten Vater Adam verloren haben, nemlich das liebliche selige Bild Gottes. Diß ist der Mangel, den wir von Geburt haben. Aber wenn wir auch dieses nicht in die Rechnung nehmen wollen, so wird sich doch noch manches zeigen, das wir verloren haben. Gott hat uns mit dem Anfang unsres Lebens durch die Taufe in seinen Gnadenbund aufgenommen; aber haben wir auch noch diese ganze Gnade, und wie viel haben wir etwa davon verloren?

Wiederum wir haben schon so manche Gnadenzüge an unserm Herzen erfahren, der Geist Gottes hat schon manches Gute an uns gewirkt; aber haben wirs noch? haben wir noch alles? O da wird sich manches Verlorne zeigen. c. Wir sind Leute, die draußen sind, die von Natur nicht ins Reich Gottes gehören. Das ist Elend genug, wenn man denken muß, man sei entfremdet von der Bürgerschaft Israels. Wir sind draußen, weil uns das Göttliche und Himmlische verschlossen ist; das ist eine Beschreibung unsres Elends. Wozu soll uns nun dieses antreiben? es soll uns

II. zur göttlichen Gnadenfülle hinziehen. Jesus hält uns im Text unser Elend vor; aber er will a. uns nicht damit beschämen, daß wir uns deswegen vor ihm verbergen oder zurückziehen sollten. Der Mensch erkennt besonders auch deswegen sein Elend nicht, weil er sich schämt, derjenige zu sein, der er ist; allein mit dieser Scham verschließt er sich selber den Weg. Jesus will uns auch b. nicht darniederschlagen und uns unsre Hoffnung nehmen. Er sagt nicht: du bist so arm und dürftig, daß dir nimmer zu helfen ist; was du verloren hast, bekommst du dein Lebtag nimmer; du bist und bleibst ausgeschlossen; nein so meint es Jesus nicht, sondern es ist ihm darum zu thun, uns Muth zu machen, er ladet uns damit ein zu seiner Gnadenfülle. Und was sollen wir dann thun? a. bitten. Was uns fehlt, das sollen wir nur dem Herrn klagen, der wird alle unsre Bedürfnisse schon ausfüllen. Er macht uns zum Bitten einen großen Muth. — b. Es soll aber nicht nur beim Bitten bleiben, sondern es soll auch zum Suchen kommen, das ist ein weiterer Schritt im Ernst. Sage nicht nur: ich habe ja gebetet, sondern gehe weiter und suche; c. ja es soll zum Anklopfen kommen, du mußt nicht nachlassen, bis dir geöffnet wird. Man muß also von Stufe zu Stufe schreiten. Eine Nachläßigkeit ist um so weniger zu entschuldigen, da der Herr es so sehr erleichtern will. Wie wird es den Trägen in jener Welt zu Muth sein, wenn sie sehen, was sie hätten erhalten können? Wie wirds dagegen

denen fein, die sich diese Verheißung zu Nuz gemacht
haben!

## 78. Leichen-Predigt.
Text: 1 Theff. 5, 9. 10. (6 Okt. 1791.)

Wir sollen selig werden und bleiben in Ewigkeit:
diß ist ein Wort, das wir uns öfters zurufen, womit
wir uns im Glauben stärken und zum Fleiß der Gott=
seligkeit ermuntern sollten. Allein wir denken gemeinig=
lich nicht viel daran und sind meistens bei unserm Gang
durch diese Welt wie ein Reisender, der entweder gar
keinen Zweck hat und sich bald da bald dort verweilen
kann, oder der zwar einen Zweck, ein gewisses Ziel hat,
aber nie viel daran denkt und sich also auch in seiner
Reise nie darnach richtet; und so gehören wir meistens
zu derjenigen Menschenklasse, die nicht weiß, wohin sie
geht. Wenn wir aber ja so wenig daran denken, so
sollten wir uns doch bei Todesfällen daran erinnern
lassen. Es ist etwas, wenn man von einem Menschen,
den man zu Grabe trägt, glauben darf: er ist selig ge=
worden 2c. Und wenn Menschen um ein solches Grab
herum stehen, die noch auf dem Wege zur Ewigkeit begriffen
sind, die sich als arme Würmlein fühlen, mit Todesnoth
umgeben, und der Geist Gottes kann den Gedanken in
ihnen rege machen: wir sollen selig werden 2c., was hat
man alsdann von einem solchen Gang auf den Kirchhof
für einen Nuzen! Und wenn du bei einem Grabe stehst
und sagen kannst: auch mein Gang geht zur Welt hinaus,
aber der Himmel ist mein Haus; wenn du, sage ich,
mit einem solchen Sinn am Grabe stehst, so hast du
einen Trost der dir auch die Bitterkeit der Trennung
versüßt und wirst aufs neue ermuntert, deinem Ziel mit
Ernst entgegen zu gehen, es ist dir darum zu thun, daß
du nicht dahinten bleibest. Bei einem solchen Sinn be=
müht man sich erst um eine gewisse Hoffnung des ewigen
Lebens; da bekommt man auch endlich das schöne Zeug=
nis in sich: ich laufe nicht aufs Ungewisse 2c. 1 Kor.
9, 26 f. Aber wie viel Mühe muß Gott mit einem

Menschen haben, bis er ihn so weit bringt, und wie viele halten die Arbeit des Geistes Gottes an ihrem Herzen auf! Wie viele laufen aufs Ungewisse, wie viele sterben aufs Ungewisse! Es sollte nicht also sein. Gott will auch heute unsern ausschweifenden Herzen wieder nahe werden 2c.

Die tröstliche Wahrheit: wir sollen selig werden und bleiben in Ewigkeit.

I. Wie sie im Herzen Gottes gegründet sei. Es muß dem Menschenherzen ein großer Trost sein, wenn es mit einem offenen Ohr das Wort Gottes hören darf: Gott hat uns nicht gesezt zum Zorn 2c. Bei diesen Worten wünsche ich, daß ihr euch zuerst darüber besinnen möchtet, warum sagt Paulus nicht gerade hin: Gott hat uns gesezt, die Seligkeit zu besitzen? warum sagt er noch vorher: er hat uns nicht gesezt zum Zorn? Kann denn auch ein Mensch den lieben Gott im Verdacht haben, er habe ihn zum Zorn in diese Welt hereingesetzt? So wird doch kein Mensch den l. Gott ansehen, so finster von ihm denken? Ich will darauf antworten: sehet, der natürliche Mensch, so lang er noch in seiner Sicherheit dahingeht, hat keinen Argwohn gegen Gott; er denkt nicht, daß es in Ansehung seines Seligwerdens irgend einen Anstand haben möchte. Er traut Gott das Beste zu, und er glaubt mehr, als er Fähigkeit und Recht hat zu glauben. Aber wenn ein solcher Mensch einmal zu sich selber kommt, wenn in einer Noth oder auf dem Krankenbette sein Gewissen aufwacht, so kann er das nimmer glauben, was er vorher so leicht geglaubt hat; da wird er von seinem eigenen Herzen verdammt und verurtheilt, da sieht er nichts als Zorn Gottes und es wird ihm schwer, das süße Wort zu glauben: wir sollen selig werden 2c. So lang also der Mensch nicht unter ein solches Gefühl des Zorns Gottes gestellt worden ist, kann er nicht begreifen, warum Paulus sich so ausgedrückt hat. Paulus hat diese Wahrheit recht befestigen und besiegeln wollen, weil er gewußt hat, wie das menschliche Herz so viele Zweifel dagegen hat.

Der erste Grund dieser Wahrheit ist der, daß wir

glauben lernen: wir **dürfen** selig werden. Das mag
in dem Herzen des verlornen Sohns einer der ersten
Gedanken gewesen sein: wenn ich nur wieder in meines
Vaters Haus kommen dürfte, wenn ich nur nicht besorgen müßte, daß er mich abweise. Und eben dieser
Gedanke macht noch einem jeden Menschen zu schaffen,
der angefangen hat, über sich selber nachzudenken: darf
ich glauben, daß Gott mich nicht wegwerfen werde? darf
ich auf das Seligwerden noch rechnen, da mein Gewissen
sagt: ich hab versäumt, verscherzt so viel Gnade, so viel
Geduld, so große Huld und zwar aus meiner eigenen Schuld.
Wenn so viel verklagende Gedanken im Herzen aufsteigen
und man hört das Wort: Gott hat dich nicht gesezt
zum Zorn, er hat kein Wohlgefallen daran, daß du verloren gehen sollst, das thut einem traurigen Herzen wohl.
Da fangts an, daß man glaubt: ich darf kommen; und
warum? ich habe einen Mittler, der für mich gestorben,
auferwecket ist 2c. Röm. 8, 34. Wir **dürfen** also selig
werden; aber es ist daran noch nicht genug, sondern wir
**sollen** auch selig werden. Das ist noch mehr, das
heißt: Gott will uns nicht nur mit den Rechten seiner
Heiligkeit nimmer im Weg stehen, er will nichts hindern,
sondern es ist sein ganzer Ernst, daß wir selig werden.
Ich wills durch ein Gleichnis erläutern. Es hat sich
ein Unterthan durch Rebellion an seinem Herrn so vergangen, daß der Herr ihn des Landes verweist. Er darf
sich also nimmer einfallen lassen, den Grund und Boden
seines Herrn zu betreten; der Herr aber erfährt, daß er
wieder ins Land möchte und ist so gnädig und hebt den
Verweisungsbefehl auf: so ist das eine große Gnade.
Aber wenn der große Herr gar bezeugte, er wolle seinen
Unterthanen wieder in seinem Land haben, wenn er alle
Anstalten zur Zurückbringung desselben machen und ihn
aller Gnade versichern ließe, so wäre das ja noch mehr.
Und gerade so handelt Gott mit uns. Er hat unsern
Verweisungsbefehl aufgehoben, also **dürfen** wir selig werden. Er hat aber auch einen Ausruf zum Wiederkommen
an uns thun lassen, also **sollen** wir selig werden und
es geschieht daran sein gnädigster Wille und Meinung.

Er hat uns gesezt, die Seligkeit zu besitzen, und zwar eine Seligkeit, die wir in dieser und in der zukünftigen Welt genießen sollen, wir wachen oder schlafen, wir seien daheim oder wir wallen, wir leben oder sterben. Wenn einer diß glauben kann, so kann er sagen: nun ist mir um die Seligkeit nicht wie vorher bange 2c.

II. **Wie soll diese Wahrheit aufgenommen werden?** Bei den wichtigsten Wahrheiten fehlt es an der rechten und würdigen Aufnahme: entweder nimmt man sie gar nicht auf, oder, wenn man sie annimmt, so sind sie wie ein kostbares Kleinod in der Hand eines unverständigen und unvorsichtigen Kindes. Es liegt also viel daran, wie die Wahrheit: wir sollen selig werden 2c. von uns aufgenommen wird. Wir sollen sie aufnehmen a. mit dem ernstlichen Willen, selig zu werden. Es ist traurig, wenn man den Leuten die frohe Nachricht bringen kann: ihr dürfet, ja ihr sollet selig werden, und es ist weit und breit kein ernstlicher Wille da. Wo es bei einer Seele einmal ernst wird, so fangt es mit dem Wollen an. So haben nach dem Zeugnis der Bekehrungsgeschichten h. Schrift noch alle ernstliche Seelen gefragt: was sollen wir thun, daß wir selig werden? So lang es an diesem Willen fehlt, so lang hilft alles Einladen nichts. Der Mensch will freilich nicht angesehen sein als ein so thörichter Mensch, der nicht selig werden wolle; er sucht sein Nichtwollen unter allerlei Vorwänden zu bedecken; aber am Ende wird doch der Herr zu solchen sagen: ihr habt nicht gewollt und sie werden verstummen müssen. b. Nimm diese Wahrheit auf als eine unentbehrliche Wahrheit, die dein Trost im Wachen und Schlafen, im Leben und Sterben ist. Meistens begehrt der Mensch nicht bälder selig zu werden, als am Ende des Lebens. Aber wir sollen schon in unsrem Leben, noch bei gesundem Leibe selig sein; denn Gott will uns je bälder je lieber selig machen. Wir sollen mit dem Zeugnis von unsrer Seligkeit dem Tod schon entgegen gehen, sonst sind wir, wie ein Reisender, der lange Zeit ohne Paß gereist ist und erst in der größten Gefahr sich um denselben umsehen will. c. Wir sollen uns durch diese Wahrheit zu einem würdigen Wandel antreiben lassen, daß wir Kinder des Tages sind, die sich nicht stoßen, die nicht trunken sind, wie die Kinder der Nacht; die wissen, wo sie hingehen. d. Wir sollen unser Herz in der ewigen Liebe Gottes erweitern lassen, in diesem Gedanken leben, unsre Zeit darauf verwenden.

## 79. Leichen-Predigt.
Text: 2 Petr. 1, 10. 11. (27. Jan. 1792.)

In dem Sterblied: Herr Jesu Christ, meins Lebens Licht ꝛc., steht unter andern die Bitte: thu mir des Himmels Thür weit auf, wenn ich beschließ meins Lebens Lauf. Wenn einem Sterbenden diese Bitte erfüllt wird, so ist es ein seliges Sterben. Wer mit Tod und Ewigkeit nicht leichtsinnig umgeht, der stelle sich einmal in seine lezten Lebensstunden hinein und bedenke, wie es ihm da zu Muth sein möge. Da hat man diese gegenwärtige Welt hinter sich, und vor sich die Ewigkeit. Zu dem einen Thor wird man hinausgeführt und ein anderes Thor hat man vor sich. Da kommt es darauf an, daß man mit Ehren zu dem einen hinauskommt, aber auch, daß man sich vor dem andern mit gutem Gewissen melden und mit einer guten Zuversicht um den Einlaß bitten darf. Wenn der Mensch auf sich selber acht gibt und sich prüft, wie er gemeiniglich von diesem Schritt denkt, so wird er finden, daß es ihn mehr ansicht, wie er zu dieser Welt hinauskomme; man hat gewisse Schreckbilder in sich von dem, was vergeht, bis das Herz bricht und der Bau dieses Leibes abgebrochen wird; es ist einem Angst daran, bis die Zurüstungen des Todes durchgemacht sind. Diß kommt her von unsrer großen Liebe zu dem natürlichen Leben; wir sind größtentheils wie eine Frucht, die nicht selber vom Baum fällt, sondern die man abreißen muß. Ueber diesem schreckenden Anblick des natürlichen Todes vergißt man gemeiniglich, über den Tod hinaus zu denken, es ist einem mehr Angst, wie man zum Thor dieser Welt hinauskomme, als daß man nach dem Tod einen offenen Himmel antreffe. Deswegen sollen wir im Tode besonders darum bekümmert sein, daß uns der Herr einmal die Thür des Himmels aufthun möge. Der Glaube ist aber nicht mit einem jeden Einlaß zufrieden, sondern er bittet sich gleich etwas Großes aus: thu nur des Himmels Thür weit auf; er will nicht eingelassen werden, wie man am Stadtthor die Spätlinge zu einem engen kleinen Thörlein hineinschlüpfen läßt, sondern er will zu dem offenen Thor hineingehen. Und diß ist nicht zu viel gebeten, denn es ist den göttlichen Verheißungen gemäß: Gott gönnt uns selber einen solchen Eingang; es soll uns reichlich dargereicht werden der Eingang in das ewige Reich unsers Herrn Jesu Christi. Wenn es aber zu einem solchen ehrenvollen Eingang kommen soll, so muß es einem auch in seinem ganzen Leben darum zu thun sein; denn diß ist keine Sache, die erst in den lezten Tagen und Stunden berichtigt werden kann.

**Der reichliche Eingang eines Gläubigen in jene Welt.**

I. **Wie er sich darauf zubereiten lasse.** Wenn es bei einem Menschen einmal zu einem reichlichen und ehrenvollen Eingang in jene Welt kommen soll, so muß jezt schon die zukünftige Welt sein Ziel und einziges Augenmerk sein; es muß bei ihm ausgemacht sein, wo er hin will; denn mit dem bloßen kalten Wunsch, selig zu werden, womit sich die meisten behelfen, ist nichts gethan. Diß ist ein eben so thörichter und unzuverläßiger Wunsch, als wenn sich einer wünscht und einbildet, heut oder morgen auf der Straße 100,000 Thaler zu finden. Bei einer Angelegenheit, wie der Eingang in jene Welt ist, muß man seiner Sache gewisser sein. Es kommt dabei vornehmlich auf zwei Stücke an: a. ich muß wissen, ich habe ein Recht an den Himmel, b. es muß mir aber auch um den Himmel zu thun sein.

Das erste, das bei uns richtig werden muß, ist unser Recht an den Himmel, denn sonst nüzt alle Mühe nichts, die man sich um den Himmel geben möchte; ja daher kommt es eben, daß es den meisten kein rechter Ernst mit dem Seligwerden ist, weil es bei ihnen noch gar nicht gewis ist, ob sie ein Recht an den Himmel haben, oder nicht. Woher kommt es aber doch, möchte man fragen, daß die meisten Menschen ihrer Sache noch nicht gewis sind? Es hat dieses vielerlei Ursachen. Es spürt ein jeder in seinem Gewissen, daß er das Recht zum Himmel verloren hat und daß er sich als einen Verstoßenen ansehen muß, daß er, wie sein Vater Adam, vor dem Paradies draußen stehen muß. So lang diese Verdammung im Gewissen nicht gehoben ist, so lange kann man noch nichts von seinem Recht an den Himmel glauben. Dazu kommt, daß die meisten sich der Herrschaft der Sünde überlassen und in so groben Sünden dahin leben, wobei einem zum voraus das Himmelreich abgesprochen ist. Wenn einer z. E. noch in die Classe derjenigen gehört, die 1 Kor. 6, 9. 10. gemeldet werden, wie kann sich dieser Hoffnung auf den Himmel machen? Endlich fehlt es auch daran, daß die Wenigsten von ganzem Herzen an den Himmel glauben, und daher sind sie auch um ihr Recht an denselben nicht bekümmert. Wenn aber einmal einer ernstlich selig werden will, wie kann er seines Rechts gewis werden?

a. durch den Beruf. Gott hat zwar vor unsrem Vater Adam das Paradies verschlossen; aber er hat es auch wieder geöffnet und wir können nun mit Freuden singen: der Cherub steht nicht mehr davor. Und eben weil Gott sein Himmelreich wieder geöffnet hat, so ladet er uns auch in dasselbe ein, so liegt ihm daran, daß wir hineinkommen. Durch diesen Beruf Gottes sind alle Verdammungen unsres Gewissens gehoben, mit diesem Beruf können wir alles Gefühl unsres Elends besiegen. Wenn wir auch denken müßten: du taugst nicht hinein, du bist zu elend, so laß dir das Wort gewis sein: Gott hat dich berufen zu seinem Reich 2c. Man wird ferner gewis

b. durch die Erwählung. Diese ist noch mehr, als der Beruf: Gott habe uns nicht nur berufen, sondern auch erwählt, d. i. er hat uns schon diese oder jene Seligkeit ausgemacht, er hat dir schon in jener Welt deinen Platz ausgemacht; sobald du den Beruf angenommen hast, ist dir schon dein Theil an jener Seligkeit beigelegt worden. Du bist also nicht nur überhaupt eingeladen. Wem der Herr einen Blick auf sein zukünftiges Loos gibt, der weiß, was diese Erwählung ist. Durch diese zwei Stücke wird man seines Rechts gewis.

Nun kommt es auf den zweiten Punkt an: es muß mir nemlich um den Himmel zu thun sein, d. i. ich muß meinen Beruf und Erwählung fest machen, ich soll das bewahren, was ich habe. Diese Befestigung ist auf unsrer Seite nöthig, daß wir ein inneres Zeugnis von unsrem Beruf und Erwählung bekommen, daß ich weiß: ich habe den Beruf angenommen, es liegt mir daran, mein Erbtheil nicht zu verlieren, meinen Bürgerbrief nicht zu verschleudern. So wird man zu einem reichlichen Eingang zubereitet.

II. Was es um diesen Eingang für eine große Gnade sei, diß wird man einmal erfahren. Man kann es sich schon einigermaßen aus dem Gegentheil vorstellen. Wie wird es einer Seele zu Muth sein, die einen so kärglichen Eingang hat, die suchen muß, wie sie einmal zum Thor des Himmels hineinschlüpfe. Die h. Schrift gibt auch Exempel von solchen Seelen, die mit Furcht selig werden, die wie ein Brand aus dem Feuer errettet werden müssen (Jud. 23. 1 Kor. 3, 15. Luk. 16, 9.). Das ist traurig; aber noch trauriger, wenn man gar eine verschlossene Thür antrifft, wenn man draußen stehen muß (Luk. 25, 10.). Was ist es aber um einen reichen Eingang! Da ist man auf das Vergangene, Gegenwärtige und Zukünftige gesichert. Man ist auf das Vergangene gesichert, denn man hat das Zeugnis in sich, man habe den himmlischen Beruf angenommen, man sei der vergänglichen Lust der Welt entflohen, man habe sich nimmer von seinem Beruf abwendig machen lassen. Man ist auf das Gegenwärtige gesichert. Wenn Satan auch im Tode noch allerlei streitig machen will, so ist man gegen ihn gerüstet, man weiß, daß er einem nichts in den Weg legen darf. Wer will beschuldigen? (Röm. 8, 33). Man ist getrost aufs Zukünftige, denn man ist gewis: dort ist mein Theil und Erbe mir prächtig zugericht; der Herr wird mir aushelfen zu seinem himmlischen Reich.

Besonders gehört auch biß dazu, daß man in jener Welt gegen die Anklagen des andern Todes gesichert ist, daß einem von diesem kein Leid geschieht (Off. 2, 11.). Wem sollte es nicht um einen solchen Eingang in jene Welt ernstlich zu thun sein?

## 80. Leichen-Predigt.

Text: Ebr. 9, 27. 28. (2. April 1792).

Das Andenken an die lezten Dinge ist einem Menschen sehr nöthig und nüzlich; es ist aber auch eine Betrachtung, in die der Mensch sich nicht gern einläßt, weil er gewohnt ist, bei dem Gegenwärtigen stehen zu bleiben und weder rückwärts noch vorwärts zu denken. Dazu hat er freilich manchfaltige Ursachen. Er merkt wohl, daß er dabei die Welt und was in derselben ist, daß er die zeitlichen Ergözungen der Sünde nimmer so ruhig und ungestört genießen kann, als vorher; er merkt, daß die lezten Dinge ein tiefeingreifendes Gefühl in der Seele zurücklassen, das ihn öfters unruhig macht; er merkt, daß er nöthig hat, sich auf diese Dinge mehr vorzubereiten, als es gemeiniglich geschieht, darum geht er so langsam daran. Aber eben diese Betrachtung würde ihm auch sehr nüzlich sein: er würde die Dinge dieser Welt ganz anders ansehen, als er sie jezt ansieht. Die Wollust, der Reichthum, die Ehre dieser Welt würden in seinen Augen kleine und wenig bedeutende Dinge sein; die mancherlei Leiden dieser Welt würden das Fürchterliche, das sie für unsre Natur haben, verlieren; und unsre Hoffnung würde einen Umfang bekommen, der über diese Welt hinausreicht, der viele Ewigkeiten in sich schließt. So viel aber der Mensch sich dergleichen Betrachtungen zu entziehen sucht, so schickt Gott ihm doch manche Gelegenheiten zu, ihn in dieselben einzuleiten. Es gibt Krankheiten, die ihn anmahnen, daß er sterblich ist, daß Tod und Ewigkeit seiner wartet; selbst das Alter, dem er entgegengeht, ist ihm eine tägliche Erinnerung daran. Ueberdiß erlebt er manchen Todesfall an den Seinigen und an Fremden, wodurch er ermuntert wird, über diese

Welt hinüberzusehen. Auch das heutige Leichenbegängnis soll uns, die wir noch auf dem Wege sind, dazu dienen, daß wir uns mit den lezten Dingen immer näher bekannt machen lassen. In unsrem Text kommen von den lezten Dingen zwei wichtige Stücke vor, nemlich der Tod und das Gericht. Beiden gehen wir alle entgegen, darum sollen wir uns darauf ernstlich vorbereiten.

Das nöthige und nüzliche Andenken an die lezten Dinge.

I. Was diese lezten Dinge seien. Zu den lezten Dingen gehören vielerlei Stücke. Wenn wir die h. Offenbarung lesen, so werden wir finden, was für große Dinge noch bevorstehen und auf die Menschen warten und zwar liebliche und schreckliche Dinge. Mit allen diesen sollten wir uns mehr bekannt machen. Wenn man sich aber nicht in alle diese Stücke einlassen will, so sollte man doch die zwei Dinge, deren in unsrem Text gedacht wird, fleißig vor Augen haben, nemlich den Tod und das Gericht. Denn von beiden ist in jedes Menschenherz etwas hineingeschrieben; es liegt ein Gefühl davon in uns, das wir nicht ganz unterdrücken können. Das erste also ist der Tod. Von diesem hat zwar jeder Mensch ein gewisses Bild in sich; aber jeder stellt es sich wieder anders vor, jeder malt es sich anders aus, nur Wenige haben Lust sich die rechte, dem Wort Gottes gemäße Vorstellung davon zu machen. Wie hat man nun den Tod anzusehen?

a. Als etwas, das einem jeden Menschen gesezt ist, von dem Keiner sich ausnehmen kann, er sei fromm oder gottlos. Denn wo ist jemand, der da lebet und den Tod nicht siehet? Wir finden 1 Mos. 5. ein Register von zehn Patriarchen von Adam bis auf Noah; das sind Männer, die Ebr. 11. Zeugnis überkommen haben, daß sie Gott gefallen, Männer, die Jahrhunderte lang auf der Welt gelebt haben, und doch traf das Wort bei ihnen ein: es ist dem Menschen gesezt zu sterben. Eben dieses Gesez des Todes wird Pf. 49. auch den Kindern dieser Welt angekündigt. b. Als etwas, das auch uns gesezt ist, d. h. wir sollen uns mit unsrer eigenen Person in diesen Gedanken hineinstellen. Es weiß zwar jeder, daß er sterben muß, aber doch macht es eine andere Wirkung, wenn wir diesen Gedanken auf uns selber anwenden. Ich will den frommen König Hiskias z. E. anführen: er wußte wohl, noch ehe er krank wurde, daß er sterben müsse; aber doch machte es ganz andere Empfindungen in seinem Herzen, da Jesajas zu ihm sagte: bestelle dein Haus, denn du wirst sterben und nicht lebendig bleiben. c. Als etwas, davon wir weder Zeit noch Stunde wissen; es ist also eine Betrachtung, die wir nicht auf eine gewisse Zeit aussezen können. d. Als etwas, das nur einmal mit uns vorgeht. Wenn der Mensch hie und da Fehler macht, so tröstet er sich mit dem Gedanken, wenn es ihm wieder vorkomme, so wolle ers besser machen; aber dieser Trost ist uns da abgeschnitten: du kannst nur einmal sterben und wenn es dieses eine mal verfehlt ist, so ist es auf immer verfehlt. e. Als etwas, davon Großes und Wichtiges abhängt, nemlich das Gericht. Paulus übergeht hier den Zustand der Seele nach dem Tod und führt uns mit unsern Gedanken gleich weit hinaus, bis auf den Tag des Gerichts. Diß macht uns den Tod auf einer neuen Seite wichtig, weil das Sterben schon seinen Einfluß bis da hinaus hat. Jener Tag wirds klar machen, wie jeder gestorben sei. Jezt sind die Urtheile der Menschen über das Sterben ihrer Neben-Menschen sehr verschieden: der eine urtheilt zu scharf, der andere zu gelind, der dritte denkt gar nichts dabei; aber das Gericht wird zeigen, wo ein jeder in seinem Tode hingesunken sei. Es gibt auch manche, die sich noch mit dem Zustand zwischen dem Tod und Gericht trösten wollen; und es ist nicht zu leugnen, es kommt mit dem Wort Gottes überein, daß die Ewigkeit noch manche Vorbereitungsanstalten in sich begreift; aber man muß es recht verstehen. Es ist nicht so gemeint, als ob, der mit einem unbekehrten Herzen stirbt, sich Rechnung darauf machen dürfte, man werde ihn dort schon umgießen und ummodeln. Nein, der Tod übergibt dich der Ewigkeit so, daß, wenn du in deiner Finsternis stirbst, du in derselben bleiben wirst; wenn du aber mit einem Lichtsfunken stirbst, so wird der Herr ihn dir auch bis auf jenen Tag zu bewahren wissen.

II. Also lerne diese Dinge nach dem Wort Gottes ansehen.

Tod und Gericht sind zwei ernstliche Dinge; aber Paulus stellt denselben auch zwei tröstliche Dinge entgegen aus dem Evangelium Jesu Christi. Was ist der Trost gegen den Tod? Der Tod Jesu Christi. Dieser hat sich einmal geopfert, er hat uns zu lieb den Tod kosten wollen, aber so, daß er das Bittere an dem Tod hinwegnehme. Was den Tod bitter macht, das ist die Sünde; nun aber ist Jesus deswegen gestorben, hinwegzunehmen Vieler Sünde. Die Sünde macht den Tod zu einem Gericht; so viel nun vom Gericht an dem Tod ist, so viel ist auch Schreckliches an demselben. Wenn aber dieses hinweg ist, so ist alles Schreckende hinweg, so heißt es: hier bleibt nichts als Todesgestalt, den Stachel hat er verloren.

Das zweite ist das Gericht. Diesem ist die Erscheinung Jesu entgegengesetzt. Diese ist im N. T. den Gläubigen als Hoffnungsziel vorgestellt. Sie lieben die Erscheinung Jesu. Sie rufen: komm! denn sie erwarten da das Heil, das offenbart werden soll in der lezten Zeit.

## 81. Leichen=Predigt.

Text: Hiob 7, 4. (17. Apr. 1792.)

Der Lauf eines Menschen durch diese Welt läßt sich auf mancherlei Seiten betrachten und es steigen einem bei dieser Betrachtung verschiedene Empfindungen im Herzen auf. Das eine mal denkt man so, das eine mal anders und der Mensch muß auch in diesem Stück erfahren, wie veränderlich seine Gesinnungen sind. Gott richtet die Führung der Menschen in der Welt nach dem Wohlgefallen seiner Weisheit so ein, daß Jeder das Vergängliche, das Elende, das Mühsame, das Eitle in derselben nach einer besonderen Seite kennen lernt. Die h. Schrift stellt uns zwei große Männer auf, die beide das Eitle

und Mühſame des menſchlichen Lebens auf eine ſehr leb=
hafte Art erfahren haben, aber jeder auf einem andern
Weg. Dieſe beiden Männer ſind Hiob und Salomo.
Hiob hat ſeine Erfahrungen unter vielen äußerlichen und
innerlichen Leiden gemacht und wurde durch beſondere
Demüthigungswege geführt, wo ihm der Genuß alles
desjenigen, was noch Gutes an dieſem Leben iſt, ent=
zogen wurde. Salomo hingegen durfte alles Vergnüg=
liche dieſes Lebens genießen. Er ſagt ſelbſt, wie er ſei=
nem Herzen keine Freude gewehrt; mußte aber doch am
Ende bezeugen, daß alles, auch das Beſte, eitel ſei und
daß der beſte Genuß der ſichtbaren Welt keinen beruhi=
genden Nachſchmack in unſrem zur Ewigkeit beſtimmten
Geiſt zurücklaſſe. Das waren zwei ſehr verſchiedene
Wege, am Ende aber kam in der Hauptſache einerlei
Schluß heraus. Uebrigens aber müſſen wir auf ſolcher=
lei Geſinnungen unter der Zucht des Geiſtes geleitet
werden, ſonſt dürfen wir unſrem Urtheil ſelber nicht
trauen; denn wir ſind hierin ſehr veränderlich. In guten
Tagen ſind wir mit dieſer Welt wohl zufrieden und ha=
ben wenig oder nichts daran auszuſezen, in böſen Tagen
aber wiſſen wir uns bald über diß, bald über jenes zu
beſchweren. Wir fallen meiſtens in einen von den be=
kannten zwei Abwegen hinein, entweder in Troz, oder
in Verzagung und Verlegenheit. Den beſten Ausſchlag
kann die Ewigkeit geben: da werden wir erſt von dem
Lauf durch dieſe Welt recht urtheilen können und ein=
ſehen, was gut oder nicht gut daran geweſen.

Die Geſinnungen der Menſchen über
dieſes Leben.

I. Wie wir das Fehlerhafte daran uns
ins Licht ſtellen ſollen. Bei den mancherlei Ge=
danken, Urtheilen und Geſinnungen über dieſes Leben
lauft vieles Fehlerhafte mit unter: wir thun bald zu
viel, bald zu wenig. Bald machen wir aus dem Leiden
zu viel, bald bekümmern wir uns zu wenig darum, bald
ſchlagen wir das Gute in dieſer Welt zu hoch an; es
kann auch geſchehen, daß wir unſern Lauf durch dieſe
Welt zu einſeitig betrachten und nur bei dem beſchwer=

liche versüßt, zu viel vergessen. Unsre Textworte stellen uns das menschliche Leben auf der mühsamen Seite vor. Es sind Worte eines in den Augen Gottes großen und werthgeachteten Mannes, eines Heiligen, an dem Gott Wohlgefallen hatte und dem wir nicht zu nahe treten dürfen, da er vor Gott selbst wegen seiner Gedult Zeugnis überkommen. Indessen mußte er doch auch unter der Versuchung erfahren, was es um die ersten aufsteigenden Gedanken des menschlichen Herzens unter dem Leiden sei und wie sie erst hintennach vom Geist Gottes corrigirt und ins rechte Ebenmaß gebracht werden müssen. Wir wollen an diesen Worten zuerst auf das acht haben, was wirklich der Wahrheit und Erfahrung gemäß ist, hernach wollen wir erst auf das dazuschlagende Fehlerhafte merken. Es ist wahr, daß der Mensch immer im Streit sein muß auf mancherlei Weise. Selbst unser natürliches Leben beruht auf einem beständigen Streit zwischen Licht und Finsternis, zwischen Tod und Leben, zwischen Gesundheit und Krankheit; und dieser Streit währt so lange, bis der Tod die Oberhand bekommt. Wir müssen immer im Streit sein in Ansehung unsrer Empfindungen und Affekte: da streitet immer Freude und Traurigkeit mit einander und hebt immer eines das andere auf, weil jedes seine eigene Zeit und Stunde hat, wie Salomo Pred. 3. bezeugt. Wir müssen immer im Streit sein in Ansehung des gesellschaftlichen Lebens, da man sich durch so mancherlei Gattungen von Menschen durchzuschlagen hat und bald daher, bald dorther eine Wunde bekommt. Wir müssen immer im Streit sein, wenn wir Christen sind, in Ansehung unsres innern Lebens, da Fleisch und Geist mit einander streiten. Alles dieses ist der Erfahrung gemäß. Dieser mannigfaltige Streit macht unser Leben mühselig. Daraus folgt der andere Gedanke, daß unsre Tage sind, wie eines Taglöhners, der sich nach dem Abend sehnt. Diß alles macht im Menschen ein Verlangen nach dem Ende. Wider ein solches Gefühl ist in der Hauptsache nichts einzuwenden, denn die Umstände bringen es mit sich, nur schleicht sich so gerne etwas Fehlerhaftes dabei ein.

a. Etwas Fehlerhaftes ist es, wenn wir uns durch dieses Gefühl verfinstern lassen und in einen allzugroßen Klageton hineinkommen; denn dabei vergißt man doch zu viel der Güte Gottes, die uns das Beschwerliche dieses Lebens auf mancherlei Weise zu versüßen sucht, und die jedem Ding, also auch dem Leiden Zeit, Zahl, Maß, Gewicht und Ziel sezt. b. Fehlerhaft ist es, wenn wir von diesem Gefühl gar ein verwundetes Herz bekommen oder gar einen unausgemachten Streit mit in die Ewigkeit hinüberbringen, ein gewisses Murren unsres Geistes. c. Fehlerhaft ist es, wenn wir einen allzuhohen Tax an unsere Leiden machen, sie zu hoch anschlagen. Diß gehört allein Gott zu und wir haben uns sehr zu hüten, daß nicht ein Taglöhners=Sinn dabei herauskommt, wie bei jenen, die gesagt: wir haben des Tages Last und Hize getragen; denn bei einem solchen Sinn schlägt sich leicht viel Einbildung dazu. d. Fehlerhaft ist es, wenn wir unter dem Leiden zu bald genug bekommen und uns vor der Zeit nach dem Abend sehnen. Diß ist das Kleid, das wir oft unsrer Ungeduld anziehen. Sehet, alle diese und noch mehrere Fehler können sich leicht in unsre Herzen einschleichen und es ist gut, wenn sie uns ins Licht gestellt werden; so kann sie alsdann der Geist Gottes corrigiren und

II. uns in den rechten Blick einleiten. Dieser Blick beruht auf einem Sinn, der durchs Evangelium und durch den Geist des N. T. in uns gepflanzt werden muß. Denn, wenn wir das neue Testament betrachten, so finden wir, daß da die Sprache von den Leiden dieser Zeit ganz anders lautet. Da macht man nicht viel Aufhebens daraus, da heißt es, daß unsre Trübsal zeitlich und leicht sei, da sieht man auch das Leiden aus einem höheren Gesichtspunkt an; und wem es darum zu thun ist, unter der Zucht des Geistes auszuhalten, den wird der Geist Gottes manches dabei lehren. a. Nimm alles Leiden dieses Lebens an als etwas, dabei du dich unter die Hand Gottes zu demüthigen hast und glaube nie, daß dir zu viel geschieht. Gott hat bald dieses, bald jenes an dir aufzusuchen, wodurch er dich zur Erkenntnis seiner h. Rechte bringen will. b. Erkenne die Reinigungsabsichten Gottes. Das war die Absicht Gottes bei dem Leiden Hiobs, er sollte von allem Hangen an sich selbst heruntergesezt werden und sich unter die Heiligkeit Gottes demüthigen. c. Laß dich durch alles Leiden geschmeidiger und demüthiger machen, daß deine Lindigkeit allen Menschen kund werde, daß du mit Jedermann Geduld habest. d. Lerne, wie nöthig und heilsam dir das Leiden sei; denn sonst bist du ein Bastard und kein Kind. e. Lerne darunter einen Eckel an allem, was in der Welt ist, bekommen.

## 82. Leichen-Predigt.

Text: Phil. 1, 6. (23. Juli 1792).

Es hat in diesem Leben alles eine doppelte Seite und je nachdem man etwas auf der einen oder der andern Seite ansieht, wird es einem schwer und bitter oder leicht und angenehm. So verhält es sich mit Glück und Unglück, mit Reichthum und Armuth, mit Leben und Tod und mit vielen andern Dingen. Das Glück hat eine angenehme Seite; deswegen wünscht sich jedermann dasselbe. Denn diß hat ja unsre Natur gerne, wenn es ihr in allem nach Wunsch geht. Das Glück hat aber auch eine misliche Seite. Wenn man bedenkt, wie gerne das menschliche Herz sich beim Glück erhebt, wie es Gottes dabei vergißt, wie ein allzu großer Wohlstand uns zu Sünden verleitet, wie leicht man bei einem zeitlichen Glück sein ewiges Loos und Erbe verscherzen kann: so wird man gewis nimmer so viel aus dem Glück machen, als der Naturmensch daraus macht. So ists mit dem Reichthum. Dieser ist etwas, wonach viele Menschen trachten, bei dessen Besiz man sich glücklich schäzt; aber wenn man den Ausspruch Jesu bedenkt: wie schwerlich werden die Reichen ins Reich Gottes kommen, so wird man sich die großen Gedanken, die man sich vom Glück eines Reichen macht, vergehen lassen. So ists im Gegentheil mit den beiden entgegengesezten Stücken, mit Unglück und Armuth. Diß sind Worte, darüber man beinahe erschrickt, wenn man sie nur hört. Der Mensch glaubt nicht, daß diese zwei Stücke auch eine angenehme liebliche Seite haben. Unglück und Widerwärtigkeit ist freilich etwas Bitteres, aber es kann recht gut und süß werden, wenn mans auf der rechten Seite ansieht. Wenn einem das Unglück ein Weg zu Gott wird, ein Mittel, wodurch man sein Herz und Gottes Herz finden lernt, so ist alles Unglück Gewinn. Armuth ist etwas Bitteres, aber wenn man die Armuth so anwendet, daß man darunter versichert werden kann, man habe eine bessere und bleibende Habe in den Himmeln, so läßt man sich die Armuth von Herzen gerne gefallen. So ists mit Leben und Tod. Leben ist etwas Angenehmes, Tod ist etwas Bitteres. Und doch kann das Leben einem bitter und der Tod süß werden. Aber bei all diesen Sachen kommts nicht darauf an, wie man sie ansehen will, sondern wie man sie ansehen kann. Denn der Naturmensch will sich auch manches Bittere dieses Lebens vertreiben, aber er kanns doch nicht allemal und nicht recht. Hingegen wenn man alle Dinge dieses Lebens, besonders auch die bittern in Gott und im Lichte des Worts Gottes ansehen lernt, so kann man sagen: o Durchbrecher aller Bande, der du immer bei uns bist, bei dem Schaden, Spott und Schande lauter Lust und Himmel ist.

**Wie ein Christ den Tod auf der guten Seite ansehen lerne.**

I. In Absicht auf das gegenwärtige Leben. Sirach sagt: wenn der Mensch stirbt, so wird er inne, wie er gelebt hat. Diß wird jeder nach dem Tod als Wahrheit finden. Jeder wird inne werden, ob er auf das Fleisch oder auf den Geist gesät, ob er also ewiges Verderben zu erwarten, oder ewiges Leben zu ernten hat. So hat der reiche Mann gleich nach dem Tod erfahren, wie er gelebt, da ist ihm alle Süßigkeit dieses Lebens bitter worden. So hat aber auch Lazarus erfahren, wie er gelebt, denn diesem ist alles vormalige Bittere zu lauter Süßigkeit worden. Nach dem Tode wird also jeder inne, wie er gelebt hat. Aber auch schon vor dem Sterben, auf dem Kranken= und Todtenbett wird mancher inne, wie er gelebt hat. Wenn man auf dem Thor liegt, und vorwärts die Ewigkeit und rückwärts das Leben sieht, was mag da in der Seele des Menschen vorgehen? Wenn der Mensch da liegt und viel tausend Sünden um ihn herumschreien; wenn es in seinem Gewissen heißt: ich hab versäumt, verscherzt so viel Gnade! wenn man inne wird, wie man in so vielen Jahren so wenig Gutes auf die Ewigkeit gewirkt; wie oft man dem Tode Frucht gebracht hat: da wird man inne, wie man gelebt hat, da bekommt man freilich den Tod auf seiner bitteren Seite zu schmecken. Hier muß sich der Vorzug eines Christen zeigen, der auch schon auf dem Todtenbett den Tod auf der guten Seite ansehen kann.

Dazu gehört nach unsrem Text nur eine einzige Sache, nemlich das Wort: der in euch angefangen hat ein gutes Werk. Wenn ein Mensch weiß: Gott hat schon in diesem Leben ein gutes Werk in mir angefangen, diß macht ruhig im Tode. Da genießt man den Vorzug des Gerechten, von dem Salomo sagt: der Gerechte ist auch in seinem Tode getrost. Was ist aber diß gute Werk? es ist das große Werk des Glaubens, das Gott in dem Menschen zu Stande bringen will. Der Mensch muß eine Ueberzeugung haben, daß dieses Werk auch in ihm angefangen worden.

Diß gute Werk aber ist ein Werk Gottes, ein Werk, das er selbst in uns anfangen muß, sonst käme es nicht zu Stand. Deswegen heißt es: Gott habe es angefangen. Denn es kommt niemand zum Sohn, es ziehe ihn denn der Vater. Der Mensch kann weiter nichts thun, als daß er Gott nicht hindert, daß er Gott anfangen läßt. Jeder von uns, in dem etwas vom Werk Gottes ist, wird sagen müssen, Gott habe den Anfang gemacht, sonst wäre er nicht dazu gekommen. Denn bei der Bekehrung eines jeden Menschen muß das Wort Johannis Recht behalten: laßt uns ihn lieben, denn er hat uns zuerst geliebt. Diß zeigt das verlorne Schaf, Groschen und Sohn. Weil es nun ein Werk ist, das Gott angefangen hat, so ist es auch etwas Bleibendes, so kann es auch durch den

Tod nicht aufgehoben werden, ja im Tod wird es erst recht als ein Werk Gottes offenbar. Salomo sagt Pred. 3. von den Werken Gottes: was Gott thut, das besteht immer. Diß bestätigt sich besonders im Glaubenswerk, biß hält auch die mächtigsten Anfälle des Todes aus. Aber die Menschen besinnen sich lange, bis sie dieses Werk in sich anfangen lassen. Wie oft hätte Gott gerne schon sein Werk in dir angefangen, aber es ist dir immer zu bald: du willst noch diese oder jene Lust genießen; du willst es höchstens auf deinem Todtenbette angefangen wissen. Aber da sollte es schon dein Trost sein. Diß Werk stellt uns also den Tod auf der guten Seite dar. Da kann man sich ruhig hingeben und sagen: ich leb oder sterb, bin ich Gottes Erb, weil sein Kind ich bin. So sieht man also den Tod schon, ehe man stirbt, auf der guten Seite, er hat aber auch eine gute Seite

II. in Absicht auf das zukünftige Leben. Der in euch angefangen hat ein gutes Werk 2c. Diese Worte können uns von dem Werk Gottes in einem Menschen große und ehrwürdige Gedanken machen. a. Wenn Gott sein Werk in dir anfangt, so ists damit nicht nur auf einige wenige Jahre angesehen, sondern es reicht in die Ewigkeit hinein. Es soll dir nach dem Tod in jener Welt noch nützen, daß du ein Christ, daß du ein Kind Gottes bist. b. Es ist ein Werk, das in diesem Leben schon gute Fortschritte bekommen soll. Es soll ein ganzes und völliges Werk sein, es soll uns daran liegen, daß Glaube, Liebe, Hoffnung und Geduld in uns etwas Völliges werden, daß wir nicht den Verweis bekommen: ich habe deine Werke nicht vollkommen erfunden 2c., daß nichts zurückbleibt, daß wir nichts nachholen dürfen. c. Es ist ein Werk, dessen Gott sich auch in jener Welt noch annimmt. Daher kommen die Anstalten des himmlischen Priesterthums in jener Welt. Wir haben einen Hirten nöthig, der auch in jener Welt uns mit seinem Stecken und Stab tröstet. d. Es ist ein Werk, das seine Vollendung erst am Tag Jesu Christi bekommt. Da wird es erst ganz da stehen. Da wird man erst sehen, wie ein wahrer Christ so selig ist. Da wird Gott und Jesus

Christus verherrlicht werden an seinen Heiligen und bewundert werden an allen seinen Gläubigen (2 Thess. 1, 10). Auf diesen Trost stirbt ein Christ und weiß, daß der Tod ein weiterer Fortschritt in diesem Werk Gottes ist. Diesem Gott und Heiland lernt er sich immer gläubiger ergeben und weiß, daß Gott nicht ruhen wird, er bringe es denn zum Ende.

## 83. Leichen-Predigt.
Text: Ezech. 16, 60. (26. Okt. 1792.)

Ihr standet eben vor dem Grabe einer Tochter, die in der Blüthe ihrer Jahre starb. Sie konnte bei der Heftigkeit ihrer Krankheit nicht einmal die letzten Tage ihres Lebens mehr ganz benützen. Um so mehr wünschen wir, daß ihr das hohepriesterliche Angedenken Jesu im oberen Heiligthum möge zu Statten kommen. Sie starb in einem Zeitpunkt, wo die Lüste und Versuchungen der Jugend heranzukommen pflegen; diesen Versuchungen wollte der Herr sie entreißen. Wir wissen also nicht, ob wir ihr frühes Sterben bedauern, oder ob wir es ihr gönnen sollen. Denn wir wissen nicht, ob wir bei einem längeren Leben in dieser Welt mehr gewinnen würden. Es ist zwar Gnade, wenn der Herr unsere Tage verlängert; aber nur dann, wenn wir unser Leben zum Wachsthum im Guten, zur Befestigung in der Gnade Gottes und zum Gewinn auf die Ewigkeit anwenden; wenn auch von uns, wie von David, gesagt werden kann: nachdem er zu seiner Zeit dem Willen Gottes gedient hatte, ist er entschlafen. Allein wo sind die, die ihre Lebenszeit dazu mit Ernst anwenden und was sind unsere Alten meistens anders, als erwachsene und erstarkte Sünder? Und wie schwer hält es, wenn unsre jungen Leute sich durch die Versuchungen ihrer Jugendjahre auch hindurchschlagen wollen! Wie viel Gefahr haben schon unsre Kinder, den Segen ihrer Taufe zu verlieren! Wie viel gehört also zur Bewahrung der Taufgnade! Unsere l. Verstorbene hat erst in diesem Jahr ihren Taufbund öffentlich ernenert; wir hoffen, daß sie davon einen Segen mit in die Ewigkeit gebracht habe.

Der große Trost, den wir im Leben und Tod von unsrer Taufe haben.

I. Sie versichert uns des Andenkens Gottes. In unsrem Textcapitel ist das ganze Verhalten des jüdischen Volks beschrieben. Gott legt ihnen vornehmlich zweierlei Stücke vor Augen, a. sie sollen erkennen, was Gott von Anfang an ihnen gethan, in was für einem elenden Zustand sie gewesen, da er sich ihrer angenommen und sie erwählt habe. Sie sollen bedenken, was er nachher an ihnen gethan, da er sie erzogen und groß gemacht, da er sie als ein Volk hingestellt, an dem er so viel besondere Gnade bewiesen und mit dem er sich in einen Bund eingelassen. b. Das zweite aber, das er ihnen zu Gemüth führt, ist dieses, sie sollen nun auch bedenken, wie sie sich gegen ihn betragen, wie schlecht sie ihm alle diese Gnade verdankt, sich von ihm losgerissen und mit ihrer Liebe und Vertrauen zu elenden Menschen gewendet. Wegen dieser großen Untreue läßt er ihnen bezeugen, er müsse sein Gericht über sie als Treulose und Bundbrüchige ergehen lassen und sie werden die Schande ihrer Untreue tragen müssen. Aber mitten unter diesen ernstlichen Zeugnissen, fangt er wieder an, lieblich zu reden und gibt ihnen die tröstliche Verheißung: ich will aber an meinen Bund gedenken ꝛc. Denn (Röm. 11, 29.) Gottes Beruf und Gaben mögen ihn nicht gereuen. Da können wir sehen, was es ist, wenn der wahrhaftige Gott, der Glauben hält ewig, einen Bund mit einem Volk macht. Das ist ein Bund, der nicht vergessen werden kann, wenn es schon eine Weile scheint, Gott habe ihn vergessen. So hat Gott mit den Juden einen Bund gemacht; aber es scheint, in der gegenwärtigen Zeit, er habe desselben ganz vergessen, und er ist doch nicht vergessen, denn er wird sein Volk wieder hervorsuchen; und warum? blos um seines Bundes willen, weil dieser bestehen muß. Denn wenn Erd und Himmel bricht und fällt, so lebt doch Gott, der Glauben hält. An diesem lieblichen Zeugnis Gottes soll auch uns unser Taufbund groß und wichtig werden; wir können daran lernen, wie wir von unsrer Taufe denken sollen.

a. Unsre Taufe ist ein Bund, den Gott mit uns gemacht zur Zeit unsrer Jugend, in unsrer ersten Kindheit. Seine Liebe zu uns, seine Gnade gegen uns rührt also von den ersten Zeiten unsres Lebens her. Was waren wir damals? Kinder, und zwar Kinder des Zorns von Natur, Kinder, die in Sünden empfangen und geboren waren, die in ihrem Blute da lagen, an denen er also kein Wohlgefallen hat finden können und zu denen er doch sagte: du sollst leben. Was waren wir? Kinder, die zwar damals weder Gutes noch Böses gethan, von denen er aber voraussah, daß wir Uebertreter werden, daß wir gegen seine Gnade leichtsinnig und vergessen sein würden; und doch hat er diesen Bund mit uns gemacht und uns angenommen. Es ist also ein Bund, der auf der freien Gnade und Erbarmung Gottes besteht.

b. Unsre Taufe ist ein Bund, nach welchem Gott einen göttlichen Lebensfunken in uns eingeblasen; denn er sprach ja: du sollst leben. Da haben wir also ein Leben empfangen, das mehr ist, als dieses vergängliche Leben. Wir können also sagen: meine Taufe freuet mich mehr, als mein natürlich Leben, denn ein geistliches hab ich, weil mirs damals Gott gegeben: und was hälfs, ein Mensch allein, aber nicht ein Christ zu sein?

c. Unsre Taufe ist ein Bund, kraft dessen uns Gott auch erziehen und groß machen will, wie er sein Volk erzogen hat. Um der Taufe willen arbeitet er mit seinem Geist an uns schon als Kindern. Da her kommen so manche gute Bewegungen und Rührungen, die in jüngeren Jahren an die Kinder kommen, die sich auch bei der Confirmation zeigen. Das sind Zeiten, worin wir besonders erfahren, daß Gott an seinen Bund mit uns denkt.

d. Unsre Taufe ist ein Bund, kraft dessen Gott immer ein Recht an uns behält, wenn auch wir uns von ihm entfernen; kraft dessen er unsrer nicht vergessen will, wenn auch wir seiner vergessen. O was gibt es da für Zeiten bei uns! Wie machens unsre Confirmirten, unsre ledigen Leute? Wie bald ist so vieles vergessen, vergessen der Eindruck in der Kindheit, bei der Confirmation, beim ersten Abendmahl! Wie wenn Gott unser auch so vergäße? Aber er will es nicht thun, er behält immer sein Recht an uns, er denkt immer wieder daran. Daher kommts, daß mancher erst nach vielen Jahren, an seiner Confirmationsgnade, an seiner Taufgnade angefaßt wird, daß er sagen muß: als ich weg vom Vater lief und mein Kindesrecht verscherzte, Gott hingegen mir noch rief, daß mich mein Entlaufen schmerzte, freute mich die Taufe noch, denn der Vater liebte doch. Gott will uns nicht aus seinem Andenken entlassen.

e. Ja Gott will an seinen Bund gedenken, wenn es auch wegen unsrer Untreue durch Gerichte gehen muß, wie bei dem Volk Gottes. Die Taufe bleibt ein Grund des beständigen Andenkens Gottes. Ja in diesem Bund liegt

II. schon der Grund zu einem ewigen Bunde, den er mit uns aufrichten will. Davon redet Gott im Text. Es ist ihm nicht genug, seine Menschen nur in dieser Welt zu lieben, sondern es soll auch in jene Welt hineinreichen. Deswegen liegt in der Taufe schon etwas auf die Ewigkeit. Er hat uns in der Taufe sein Leben geschenkt; dieses ist aber ein ewiges Leben. Er hat versprochen, unser Gott zu sein; was hätten wir aber davon, wenn er nur auf wenige Jahre unser Gott sein wollte? Wir sollen seine Kinder sein; aber was hätten wir davon allein in diesem Leben, wo wir unsern Vater noch nicht sehen können und also auch dort ihn nicht zu sehen bekommen sollten? Nein, das Kind wird einmal den Vater sehn, im Schauen wird es ihm mit Lust empfinden; der lautre Strom wird es da ganz durchgehn, und es mit Gott zu einem Geist verbinden. Wer weiß, was da im Geiste wird geschehn? wer mags verstehn? Es reicht also der Bund in die Ewigkeit hinein. Und nun was wollen wir dazu sagen? Wie groß soll uns diese Gnade werden!

## 84. Leichen=Predigt.

(Am Feiertag Joh. des Evang. den 27. Dec. 1792.)
Text: Röm. 14, 7. 8. in Verbindung mit der Perikope
Joh. 21, 15—24.

Unser keiner lebt ihm selber 2c. Röm 14, 7. 8. Diese Worte sollte sich jeder Gläubige zu einem Wahlspruch in seinem ganzen Leben machen und sich von Zeit zu Zeit prüfen, ob er mit seinem Glaubenssinn auf diesen Worten bestehe. Paulus macht in diesen Worten einen Unterschied zwischen einem Gläubigen und einem natürlichen Menschen und gibt zu verstehen, daß es Menschen gebe, die sich selber leben, die sich einbilden, ein völliges Recht über ihr Leben zu haben, daß sie damit umgehen können, wie sie wollen; die sich selber leben, und nur daran denken, wie sie ihres Leibes und Lebens in dieser Welt froh werden, sich dabei wohl sein lassen. Diesen stellt Paulus einen Gläubigen entgegen und sagt: so denkt unser einer nicht. Ein Gläubiger ist nicht sein eigener Herr; er ist aber auch nicht ein herrenloser Mensch, sondern er hat Jesum durch den Glauben zu seinem Herrn angenommen und begehrt ein Eigenthum Jesu zu sein im Leben und Sterben. Es ist ein schönes Glaubensbekenntnis: ich glaube, daß Jesus Christus sei mein Herr; er ist mein Herr, der mein armes Leben vom Verderben und von der Macht des Todes errettet hat; denn er hat ja demjenigen die Macht genommen, der des Todes Gewalt hatte, d. i. dem Teufel. Und wenn Satan, wie bei Hiob, auch mein Leben anklagt, so bleibt Jesus doch Herr über dasselbe und weiß es mit seiner Macht und Fürsprache zu schützen, daß die Sinne in mir nicht verzagen, wenn der Feind das Leben wird verklagen.

Er ist mein Herr, dem ich auch im Tode angehöre, der also auch da seine Hand über mir halten wird; der mir zuspricht: fürchte dich nicht, ich bin der Lebendige und habe die Schlüssel der Hölle und des Todes. Er ist mein Herr, und zwar deswegen, daß ich nimmer mir selber lebe, sondern dem, der für mich gestorben und auferstanden ist, daß ich in seinem Reich in dieser und in der andern Welt unter ihm lebe und ihm diene in ewiger Gerechtigkeit, Unschuld und Seligkeit. Das ist ein seliger Sinn, wenn er einmal in einem Menschen wurzelhaft worden! Wer glauben kann: ich bin des Herrn, der wird selber in gewisser Art ein Herr über Leben und Tod. Er genießt das große Recht, das 1 Kor. 3. einem Gläubigen beigelegt wird: alles ist euer, Gegenwärtiges und Zukünftiges, Leben und Tod; ihr aber seid Christi, Christus aber ist Gottes.

In diesen Sinn kann uns das heutige Evangelium weiter einleiten. Da zeigt Jesus den Seinigen, daß er Herr über ihr Leben und Tod sei; er zeigt ihnen aber auch, daß sie sein seien und er sucht alles das, was sich in unsrer Natur gegen sein Eigenthumsrecht sträuben will, unter dasselbe zu beugen.

Das große Eigenthumsrecht Jesu über die Seinigen.

I. In Absicht auf ihr Leben. Der Herr Jesus hat ein vollkommenes Recht an das Leben der Seinigen; sie leben nicht ihnen selbst, sondern ihm. Er hat ein Recht an das Leben eines Gläubigen a. vom Anfang der Bekehrung an, denn mit der Bekehrung bekennt ein Mensch, er habe bisher sich selbst und der Welt gelebt, nun aber soll es genug sein, daß er seine vorige Lebenszeit zugebracht habe nach heidnischem Willen, nach dem Willen des Fleisches und der Vernunft, nun wolle er, was noch hinterstelliger Zeit im Fleisch sei, nimmer dem Willen der Menschen, sondern dem Willen Gottes und Jesu Christi leben. Von da an nimmt er also von seinem alten Herrn Abschied und lebt einem andern. Von da an übergibt der Mensch sein ganzes Leben an Christum und verpflichtet sich, unter ihm zu leben. Da soll die große Uebergabe an den Herrn geschehen, daß wir von ganzem Herzen sagen können: es sei in mir kein Tropfen Blut, der, Herr, nicht deinen Willen thut. Und so thut der Mensch den ersten Schritt unter die Zahl derjenigen, von denen es heißt: unser keiner lebt ihm selber. Wenn es nicht bei einem Menschen einmal dahin gekommen ist, so weiß er noch nicht, wem er lebt.

Der Herr hat b. ein Recht über das Leben der Seinigen in Absicht auf ihren weiteren Glaubenslauf, der ganz nach seinem Willen und Wink eingerichtet sein soll. Er hat das Recht, uns zu bestrafen, wenn wir uns nicht immer als solche betragen, die dem Herrn zu leben sich einmal verpflichtet haben, wenn es hie und da Versuchungen gegeben hat, da wir uns selber leben wollten. Er hat auch das Recht, alle unsre Leibes- und Seelenkräfte anzusprechen, daß wir sie in seinem Dienst aufopfern. Diß Recht übte er an Petrus aus. Durch die dreimalige Frage an ihn, ob er ihn liebe, suchte er ihm auf eine sanfte Weise seine dreimalige Verleugnung ins Andenken zu bringen. Er wollte ihm sagen: damals hast du eine Weile vergessen, daß ich dein Herr sei; damals hast du dich gefürchtet, dich zu mir, als deinem Herrn, zu bekennen; nun wird es dir wieder anders zu Muth sein. Damit wollte also Jesus seinen Jünger in seinem Bekenntnis zu ihm, dem Herrn, wieder erneuern. Er sagt ihm aber auch, wie er künftighin ihm als seinem Herrn mit allen Kräften dienen soll. Deswegen macht er ihm einen dreimaligen Antrag, seine aus Lämmern und Schafen bestehende Heerde zu waiden. Eben so behauptet der Herr Jesus dieses Recht noch jezt an den Seinigen und ein Gläubiger soll ihn darum bitten, daß er dieses Recht doch an ihm ausübe. Er soll ihn bitten: strafe mich, wenn ich wider dein Recht sündige, sei mir ernstlich: leide nichts, was dein heilig Antlitz scheut und bewahre mich ritterlich vor dem Schlangenstich, wenn mir deine Herrschaft verdrießlich sein wollte. Er soll ihm aber auch sagen: wenn du mich brauchen kannst, so verwirf meinen armen Dienst nicht: du bist mein Herr, mache mich nicht nur zu einem Gefäß deiner Barmherzigkeit, sondern auch zu einem Werkzeug deiner Gnade an andern, an deinen Schafen oder Lämmern: o Herr, von dessen Gnad ich zehr, wenn ich dir doch was nütze wär!

Der Herr hat c. ein Recht über das Leben der Seinigen, wie lange es währen soll. Petrus hatte einen kurzen Lauf durch diese Welt; Johannes einen längern. Diß hing von dem freien Willen des Herrn ab, denn es heißt: wenn ich will, daß Johannes länger lebe, was geht es dich an? So bleibt er also der Herr, vor dem wir sagen müssen: meine Zeit steht in deinen Händen. Ein Gläubiger opfert sich ihm ganz auf und lernt sich aufopfern; es ist ihm nur darum zu thun, die kurze oder lange Zeit wohl anzuwenden. Es bleibt immer dieses sein Sinn: unsre Zeiten sind in deiner Hand 2c. Darunter lernt man auch das Recht Jesu über die Seinigen

II. in Absicht auf ihren Tod erkennen. Es geht freilich nicht ohne Uebungen ab, bis ein Gläubiger sich auch unter dieses Recht Jesu mit Ehrfurcht und stillem Gehorsam beugen lernt; und noch mehr gehört dazu, bis er sich dieses Rechts Jesu freuen lernt. Diß sehen wir an Petrus, dem es nicht so gleich Recht sein wollte, da der Herr ihm seinen künftigen Tod voraussagte. So ist es z. E. einem Unterthanen bedenklich, wenn er seinen König zugleich als einen Regenten ansehen soll, der Herr über sein Leben und Tod ist. Denn es ist etwas, sein Leben in der Gewalt eines Menschen sehen. Aber mit dem Recht Jesu ist es ein anders, da ist es in einer solchen Hand, da wir beruhigt sein können, denn er ist derjenige, von dem es heißt: der Tod seiner Heiligen 2c. Ps. 116, 15. Er hat also das Recht über die Seinigen, a. damit, daß er einem jeden die Zeit und Stunde und die Art des Todes bestimmt, daß selbst der Tod der Seinigen ihn verherrlichen muß; daß Christus an den Gläubigen gepriesen wird, es sei durch Leben oder durch Tod. Was an dieser Uebergabe noch fehlt, kann er schon durch seinen Geist ergänzen, ja er kann uns dieses Recht noch zur Freude für unsern Glauben machen, denn weil er das Recht hat, so hat a. der Tod, b. der Teufel, c. die Welt kein Recht über den Tod der Seinigen, sondern es bleibt bei Moses Wort: alle seine Heiligen sind in seiner Hand. Ja er macht die Seinigen zu Siegern über den Tod. Wohl uns des seinen Herren!

## 85. Leichen-Predigt.

Text: Pſ. 39, 5. (18. Apr. 1793.)

Das heutige Leichenbegängniß bestätigt uns die alte Wahrheit: die Welt überall ist ein Thränenthal, da man Klage führt. Eben diß gehört auch zu der Bitterkeit des Todes, daß er so manche Thränen verursacht, so manche schmerzhafte Empfindungen, so manche Wehmuth der Liebe rege macht. Doch so schmerzhaft diese Empfindungen sind, so gut sind sie; denn sie müssen auch etwas dazu beitragen, das Gefühl der natürlichen Liebe unter den Menschen zu erneuern, weil der Tod uns an manche theils vergessene, theils nicht genug, oder nicht auf die rechte Art ausgeübte Pflicht der Liebe erinnern kann. Aber außer diesem Nutzen gedenken unsre Textworte noch eines andern, nemlich daß wir bei dem Tod der Unsrigen uns mit dem Tod selber sollen bekannt machen und uns als sterbliche Menschen, als hinfällige und vergängliche Blumen ansehen lernen, die bald verwelken können, und daß eben in diesen Betrachtungen die wahre Klugheit bestehe.

Das heilsame Andenken an den Tod.

I. Wie sich das Herz darauf üben soll. Unsre Textworte beschreiben uns die menschliche Hinfälligkeit auf mancherlei Weise und zeigen uns also, wie wir den Tod auf vielen Seiten ins Gesicht fassen sollen. Sie enthalten eine dreifache Bitte: a. Herr lehre mich, daß es ein Ende mit mir haben muß, mache mich mit meinem Ende bekannt; b. daß mein Leben ein Ziel hat, oder lehre mich das Maß meiner Tage; c. daß ich davon muß, d. i. daß ich so gar vergänglich bin. Mit diesen Wahrheiten soll sich der Mensch immer mehr bekannt machen. Er soll also 1) an sein Ende denken, d. i., daß dieses Leben, wenn es auch noch so lange währen sollte, doch einmal ein Ende erreichen muß; es ist kein Leben, das bleiben kann, es soll uns also unser Lebensende immer vor Augen stehen. Aus diesem Blick sollen wir die große Wahrheit lernen, daß wir nicht für diese Welt da sind, daß wir zu einem andern und bessern Leben bestimmt sind und daß eben dieser Blick auf das Ende uns desto mehr an die Frage erinnert: was soll eines Menschen vornehmste Sorge sein in diesem Leben, das ein Ende haben muß? daß er weiß, es gibt ein besseres Leben und sich darum bekümmert. Der Mensch beweist die Klugheit, daß er sich mit Dingen, die er nicht lange besizen darf, nicht zu viel einläßt, sondern von dem kurzen Besiz so viel Nuzen zieht, als er kann. Noch viel nöthiger ist es, daß der Mensch an sein Ende denkt, damit er von dem Besiz seines Lebens einen Nuzen zieht. 2) Der Mensch soll daran denken, daß sein Leben ein Ziel hat. Es heißt: mache mich bekannt mit dem Maß meiner Tage, daß es nemlich nicht so groß sei. Deswegen sagt er B. 6: meine Tage sind einer Hand breit vor dir 2c. Es sind zwei Wahrheiten in diesen Worten begriffen: a. lehre mich, daß meine Tage ihr bestimmtes Maß haben, daß sie nicht von mir, sondern von dir und deiner Verordnung abhangen. So sagt David Pf. 139, 16: es waren alle Tage auf dein Buch geschrieben 2c. und Hiob 14, 5., die Zahl unsrer Monden sei von Gott verordnet. b. Lehre mich einsehen, daß das Maß meiner Tage kurz ist, denn es ist vor Gott nur einer Hand breit. Gott hat an dem Maß der menschlichen Tage schon manche Veränderung vornehmen müssen. 3) Der Mensch soll denken, daß er davon muß, daß er so gar vergänglich sei, d. h. daß es überall mit ihm ausgehen kann. Es kommt auch nicht einmal auf das Maß seiner Tage an, das ihm nach der Naturordnung Gottes zugedacht sein konnte; Gott kann abbrechen, wann er will, es kann ausgehen, wenn es ihm beliebt. Bei diesen Betrachtungen lernt man sich mit seinem ganzen Leben dem Herrn übergeben.

Wie wird man aber in diese Betrachtungen eingeleitet? Das zeigen uns unsre Texworte: nemlich der Herr selber muß uns in dieselben einleiten, man hat seine Unterweisung hiebei nöthig. Man sollte denken, zu einer solchen Wahrheit brauche man keine besondere Unterweisung vom Herrn, das lerne sich selber. Denn wenn man so viele Menschen sterben sieht, so kann man sich wohl die Rechnung machen: es wird auch an mich kommen; und wer an sich selber manche Annahmungen der Sterblichkeit hat, den wird man doch nicht unterweisen dürfen, daß sein Leben auch ein Ziel habe und er davon müsse. Warum bittet also, David den Herrn um besondere Unterweisung? Es ist wahr, jeder Mensch hat Eindrücke von der Sterblichkeit in sich, jeder weiß, daß er sterben muß; aber es geht mit den Todesbetrachtungen, die der Mensch für sich selbst anstellt, oft wunderbar. Entweder thut er allzubekannt mit dem Tode und läßt sich doch auf die Hauptsache nicht ein; oder es geht ihm damit wie Jakobus (1, 23 f.), von einem vergeßlichen Hörer des Worts sagt: er ist wie ein Mann, der sein Angesicht im Spiegel beschaut 2c.; oder man entzieht sich doch diesen Betrachtungen, weil man das Unangenehme davon fühlt und weil viel Aufforderungen des Gewissens damit verbunden sind. Eben deswegen kommt der Mensch von sich selbst zu keiner rechten Todesbetrachtung und der Herr selbst muß ins Mittel treten, sonst kommt nicht viel dabei heraus. O es ist ein großer Unterschied unter dem, was man von sich selber lernt und was man von dem Herrn lernt! Wenn der Herr uns mit unsrer Sterblichkeit bekannt macht, alsdann haben wir

II. einen großen Nuzen davon. Dieser Nuzen wird im Psalm auf vielfache Weise beschrieben. 1) Wenn Gott Einen mit dem Tod bekannt macht, so wird man aus der Gemeinschaft mit den sichern Menschen recht herausgehoben. Da lernt man einsehen, wie sicher die Menschen sind und lernt sich vor diesem Sinn hüten. Außer diesem kommt man immer wieder in die alte Gemeinschaft mit der Welt hinein. 2) Wenn der Herr einen lehrt, so faßt man Zuversicht zu ihm. Weß soll ich mich trösten? ich hoffe auf dich. Das ist der Sinn des 73. Psalms: Herr, wenn ich nur dich habe 2c. 3) Man lernt sich um Vergebung seiner Sünden umsehen und dieselbe suchen: errette mich von meinen Sünden 2c. 4) Man bekümmert sich, daß man nicht in Thorheiten und Spott gerathe. 5) Man lernt sich immer mehr als ein Pilgrim ansehen. 6) Man wünscht an seinem Leben einen ruhigen Feierabend.

## 86. Leichen-Predigt.
(Am Sonntag Exaudi, 12. Mai 1793.)
Text: Ebr. 3, 7. 8.

Wir haben an dem Tod des I. Verstorbenen abermal eine Bestätigung der bekannten Wahrheit: es schickt der Tod nicht immer Boten, er kommt gar oft unangemeldet 2c. Was will der Herr bei diesem Todesfall an uns? denn er ist eine Stimme an uns alle, eine Stimme, die uns auffordert zur Liebe gegen den Verstorbenen, daß wir ihn dem Herrn empfehlen, der seine Erlösungs- und Versühnungsgnade an ihm verherrlichen wolle und ihn Barmherzigkeit finden lasse; eine Stimme, die uns auffordert zur Liebe gegen die verwaisten Seinigen, über welche der Herr seine gnädige Fürsorge reichlich walten lasse; eine Stimme die uns an die Bitte mahnt: laß mich bei Zeit mein Haus bestellen 2c.; eine Stimme, die uns unsre Gnadenzeit aufs neue wichtig und kostbar macht, so daß wir dieselbe nicht nur selber wohl anwenden, sondern auch uns unter einander zur treuen Anwendung derselben ermuntern.

Die treue Anwendung der Gnadenzeit als die beste Vorbereitung auf den Tod.

I. Wie wir unsre Gnadenzeit recht schäzen sollen. Die meisten Menschen stellen sich die Vorbereitung auf den Tod ganz anders vor, als sie ist, oder sein soll; es zeigt sich bei den meisten ein knechtischer Geist, der von Zeit zu Zeit in Furcht steht, jezt werde der Tod das Garn über ihn zücken und wie ein Fallstrick ihn berücken. Bei diesem knechtischen Geist scheut sich der Mensch vor rechten Todesbetrachtungen und sucht sich dieselben, so viel er kann, aus dem Sinn zu schlagen. Daher entsteht bei manchen der Wunsch: wenn ich nur wüßte, wann ich etwa sterben muß, so würde ich alsdann alles andere aufgeben und mich allein auf die Ewigkeit vorbereiten. Allein alles dieses ist nicht dem Sinn

Gottes gemäß. Gott begehrt nicht den knechtischen furchtsamen Geist von uns, daß wir uns alle Augenblick vor dem Tode fürchten müßten; denn da wäre unser ganzes Leben nicht viel besser, als eine Reise unter einem anhaltenden heftigen Donnerwetter, da man alle Augenblick nicht weiß, ob einen der Bliz trifft; oder wie eine Reise über ein brausendes Wasser, da man nie weiß, wann einen die Fluth dahin reißen und verschlingen wird. Eine solche Verfassung ist keine rechte Vorbereitung zum Tode; denn da lebt man immer in einem knechtischen Geist und stirbt zulezt in demselben; oder wenn einem dieser knechtische Geist entleidet ist, so wirft man auch diesen von sich weg und kommt unter die Zahl derjenigen, die einen Bund mit dem Tod und ein Verständnis mit der Hölle machen und kaum einen Augenblick vor der Hölle erschrecken. Vor beiden Abwegen, nemlich vor dem knechtischen und rohen Sinn verwahren uns unsre Textworte, denn diese zeigen uns, wie die beste Vorbereitung auf den Tod darin bestehe, daß wir unsre gegenwärtige Gnadenzeit schäzen und treu anwenden. Diese Gnadenzeit ist das Heute, welches Paulus den Ebräern ernstlich wahrzunehmen befiehlt; dieses Heute sollen wir hochschäzen lernen und zwar aus mancherlei Gründen,

1) weil es ein Zeichen von der großen Treue des Herrn gegen uns ist. Er will uns jeden Tag unsres Lebens zu einem Tag der Gnade machen; es soll uns eine angenehme Zeit, ein Tag des Heils sein. Im ganzen Cap. ist die Rede von der Treue des Herrn und wie diese uns eine Aufmunterung sein soll, auch in unserm Theil treu erfunden zu werden. Weil er treu ist, so gibt er uns manchen Gnadentag und so fort ist er der Hort, der uns unsre Tage lehnet und mit Gnade krönet. Seine Güte ist alle Morgen neu über uns und seine Treue ist groß. Seine Treue beweist er auch dadurch, daß er uns durch seinen Geist anmahnt, unsre Gnadenzeit recht wahrzunehmen. Er, der wohl weiß, was im Menschen ist, der Herzen und Nieren prüft, er kennt den Leichtsinn und die Gleichgiltigkeit unsres Herzens.

Er weiß, wie wir von Natur mit der Gnadenzeit umgehen; deswegen gibt er uns seinen Geist, der uns von Zeit zu Zeit wieder ins Herz hineinruft; heute, da ihr seine Stimme höret, so verstocket eure Herzen nicht. Seine Treue beweist er auch dadurch, daß er durch seine priesterliche Fürbitte unsre Gnadenzeit verlängert; wenn wir lange Zeit als unfruchtbare Bäume in seinem Garten da stehen, die das Land hindern, wenn nach dem Recht die Stimme über einen solchen Baum ergeht: haue ihn um 2c., so sagt er als der Priester: laß ihn nur noch diß Jahr stehen. Ihm ist an unsrer Gnadenzeit mehr gelegen, als uns selber. Wir sollen unsre Gnadenzeit hoch schäzen lernen,

2) weil sie in unsern ganzen Lebensgang eingewoben ist. Der Herr will uns unter allem mit seiner Gnade entgegenkommen. So oft du ein Wort Gottes hörst, ists ein Heute, da der Herr sich deines Herzens annehmen will; und wenn du es annehmen magst, so kann es in dir den Grund zu dem guten Werk legen, das der Herr in dir anfangen und fortführen will bis auf seinen Tag. Selbst dein äußerer Gang gehört in diß Heute hinein. Wenn du deine Berufsarbeit um des Herrn willen thust, wenn du ihm und deinem Nächsten darunter zu dienen begehrst, so wird es dir ein Gewinn auf jene Welt werden. Denn es kommt nicht sowohl darauf an, was man thut, sondern auch, wie man etwas thut.

3) Weil von der guten oder schlechten Anwendung der Gnadenzeit so viel Gewinn oder Verlust herauskommt. Was haben die Israeliten verloren, die das Heute überhört haben! Wie wird dichs freuen, wenn du einmal manche Frucht am Morgen der Ewigkeit erblickst!

II. Wie wir uns dabei vor dem Betrug der Sünde bewahren sollen. So wichtig unsre Gnadenzeit ist, so leicht kommt der Mensch darum und oft, daß er selber nicht weiß wie? d. i. wie es im Text heißt: durch einen Betrug der Sünde, so, daß man lange nicht glaubt, seine Gnadenzeit verloren zu haben. Dieser Betrug der Sünde zeigt sich auf mancherlei Weise:

1) daß man die Benutzung derselben immer aufschiebt. Der Mensch geht mit nichts so ungetreu um, als mit dem Gegenwärtigen; diß widerfährt ihm oft auch im Leiblichen. Da ist das beständige Aufschieben. 2) Daß man die Kürze der Gnadenzeit nicht bedenkt. Ach mein Ziel der Gnadenzeit ist vielleicht schon nimmer weit! und daß man nicht bedenkt, wie viel man noch zu thun und zu berichtigen habe. 3) Daß man die gegenwärtige Gnade nur halb benuzt; man thut, als wenn man hörte und glaubt selber, man höre; darunter ist die größte Gefahr, in eine Verhärtung hineinzukommen. 4) Daß man sich so ungerne erinnern und ermahnen läßt. Kommt, faßt einander bei den Händen! Daran hats den Israeliten gefehlt: es ist meistens einer wie der andere gewesen.

## 87. Leichen=Predigt.

(Am Feiertag Thomas, den 21. Dez. 1793.)
Text: Ebr. 11, 2. 13. in Verbindung mit der Perikope, Joh. 20, 24—29.

Das heutige Evangelium gehört in die Auferstehungsgeschichte des Herrn Jesu; wir aber gehen jezt der Zeit entgegen, da wir das Andenken seiner Menschwerdung begehen und uns in der großen Wahrheit: Gott ist geoffenbart im Fleisch, erneuern wollen. Diese zwei Zeiten sind weit von einander entfernt und doch kommen sie darin überein, daß die eine wie die andere zu der großen Geschichte unsres Heils gehört, das uns durch Jesum Christum erworben worden, und daß die eine wie die andere ein Gegenstand des Glaubens ist. Ja wenn wir nicht die Auferstehungsgeschichte hätten, so wüßten wir nicht, wo wir mit unsern Weihnachts=betrachtungen daran wären; denn der in Bethlehem geborene Menschensohn ist kräftiglich erwiesen, als ein Sohn Gottes seit der Zeit er auferstanden ist von den Todten; und der im Fleisch erschienene Gott ist im Geist gerechtfertigt worden durch die Auferstehung. Der ganze Lauf unsres Erlösers ist ein wichtiger Gegenstand unsres

Glaubens, und die Geschichte desselben, wie sie uns von den Evangelisten beschrieben ist, enthält von Anfang bis zu Ende lauter Beweise, wie schwer es gehalten, bis der Glaube an dieses Evangelium von Jesu Christo in das menschliche Herz gepflanzt worden. Wie schwer wurde es dem frommen Priester Zacharias, das zu glauben, was der Engel Gabriel zu ihm geredt! Wie viele Bedenklichkeiten hatte der gerechte Joseph über die Schwangerschaft Marias! Wie fremd bezeugte sich die ganze Stadt Jerusalem gegen die Nachricht vom neugebornen König der Juden! Was bezeugte der fromme Simeon von dem Kind Jesus bei der Darstellung desselben im Tempel! Ebenso ging es auch, da Jesus sein öffentliches Amt unter den Juden antrat und der größte Theil desselben doch nicht wußte, was sie von diesem Jesu zu glauben hätten. Sogar bei den Jüngern hielt es schwer, bis sie zu einer ganzen Glaubensüberzeugung von Jesu, dem Sohn Gottes, gekommen; daran hatten sie noch bis in die Zeiten der Auferstehung hinein zu lernen, und es gefiel dem Geist Gottes, ihre Glaubensmängel aufzuzeichnen, daß wir daraus sehen, wie der Glaube an die Geschichte von Jesu kein Geschäft der Natur, sondern eine Pflanze des Geistes sei, die unter manchen Winden und Stürmen von innen und von außen unter sich wurzeln und über sich Frucht bringen muß. Und eben das, woran die ersten Gläubigen N. T. so viel und so lang zu lernen hatten, ist auch eine Lection für uns. Wenn ein Mensch noch so lang auf der Welt ist und noch so viel darin gelernt hat, hat aber diese Lection nicht gelernt, so hat er doch im Grunde nichts gelernt. Denn zu diesem Endzweck ist uns die Geschichte von Christo schriftlich hinterlassen worden, daß wir glauben, Jesus sei der Christ, der Sohn Gottes und in diesem Glauben ewiges Leben haben. Daher wird es einmal der größte Ruhm vor Gott und Jesu Christo, vor allen Engeln und Seligen sein, wenn wir unter denen sind, die geglaubt haben. Diß wird uns besonders auch bei unsrem Ausgang aus dieser Welt, er geschehe wann er wolle, beruhigen, nemlich daß wir glauben an den Namen des eingebornen Sohnes. Bei dem Verzeichnis der Gläubigen A. T., das Ebr. 11. aufgezeichnet steht, werden V. 2. und 13. zwei wichtige Stücke von ihnen gerühmt: a. daß sie im Glauben, und wegen ihres Glaubens Zeugnis überkommen und b. daß sie im Glauben gestorben. In diesen zwei Stücken ist alles zusammengefaßt, was man von dem Lauf eines Christen sagen kann.

**Um was es einem wahren Christen bei seinem Lauf zu thun sei.**

I. Um das Zeugnis, daß er glaube. Es ist kein Mensch, dem es ganz gleichgiltig wäre, was er für ein Zeugnis habe, nur sucht der eine in diesem, der andere in einem andern ein gutes Zeugnis zu haben. So sucht der Mensch z. E. sein Zeugnis in der Ehrlichkeit, ein anderer in der Geschicklichkeit, ein anderer im Ansehen vor den Menschen, ein anderer im vergänglichen Reichthum, ein anderer in der Schönheit. Dabei vergißt man meistens des vornehmsten und einzig nothwendigen Zeugnisses, dessen man bedarf, nemlich des Zeugnisses des Glaubens. Ja es kann Fälle und Zeiten geben, wo man sich dieses Zeugnisses unter den Menschen schämt, oder doch sich zu schämen versucht wird; denn der Glaube ist dem natürlichen Menschen ein Aergernis und eine Thorheit. Und doch bleibt dieses Zeugnis das vornehmste und größte. Denn die Augen des Herrn sehen nach dem Glauben Jer. 5, 3. und ohne diesen ist es unmöglich, Gott zu gefallen und zu Gott zu nahen. Haben wir nicht das Zeugnis des Glaubens in uns, so fehlt es uns auch an einer gewissen Hoffnung des ewigen Lebens; denn nur diejenigen, die geglaubt haben, werden in die Sabbathruhe eingehen. Ist es uns nicht um das Zeugnis des Glaubens zu thun, so hat der Herr Jesus und sein Geist auch nichts mit uns zu schaffen; denn das ganze Geschäft Gottes und Jesu Christi und seines Geistes geht auf Pflanzung des Glaubens hinaus. Was war das ganze Geschäft Jesu mit seinen Jüngern? sie so weit zu bringen, daß er ihnen in der letzten Woche das Zeugnis geben konnte: jetzt glaubet ihr. Und was war sein erstes Geschäft nach der Auferstehung? Abermal kein anderes als dieses: nach ihrem Glauben zu sehen und sie darin zu befestigen. Denn darin fehlte es noch bei ihnen allen. Sie würden es vorher nicht geglaubt haben, daß sie über die Sache ihres Herrn noch so ungewiß werden würden, als sie es nachher erfahren mußten. Es kostete sie alle noch etwas, bis sie von ihrem Herrn Zeugnis ihres Glaubens überkamen. Diß Zeugnis hatten die Apostel vorzüglich nöthig, da wir ja durch ihr Wort an den Herrn Jesum glauben sollen und also versichert sein müssen, das, was sie uns geschrieben haben, haben sie nicht nur gesehen und gehört, sondern es auch von Herzen geglaubt. Darum sind uns die Glaubensmängel der Jünger besonders in der Auferstehungsgeschichte so umständlich aufgezeichnet, daß wir sehen, was mit ihnen vorgegangen, bis sie zum ganzen Glauben an Jesum durchgebrochen.

So muß auch noch jetzt jeder Mensch zum Zeugnis des Glaubens gelangen. Der Glaube ist kein Gewächs, wie der Kürbis des Jonas, sondern er wird nach und nach gepflanzt und geht durch mancherlei Stufen. Wenn du ein Wohlgefallen an Jesu und an seiner Lehre hast, so ist diß schon ein Anfang des Glaubens; wenn du über diesem Wohlgefallen auch etwas verleugnen kannst, so ist es wieder etwas mehreres; wenn du dabei gar Schmach und Verfolgung übernehmen kannst, so ist es wieder etwas weiteres; und so hat ein Christ auf seinem Pilgrimspfade durchzuwandern viele, viele Glaubensgrade und er muß öfters Zeugnis seines Glaubens überkommen.

Woher bekommt man aber dieses Zeugnis? Man muß Zeugnis haben wegen seines Glaubens 1) von dem Herrn Jesu selbst. Dieser kann das beste geben, als der Herzenskündiger. Er hat diß Zeugnis seinen Jüngern ertheilt z. E. dem Petrus, da er ihn über sein Bekenntnis selig pries; seinen Jüngern, da er ihnen das Zeugnis gab: ihr seids, die ihr bei mir beharret habt ꝛc. Er gabs dem Thomas: weil du mich gesehen hast, so glaubst du. Und so verspricht er noch in seiner Erhöhung den überwindenden Gläubigen ein gutes Zeugnis zu ertheilen Off. 2, 17.: dem will ich geben ein gutes Zeugniß ꝛc. Man muß aber Zeugniß haben

2) in sich selbst, daß man immer mehr weiß, wie und wo man mit Christo und seiner Sache daran ist. So wußten es die Jünger nach Joh. 6, 69.: wir haben geglaubt und erkannt ꝛc. So Joh. 16, 30.: nun wissen wir ꝛc. Je mehr man im Glauben fortschreitet, desto mehr wird man sich auch seines Glaubens bewußt. So behielt Paulus dieses innere Zeugniß bis in das Ende seines Laufs hinein, nach 2 Tim. 1, 12.: ich weiß, an wen ich glaube. ꝛc.

3) Man bekommt auch Zeugniß seines Glaubens von andern. So gedenkt Paulus hin und wieder in seinen Briefen des Glaubens seiner Gemeinden, die das Zeugniß des Glaubens auch von andern Gemeinden bekommen haben, wie die Thessalonicher. So soll in der Gemeinde der Gläubigen auch ein gemeinschaftliches Zeugniß des Glaubens sein; daher braucht Johannes in seinem ersten Brief das Wörtlein so oft: wir wissen. Da hat also einer mit dem andern und von dem andern Zeugniß des Glaubens.

4) Endlich bekommt man auch Zeugniß von den Feinden selbst. So mußten die Feinde Christi bei seiner Kreuzigung seinem Glauben Zeugniß geben: er hat Gott vertraut; so muß der Teufel selber es geben.

II. Im Glauben begehrt auch ein Christ zu sterben. Diß macht einen bedenklichen Unterschied im Sterben, ob man im Glauben oder ohne Glauben stirbt. Je näher es dem Tode entgegengeht, desto mehr erfährt man, ob man Zeugniß seines Glaubens habe oder nicht. Und wie muß es einer Seele zu Muth sein, wenn es ihr ahnt, es fehle bei ihr am Glauben! Man kann zwar sterben, ohne diesen Mangel des Glaubens zu fühlen und die Erfahrung bezeugts, daß manche Menschen so sterben; allein, was man im Tode nicht erfährt oder erfahren will, das wird man nach dem Tode erfahren. Ein Christ aber will es nicht bis dahin ankommen lassen; sondern in was er gelebt, auf diß begehrt er auch zu sterben; ja beim Tod offenbart sich erst der Glaube und was es uns nüzt, wenn der Geist Gottes unser Herz hat erfüllen können mit dem hellen Glaubenslicht, das des Todes Nacht durchbricht und die Hölle selbst macht stille. Wie lieblich zeigte sich der Glaube in dem Tode der Altväter, des sterbenden Jakob, des Joseph, ja bei dem Tode Christi selbst, der im Glauben gestorben! Das Zeugnis dieses Glaubens hat der Geist Gottes uns Ps. 16. als in seinem Grablied hinterlassen. Wie sind die Apostel gestorben? im Glauben an den Sohn Gottes. Und darum soll es noch einem jeden Christen zu thun sein, im Glauben zu sterben, das heißt a. sterben in gewisser Erwartung alles dessen, was uns Gott in seinem Wort verheißen hat, beschworen bei seinem Namen, in Erwartung dessen, was kein Aug gesehen (1 Kor. 2, 9.), wovon aber Gott in diesem Leben dem Glauben so manche Blicke gegeben; b. sterben im Verlangen, zu demjenigen zu kommen, den man noch nie gesehen und doch geliebt, an den man geglaubt. c. Im Glauben sterben, d. i. seine ganze Ansprache an den Himmel nicht in sich, sondern in Jesu Christo suchen, der uns bracht hat zum rechten Vaterland, im Vertrauen auf den einzigen Namen, der den Menschen zum Seligwerden gegeben ist. So sterben ist ein wahrer Ruhm und Gewinn. Was wäre es, wenn man die Todten, die in diesem Jahr gestorben, aus dem Todtenbuch ablesen könnte, und am Ende das Zeugnis beifügen, diese alle sind im Glauben gestorben.

## 88. Leichen-Predigt.

Text: Ps. 31, 16. (14. Apr. 1794.)

Das heutige Leichenbegängnis ist für die Leidtragenden eine Thränensaat, dergleichen im Leben viele vorkommen; möge eine Freudenernte darauf folgen; und wie es in dem unbeständigen Wechsellauf der irdischen Dinge eine Zeit zu Weinen und eine Zeit zu Freuen gibt, so heilige der Herr auch diese Zeit des Weinens, daß die Leidtragenden hintennach seinen Weg kennen und anbeten lernen, und am Ende sagen können: was er thut, ist alles gut, wenns noch so traurig schiene. Und was sollen wir unserer s. Verstorbenen nachwünschen in jene Welt? Ihre Pilgrimszeit ist nun vorbei; sie war kurz, und doch wird sie nun inne werden, wie wichtig diese kurze Lebenszeit gewesen und wie viel bedeutend der Zusammenhang unsrer Lebenstage mit der Ewigkeit sei. Der Herr lasse sie in jener Welt einsehen, daß ihre Zeiten in seiner Hand waren, er lasse ihr diese Zeiten mit Freuden in jene Welt nachfolgen, daß sie sich derselben unter mancher Anbetung des Namens Gottes erinnern könne.

Und was sollen wir thun, die wir noch auf dem Wege sind? Wir sollen die Zeiten die uns der Herr noch gönnen will, zu Rath halten, wir sollen sie alle Tage aufs neue aus den Händen unsres Herrn annehmen, daß wir in dem hellen Spiegel der Ewigkeit mit Freuden auf die mancherlei Zeiten zurücksehen können, die er uns geschenkt hat, daß wir unsre Lebenszeiten immer mehr mit dem großen Ziel unsres himmlischen Berufs verbinden.

**Wie nöthig das kluge Wahrnehmen unsrer Zeiten sei.**

I. **Daß wir sie recht kennen lernen.** Meine Zeit steht in deinen Händen. David schrieb dieses zu einer Zeit, da es von außen mißlich mit ihm aussah, da er von Feinden umringt war, die ihm gerne seine Zeit abgeschnitten hätten. Er war in beständiger Lebensgefahr, und mußte seine Seele immer in seinen Händen tragen. Er war damals in so großer Zaghaftigkeit, daß er sprach: ich bin von deinen Augen verstoßen. Doch faßte er sich mitten in dieser Noth wieder mit herzlichem Vertrauen zu Gott, daß er glauben konnte: meine Zeit steht in deinen Händen und nicht in den Händen meiner Feinde; du wirst also auch wissen, mich wieder aus ihren Händen herauszureißen. Er meint nicht gerade seine Sterbenszeit, denn sonst würde er nicht gleich darauf um die Errettung aus der Hand seiner Feinde bitten, sondern er versteht darunter alle die mancherlei Zeiten seines Lebens; deswegen heißt es eigentlich in der Mehrzahl:

meine Zeiten sind in deiner Hand und er sieht dabei nicht auf die Zeiten allein, sondern auf die mancherlei Begebenheiten, die mit ihm vorgegangen, auf die Abwechslungen von Freud und Leid, von Muth und Kleinmüthigkeit u. s. w. Wenn also auch wir unsre Zeiten recht wahrnehmen sollen, so müssen wir sie nach ihrer Verschiedenheit kennen lernen. Freilich der natürliche Mensch, der seine Tage wie ein Geschwäz zubringt, weiß auch seine Zeiten nicht recht zu beurtheilen und sie nach dem Licht der Wahrheit anzusehen. Aber wie wird es ihm zu Muth sein, wenn sie ihm einmal in jener Welt vor die Augen gestellt werden, wenn er sieht, wie wenig er diese Zeit benuzt habe, wenn er klagen muß: ach wie ist doch meine Zeit so unvermerkt dahingefahren! Sollen wir aber unsre Zeiten recht kennen und beurtheilen lernen, so müssen wir sie beurtheilen nach ihrer Wichtigkeit, Abgemessenheit, ihren Graden.

Wichtig ist die Zeit der Geburt. Es ist vom Herrn, daß er uns hat geboren werden lassen und also auch in die Zahl der Creaturen hineingestellt, an denen er will verherrlicht werden. O daß doch jeder von uns mit Freuden auf seine Geburtsstunde zurücksehen möge, daß es von keinem heiße: es wäre ihm besser, daß er nie geboren wäre! Wichtig ist die Zeit unsrer Taufe, da wir in den Gnadenbund Gottes aufgenommen worden. Diß ist die selige Zeit, da wir sagen können: von da an gehöre ich nicht nur unter die Zahl der Menschen, sondern auch der Christen, der Kinder Gottes. Und was wird es uns austragen, wenn wir mit erneuerter Taufgnade in jene Welt hinübergehen, wenn wir mit Freuden dem Tag entgegen gehen können, da selbst die Gottlosen uns das Zeugnis werden geben müssen: er ist gezählt unter die Heiligen. Wichtig ist die Zeit unsrer Kindheit und Jugend, da der Geist unsern Herzen so nahe wird, da wir so manche Gnadenzüge an unser Herz bekommen, wodurch uns der Geist Gottes von den Thorheiten und dem Leichtsinn dieses Alters ernstlich zurückziehen will, damit wir der vergänglichen Lust dieser Welt entfliehen. Wichtig sind die Zeiten des Ehstands, da uns Gott durch manche Uebungen des Glaubens und Vertrauens hindurchführt, da er uns an unsern Ehegatten, an unsern Kindern, an unserm Gesind manches anvertraut, wo es darauf ankommt, ob wir als kluge und treue Haushalter erfunden werden, wo es uns in jener Welt freuen wird, wenn wir unter den Unsrigen ein Licht und Salz gewesen, wenn es uns ein Ernst gewesen, daß eines das andere mit sich in den Himmel bringe. Wichtig sind die Zeiten der Leiden und Freuden, die uns Gott in diesem Leben austheilt, denn es ist allemal dabei auf etwas Großes angesehen; denn unser himmlischer Vater weiß, wenn Freud oder Leid uns diene, und wir werden alle solche Zeiten mit dem Bekenntnis bescheinen müssen: bald mit Lieben, bald mit Leiden, kömmst du, Herr, mein Gott, zu mir ꝛc. Wichtig sind unsre Lebenszeiten, weil in denselben mancher Tag des Heils, manche angenehme Zeit vorkommt. Wie manche Aufforderungen zur Buße, wie manche Gnadenanträge sind uns schon vorgekommen! Und was wollen wir sagen, wenn einmal alle diese Zeiten und Tage des Heils vor unsern Augen da stehen, wenn wir sehen werden, wie oft wir uns hätten bekehren sollen und können! Wichtig sind auch die letzten Zeiten unsres Lebens, wenn unser Seelenfreund, der uns viele Jahre lang nachgegangen, noch den letzten Versuch mit uns macht, wenn er uns noch die letzten Tage und Stunden zu einem Gewinn machen möchte, daß doch nicht unsre ganze Lebenszeit soll verloren sein. Diß ist ein Register von den mancherlei Zeiten, die in unserm Lauf vorkommen. Dettet, es sind wichtige Zeiten; es sind aber auch abgemessene Zeiten, d. h. Zeiten, die ihre Bestimmung von dem Herrn selber haben, der es anordnet, wie lange sie währen sollen, wo es also darauf ankommt, wie wir sie ansehen. Wir werden nur einmal geboren, wir sind nur einmal auf der Welt, wir haben nur eine einzige Jugendzeit, wir haben nur eine einzige Gnadenzeit; wenn diese Zeiten vorbei sind, so kommen sie nimmer wieder; es gilt also, daß wir derselben wahrnehmen. Eben diese Zeiten haben auch ihre Grade, das heißt, wenn wir sie wohl anwenden, so wird es von einer Gnade in die andere gehen. Wie weit kann es ein Mensch bringen, wenn er treu mit der Gnade umgeht; hingegen, wie leicht kann man einen Theil seines zukünftigen Loses verscherzen! Da dürfen wir an das Wort denken: wer da hat, dem wird gegeben. Wenn wir unsre Zeiten einmal so ansehen lernen, alsdann können wir sie auch

II. recht benützen. Wer in dieser Welt und im menschlichen Leben sich die unterschiedenen Zeiten zu nuz machen kann, der heißt ein kluger Mensch, und um diese Klugheit ist es noch mehr einem Christen zu thun. Wie haben wir aber dieses anzugreifen? Wir sollen die Zeiten benutzen, denn a. es sind unsre Zeiten, sie gehören uns, sie sind uns zu unsrem Besten gegeben, daß wir einen Gewinn davon ziehen mögen; sie sind ein Geschenk von Gott in unsre Pilgrimschaft herein und also sollen wir mit dem, was unser ist, getreu umgehen. Wir wissen im Leiblichen gut, was unser ist, wir wissen, unsre Ansprache auf das Unsrige gut zu behaupten, aber im Geistlichen sind wir nicht so klug und verständig und es möchte uns auch das Wort Jesu treffen: wer will euch geben, was euer ist? Denke also: die Lebenszeit, die du hast, ist dein, deine Jugendzeit ist dein, die Gnadenzeit, die du genießest, ist dein. Gehe also doch getreu damit um, daß diese Zeiten auch dein bleiben, und verliere sie nicht. Wie schmerzlich würde es dir sein, diese Zeiten verloren zu sehen! Denke aber auch b. diese meine Zeiten sind in Gottes Händen, sie sind zwar mein, aber wenn ich nicht treu damit umgehe, so kann er sie mir nehmen, so kann er meine Tage verkürzen, so kann er meine Zeit schnell abreißen. Und weil sie in Gottes Hand sind, so weißt du auch nicht, wie lange sie währen. Um so mehr hast du sie zu benutzen. c. Benutze sie; denn du mußt einmal Rechenschaft davon geben. Stelle dich in den Augenblick hinein, da es bei dir heißen wird: meine Zeit ist hingeflossen 2c. d. Die beste Anwendung ist, wenn du deine Zeiten deuten lernst aufs Vaterland, wenn es dir um jene Welt zu thun ist; denn um der zukünftigen Welt willen bist du hier. Herr Jesu, lehr mich meine Zeit anwenden für die Ewigkeit.

## 89. Leichen-Predigt.

(Am 16. Sonntag nach Trinitatis, den 5. Okt. 1794.)
Text: Ps. 90, 12. und Perik. Luk. 7, 11—17.

Das heutige Evangelium stellt uns etwas Trauriges und etwas Fröhliches vor: etwas Trauriges an dem Tode des Jünglings zu Nain, der in früher Jugend und als eine Stüze seiner verlassenen Mutter hinweggestorben, und etwas Fröhliches an seiner Wiedererweckung zum Leben, durch Jesum, den großen Lebensfürsten. Es ist uns eine Aufforderung, dem Tode so unter die Augen sehen zu lernen, daß er uns mit Christo bekannt macht, und mit seinem herrlichen Evangelium, das uns Leben und unvergängliches Wesen wieder vorhält und mittheilt. Denn derjenige ist erst ein wahrer Christ, der den fürchterlichsten Dingen unter das Angesicht sehen kann. Mit dem Tode sich bekannt machen, ist etwas, das man von allen Menschen fordern kann. Im 49. Psalm wird die ganze Menschheit dazu aufgefordert (V. 23): höret zu, alle Völker 2c. Wie nüzlich eine solche Betrachtung sei, erhellt aus V. 4. 6.: mein Mund soll von Weisheit reden 2c. Demungeachtet sind Todesbetrachtungen etwas, das man nicht von sich selber lernt und wozu man eine höhere Unterweisung nöthig hat; sonst wären wir in der h. Schrift nicht angewiesen, um eine solche Unterweisung zu bitten. So bittet z. E. Psalm 39, 5.: Herr, lehre mich bedenken 2c. So bittet Moses Psalm 90, 12.: lehre uns bedenken, daß wir sterben müssen 2c. Man sollte denken, in einer Welt, wo wir mit Augen sehen, daß der Tod zu allen Menschen hindurchgedrungen, sollte man nicht nöthig haben, einen zu Todesbetrachtungen aufzufordern, sollte man nicht nöthig haben, an dieser Wahrheit erst zu lernen, sie sollte uns schon von Jugend an bekannt sein. Aber es ist nicht so. Ja man findet Exempel, daß oft bei den häufigsten Todesfällen die Gleichgiltigkeit der Menschen gegen den Tod am größten ist, wie z. E. in Seuchen und Kriegszeiten und dergleichen Gelegenheiten. Diß bestätigt uns das Volk Israel in der Wüste. Da starben oft an einem Tag 100 und 1000, und doch mußte Moses B. 12. klagen: wer glaubts aber ꝛc. Wer also seine Todesbetrachtungen nicht vom Herrn lernt, der hat noch nicht recht gelernt, denn es ist eine Weisheit die nicht auf unsrem Grund und Boden wächst; es wirds auch ein jeder einmal inne werden, von wem er seine Todesbetrachtungen gelernt, vom Herrn oder von sich selber, oder von den dürftigen Satzungen der Weisheit dieser Welt. Wann? Es kann geschehen in einer Noth und Todesgefahr, es kann geschehen im Tode selber, es kann gar erst nach dem Tode geschehen! Diß Lernen macht einen großen Unterschied unter den Menschen, die sich in dieser Rücksicht in mancherlei Classen abtheilen.

Der wichtige Unterschied der Menschen in Absicht auf die Todesbetrachtung.

1. Es gibt Menschen, die ihre Todesbetrachtungen nicht vom Herrn gelernt haben, auch keine sonderliche Lust haben, sie von ihm zu lernen. Bei jeder Kunst und Profession kommt viel darauf an, von wem man sie gelernt, was man für einen Meister gehabt; und es gereicht dem Lehrling zur Empfehlung, wenn er einen guten Lehrer gehabt. Nur in geistlichen Dingen richtet man sich nicht nach dieser Denkungsart; es liegt Vielen nicht daran, von wem sie ihre Erkenntnis lernen, sondern man schwätzt einander ungeprüft nach; und in solchen wichtigen Sachen sollen wir doch an uns und andere die Frage thun: sagst du das von dir selber? weißt du es von dir selbst, oder haben dirs andere gesagt? und wer hat dirs gesagt? haben dirs solche gesagt, denen du mit gutem Muth glauben darfst? Ebenso verhält es sich mit den Todesbetrachtungen der Menschen, mit ihren Urtheilen und Gesinnungen vom Tode. Die meisten habens entweder von sich selber gelernt, sie haben sich ihre Begriffe und Gedanken vom Tode selbst gemacht und festgesezt, oder sie richten sich nach den Vorstellungen, die sie von andern Menschen hören oder in Büchern lesen, ohne sich eigentlich um wahren Grund zu bekümmern; oder

ihr Glaube beruht auf den falschen Verdächtigungen und schädlichen Sprüchwörtern, die von dem Tode unter den Menschen im Schwang gehen. Alle diese darf man in die Classe derjenigen sezen, die ihre Todesbetrachtungen nicht vom Herrn, nicht vom Geist Gottes, nicht vom Wort Gottes, nicht von der Weisheit auf der Gasse, d. i. nicht aus dem allgemeinen Wahrheitsgefühl gelernt haben. Doch theilt sich diese erste Classe wieder in viele Nebenabtheilungen, die man sich wohl zu merken hat, daß man weder zu hart, noch zu gelind urtheile.

Es gibt Menschen, die sich nie um Todesbetrachtungen bekümmern. Solche sind gemeiniglich diejenigen, die in dieser Welt das Glück der Gottlosen genießen und manche Trübsal dieser Erde nicht erfahren, die ein anderer erfahren muß. Von solchen sagt Ps. 73, 4.: sie sind in keiner Gefahr des Todes 2c. und Hiob 21, 13.: sie werden alt bei guten Tagen und erschrecken (daher) kaum einen Augenblick vor der Hölle. Solche wachsen bei ihrem Weltglück nicht nur in eine Gleichgiltigkeit sondern in einen Trez gegen den Tod hinein und können noch Leute werden, wie sie Jes. 28. beschrieben sind, daß sie sagen: wir haben mit dem Tod einen Bund und mit der Hölle ein Verständnis gemacht. Wenn Jesus noch heut zu Tag auf einen solchen Todten stieße, wie auf die Leiche des Jünglins zu Nain, den würde er wohl fort tragen lassen, den würde er hingehen lassen an den Ort, wo er lernen wird, was er in der Welt nie hat lernen mögen, nemlich was Tod und Verderben sei.

Es gibt Menschen, die, um die Furcht des Todes zu bezwingen, sich selber in eine gewisse Herzhaftigkeit hineinsezen, die Furcht des Todes vor sich selber verbergen und einen gewissen Muth an sich nehmen, womit sie sich gegen die innere Verzweiflung wehren; die nicht dafür angesehen sein wollen, als ob sie sich fürchten, die es sich für eine Schande rechnen, sich wenigstens äußerlich ihre Zaghaftigkeit anmerken zu lassen. So kann mancher Sterbende mit einem äußeren Muth und doch mit eingekerkertem und verschlossenem Todesschrecken in die Ewigkeit hinübergehen. Solche Leute haben ihre Todesbetrachtungen auch nicht vom rechten Meister gelernt, sonst würden sie aus dem Sterben keine Komödie machen wollen. Das sind Leute, die zur Familie des Königs Agag gehören, der noch wenige Augenblicke, ehe er von Samuel zusammengehauen wurde, sprach: so muß man des Todes Bitterkeit vertreiben.

Es gibt Menschen, die ihre Todesbetrachtungen aus der Weisheit dieser Welt lernen wollen, ohne ein Wort Gottes dazu zu nehmen; die nicht, wie ein anderer gemeiner Mann sterben wollen, sondern die, wie man heut zu Tage spricht, philosophisch sterben wollen. Diesen leuchtet es nicht ein, daß Psalm 49. bei seiner Aufforderung zur Todesbetrachtung beide, den gemeinen Mann und Herrn in eine Classe wirft; er hätte doch auch sollen einen Unterschied unter den Leuten machen. Und in was besteht denn diß philosophische Sterben? Man philosophirt vor dem Tode seine Stricke, die damit verbundenen Höllenbande und Belialsbäche hinweg und macht aus ihm weiter nichts als eine bloße Naturbegebenheit, die man sich nur aus Gewohnheit fürchterlich vorstellt, die aber an sich nicht so ist. Nach der Gesinnung solcher Leute ist der Sohn Gottes auch nicht philosophisch gestorben, weil er am Oelberg zitterte und zagte und am Kreuz ausrief: mein Gott, warum hast du mich verlassen!

Es gibt Menschen, die von Natur eine gewisse Herzhaftigkeit haben, die zur Furcht ohnehin nicht sonderlich geneigt sind und die also auch von der Furcht des Todes nicht viel angefallen werden. Denen ist es wohl zu gönnen, daß sie mancher Pein, weil alle Furcht Pein hat, überhoben sind; doch ist diese Furchtlosigkeit noch nicht eine Pflanze, die der himmlische Vater gepflanzt hat, noch nicht eine Pflanze des Wortes und Geistes und also haben auch diese bei den Todesbetrachtungen den rechten Meister aufzusuchen.

Es sind Menschen, die dem Tod mit einer gewissen Feigheit entgegen gehen, das sind solche, deren Gesinnungen vom Tod auf falsche und schädliche Sprüchwörter gegründet sind. Sie führen die kühle Sprache: jeder Mensch ist unserm Herrn Gott einen Tod schuldig; es ist ja der alte Bund: Mensch, du mußt sterben; und was dergleichen Redensarten mehr sind. Wie bei solchen Leuten ihr ganzes Christenthum etwas Gewohntes, ein Schlendrian ist, so ist es auch ihr Sterben. Bei diesen ist gar nichts Gelerntes, sondern lauter Gewohntes.

Endlich gibt es auch Menschen, die viel Todesfurcht fühlen, von denen es Ebr. 2, 15. heißt: die durch Furcht des Todes im ganzen Leben Knechte sein mußten. Wie hat sie die Todesfurcht schon herumgetrieben! Wie haben sie in Krankheiten weiß nicht was versprochen aus Furcht des Todes! aber wie es vorüber war, so war auch das Versprechen vorüber. So kann man oft durch den Tod anderer, durch den Tod der Seinigen in manche Furcht gesezt werden, die wohl eine Weile auf uns wirkt, aber nur bis einige Zeit vorüber ist, alsdann geht es wieder im alten Gang der vorigen Gewohnheiten. Alle diese Classen begreifen lauter Leute, die ihre Todesbetrachtungen nicht vom Herrn gelernt haben. Wer sind nun diejenigen, die es

II. vom Herrn lernen und wie lernt man sie vom Herrn? Wer seine Todesbetrachtungen vom Herrn lernt, der muß auch durch die Angst des Todes hindurch und dem Tod unter die Augen sehen. So erfuhr es David. Er sagt Pſ. 71.: du läßt mich erfahren viel und große Angst und machst mich wieder lebendig. So erzählt er Pſ. 18. von Todesbanden ꝛc. und so mußte er durch eigene Erfahrungen den Tod kennen lernen. Gib dich also gern in diesen Weg hinein. Wer den Tod nimmer fürchten soll, der muß ihn wenigstens auch einmal gefürchtet, der muß ihm einmal unter die Augen gesehen haben. Wenn es also dem Herrn gefällt, daß du auch von dieser Furcht sollst erschüttert werden, so gib dich darein. Bekenne es gern vor ihm: ein Würmlein bin ich, arm und klein, mit Todesnoth umgeben. Diß Bekenntnis bist du der Ehre desjenigen schuldig, der allein Unsterblichkeit hat. Bekenne es gerne, daß du Staub und Asche bist, ein vergängliches Gras, eine verwelkte Blume. Diß wird dem Herrn besser gefallen, als wenn du dich über alle Furcht des Todes wegraisonniren willst. Auch der natürliche Tod ist ein richterlicher Ausspruch

Gottes über den Menschen, unter den sich der arme Mensch beugen soll. Denke, wie es dem ersten Menschen zu Muth gewesen sein muß, da er den ernsten Ausspruch hörte: du bist Erde 2c. und von diesem ersten Menschen bist du ein armer Nachkömmling.

Wer seine Todesbetrachtungen vom Herrn lernt, der lernt den Tod von vorne und von hinten kennen. Der Tod, in so fern er eine Trennung des Leibes und der Seele ist, ist nur seine Vorderseite, und diese möchte schon durchzumachen sein; aber was nachkommt, diß ist eigentlich erst das Bedenkliche und diß nehmen die meisten zu wenig in die Rechnung. Er führt unter den lezten und zukünftigen Dingen die Reihe. Denn auf die Trennung des Leibes und der Seele folgt die Ewigkeit. Da wird das Wort Sirachs erfüllt: wenn der Mensch stirbt, so wird er inne, wie er gelebt hat. Wie meinst du, daß es dir zu Muth sein werde, wenn der helle unparteiische Spiegel der Ewigkeit dein ganzes Leben wieder darstellen wird, wenn dir alle deine Sünden ins Licht gestellt werden sollen? Nach dem Tode geht es mit dem Leibe der Verwesung zu; weißt du auch gewis, daß dein Leib als ein gutes Samenkorn in die Erde gesät wird, und Anwartschaft auf die Auferstehung des Lebens hat? Nach der Auferstehung folgt das Gericht; nimmst du in deinem Gewissen das Zeugnis aus der Welt hinaus, du werdest nicht ins Gericht kommen, sondern seiest vom Tode zum Leben hindurchgedrungen? Siehe, das sind Dinge, die vom Herrn selber gelernt sein müssen. Endlich, wers vom Herrn lernt, der lernt auch denjenigen kennen, der dem Tode die Macht genommen und Leben und unvergängliches Wesen ans Licht gebracht hat. Im heutigen Evangelium leuchtet ein kleiner Strahl dieser Herrlichkeit hervor.

## 90. Leichen-Predigt.

Text: Passion: Verspottung Jesu, Auslieferung an Pilatus, des Verräthers Ende in Verbindung mit 2 Tim. 4, 18.
(28. März 1795).

Der Herr wird mich erlösen von allem Uebel ꝛc. Mit diesen Worten hat sich unser l. Verstorbener oft aufgerichtet und getröstet. Bei seiner mehrjährigen Kränklichkeit führte ihn Gott in eine Schule, in der er die große Christenhoffnung schäzen lernte, die Christenhoffnung, die über diese Welt hinaus- und in eine bessere hineinschaut, die Christenhoffnung, der es nicht nur um eine kurze Hilfe zu thun ist, wie sich der Mensch in dieser Welt oft damit begnügt, wenn er nur wieder auf eine Weile von einem Uebel frei ist, die Christenhoffnung, die von allem Uebel, Leibs und der Seele, Guts und Ehre erlöst sein will, die in das himmlische Königreich eingeführt zu werden wünscht und ihren frohen Dank hierüber schon jezt hinüberschickt. Wir begleiten also den Verstorbenen mit dem herzlichen Wunsch, daß ihm ein guter Grund dieser Hoffnung nachfolgen und daß sein Geist in jener Welt immer mehr zum Anblick dieser Erlösung erwachen, und sich immer mehr nach derselben ausstrecken möge.

Unsre Eingangsworte sind Worte des Apostels Paulus in seinem lezten Brief, den er am Ende seiner Laufbahn schrieb, da er wußte, daß er sein Leben zur Ehre des Herrn bald aufopfern werde. Er ging aber seinem Ende mit der getrosten Hoffnung entgegen, daß er nun von allem Uebel werde erlöst, und daß er nun aus dem Reich des grausamen Kaisers Nero, unter dem er den Martertod zu leiden hatte, in ein anderes, nemlich in das himmlische Reich werde versezt werden. Wer mit dieser Christenhoffnung recht bekannt ist, der ist mitten im Leibe des Todes, mitten unter allen Leiden dieser Zeit schon ein seliger Mensch. Das Wort Erlösung ist ein süßes Wort, aber man schmeckt von der Süßigkeit des-

selben nichts, so lang man sich nicht als einen Ge=
fangenen und Gebundenen hat ansehen lernen. Hingegen
wenn man im Gefühl der Gefangenschaft schon hat seufzen
gelernt: schau doch aber unsre Ketten ꝛc., so bekommt
man ein Gemerk von Erlösung. Ist doch in aller Creatur
eine Sehnsucht nach Erlösung, warum sollte sie nicht auch
bei einem Christen sein, der eine noch viel herrlichere
Erlösung als die übrige Creatur zu erwarten hat, ja
an dessen Erlösung die ganze übrige Creatur theilnehmen
darf? Diese Hoffnung ist eine Pflanze des Geistes, der
uns mit Jesu und mit seiner ewigen Erlösung bekannt
macht. Mit diesem ist ein Gläubiger versiegelt, als mit
einem Pfand auf den Tag der Erlösung; wer diesen
Geist hat, der wird in dem ganzen Lauf und in der
ganzen Lehre Jesu manche liebliche Bestätigung seiner
Hoffnung auf Erlösung finden.

Die Hoffnung der Erlösung, als eine
treue Begleiterin des Christen durch sein gan=
zes Leben hindurch bis zum Grabe.

„Hoffnung kann das Herz erquicken." Wer diese
Erquickungen schon genossen hat, dem ist seine Christen=
hoffnung um die ganze Welt nicht feil, der weiß auch,
wie einem diese Hoffnung in dem müden Lebenslauf durch
diese Welt oft so wohl zu statten kommt, wie nöthig
man aber auch hat, in derselben je und je gestärkt zu
werden.

1) Es thut einem wohl, wenn man unter dem Spott=
geschlecht dieser Welt sich der Erlösung freuen darf. Das
erste, das in unsrem Passionsabschnitt vorkommt, ist der
Spott, den Jesus über sein Prophetenamt von den Kriegs=
knechten zu leiden hatte, da sie ihn ins Angesicht schlugen
und ihn fragten: weissage uns, wer ist's, der dich schlug?
Sie wollten mit ihm als einem Propheten ihren Spott
und Kurzweil haben. Wie muß dieses die h. Seele Jesu
gekränkt haben, wie wurde auch hier das Wort an ihm
wahr: die Schmach bricht mir mein Herz. Aber dieser
Spott währte nur kurze Zeit, sein himmlischer Vater
erlöste ihn bald davon. Und da er bald darauf von
den Aeltesten und Hohenpriestern vorgenommen und

ebenfalls nicht viel besser behandelt wurde, so legte er vor ihnen ein öffentliches Bekenntnis seiner Hoffnung der Erlösung ab, und sagte ihnen: von nun an 2c. Mat. 26, 64. So gewis war er unter Spott und Mishandlungen seiner Erlösung. Er wußte, daß sein himmlischer Vater ihn bald aus diesem Spottgeschlecht herausnehmen und so hoch sezen werde, daß ihn kein Spott der Welt mehr werde erreichen können, ja wo er der Spötter spotten werde. Eben so versüßt die Hoffnung der Erlösung einem Christen seinen Aufenthalt in dieser ungläubigen spöttischen Welt. Hat der Herr seiner und seiner Hoffnung müssen spotten lassen, so hat sich der Knecht auch auf kein besseres Loos Rechnung zu machen. Aber so wie Jesus seiner Erlösung sich freute, so darf er sich auch seiner Erlösung freuen. Ein Christ ist noch immer ein verächtliches Licht und ist der Stolzen Spott, Gott aber schämt sich seiner nicht und nennt sich seinen Gott. Wird ihm sein Kindesrecht, sein Bürgerrecht, das er in jener Welt hat, angefochten und streitig gemacht, so ist ihm um so mehr darum zu thun, durch den Geist, als das Pfand seines Erbes, sich dasselbe bestätigen zu lassen. Er freut sich also seiner Erlösung in der Hoffnung und weiß, daß aller Spott einmal ausgehen wird. Wäre es uns mehr um diese Christenhoffnung zu thun, so würden wir uns nicht so lange besinnen, uns zu Jesu, seiner Lehre, Nachfolge und Jüngerschaft zu bekennen. Der darauf liegende Spott, den man fürchtet, würde uns gegen diese Hoffnung der Erlösung gering sein.

2) Ein Christ freut sich, daß seine Hoffnung der Erlösung so fest gegründet ist. Auf was für einem Grund ruht sie denn? Auf dem Grund, der unbeweglich steht, wenn Erd und Himmel untergeht, auf dem unerschütterlichen Felsen Jesus Christus. Paulus sagt: der Herr wird mich 2c. Wer ist dieser Herr? der nehmliche und kein anderer, als der, der vor dem geistlichen Rath zu Jerusalem stand und welcher seinen Richtern sagte, daß er nächstens sizen werde zur Rechten 2c. Wenn wir diesen zu unsrem Erlöser haben, so kann es uns nicht fehlen; denn er schickt sich nach allen Theilen zu

einem Erlöser für uns. Er taugt dazu, weil er selber erfahren hat, wie es einem zu Muth ist, der gerne erlöst sein möchte, der selber erfahren hat, wie viel Uebel es gibt, von dem die Seinigen erlöst zu werden wünschen, der also von seinem Thron mit vielem Mitleiden herabschaut und uns zuruft: ich bin dein Erlöser. Er ist der rechte Erlöser, denn er sizt zur rechten Hand Gottes, zur rechten Hand der Kraft: das Uebel und die Feinde, die uns gefangen halten, mögen so stark sein, als sie wollen, so ist seine Kraft noch stärker und allem gewachsen. Er hat nun, weil er zur Rechten Gottes sizt, die Schlüssel der Hölle und des Todes, und also alle Gewalt. Er wird also schon einmal seine Glaubigen als Erlöste ausführen und einführen in ein Reich, wo sie sich ihrer Erlösung ewig freuen werden.

3) Ein Christ hat sich seiner Erlösung auch im Tode zu freuen und darf nicht sterben, als einer, der keine Hoffnung hat. Im heutigen Passionsabschnitt kommt ein trauriges Sterben vor: das verzweifelte Ende des Verräthers Judas. So sterben, das heißt jämmerlich sterben! Er starb mit dem nagenden Vorwurf seines Gewissens, daß er unschuldig Blut verrathen habe; er starb als einer, der an Jesu keinen Theil hatte. Vor einem solchen Sterben behüt uns l. Herr Gott! Von einem solchen Sterben sind wir durch das Blut Jesu erlöst. Das unschuldige Blut, das Judas verrathen und das ihm so viele Gewissensangst verursacht, diß ist das Blut, das einem Glaubigen seine Erlösung versiegelt, in welchem er Vergebung aller seiner Sünden findet; denn durch diß Blut haben wir die Erlösung, nemlich die Vergebung unsrer Sünden. Diß Blut freut einen Glaubigen noch im Tode, wenn sein Herz daran denkt, daß es ist besprengt mit des Heilands Blut. Und so ist in diesem Blut ein Gerechter auch in seinem Tode getrost!

4) Ein Christ freut sich, daß sich die Erlösung, die ihm Jesus erworben, auch auf seine Grabstätte ausbreitet. Als Judas Jesum verrathen, und der Lohn der Ungerechtigkeit, sein Blutgeld, ihn auf seinem Gewissen brannte, so warf er es in der Verzweiflung den Priestern wieder

hin. Da diese es selber als Blutgeld erklärten, so hatten sie Bedenken, es in den Gotteskasten zu legen und faßten den Entschluß, um dasselbe einen Begräbnisplaz für Pilgrime zu erkaufen. Auch dieser unbedeutend scheinende Umstand, hat doch vieles, dessen sich ein Christ zu freuen hat. a. Er darf seine künftige Ruhestätte in der Erde ansehen, als ein durch das Blut Jesu Christi erkauftes Pläzlein, das er seinem Heiland zu danken hat. Wie durch das Blut Jesu die ganze Erde versühnt und geheiligt werden, so ist in diesem Blut einem Gläubigen auch seine Grabstätte eingeweiht und abgesondert. In diesem Blut hat sein Leib das Recht wieder bekommen, im Grabe zu schlafen, bis auf den Tag der Auferstehung. b. Ein Gläubiger sieht seine Grabstätte an als einen Begräbnisplaz der Pilgrime. Er begehrt also von dieser Erde nichts und wie er durch diese Welt als ein Pilgrim gewandelt hat, so will er auch als ein Pilgrim begraben sein und als ein Pilgrim in der Erde ausruhen von aller Mühe seiner Pilgrimschaft. c. Der erkaufte Acker war ein Töpfersacker, den ein menschlicher Töpfer benuzte; nun wurde er ein göttlicher Töpfersacker. So sieht ein Gläubiger sein Grab an, als den Plaz, wo der himmlische Töpfer den Leib der Gläubigen ausbilden wird.

## 91. Leichen=Predigt.
(Am Feiertag Phil. und Jak. den 1. Mai 1796.)
Text: Ps. 39, 13. in Verb. mit der Perik.

Ich bin dein Pilgrim und dein Bürger, wie alle meine Väter. Diese Worte enthalten ein kurzes Glaubensbekenntnis eines Menschen, der durch diese Welt hindurch seinem himmlischen Vaterland zureist, und der also gelernt hat, wie er sich anzusehen habe. Der Gedanke, daß wir Pilgrime auf Erden seien, ist nicht der erste, der in unsrem Herzen aufsteigt; er wächst auch nicht auf unsrem eigenen Grund und Boden, sondern er muß erst in uns hineingepflanzt werden. Und Gott, der uns auf unsrem Wege zur Ewigkeit so gerne unterweist, ist auch

bereit, durch seinen Geist, Wort und Schickungen diesen
Gedanken in uns zu pflanzen; und wenn er einmal in
uns gepflanzt ist, so muß er auch durch den Glauben
in uns wurzelhaft gemacht und ein ganzes Gewächs
werden. Wenn wir den ganzen Zusammenhang dieses
Psalms vor uns nehmen, so können wir sehen, wie David von dem Geist Gottes auf diesen Gedanken geleitet
worden. Er ärgerte sich an dem Glück der Gottlosen
und kam auch in Versuchung, darüber zu murren. Diß
brachte ihn auf den Vorsaz, er wolle sich doch ernstlich
in acht nehmen, daß er nicht sündige mit seiner Zunge
und daß er sichs wolle gefallen lassen, den Gottlosen vor
sich zu sehen. Er bezeugt aber zugleich, wie er doch diesen
Vorsaz nicht habe halten können; je mehr er sich zum
Schweigen gezwungen, desto mehr sei sein Herz unter
diesen Aergernissen entbrannt worden, daß er zulezt doch
wieder in Reden ausgebrochen. Er hat also mit den
besten Vorsäzen nichts ausgerichtet. Hingegen sobald er
sich über die menschliche Vergänglichkeit, über die Nichtigkeit und Flüchtigkeit dieses Erdenlebens bemüthigte, so
bald er sich vom Herrn unterweisen ließ, das Glück der
Gottlosen sei ein Glück nur auf diese Welt, es sei, wie
unsre Lebenstage, nur eine Hand breit, so wurde er
stille in seinem Herzen und konnte sich über seine Aerger=
nisse zufrieden geben. Da war er froh, daß er auf dieser
Erde ein Pilgrim sei. Er konnte sich an die Gläubigen
vor ihm anschließen, denen es auch nicht besser gegangen,
und die die gleiche Behandlung erfahren haben. So hat
David gelernt, daß er ein Pilgrim sei, und er war doch
ein König, der Gelegenheit genug gehabt hätte, nach dem
Weltglück zu greifen. Aber er wollte es nicht und suchte
seine Ehre darin, ein Pilgrim auf Erden zu sein. So
muß noch jezt jeder Gläubige den Pilgrimesinn auf dem
Pilgrimswege oder vielmehr erst unterwegs lernen: man
kann ihn einem nicht so vorhersagen und beschreiben; und
wenn mans auch könnte, so verstünde mans doch nicht
bälder, als bis man wirklich den Pilgrimsstab in die
Hand nimmt. Aber wenn man einmal etwas davon
gefaßt hat, so wird man erst sagen können: es ist ein

großer Gewinn, wer glauben kann, er sei ein Pilgrim. Dieser Pilgrimssinn curirt uns von vielen in unsern Herzen liegenden Aergernissen am Weltglück, er curirt uns von dem Murrgeist, der sonst so schwer zu bezwingen ist; er gibt uns die rechte Aufklärung, daß wir den rohen sichern Menschenhaufen mit einem gesunden Auge und ohne alle Eifersucht ansehen. Er verwahrt uns vor dem Geiz und Sammelgeist, der unsrem irdisch gesinnten Herzen ohnehin so sehr anklebt; er macht uns auch unter dem Leiden stille und lehrt uns alles von der Hand Gottes annehmen. Die Abschiedsrede Jesu macht uns theils mit unsrer Pilgrimschaft, theils mit unsrem himmlischen Heimwesen näher bekannt.

**Das Glaubensbekenntnis eines Christen an seinen himmlischen Führer.**

I. Ich bin dein Pilgrim. So lange die Jünger den sichtbaren Umgang Jesu genoßen, wußten sie wenig oder gar nichts von ihrer Pilgrimschaft auf Erden; da ihnen aber seine sichtbare Gegenwart sollte entzogen werden, fing die Pilgrimslektion bei ihnen an. Deswegen wollte sie Jesus in diesen Sinn recht einleiten, damit sie sich die künftige Pilgrimsbehandlung könnten gefallen laßen. Und diß ist noch jezt eine Lektion für jeden Glaubigen; denn jeder hat den gleichen Weg, wie sie.

Bei dem Bekenntnis: ich bin ein Pilgrim, gibt es 1) etwas zu leiden; man muß etwas sein, das man von Natur nicht gerne ist, deswegen gehört schon ein fester Entschluß zu diesem Bekenntnis. a. Schon die Fremdlingschaft ist an sich selbst etwas Beschwerliches. Ein Fremdling muß gerade das, was einem das Liebste ist, entbehren: er muß seine Familie, seine vertrauten Freunde, er muß manche andere Bequemlichkeit missen. Und so gehts gerade einem Christen, der ein Pilgrim auf dieser Welt ist. Er muß sein geliebtes Vaterland missen, denn diß ist nicht auf dieser Welt, sondern droben. Er muß den sichtbaren Umgang mit Jesu missen und seinen Heiland lieben lernen, ob er ihn schon noch nicht gesehen hat. Er hat einen Vater, dessen Angesicht er erst nach ganz vollendeter Pilgrimschaft wird zu sehen bekommen. Erst alsdann wird das Kind den Vater sehen, im Schauen wird es ihn mit Lust empfinden ꝛc. Was um ihn auf dieser Pilgrimschaft herum ist, das ist ihm meistens fremd. Kaum findet er auf seiner Reise hie und da einen Mitpilgrim, mit dem er ganz nach dem Herzen reden, dem er sich ganz anvertrauen kann; bei den andern geht es ihm, wenn er schon mitten in der Christenheit ist, wie David, welcher sagen mußte: ich bin fremd meiner Mutter Kindern. Die andern sind gegen ihn verschlossen und äußern ihn und er ist auch gegen sie verschlossen. Darum wird oft in ihm der Seufzer aufsteigen: wehe mir, daß ich ein Frembling bin! Ps. 120, 5.: es wird meiner Seele bange, zu wohnen ꝛc. Diß alles bringt schon der Name eines christlichen Pilgrims mit sich. Es gibt zu leiden b. weil es in dieser Pilgrimschaft manche Schrecknisse und Beunruhigungen des Herzens gibt. Euer Herz erschrecke nicht, diesen Zuspruch Jesu braucht ein Gläubiger Pilgrim noch alle Tage. Es geht auf dieser Reise durch manche Angst und Unruhe des Herzens. Es gibt allerlei Feinde, Widerstände, Hindernisse, Versuchungen, wobei man zu thun hat, daß man seine Seele zur Ausbeute davon trage. Das macht Unruhe und Sorge, daß man nicht dahinten bleibe. Da kann man den Frieden brauchen, den Jesus den Seinigen hinterlassen; da lernt man beten: dein Fried bewahr mein Herz und Sinn, so lang ich auf der Reise bin. Es gibt Leiden und Uebungen c. weil einem Pilgrim oft sein Weg ganz unbekannt wird. Thomas sagt im Evangelium; wie können wir den Weg wissen? So möchte oft auch ein gläubiger Pilgrim sagen. Denn man verliert auf dieser Reise oft Weg und Steg und wenn man auch oft auf dem rechten Wege ist, so kann mans nicht allemal glauben. Diß macht Uebungen und Leiden. Ein Pilgrim muß sich also zum Leiden verstehen.

Das Bekenntnis: ich bin ein Pilgrim, führt aber auch 2) gewisse Pflichten mit sich. Unter diesen ist a. die erste der Glaube an Gott und Jesum. Durch eine Welt, wie diese ist, hindurchreisen wollen und keinen

Glauben haben, das wäre eine betrüble Reise. Aber beim Glauben ist überall durchzukommen. Ein Pilgrim weiß und glaubt: ich habe einen Gott und Heiland, diese werden schon für mich sorgen und mich durchzubringen wissen. Gott und Christo übergibt sich ein Pilgrim gleich im Anfang seiner Reise auf alles hin. Deswegen sagt er nicht nur: ich bin ein Pilgrim, sondern ich bin dein Pilgrim, der alles von dir erwartet, der sich dir ganz überläßt; dir und deiner Ehre liegts daran, mich durchzubringen. Ebendaher ist es einem Pilgrim darum zu thun, durch Glauben und Gedult die Verheißungen zu ererben. b. Die zweite Pflicht ist, sich an die Werke und Worte seines Herrn zu halten. Ebendahin weist Jesus seine Jünger. Weil ein Glaubiger den Herrn Jesus nicht sichtbar um sich hat, so bleibt ihm nichts übrig, als sich an das zu halten, was Jesus gethan und gelehrt hat. Es bleibt bei ihm die Regel Johannis, zu wandeln, wie sein Herr gewandelt hat, und das Wort seines Herrn zu seinem Leitstern zu machen. Und in beiden findet er genugsame Belehrung, wie er sich zu betragen hat. c. Die dritte Pflicht ist, zu beten. Diß Gebet ist ein guter Stab auf dem Wege unsrer Wallfahrt. Geht dir was ab in deinem Lauf, so bete; gibts zu leiden, so bete; weißt du dir nicht zu rathen, noch zu helfen, so bete. Ein Gebet in deiner Fremdlingschaft gefällt Jesu und seinem Vater so wohl, als ein zutrauliches Brieflein eines Kindes in der Fremde an seine Eltern. Da kann es dir also nicht fehlen. Bei diesem Bekenntnis ist

3) auch ein seliger Genuß. a. Man genießt des Mitleidens Gottes und Jesu Christi, der unsre Pilgrimschaft zu Herzen nimmt. Jesus weiß selber, wie es seinen Pilgrimen zu Muth ist. Der Gott, der von seinem Volk begehrt, sie sollen den Fremdlingen nichts zu Leid thun, weil sie selber Fremdlinge gewesen, wird nicht andern das Mitleid befehlen und selbst keines haben. b. Man hält sich in seiner Pilgrimschaft an die liebliche Verheißung Jesu: ich will euch zu mir nehmen, daß ihr seid, wo ich bin. Diß Wort ist Trosts genug. Gehe

es auch oft noch so hart und beschwerlich, so wirds doch ausgehen. Tröstet sich ja ein natürlicher Mensch oft in seinem Leiden mit dem Wort: es wird doch auch einmal ausgehen, ohne gewiß zu wissen, wie es ausgeht: wie viel mehr kann sich ein glaubiger Pilgrim damit trösten! denn es geht nicht nur aus bei ihm, sondern es geht gut aus. Das Schönste an seinem Pilgerlauf ist das Ende. Denn da endet sich seine Pilgrimschaft in einer Offenbarung seiner Bürgerschaft. Da genießt er das zweite Stück seines Glaubensbekenntnisses, da erfährt er, was das liebliche Wort in sich faßt:

II. ich bin dein Bürger. Von dieser Bürgerschaft gibt Jesus seinen Jüngern einen lieblichen Blick im Evangelium. Er redet mit ihnen von des Vaters Haus, in welchem viele Wohnungen seien. Diß ist der große und selige Raum, wo die Glaubigen nach ihrer Pilgrimschaft werden eingeführt und aufgehoben werden, bis auf jene große Versammlung aller Glaubigen zum Herrn. Auf diß Haus vertröstet er die über seinen Abschied betrübten Jünger und versichert sie, dort werden sie ihn wieder sehen; und dorthin wolle er sie aufnehmen; ja dahin gehe er wirklich, um besonders ihnen wegen ihrer bisherigen genauen Verbindung mit ihm eine Stätte zu bereiten. Diesem Hause des Vaters geht jeder glaubige Pilgrim entgegen und das Andenken an dasselbe versüßt ihm alle Leiden und Uebungen dieser Pilgrimschaft. Wie viel Trost und wie viel Seligkeit liegt also darin, sagen zu können: ich bin dein Bürger. a. Ein Glaubiger weiß, daß er eine Heimath hat, deswegen ist er gern ein Pilgrim. Auf der Welt nicht zu Hause sein und dort auch nicht zu Hause sein, das wäre betrübt. Da wäre ein Glaubiger schlimmer daran, als ein Weltkind. Das ist doch auf dieser Welt zu Haus und thut sich auf seine Weltbürgerschaft manches zu gut, genießt auch manches davon; und wenn es dort gar nichts davon trägt, so kann doch Gott einmal zu ihm sagen: du hast dein Gutes empfangen in diesem Leben, wenns schon eine betrübte Abfertigung ist, die ich keinem unter euch wünschen will. Und doch ists bei manchen darauf eingerichtet, daß es auf eine solche Abfertigung einmal hinausgehen könnte. b. Ein Glaubiger weiß, daß er schon jezt ein Bürger in diesem Hause ist. Diß muß jezt schon ausgemacht sein und doch sind die meisten so saumselig und begehren ihrer Sache nicht gewis zu werden, lassen es auf die lezten Stunden und Tage ankommen. Wer nicht jezt schon ein Bürger ist, dem wirds schwer werden, in der Eile noch einer zu werden. Und warum ists bei manchen noch so im Ungewissen? sie haben noch keinen himmlischen Bürger= sinn. Wer an dem Nichtigen noch mit Leib und Seele hangt, der sage doch nicht, daß er ein Bürger sei, der nehme doch den Spruch nicht in seinen Mund: unser Wandel ist im Himmel. Ein Glaubiger ist seiner Sache gewiß; c. er weiß nicht nur, daß er ein Bürger ist, son= dern es ist ihm daran gelegen, eine eigene, für ihn be= sonders bereitete Wohnung dort zu haben, wie die Jünger; denn es wird einmal ein jeder eine Wohnung bekommen, die seinem vorherigen Glaubensgeist und Maß, die dem= jenigen, was er aus Jesu empfangen, gemäß ist; und je mehr er Treue beweist, je mehr er in Jesum eindringt, desto mehr wird ihm seine Wohnung dort zubereitet. Es bleibt deswegen eine Bitte, die ein Glaubiger im Hause seiner Wallfahrt immer in seinem Herzen trägt: meine Wohnung mache fertig droben in des Vaters Haus. Und wer diß weiß, der sehnt sich auch nach diesem Hause des Vaters. Nun, wer unter uns kann mit Wahrheit sagen: ich bin dein Bürger? Es sind der wahren Pilgrime nicht viel: Leute genug, die einmal Bürger sein wollen, aber hier keine Pilgrime.

## 92. Leichen-Predigt.

Am 4. Sonntag Epiphanias (28. Jan. 1797.)
Text: Perikope Mat. 8, 23—27.

Unter andern Bildern, womit die h. Schrift das menschliche Leben beschreibt, ist auch das der Schifffahrt auf dem Meer. So sagt Hiob 9, 26.: meine Tage sind vergangen, wie die starken Schiffe; er zeigt mit diesem Gleichnis, wie flüchtig das menschliche Leben sei, wie schnell es dahinfahre. Wenn man in der See ein Schiff sieht, das mit einem günstigen Winde fährt, so ist es aus unsern Augen hinweg, ehe man sichs versieht. So schnell flieht auch unsre Lebenszeit dahin. Eben so beschreiben Weisheit 5, 10. 13. die Gottlosen ihr Leben: wie ein Schiff auf den Wasserwogen dahinlauft, welches man, wenn es vorüber ist, keine Spur finden kann, noch desselbigen Bahn in der Fluth: also auch wir, nachdem wir geboren sind, haben wir ein Ende genommen. Aber sie wollen damit nicht nur sagen, ihr Leben sei schnell vorübergegangen, sondern sie legen zugleich das schmerzliche Bekenntnis ab, daß sie nach dem Tode, und noch mehr an jenem Tage nichts davon haben; denn sie sagen V. 14.: wir haben kein Zeichen der Tugend bewiesen, sondern in unsrer Bosheit sind wir verzehrt. Darin fühlen sie den Unterschied zwischen ihrem Leben und dem Leben des Gerechten, von dem zu Anfang des Cap. die Rede ist, einen Unterschied, den erst jener Tag ihnen klar machen wird, wenn sie sehen werden, wie der Gerechte unter die Kinder Gottes gezählt und sein Erbe unter den Heiligen ist, sie hingegen werden sagen müssen: was hilft uns nun die Pracht? was bringt uns nun der Reichthum sammt dem Hochmuth? Da sehen sie also mit Schmerzen ein, daß ihr voriges Leben, wie der Weg eines Schiffes im Wasser war, von dem man hintennach keine Spur findet; oder wie der Flug eines Vogels, davon man in der Luft kein Zeichen mehr findet; oder wie ein abgeschossener Pfeil, hinter dem die zertheilte Luft gleich wieder zusammenfällt. Wenn einem das menschliche Leben so dahinfährt, so ist es nicht nur ein flüchtiges Leben, sondern auch ein Leben, davon einem nichts aufsteht: man ist in der Welt gewesen und hat nichts davon. Wenn einer in dieser Welt noch so reich und angesehen gewesen und es bleibt ihm am Ende des Lebens weiter nichts, als der einzige Gedanke übrig: jetzt ist es aus; oder wenn einer arm gewesen ist und er kann am Ende weiter nichts sagen als: jetzt ist es Gott Lob! vorbei, so hat er nichts von seinem Leben. Unser Leben soll auch gute Spuren zurücklassen, deren wir uns bei den

Zurückgelassenen nicht schämen, und deren wir uns in jener Welt freuen werden.

**Das Leben eines Christen als eine Schifffahrt.**

I. Nach seinen Uebungen und Begegnissen. Unter die vier Dinge, von denen Salomo Spr. 30. sagt, sie seien ihm zu wunderlich, er könne sie nicht begreifen, zählt er auch den Weg eines Schiffes im Meer. So ist auch das Leben eines Christen, wenn man es mit dem Weg eines Schiffes vergleicht, etwas Wunderbares: es begegnet ihm vieles, das er nicht versteht, das er sich nicht gleich zurechtlegen kann, wo es auch allerlei Uebungen für ihn gibt. Da die Jünger ins Schiff stiegen, haben sie nicht gewußt, daß es ihnen so ergehen würde; sie haben aber auch etwas gelernt, das sie vorher nicht kannten; und also war ihre Schifffahrt mit allerlei Begegnissen und Uebungen verbunden. So geht es auch mit unsrem Leben: wir treten mit dem Anfang desselben in ein Schiff, in welchem wir auf dem Strom dieser Zeit dahinfahren. Wir wissen beim Einsteigen nicht, was uns begegnen wird; doch dürfen wir uns dabei auf allerlei Begegnisse und Uebungen gefaßt machen und glauben, daß unser Weg wunderbar sei.

1) Der Weg unsres Lebensschiffes geht durch das Meer dieser Welt hindurch. Das ist ein Weg, der uns selber nicht bekannt ist, da unser Schiff bald zur Rechten, bald zur Linken von seinem Wege verirren kann und wo es auch nicht immer möglich ist, den geraden Weg zu treffen. Die Schifffahrt Jesu geschah noch überdiß des Abends; es ging also in die Nacht hinein. Diß machte die Reise noch bedenklicher. Bei einer solchen Reise geht es also ohne mancherlei Uebungen und Sorgen nicht ab. Es ist ein Ernst auf dem Element des Wassers zu reisen, Schiff und Weg nicht zu sehen. Wenn auch kein Sturm entsteht, so geht es doch nicht ohne Sorgen und Uebungen ab. Mache dich also gefaßt, auf einem ungewissen Meer und oft bei dunkler Nacht zu reisen.

2) Wie die Schifffahrt schon an sich bedenklich ist, so kann man dir auch nicht dafür stehen, daß es nicht

einen Sturm geben werde. Ehe sichs die Jünger versahen, erhob sich ein gewaltiger Sturm auf dem Meer, daß die Wellen in das Schifflein hereinschlugen und es nahe dabei war, daß sie in die Tiefe versunken wären. Das war eine neue Uebung für sie. Wie manchen Sturm gibt es bei der Schifffahrt eines Christen durch diese Welt! Ein anderer kann oft ruhig dahinfahren, aber ein Christ muß durch den Sturm hindurch. Lucas sagt: es seien auch andere Schiffe zu gleicher Zeit mit Jesu abgefahren, und doch wird von diesen nichts gemeldet, wie sie durchgekommen, sondern es wird nur des Schiffleins Christi gedacht; von diesem allein wird gemeldet, wie es in Gefahr gerathen sei. Frage also nicht nach andern Schiffen, die mit dir und neben dir auf diesem Weltmeer fahren, sondern denke nur an dein Eigenes und an das Fortkommen desselben.

3) Siehe zu, daß du auf deinem Schifflein Jesum bei dir hast. Das war das große Glück, das die Jünger vor den andern Schiffen hatten. Bei ihnen war dieses die Loosung: wer Jesum bei sich hat, kann feste stehen, darf auf dem Unglücksmeer nicht untergehen. Dieser Jesus ist der unentbehrliche Gefährte auf dieser Reise, und doch wie mancher fährt auf diesem Meer dahin, ohne Jesus bei sich zu haben. Es wirds einmal ein jeder nach zurückgelegter Schifffahrt, wo nicht bälder, erfahren, ob er Jesus bei sich gehabt. Es geht einem rechtschaffenen Christen, wie Mose, als Gott in gerechtem Unwillen über sein Volk zu ihm sagte, er soll das Volk in das Land Kanaan führen, aber sein Angesicht werde nicht mitgehen; da sagte er zu Gott: wo dein Angesicht nicht mitgeht, so ziehe ich nicht hinauf. So ist es einem wahren Christen zu Muth: er möchte nicht in das Schiff hinein, wenn Jesus nicht auch drin wäre. Und doch sind viele in unsrer Christenheit, die ohne diesen Jesum reisen wollen.

4) Laß dichs nicht befremden, wenn auch ein Sturm entsteht, daß du etwa dächtest, weil ich Jesum bei mir habe, so sollte mir nichts dergleichen begegnen. So fragte Gideon: ist der Herr mit uns, warum wiederfährt uns

solches? Aber du fragst solches nicht weislich. Eben weil Jesus bei dir ist, so ist der Feind dir und deinem Schifflein desto aufsäziger und es wäre ihm desto anständiger, wenn er dich mit deinem Herrn auf einmal vernichten könnte. Eben deswegen ist es ihm erlaubt, auf dein Schifflein hineinzustürmen, daß du hintennach erfährst, Jesus sei bei dir gewesen. Laß dichs auch nicht befremden, wenn du meinst, Jesus schlafe auf deinem Schiff, er könne sich deiner nicht annehmen; diß sind nur Uebungen für deinen Glauben. Und wenns bis ans Ertrinken käme, so darfst du auch da den Muth nicht sinken lassen; nimmermehr sollst du ertrinken, halte nur den Glaubensschild; Christi Schifflein kann nicht sinken, wär das Meer auch noch so wild. Laß die Wellen sich verstellen, wenn du nur bei Jesu bist, er mag schlafen oder wachen.

5) Siehe deine Schifffahrt an als eine tägliche Uebung des Glaubens. Da fehlte es den Jüngern, deswegen bestraft sie Jesus als furchtsame und kleingläubige Leute. Man sagt, wer nicht beten könne, den soll man aufs Meer schicken, da werde er es lernen; man könnte es wenigstens da lernen, wenn man schon Exempel hat, daß die Schiffsleute oft gerade die rohesten sind. Aber einem rechten Christen wird seine Schifffahrt eine tägliche Schule, wo er zwar die Mängel seines Glaubens, aber auch die Nothwendigkeit des Glaubens sieht. Denn es ist kein rechtes Durchkommen durch diese Welt ohne Glauben an Jesum. An wen willst du dich halten, wenn du diesen nicht hast?

II. **Wir sollen uns in die wichtigen Folgen unsrer gegenwärtigen Schifffahrt hineinstellen**, daß wir unsre Schifffahrt nicht gleichgiltig nehmen, sondern ruhig, freudig und dankbar einmal zurücksehen können. Wir sind Menschen, die meistens hintennach klug werden wollen, die vorher durch Schaden müssen gewizigt werden. Aber dieser elende Grundsaz geht bei der Schifffahrt eines Christen nicht an. Was hätte ein Steuermann davon, wenn er sich nie um die Leitung seines Schiffs bekümmerte und nun scheiterte sein Schiff oder geriethe auf eine Sandbank und er wollte da erst anfangen zu lernen, was ein Steuermann wissen soll? So wollen viele unsrer Christen erst schiffen lernen, wann sie am Land sind, da ist es zu spät. Diß ist eben die Sprache der Gottlosen, sie bedauern es, daß ihr Leben wie ein Schiff dahingelaufen, daß sie keine Spur mehr von ihrem durchgemachten Weg sehen, daß sie auf ihrer Schifffahrt keine Spuren der Tugend oder wahren Weisheit finden. Denket also jezt schon nach und prüfet euch: wird uns unsre Schifffahrt einmal freuen oder reuen? Was werden wir in der Ewigkeit für ein Andenken davon haben? was haben die Jünger für ein liebliches Andenken von ihrer Schifffahrt behalten! sie habens ja selber hintennach mit Freuden erzählt und beschrieben. Sie haben sich mit Freuden erinnert, daß sie mit Jesu haben reisen dürfen; sie haben sich erinnert ihrer Angst und Zaghaftigkeit. Das war freilich zur Beschämung; aber sie erinnerten sich auch der Hilfe ihres Herrn und Meisters; sie haben sich erinnert, was sie für Eindrücke von seiner Herrlichkeit bekommen, da ihm Wind und Meer gehorsam waren. Das waren liebliche Spuren, die diese Schifffahrt in ihren Herzen zurückgelassen. So ist auch einem Christen darum zu thun, einmal freudig zurückschauen zu können. Und was wird er da sehen? a. Er wird Jesus sehen, der bei ihm war, wenn er schon vormals in seiner Schifffahrt ihn nicht mit leiblichen Augen sah; er wird sehen: der war bei mir. Wenn er schon aus seinem Schifflein ausgestiegen, so wird er noch einmal hineinsehen und mit Jakob sagen: wahrlich war der Herr an diesem Orte und ich wußte es nicht. b. Er wird mit dankbarem Herzen zurückschauen, wie die Augen des Herrn über ihm offen waren, wenn er meinte, sie seien geschlossen. c. Er wird zurückdenken an so manchen Sturm, in welchem er war und wie er doch gut durchgekommen: die Wasserwogen im Meer sind groß und brausen greulich, aber der Herr war noch größer in der Höhe. Ps. 93, 4. d. Er wird sich erinnern, wie schwach oft sein Glaube war und wie doch der Herr ihn gehalten, wie sein Glaube aus der größten Schwachheit immer wieder emporgestiegen. e. Er wird sich erinnern, wie er auf manchen

Sturm wieder eine selige Stille genossen bei seinem Herrn, dem Wind und Meer gehorsam sind.

## 93. Leichen-Predigt.
Text: Ezech. 16, 60. (11. Aug. 1799.)

Unsre Textworte sind ein so heller Strahl aus dem Liebesherzen Gottes heraus, daß unsre dunkeln Augen sich aufhellen müssen, wenn wir die Liebe und Gnade Gottes darin fassen, glauben und verstehen wollen. Alle Eigenschaften Gottes haben etwas Tiefes, etwas Unerforschliches, woran unsrem Verstand vieles unbegreiflich bleiben wird. Aber die Gnade Gottes, besonders gegen die tief gefallenen Menschen, wird einmal ein rechtes Wunder der Ewigkeit, ein Wunder der Engeln und Menschen sein; selbst der Teufel wird sich darüber verwundern müssen und sein ganzer teuflischer Grimm und Neid wird sich darüber entsezen. Denn über die Gnade, die Gott an den elendsten und verworfensten Menschen beweist, geht nichts im Himmel und auf Erden, und unser Herz muß erweitert werden wie Sand am Meer, bis wir etwas von dem Ueberschwang, von dem Reichthum und der Herrlichkeit dieser Gnade fassen können. Ich erinnere mich hier eines Lieds, darin ein Streit vorgestellt wird, der unter den seligen Geistern jener Welt entstanden. Und worin bestand dieser Streit? es stritt einer mit dem andern, wer in diesem Leben elender und verdorbener gewesen, also an welchem sich die Gnade am meisten verherrlicht habe. An diesem Streit hätte wohl keiner von unsern selbstgerechten Leuten mit anstehen mögen; denn wenn es einen Himmel von Selbstgerechten gäbe, so würden diese miteinander streiten, wer ehmals in seinen Augen der Frömmste, der Gerechteste gewesen sei, wer sich am besten gehalten, wer die meisten und größten Verdienste habe. Die Verheißung, die Gott im Text seinem Volk gibt, scheint dem ersten Anblick nach nicht so groß; aber wenn wir sie im Zusammenhang mit dem ganzen Cap. betrachten, so werden wir darüber erstaunen müssen. Das ganze Capitel enthält die Personalien des jüdischen Volks von seiner Entstehung an, und beschreibt das Betragen desselben gegen Gott und die Gesinnung Gottes gegen dasselbe von Anfang. Wenn man das alles zusammennimmt, was kommt am Ende heraus? ein unaussprechlicher Ruhm der Gnade Gottes sowohl beim Wohl= als Uebelverhalten der Menschen. Ich wills kurz zusammenfassen. Ehe Gott das jüdische Volk erwählte, war es ein elendes, verdorbenes Volk. Es heißt, er habe es in seinem Blute liegen sehen, da es von seiner Geburt an ein versäumtes Volk gewesen, ein Volk, ohne das Gott wohl hätte sein können; und doch habe Gott es gewählt, einen Bund mit ihm ge= macht und zu ihm gesagt: du sollst mein sein. Das war der Bund, den er in der Zeit ihrer Jugend mit ihnen gemacht. Von da an, heißt es, habe er alles Mögliche an ihnen gethan und ihnen viele Gnade erzeigt. Aber eben diese große Gnade misbrauchte das Volk und verließ den Herrn, so daß er sie als ein ehebrecherisches Volk be= handeln, daß er ihnen bezeugen mußte: ich will meinen Muth an dir kühlen und meinen Eifer an dir sättigen. Er mußte seinem Volk gar das Zeugnis geben, es habe es ärger gemacht, als Sodom, er müsse sie also hart strafen, weil sie den Eid verachtet, und den Bund ge= brochen haben; aber wenn sie unter dieser Züchtigung sich bekehren, so wolle er an den Bund gedenken, den er mit ihnen gemacht zur Zeit ihrer Jugend. Wenn ihr alles das zusammen nehmet, so werdet ihr sagen müssen: ei, das heißt Gnade, das könnte und dürfte keine Creatur Gott zumuthen, wenn ers nicht selber aus freien Stücken thäte. Diß ist also das Volk, an dem Gott seine Gnade so unaussprechlich verherrlichte und noch verherrlichen will. Was wollen wir hiezu sagen? Der erste Wunsch, der uns aufsteigen könnte, möchte dieser sein: an einem solchen Bund Gottes möchtest du auch Antheil haben. Allein Paulus hat schon auf diesen Wunsch geantwortet Röm. 3, 29.: ist Gott allein 2c. Also auch wir haben ihn so zu genießen und wir dürfen unsre Textworte so ansehen, als wenn sie zu einem jeden unter uns insbesondere gesagt wären. Wir wollen uns also dieser ewigen Bundesgnade Gottes freuen lernen.

**Die ewige Bundesgnade Gottes ist unser im Leben und Sterben.**

1) Wenn man über kurz oder lang unsre Personalien kurz zusammenfassen sollte, so müßte man von einem jeden sagen: er ist ein Mensch, an den Gott viele und reiche Gnade gewendet hat, wir mögen sie angewendet haben, oder nicht. Es kommt keiner, besonders von uns Christen aus der Welt hinaus, von dem man sagen könnte, die Gnade sei ganz an ihm vorübergegangen. Und wenn er selber nichts davon aus Erfahrung sagen könnte, so würde er doch in der Ewigkeit inne werden, er habe in einer Welt gelebt, und wenn er nur eine Stunde darin gelebt hätte, in welcher die heilsame Gnade Gottes allen Menschen erschienen sei. So oft also ein Mensch stirbt, geht ein Mensch in die Ewigkeit hinüber, an dem Gott seine Gnade geoffenbart hat. 2) Noch seliger ist derjenige Mensch, der von dieser Gnade etwas geschmeckt hat, geschmeckt, wie freundlich der Herr ist, der jetzt schon sagen kann: von Gottes Gnaden bin ich, was ich bin 2c. 1 Kor. 15, 10. Was wird es in jener Welt für ein liebliches Andenken sein, wenn man sich so mancher Gnade erinnert, die man im Erdenlauf erfahren hat, wenn man zu seiner Seele sagen kann: lobe den Herrn 2c. Ps. 103, 1. Dort wird man freilich nicht so vergeßlich sein, wie man oft in dieser Welt ist, da auch Gläubige sich gegen die Vergessenheit zu wehren haben. Nein, dort werden einem die Augen erst recht helle werden, diese Gnade zu sehen. 3) Was ist aber die größte Gnade Gottes gegen uns? Die Bundesgnade, die Gnade, da Gott einen Bund mit uns gemacht und zwar schon zur Zeit unsrer Jugend und Kindheit, zu einer Zeit, wo wir denken könnten: was hat Gott da für eine Freude und Wohlgefallen an dir haben können, als an einem armen Adamskind, als an einem in Sünden empfangenen und geborenen Menschen? Und doch schon da hat Gott einen Bund mit dir gemacht. So früh hat seine Gnade mit dir angefangen und sich verbindlich gemacht, deinen

ganzen Lebenslauf mit Gnade zu krönen. Und worin besteht dieser Bund? Darin, daß Gott zu einer armen Menschenseele sagt: du sollst mein sein. Darin ligt auch diß: ich will dein Gott sein. Wenn wir die Süßigkeit dieser Worte fühlen möchten, wenn Gott zu einem Menschen sagt: du sollst mein sein, so würden wir uns des Bundes immer besser freuen, den Gott zur Zeit unsrer Jugend mit uns gemacht. Man vergißt so gern diesen Bund und verliert manche Kraft seiner Taufgnade. Aber, wenn schon der Mensch es vergißt, so vergißt es doch Gott nicht. 4) Wenn Gott an einem Menschen seine Gnade einmal recht bewiesen hat, das vergißt er nimmer, und wenn sich auch ein solcher Mensch von der Gnade wegvertiert. Gott sagt zu seinem Volk in dem verdorbensten Zustand: ich aber will an meinen Bund gedenken, d. h. seist du jezt auch, wie du wollest, und wenn ich auch noch so scharf gegen dich handeln muß, so vergesse ich doch nicht, was ich einmal an dir gethan habe. Gewis es geschicht Gott schwer, eine Gnade, die er einmal einem Menschen erwiesen, und die der Mensch einmal angenommen hat, wieder ganz zurückzunehmen. Und wenn er sie auch zurücknehmen müßte, so nimmt er sie nicht für sich, sondern er gibt sie lieber wieder einem andern, wie wirs aus dem Gleichnis von dem faulen Knecht und seinem Pfund sehen, wie wir eben dieses aus der Erinnerung Jesu an den Engel zu Philadelphia sehen: halte, was du hast Off. 3, 11. Was gegeben ist, muß gegeben bleiben, ists nicht diesem, so ists doch einem andern. Er will an seine Bundesgnade gedenken, wenn wir auch schlecht damit umgegangen, wenn wir uns nur wieder finden. Wie herzlich lautet die Sprache Gottes Jer. 31, 20.: ich denke noch wohl daran, was ich ihm geredet habe. Ach, daß wir dem Herzen Gottes besser glauben möchten! Er denkt an uns, er denkt an seinen Bund. 5) Er denkt uns nicht nur an den ehmaligen Bund, sondern er will auch einen ewigen Bund mit uns aufrichten. Das scheint zweierlei Bund zu sein, aber im Grund ist es doch nur einer. Doch liegt auch wieder eine tröstliche Wahrheit darin. Weil Gott sieht, wie wir uns beim ersten Bund meistens verhalten, wie wir untreu werden, wie er da mit uns oft handeln muß, als wenn er keinen Bund mit uns gemacht hätte, so verheißt er uns, er wolle doch diesen ersten Bund wieder mit uns erneuern und alsdann soll es ein ewiger Bund sein, der nimmermehr aufhören werde, darin auch wir auf immer sollen befestigt werden. Der erste Bund ist schon fest, aber vornehmlich auf Gottes Seite, wie es in einem Liede heißt: mein treuer Gott, auf deiner Seite bleibt dieser Bund wohl ewig stehen; aber weil wir ihn gern überschreiten, so muß Gott uns wieder daran denken und wenn wirs dann annehmen, so ists ein ewiger Bund. Ja du lieber Gott, bist ein ewiger Bundes-Gott, du bist ein Herr, der ewig liebt! Diß Zeugnis werden dir deine geretteten Gläubigen, deine Erstlinge, zuerst geben. O laß uns auch unter diesen sein. Gedenke auch uns an deine Gnade und Treue, die du geschworen hast. Du bist der Gott, der Glauben hält ewiglich. Menschliche Untreue kann deine Treue nicht aufheben. Verherrliche dich auch an uns und gib uns in dieser und in jener Welt das Lob in unsern Mund: Gott ist ein Fels! Du bist ein ewiger Fels und wenn Erd und Himmel bricht und fällt, bist und bleibst du der Gott, der Glauben hält. Hallelujah. Amen.

## 94. Leichen-Predigt.

Text: 2 Tim. 4, 18. und Perikope Mat. 26, 36—46.
(27. Febr. 1801.)

Zu unsrer Passionsbetrachtung kommt heute eine Todesbetrachtung hinzu und ich denke, beide lassen sich wohl mit einander vereinigen; denn im Tode hat man es besonders zu genießen, wenn man seines Antheils am großen Segen der Leiden Jesu gewis ist. In Ansehung des äußeren Laufs durch diese Welt hat unser l. Verstorbener manche Wohlthaten von Gott genossen. Schon der Genuß der leiblichen Wohlthaten soll uns klein und demüthig vor Gott machen, soll uns zu dem innersten Gefühl unsrer Unwürdigkeit bringen.

Und doch gibt auch ein reichlicher Genuß der leiblichen Wohlthaten Gottes dem Herzen und Gewissen noch keine Beruhigung; auch der beste Wohlstand erhebt uns doch nicht über alles Uebel und Elend dieser Erde: es gibt bei dem allem noch manches Elend von innen und außen zu fühlen. Und diß ist sehr gut, sonst würde der Mensch in dieser Welt vergessen, sich nach etwas Besserem zu sehnen; er würde mit dieser Welt für lieb nehmen und sein Lebtag nicht erfahren, wie das Wörtlein Erlösung ein süßes Wörtlein ist. Wer aber seiner Erlösung gewis sein will, der muß auch seinen Erlöser kennen; und diesen nennt Paulus in unsrem Text den Herrn. Diß ist kein anderer, als derjenige, den wir in unsrem heutigen Passionstext sehen. Da sehen wir, wie er gerade mit seinem Erlösungswerk beschäftigt ist und was es ihn kostete, dasselbe auszuführen.

Von zwei Blicken die unsern Glauben stärken.

1. **Der Blick auf unsern Erlöser.** Unter die Namen, die sich der Herr im Propheten Jesaja beilegt, gehört besonders auch der Name: Erlöser. So heißt es da mehrmals: so spricht der Herr, dein Erlöser. Er will also besonders auch nach diesem Namen von seinem Volk erkannt werden. Es soll auch der Wunsch eines jeden wahren Gläubigen sein, Jesum als seinen Erlöser kennen zu lernen und ihn mit einem unverrückten Glaubensblick in das Glaubensauge zu fassen. Wenn ein Mensch in einer langen und schweren Gefangenschaft säße und es käme ein Unbekannter, der sich alle Mühe gäbe, ihn aus seiner Gefangenschaft zu befreien, und der ihn wirklich aus dem Kerker ausführte, so würde ihn dieses ungemein freuen; und doch würde ihm bei der Freude über seine Befreiung der Wunsch noch übrig bleiben, seinen Befreier oder Erlöser kennen zu lernen, zu wissen, wem er das große Glück der Freiheit zu danken habe. Ebendaher habe ich zuerst von dem Erlöser selber zu reden, ehe ich von seiner Erlösung etwas rede. Doch ist es den meisten unsrer Christen nicht so, daß sie zuvörderst ihren Erlöser möchten kennen lernen; es ist ihnen recht, wenn man ihnen sagt, daß sie von so vielem Uebel erlöst seien, aber ihr Er-

löser bleibt ihnen doch größtentheils unbekannt; es ist ihnen recht, daß sie in den Himmel kommen, wie sie nach ihrer Sprache reden, aber von dem, der ihnen dazu geholfen hat, wissen sie nicht viel; er ist ihnen unbekannt, der Heiland, der sie bracht hat zum rechten Vaterland. Die Menschen machens beim zweiten Hauptartikel ebenso, wie beim ersten. Sie haben die leiblichen Wohlthaten, die ihnen aus der milden Hand Gottes zufließen, gerne, aber mit dem Urheber begehren sie in keine nähere Bekanntschaft zu kommen; eben so wollen sie auch den Segen des Leidens und Todes Jesu, sie wollen seine Erlösung, aber von dem Erlöser selber bleiben sie doch in ihrem Innern entfernt. Aber wenn man den Erlöser und die Erlösung so trennt, so genießt man keines von beiden recht.

Lernet also heute den ersten Glaubensblick auf unsern Erlöser richten. Unser heutiger Passionstext stellt ihn als den Erlöser dar; der Oelberg und Golgatha werden ihn durch alle Zeiten und noch durch die Reihe der Ewigkeiten als unsern Erlöser auszeichnen. Wenn es schon von der neuen Erde heißt, es werde alles Alte der vorigen Erde vergessen werden, so wird doch das nicht vergessen werden, was am Oelberg und auf Golgatha geschehen ist. Und was soll ich euch denn von diesem Erlöser sagen? O daß mein Herz und Mund recht dazu geöffnet würde!

Sehet unsern Erlöser, 1) er ist der einzige im Himmel und auf Erden, der uns erlösen konnte; denn wenn alle Creaturen im Himmel und auf Erden aufgeboten würden, wie Off. 5, bei dem Buch mit sieben Siegeln; wenn man fragte: wer ist im Stande, die armen Menschen aus so vielem Elend zu erlösen? so würde außer Jesu niemand erfunden werden, der es thun könnte. Denn der himmlische Vater konnte sich mit keiner Creatur, sie sei auch, wie sie wolle, wegen unsrer Erlösung einlassen, sondern nur mit seinem einzigen l. Sohn; diesen hatte er schon vor Grundlegung der Welt dazu ersehen und dieser hatte sich auch von Anfang seinem himmlischen Vater verbindlich gemacht, den großen Rathschluß wegen unsrer Erlösung auszuführen. Und da steht er nun auf dem Oelberg und ist bereit, alles zu übernehmen was zu unsrer Erlösung gehörte.

Sehet unsern Erlöser, 2) der sich die Art und Weise gefallen läßt, uns Menschen zu erlösen. Unsre Erlösung konnte nach dem Rath Gottes nicht anders geschehen, als daß er sich selber unter alles hinuntergab, worunter wir gefangen lagen. Wir waren unter die S ü n d e verschlossen und nun sollte er sich selbst für uns zur Sünde machen lassen. Denn Gott hat den, der von keiner Sünde wußte ꝛc. 2 Kor. 5, 21. Das war eben das Schwere an seinem Oelbergsleiden, daß auf diesem Plaz alle Sünden der Menschen auf ihn gelegt wurden. Wir waren unter dem Z o r n Gottes; und auch diesen sollte unser Erlöser fühlen. Wir waren unter dem F l u c h, d. i. wir waren die unglückseligen Creaturen, von denen sich Gott mit allen Einflüssen des Göttlichen zurückziehen mußte und diesen Fluch wollte er auch in der Verlassung von Gott am Kreuz tragen, und am Kreuz ein Fluch für uns werden. Wir waren des T o d e s schuldig und diesem Tod begehrte er sich auch nicht zu entziehen, er wollte ihn auf sich nehmen, ja auf dem Oelberg verstand er sich zu diesem Allem, da unterwarf er sich allem, was die Rechte Gottes von ihm, als unsrem Erlöser forderten.

Sehet unsern Erlöser, 3) als den, den es so vieles gekostet hat, uns zu erlösen. Was hat seine h. Seele und sein h. Leib schon an diesem ersten Leidensplaz erfahren! Wir sollen sehen, was ihn unsre Erlösung gekostet habe, deswegen hat er drei Jünger mitgenommen, die es ansehen sollten, um hernach Zeugen davon zu sein an alle Welt, darum mußte eben dieses sein Leiden von allen vier Evangelisten aufgezeichnet werden. Es bleibe also ein ewiges Denkmal, was er an uns gethan hat. Aber zu diesem Blick gehört Glaube. Wohl uns, wenn uns die Augen geöffnet werden, ihn zu sehen, und so wie ihn unser Glaube erblickt, so wird auch die Liebe erwachen gegen den, der uns bis in den Tod geliebet. Dieser Glaubensblick auf den Erlöser macht uns

II. erst unsre Erlösung groß. Wir haben unsre Erlösung auf einer doppelten Seite anzusehen und zwar 1) nach demjenigen, was bereits zu Stande gebracht ist und was wir bereits davon genießen können und 2) nach demjenigen, was wir weiterhin davon zu erwarten haben. Wir haben also unsre Erlösung anzusehen, als etwas, das bereits geschehen ist. Was durch das Leiden Christi zu Stande gebracht ist, das gilt auf immerhin und durch alle Zeiten hindurch. Wir müssen also glauben lernen: wir sind schon erlöst, der Herr hat uns erlöst; denn so lang wir das nicht glauben können, so lange können wir auch nicht glauben: er wird uns erlösen; denn das Künftige hat seinen Grund im Vergangenen, so wie wir glauben müssen, daß wir jetzt schon selig sind, sonst können wir nicht glauben, daß wir einmal gewiß werden, selig zu werden. Lernet also unsre bereits geschehene Erlösung glauben. So bald wir glauben, daß wir von der Sünde erlöst sind, so werden wir auch über dieselbe herrschen können. Wenn wir glauben können, Jesus habe uns von der gegenwärtigen argen Welt erlöst, so werden wir uns auch von derselben losmachen können. O wie fehlt es uns, daß wir das nicht glauben können, was bereits geschehen ist! Ach, daß wir einmal recht glauben könnten: wir sind erlöst, so würden wir auch wissen: wir sind des Herrn, wir mögen leben oder sterben, es mag mit uns ansehen, wie es will. Der Mensch meint immer, wenn er nur auf die Zukunft hinaus glauben könnte; und ich meine, wenn er nur das Vergangene recht glauben könnte, so würde bald alles seine Richtigkeit haben. Denn so gewiß unsre Erlösung im Vergangenen ausgemacht ist, so wenig wirds auf die Zukunft fehlen; der Herr wird uns erlösen von allem Uebel, er wird uns vom Tode erlösen und des Lebens erworbene Freiheit und Rechte genießen lassen. Er wird uns in der Kraft seiner Erlösung auch einführen in sein ewiges Reich, denn seine Erlösung ist eine ewige Erlösung. Laß uns nie kommen aus dem Sinn, wie viel es dich gekostet, daß wir sind dein Gewinn.

## 95. Leichen-Predigt.
(Am 12. Sonntag nach Trinitatis, den 23. Aug. 1801.)
Text: Perik. Mark. 7, 31—37.

Ich habe einen frommen und treuen Knecht des Herrn kennen lernen, der zu mir sagte, er sei gewohnt, jeden Geburtstag, den der Herr ihn in dieser Welt erleben lasse, dazu anzuwenden, daß er sich aller seiner Fehler und Abweichungen der vorigen Jahre, aller seiner Versäumnisse im Guten, aller, auch im Kleinen bewiesenen Untreue, im Gebet vor dem Herrn erinnere und eine solche Musterung seiner vorigen Jahre halte, damit er mit einem solchen unangenehmen Zurückschauen in der Ewigkeit verschont bleibe; daß er alles diß als ausgemacht und beigelegt ansehen könne. Ich denke, wir alle haben von diesem Mann auch noch zu lernen. Wir machen uns von der Ewigkeit meistens die Vorstellung, als ob wir da gleich weiß nicht was für Fortschritte thun würden. Ich will das von denjenigen gelten lassen, die hier ihre Heiligung in der Furcht des Herrn vollendet, oder die so sterben, daß sie die erste Wohlthat N. T., nemlich die Vergebung der Sünden in ihrem Gewissen hinüberbringen. Wer aber so stirbt, daß er noch nicht rückenfrei hinüberkommt, der möchte wohl einmal finden, daß er sich bei dergleichen Vorstellungen verrechnet habe. Gewis m. L. wir können uns über unser Leben und unsern Lebensgang vor dem Herrn nicht genug demüthigen; aber je mehr wir uns demüthigen, je mehr wird uns, auch bei unserm künftigen Eingang in jene Welt Gnade widerfahren; denn es bleibt dabei: Gottes liebste Kinder gehn als arme Sünder, und dabei doch im Glauben, in den Himmel ein.

Was wird dich in deinem Sterben am meisten freuen?

1. Wenn du in dieser Welt dein Gehör zum Wort Gottes hast erneuern lassen. Unser heutiges Evangelium beschreibt uns das Wunder Jesu an einem Taubstummen und den großen Eindruck den

dasselbe auf das ganze Volk gemacht. Wir sollen die Wunder Jesu nicht als eine bloße Geschichte behandeln, die sich einmal zugetragen hat, sondern daran lernen, was Jesus auch uns sei noch bis auf diese Stunde und was er nicht nur unserm äußeren, sondern auch unserm inneren Menschen sein wolle. Nach unserm äußeren Menschen genießen wir beinahe alle die große unerkannte Wohlthat, daß wir hören und reden können; aber nach unserm inneren Menschen möchten wohl wir alle die Wunderkur Jesu nöthig haben, nemlich, daß er unserm innern Menschen das Gehör öffne, unserm innern Menschen die Zunge löse. Der innere Mensch ist es, den man im Sterben mit in die Ewigkeit nimmt, der äußere kommt ins Grab und fällt der Verwesung heim; darum ist so viel daran gelegen, wie der innere Mensch hinüberkommt. Und gerade die Sorge für den inneren Menschen ficht die meisten Menschen am wenigsten an, ob sie einen oder keinen hinüberbringen, und wie sie ihn hinüberbringen, blind, taub, stumm oder sehend, hörend, redend? Und das wird doch einmal einen großen Einfluß auf unsern Zustand nach dem Tode haben. Deswegen habe ich gesagt, diß werde uns im Sterben und noch in jener Welt am meisten freuen, wenn wir uns in dieser Welt das innere Gehör haben öffnen lassen.

Der Mensch meint zwar, er höre und er könne hören, wenn er wolle, es stehe ganz in seiner Gewalt; aber es ist dem nicht also; sonst hätte Jesus nicht so oft den Ausruf gethan: wer Ohren hat, zu hören, der höre! sonst hätte er nicht zu den Juden sagen müssen, daß sie mit hörenden Ohren nicht hören. Wie mancher unter uns ist schon oft da unten, da drüben, dort oben gesessen und hat doch seine Ohren nicht bei sich gehabt, oder er hat, wie es die h. Schrift anders ausdrückt, unbeschnittene Ohren gehabt. Merkets also wohl: hören und hören ist zweierlei, man kann mit den äußeren Ohren hören und innerlich hört man doch nichts; und man kann so lang mit tauben Ohren hören, oder man muß so hören, bis einem Jesus das innere Ohr öffnen kann. Diß muß in diesem Leben bei einem jedem vorgehen, wenn er einmal soll freudig sterben können. Das heutige Evangelium soll also einem jeden unter uns eine Aufforderung sein, theils, daß er sich von Natur als taub erkennt und fühlt, theils daß er zum Herrn Jesu hinzugeht und ihn lieber heut, als erst morgen bittet, er möchte in das verstopfte Gehör unsers inneren Menschen sein Hephata mit Macht hineinrufen. Diß wird dich einmal im Tode freuen, wenn dein innerer Mensch ein geöffnetes Gehör hinüber bringt. Lasset mich bei dieser wichtigen Sache noch einige Bemerkungen in Bezug auf die Ewigkeit machen.

1) Es wird manche Christenmenschen geben, die taub in die Ewigkeit hinüberkommen. Weil sie in dieser Welt das Wort Gottes nie ernstlich haben hören mögen, so werden sie auch dort noch ihre tauben und unbeschnittenen Ohren herumtragen müssen; wenn man sie zu den herrlichsten Gesängen der Engel und Seligen in jener Welt hinstellen würde, so würden sie es doch nicht hören. Ob und wann nun diese Tauben in jener Welt zu einem Gehör kommen werden, darüber kann ich ihnen keinen Bescheid geben; aber das kann ich sagen: gerecht ist Gott, wenn er solche in jener Welt auch nichts hören läßt, die muthwillig in dieser Welt nicht haben hören wollen.

2) Der größte Schaz, den Gott uns Christen in dieser Welt anvertraut hat, ist das Wort Gottes, das Evangelium von Jesus Christus, das er uns verkündigen läßt. Durch das rechte Gehör dieses Worts entsteht der Glaube, der das vorzügliche Mittel unsrer Seligkeit ist. Wenn wir also kein inneres Gehör haben, so ist dieses Wort ganz vergeblich an uns, so ist alles Predigen umsonst. Was mag es also einmal in jener Welt für eine große Verantwortung sein, so viel Wort Gottes gehört, und doch nicht gehört haben, so manche Predigt gehört haben und sich dadurch vielmehr die Ohren haben zupredigen, oder gar vom Kopf haben wegpredigen lassen und nichts in die Ewigkeit hinüberbringen, oder alles angehörte nur als ein Wort hinüberbringen, das einen einmal richten wird an jenem Tage. Hingegen

3) wie wirds einen freuen, wenn man im Sterben ein schon längst geöffnetes inneres Gehör in die Ewigkeit bringt, wenn man so manches Wort Gottes in seinem Herzen hinüberbringt, das uns bestraft, belehrt, getröstet hat, das uns dort noch eine Beilage ist, deren wir uns noch an jenem Tage werden zu freuen haben. Diß mit dem innern Gehör aufgenommene Wort gehört zum Erbe eines Gläubigen, diß wird unsern Schatz ausmachen. Wie ist es einem Verstorbenen zu gönnen, wenn er manches Wort Gottes hinüberbringt!

II. Es wird dich freuen, wenn du deine Zunge recht gebraucht hast. Wie alle unsere Glieder eine ganze vollkommene Cur nöthig haben, so bedarf es besonders auch unsre Zunge. Diese ist eines von denjenigen Gliedern, das uns am gefährlichsten werden kann. Sie ist dasjenige Glied, welches (Jak. 3, 6.) von der Hölle angeflammt und entzündet werden kann. Wenn ein Mensch einmal nichts in die Ewigkeit hinüberbrächte, als nur seine Zungen-Sünden, so brächte er Elend genug hinüber. Wie einschneidend sollte uns das Wort Jesu sein: die Menschen müssen Rechenschaft geben von einem jeden unnützen oder faulen Wort, das sie geredet haben! Wie viel Unnützes wird von den Menschen im täglichen Umgang geredet, von dem groben Sündlichen, vom Lügen, vom Lästern, vom Fluchen, vom wüsten und unzüchtigen Reden will ich gar nichts sagen. Was wird es sein, wenn ein Mensch einmal alle diese Worte hinüberbringt. Mancher wird vielleicht denken: alle diese Reden bringe ich nicht hinüber; aber nein, du nimmst sie mit in deinem Innersten. Und doch willst du mit dieser deiner Zunge deiner Meinung nach, gleich wenn du in die Ewigkeit hinüberkommst, Gott loben mit den heiligen Engeln und Seligen singen. Ich sorge, ja ich sorge nicht nur, ich kann dirs mit Wahrheit sagen, die Ewigkeit wird dir deine Zunge nicht lösen; du wirst dort zu allem Lob Gottes, zu allen Gesprächen mit den Seligen stumm bleiben. Gib sie also Jesu hier schon in die Cur: laß sie reinigen, laß dir das Zungenband deines inneren Menschen lösen, zum Beten, zum Lob

Gottes, zu Erbauung deines Nächsten; diß wird dich noch im Tode freuen. Und siehe, beides, dein Ohr öffnen, deine Zunge lösen, thut Jesus gerne; jezt hat er noch Mitleiden mit dir, jezt beseufzet er noch dein Verderben, und möchte dir gerne helfen. Er macht dir keinen Vorwurf, sondern er will dir helfen, aber hernach wird kein Mitleiden mehr sein.

III. Lässest du dir helfen, so wirst du einmal am Ende deines Laufs ihm die Ehre geben und sagen können: der Herr hat alles wohl gemacht. Dieser Ruhm wird dem Herrn Jesus von manchen Tausenden einmal dargebracht werden und er gebührt ihm von Rechtswegen. Es kommt einem Christen in seinem Lauf so manches vor, das er sich jezt noch nicht zurecht legen kann, das ihm dunkel und räthselhaft ist. Aber im Sterben, und noch mehr in der Ewigkeit und noch mehr in der Auferstehung werden wir sagen: er hat alles wohlgemacht. Da werden wir ihn als den großen und vollkommenen Arzt seiner Creaturen anbeten und allen Engeln und Seligen erzählen: so elend, so jämmerlich war ich, aber wer von euch sieht noch eine Spur davon an mir? Ich war taub, aber er hat mir die Ohren geöffnet; ich war stumm, aber nun kann ich reden und in eine Ewigkeit nach der andern hineinrufen: er hat alles wohlgemacht. Ach Herr Jesu, laß mich auch als eine ganz erneuerte Creatur dabei sein, wenn einmal der große allgemeine Aufruf aller Seligen und aller Verherrlichten ertönt: So kommet vor sein Angesicht, mit Jauchzen Dank zu bringen, bezahlet die gelobte Pflicht und laßt uns fröhlich singen; Gott hat es alles recht bedacht, und alles, alles recht gemacht! Gebt unsrem Gott die Ehre.

## 96. Leichen=Predigt.

(Am Sonntag nach dem Neujahr, den 3. Jan. 1803.)
Text: Ps. 55, 17. 18. in Verbindung mit der Perikope, Joh. 1, 1—13.

Unsre Textworte sind ein gewisser Ausschlag, zu dem es in dem Herzen Davids gekommen, und womit er allen seinen vorigen Klagen und Bekümmernissen die Abfertigung geben wollte. Er gedenkt im Vorigen seiner Feinde, vornehmlich aber eines Feindes, dessen Feindseligkeit ihm um so empfindlicher gewesen sein muß, da er vorher mit ihm in einem guten Vernehmen, ja gar in Anverwandtschaft gestanden. Was mag es da in seinem Herzen für mancherlei Gedanken gegeben haben; was für Anschläge, wie er sich gegen diesen Feind betragen wolle; was mag er auch von Bitterkeit in seinem Herzen erfahren haben! Da hat denn nun der Geist Gottes auf einmal eine gute und heilsame Scheidung der Gedanken gemacht, da wurde Licht und Finsternis in ihm geschieden, daß er den Vorsaz faßte: ich will zu Gott rufen, ich will den ganzen Prozeß mit meinem Feind Gott überlassen und mir nicht selber helfen, der Herr wird helfen. Da sehen wir, wie unsre besten Gedanken geboren werden. Zuerst sind wir eine Weile in unsern eigenen Gedanken, in der Finsternis der Natur versunken, dann nimmt sich der Geist Gottes unser an, ruft in unsre Finsternis hinein: es werde Licht! und so wird es Licht. Die erste Erfahrung, daß es in unsrem Herzen Licht worden, ist diese, daß wir uns alsdann zu Gott wenden können und ihm unsre Sache übergeben. So wird uns manche Lichtsgeburt in den Psalmen beschrieben; und so gehts noch im Christenlauf. Bei unsern Herzen ist diß gewis nicht der erste Gedanke: ich will zu Gott rufen; der Weg zum Gnadenthron ist nicht der erste, den man einschlägt, aber wenn man ihn einmal gefunden hat, so erfährt man, daß dieses der kürzeste und beste Weg sei.

Der täglich erneuerte Entschluß eines Christen: ich will zu Gott rufen.

I. Wie er in unsern Herzen geboren werde. Es ist nichts bekannter, als daß wir einander bei den mancherlei Begegnissen dieses Lebens das Gebet empfehlen; man hört auch unsre Leute unter den Leiden dieses Lebens, bei Unglück, bei Krankheiten öfters beten; da sucht man die Gebetbücher auf, und zieht sie aus dem Staub hervor. Und doch findet man bei den meisten, daß sie das

rechte Trumm noch nicht gefunden haben. Deswegen
fragt es sich, wie der Entschluß: ich will zum Herrn
rufen, in unsern Herzen geboren werde. Es gibt mancherlei Mittel, wodurch uns Gott den Weg zu seinem Gnadenthron bahnen will und es kommt darauf an, ob und wie
wir sie benuzen. Denn gemeiniglich probirt man vorher
alles andere, ehe man diesen Weg einschlägt. Z. E. es
kommt ein Mensch in Unglück, Schaden und Verlust im
Leiblichen hinein, da grämt er sich eine Weile über diesen
Verlust, gibt bald diesem, bald jenem die Schuld, nur
sich selber nicht; er macht allerlei Anschläge, wie er sich
aus diesem Verlust wieder heraushelfen könne. Geräth
es ihm, so denkt er: ich habe mir doch wieder gut herausgeholfen und des Betens ist vergessen. Geräth es
ihm nicht, so hat er noch zwei Wege offen, entweder,
daß er in seiner Finsternis dahingeht und so sinkt er
immer tiefer hinein; oder er denkt: ich will mich zu Gott
wenden. So geht es in Krankheiten. Da läßt man
zuerst die Sache eine Weile gehen, alsdann probiert man
es mit Arzneien und endlich wenn auch diese nicht anschlagen wollen, heißt es: jezt gebetet. Aber wenn es
nicht ein vom Geist Gottes gewirkter Entschluß ist, so kommt
auch beim Beten nicht viel heraus. Sehet, so will uns
Gott Wege bahnen, zu seinem Gnadenthron und wie gut
wäre es, wenn wir sie benuzten! Da würden wir doch
einmal die Erfahrung machen, daß Gott Gebet erhört; da
würden wir mit David sagen können, Pf. 116: das ist mir
lieb, daß der Herr meine Stimme und mein Flehen hört.
Besonders wäre es in solchen Fällen gut, wenn wir selber
beteten, d. h. mit unsern eigenen Worten dem Herrn
unser Anliegen vortrügen, denn es heißt: ich will zum
Herrn rufen, nicht: ich will den Stark, den Schmolk,
oder wie deine Gebetbücher heißen, für mich beten lassen.
Sehet, bei solchen Gelegenheiten fangt man an, beten zu
lernen, da soll der Entschluß im Herzen geboren werden:
ich will zum Herrn rufen. Und doch gehört dieses noch
zu den Anfängen in der Gebetsschule. Der rechte Entschluß: ich will zum Herrn rufen, wird geboren, wenn
man einmal anfangt, sein inneres Elend zu erkennen; da

geht erst das rechte Rufen an. Zu der Erkenntnis dieses Elends gibt uns das heutige Evangelium Anleitung. Wenn man erkennt, was der Mensch für eine selige Creatur gewesen sein muß, da er aus den Händen des Schöpfers gekommen, da das ewige Wort ihn gebildet und sein Leben und Licht war; wenn man ferner denkt: was bin ich jezt für eine Creatur? daß es Gott reuen sollte, mich geschaffen zu haben; wenn man denkt: alle meine vorige Herrlichkeit ist dahin; wenn es dem Menschen einmal einfällt: das Edelste meines Lebens ist dahin und was ich von Natur noch vom Leben habe, das ist vergänglich, ein Dampf, ein Schatten, der dahin flieht; ich war ehmals ein Licht, aber nun bin ich Finsternis und zwar eine solche Finsternis, der das Licht nimmer beikommen kann. Wem diß einmal aufgedeckt wird, wen diß Gefühl recht durchdringt, dem bleibt nichts übrig, als das Wort: ich will zu Gott rufen und dann heißt es: aus der Tiefe rufe ich, Herr, zu dir; dann lernt man den Weg zum Gnadenthron aufsuchen, und wenn man ihn gefunden, so wird man sich auch

II. wohl dabei befinden. David war seiner Sache schon zum voraus gewis, deswegen sagte er: der Herr wird helfen; er wird meine Stimme hören. Noch mehr können wir jezt im N. T. unsrer Sache gewis sein. Warum kommt man so langsam aus Gebet? Weil noch so viel argwöhnische Gedanken gegen Gott in unsrem Herzen sind. Und woher kommen diese Gedanken? weil uns das Herz Gottes in Jesu Christo noch so unbekannt ist, weil wir noch nicht wissen, wie wir mit Gott daran sind. Diß sind lauter Steine, die wir auf dem Weg zum Gnadenthron zu übersteigen haben. Wenn aber der Geist Gottes einmal den Entschluß in unsern Herzen wirkt: ich will zu Gott rufen, dann werden wir über diese Steine hinüberkommen, ja finden, daß sie bereits hinweggeräumt sind; denn dieser Entschluß ist schon eine göttliche Einladung, selbst zu diesem Gnadenthron hinzunahen. Wer diesen Weg gefunden, der wird sich wohl dabei befinden. Denn dieser Weg führt uns wieder zu dem ewigen Wort hin, das uns durch unser angenom=

menes Fleisch wieder den Weg gebahnt hat. Es heißt im Evangelium: es wohnte unter uns, es hat sich mit allem unsern Elend bekannt gemacht und weiß nun, wie es einem armen Menschenkind zu Muth ist; dieses ewige Wort kennt nun aus Erfahrung all unser Elend. Auf diesem Weg finden wir den Heiland als denjenigen, der voll Gnade und Wahrheit ist. Es ist bei ihm Gnade für alle, er will keinen verwerfen; wer zu ihm kommt, den will er nicht hinausstoßen: es ist Gnade da, die sich an unserm tiefen Elend verherrlichen will. Er ist aber auch voller Wahrheit, das Heil, das er der armen Menschheit verheißen hat, will er ihr auch geben. Auf diesem Weg finden wir ihn als unser Licht, er will unsre Finsterniß licht machen. Da finden wir Leben: er will seine todten Geschöpfe wieder lebendig machen. Schlaget also auch diesen Weg Davids ein: ich will zu Gott rufen, so werdet ihr den Gewinn erfahren. Nur hingetreten und gebeten, daß der Herr uns machen solle, wie er uns gern haben wolle.

## 97. Leichen-Predigt.

(Am Feiertag Mathias, den 24. Febr. 1803.)
Text: Joh. 13, 1—20.

Der Herr Jesus ist allen seinen Gläubigen von seinem himmlischen Vater zum Herzog ihrer Seligkeit gemacht worden; ihm ist es aufgetragen, viele Kinder zur Herrlichkeit einzuführen. Diß hat er schon an manchen treulich bewiesen, die es ihm noch in jener Welt danken und er hat dieses sein gesegnetes Amt noch nicht aufgegeben, er wird es fortsezen, bis er alle zur Herrlichkeit eingeführt hat, bis er sie alle seinem himmlischen Vater darstellen kann mit dem Wort: siehe, hier bin ich, und die Kinder, die du mir gegeben hast. Von diesem großen Geschäft, von dieser liebreichen Sorgfalt für die Seinigen gab er schon während seines Wandels auf Erden manche Beweise. Davon zeugt besonders auch die Leidensgeschichte und in derselben unser heutiger Passionsabschnitt. Man möchte denken, er sollte bei dem Blick auf seine bevorstehenden schweren Leiden alles andere und also auch die Sorgfalt für seine Jünger vergessen haben; aber diese lagen ihm näher an, als er selbst; um diese war es ihm zu thun, daß keiner von ihnen dahinten bleiben möchte. Von dieser Treue und Liebe des Herrn gegen die Seinigen hatte Johannes besonders einen tiefen Eindruck. Er fangt daher die Beschreibung der Leidensgeschichte seines Herrn mit den Worten an: wie er hatte geliebt die Seinen, die in der Welt waren, so liebte er sie bis ans Ende. Er wollte damit sagen, auch das Leiden des Herrn Jesu sei ein bleibendes Denkmal der Liebe gegen die Seinigen. Wenn man sie vorher nicht hätte kennen lernen, so müsse sie einem da helle in die Augen leuchten. Wie selig ist ein Herz, das von dieser Liebe Jesu einen tiefen Eindruck hat, ja noch mehr, das im wirklichen Genuß dieser Liebe steht! Da hat man nicht nur einen ruhigen Gang durch die Welt, sondern man sieht dabei auch einem frohen Ausgang aus der Welt und einem reichlichen Eingang in das ewige Königreich Jesu entgegen.

**Wie die Liebe Jesu gegen die Seinigen der Trost eines Gläubigen sei im Leben und Sterben.**

In unserm heutigen Passionstext wird beschrieben, wie Jesus mit seinen Jüngern vor seinem Leiden die Fußwaschung vorgenommen habe. Diß war eine Handlung, aus welcher seine Liebe gegen die Jünger besonders hervorstrahlte, und die auf sie alle einen tiefen Eindruck machte. Sie ist aber nicht um der Jünger willen allein aufgezeichnet, sondern es gilt von derselben auch das Wort Davids: diß werde geschrieben auf die Nachkommen; und das Volk, das geschaffen soll werden, wird den Herrn loben; es ist geschrieben für alle künftigen Geschlechter der Gläubigen, daß sie wissen sollen, wie der Herr Jesus die Seinigen liebt. Von dieser Liebe lasset uns merken

1) es ist eine Liebe, an welche die Gläubigen eine Ansprache haben, weil sie der Herr Jesus für die Seinigen erkannt. So hatte er immer seine Jünger an-

gesehen, nemlich als solche, die seine eigenen seien, die ihm angehören, die zu seinem Samen, zu seiner Familie gezählt seien, die der Vater ihm übergeben habe. Darum hielt er sich auch verpflichtet, für sie zu sorgen, sich ihrer anzunehmen, ja daher hatte er eine besondere Liebe gegen sie, denn alles, was einem gehört, das hat man auch besonders lieb. Warum lieben Eltern ihre Kinder? weil sie ihnen gehören; warum liebt ein Ehegatte den andern? weil eines dem andern gehört. Aus eben diesem Grunde waren auch die Jünger von der Liebe ihres Herrn und Meisters so versichert. Wie ein Kind an der Liebe seiner Eltern nicht zweifelt, weil es weiß: ich gehöre meinen Eltern, ich bin ihr Kind, sie haben mich gewis lieb: ebenso beruht auch die Ansprache eines Gläubigen an die Liebe Jesu darauf, daß er weiß: ich gehöre meinem Herrn Jesu an. O was trägt es einem Menschen aus, wenn er getrost zu dem Herrn Jesu sagen darf: ich bin dein, ich gehöre dir an! was sind das für selige Leute, die von Herzen sagen können: wir sind ein Eigenthum des Lammes! Diß ist ein Trost im Leben und Sterben; denn wenn man dem Herrn Jesu gehört, so ist man sein im Leben und Tod, man kann zu ihm sagen: dein bin ich, todt und lebendig; dein bin ich, von einer Ewigkeit zur andern; Tod, Leben, Trübsal und Leiden, was Tod und Hölle in sich schließt, nichts kann mich von der Liebe scheiden, die da in Christo Jesu ist. Nun kommt also alles darauf an, daß wir wissen, Jesus sieht uns an als die Seinigen; wir gehören ihm an, so wie wir sind, auch noch mit allen unsern Mängeln und Gebrechen. So hat er seine Jünger angesehen, wenn er schon voraussah, daß einer von ihnen ihn verleugnen, daß alle andern ihn verlassen würden! Ja eben daran sah er, wie nöthig er hatte, sie in seine Liebe recht hineinzufassen, daß sie ihm bleiben und er sein Eigenthumsrecht an sie behaupte. Was hat man also zu genießen, wenn Jesus einen einmal als sein Eigenthum lieben kann!

2) Es ist eine Liebe, die einem Gläubigen bei seinem Lauf durch diese Welt unentbehrlich ist. Deswegen heißt es: er liebte die Seinigen, die in der Welt waren. Jesus

wußte wohl, was diese Welt ist, er hats in 33 Jahren genug erfahren und er konnte seinen Jüngern vorauss sagen, was sie künftig von der Welt würden zu erwarten haben. Es war ihm etwas Wohlthuendes, daß er wußte, daß seine Zeit kommen war, daß er aus dieser Welt ginge zum Vater. Da hätte er wünschen mögen, nur auch gleich seine Jünger mit sich zu nehmen, um sie der Welt zu entreißen, und doch sagte er Joh. 17, 15.: ich begehre nicht, daß du sie von der Welt nehmest 2c. Sie blieben also in seine Liebe eingeschlossen, auch da er nimmer sichtbar bei ihnen war; ja eben zu ihrem Lauf durch diese Welt hatten sie seine Liebe besonders nöthig, und sie waltete auch beständig über ihnen. So hat ein Gläubiger sich noch jetzt dieser Liebe zu trösten. Sie will ihn eben nicht gleich von der Welt wegnehmen, sondern durch dieselbe durchführen. Er soll inne werden, wie mächtig diese Liebe ist, wie er in derselben gegen alle List und Macht der Welt verschanzt ist, wie sie sich die Ihrigen nicht nehmen läßt. In diese Liebe darf sich ein Gläubiger bei seinem Lauf durch diese Welt getrost hineinwerfen; es bleibt auch eine tägliche Bitte auf dem Wege seiner Wallfahrt: ach, laß doch immer, edler Hort, mich deine Liebe leiten und begleiten, daß sie mir immerfort beisteh auf allen Seiten. O wie ginge es einem Gläubigen, wenn er nicht auf diese Liebe seines Herrn rechnen und sich fest darauf verlassen könnte!

3) Es ist eine Liebe, der es daran liegt, die Ihrigen zu reinigen; diß war eine Hauptabsicht Jesu bei der Fußwaschung der Jünger, sie von einer Befleckung zu reinigen, die sie sich aus Gelegenheit seiner Salbung zu Bethania zugezogen hatten. Diese Befleckung sollte von ihnen hinwegkommen, ehe die große Leidensstunde eintrat. Auch in diesem Betracht will der Herr Jesus noch jetzt jedem Gläubigen seine Liebe genießen lassen. Obschon ein Gläubiger von dem groben Unflath der Welt durch seine Bekehrung abgewaschen ist, so gibt es doch immer allerlei Beschmutzungen; und diese kann Jesus an den Seinigen nicht leiden. Es gibt Befleckungen, die man noch im täglichen Lauf an sich bekommt, da man zwar nimmer

nöthig hat, am ganzen Leibe gewaschen zu werden, aber nöthig hat, je und je die beschmuzten Füße waschen zu lassen. Auch damit beschäftigt sich die Liebe Jesu gerne. Er möchte die Seinigen gerne rein haben, denn seine große Absicht mit ihnen ist keine geringere, als diese, daß er sie einmal unbefleckt, und ohne Tadel seinem Vater darstellen könne, daß sie keine Flecken noch Mackel an sich haben sollen: da findet er freilich immer etwas an ihnen zu reinigen und zu waschen. Aber gegen diese reinigende Liebe des Herrn thun wir freilich oft sehr fremd, wir protestiren oft aus Unverstand dagegen, wie Petrus: wir wollen uns nicht waschen lassen, theils weil wir unserer Befleckungen uns oft lange nicht bewußt sind, theils weil wir uns selber waschen und reinigen wollen. Aber diß ist ein Geschäft, das dem Herrn Jesu gehört und wozu wir uns ihm hingeben müssen, ja da wir froh seyn sollten, daß er sich nicht schämt, dem armen Thon den Unflath abzuwaschen. Er hat eine gute auf unser Bestes zielende Absicht dabei. Denn er nimmt diß Reinigungsgeschäft mit uns vor, entweder wenn er uns auf eine Stunde der Versuchung aussüsten, oder wenn er uns eine neue Gnade mittheilen will. So war die Fußwaschung theils eine Vorbereitung auf den bevorstehenden Leidenssturm. Wenn sie in diesen schon vorher eine Befleckung hinein= gebracht hätten, so hätte ihnen derselbe noch gefährlicher werden können, und es wäre da eine Befleckung auf die andere gekommen. Es war aber die Fußwaschung auch eine Vorbereitung auf das h. Abendmahl, wo ihnen eine neue Gnade mitgetheilt werden sollte; dieser wären sie nicht fähig gewesen, wenn sie nicht von der vorigen Be= fleckung wären abgewaschen worden. Diß gab Jesus dem Petrus zu verstehen mit den Worten: werde ich dich nicht waschen, so hast du keinen Theil an mir. So groß ist die Liebe des Herrn Jesu gegen uns, wenn sie uns reinigt. Endlich

4) ist es eine Liebe, die uns bis ans Ende liebt; es heißt, Jesus habe die Seinigen geliebt bis ans Ende. Damit ist zwar das Ende von dem sichtbaren Lauf Jesu gemeint; der Glaube darf es aber auch so verstehen:

Jesus liebt uns bis ans Ende unsers Laufs. Seine Liebe hört also nie auf. Eben am Beschluß seines Laufs hat es ein Gläubiger vorzüglich nöthig, der Liebe seines Herrn gewis zu sein. Wie viel Angst und Zweifel können einen da noch umtreiben! Was kann es da noch geben! aber gerade da will sich Jesus mit seiner Liebe an den Seinigen verherrlichen, mit seiner Liebe, die uns ausführt aus der Welt, durchführt durch den Tod, einführt in jene Welt. Wer diese Liebe glaubt, der huldige ihr und spreche: Liebe, dir ergeb ich mich, dein zu bleiben ewiglich.

## 98. Leichen-Predigt.
Am Sonntag Jubilate, zugleich Feiertag Phil. und Jak.
(1. Mai 1803.)
Text: Joh. 14, 1—14.

Wie lieblich ist es, wenn unser Ausgang aus dieser Welt ein seliger und froher Eingang in die himmlischen Wohnungen ist! Mag uns in dieser Welt noch so viel Widriges zustoßen, mag es uns darin gehen, wie es will, wenn wir nur einmal in diesen Gegenden anlanden dürfen. Und wiederum, mögen wir es in dieser Welt noch so gut haben, mag es uns darin nach allem Wunsch unsers vereitelten Herzens gehen und wir sind von diesen Wohnungen ausgeschlossen, was wird uns aller vorherige Genuß dieser Welt freuen? Es bleibt also die Hauptsorge eines Gläubigen auf dem Wege seiner Wallfahrt, sich um die einstige gewisse Aufnahme in das Haus des Vaters zu bekümmern, und durch den Geist der Gnade davon immer mehr versichert zu werden. Der selige Tersteegen ruft in einem Liede seine Mitgläubigen auf: kommt, Kinder, laßt uns gehen, der Abend kommt herbei, es ist gefährlich stehen, in dieser Wüstenei; kommt, stärkt euern Muth zur Ewigkeit zu wandern von einer Kraft zur andern, es ist das Ende gut. Diß ist eins von denjenigen Liedern, die niemand singen kann, als wem es mit Ernst um die selige Ewigkeit zu thun ist. Von rechtswegen sollten wir alle mit diesem Lied anstehen können;

wers aber noch nicht kann, der kanns noch lernen und
der wird wohl thun, wenn er bald damit anfangt.

**Von der Reise eines Christen zur seligen
Ewigkeit.**

I. Es geht den oberen Wohnungen entgegen.
Als Jesus mit seinen Jüngern von seinem Hingang zum
Vater redete, so war ihnen diese Sprache des Herrn noch
ziemlich fremd und unbekannt. Deswegen redete ihm
Thomas gleich darein und sprach: wir wissen nicht, wo
du hingehst und wie können wir den Weg wissen? das
waren zwei Stücke, worüber sie noch nähere Belehrung
nöthig hatten. Und eben diese zwei Stücke sind es, mit
denen wir auf unsrer Reise zur Ewigkeit bekannt werden
müssen, nemlich: wohin es gehe, und welches der Weg
sei. Diese zwei Stücke müssen bei einem jeden glaubigen
Pilgrim ausgemacht sein. Wenn zwei Reisende einander
begegnen, so wird einer den andern fragen, wo er hingehe und es kanns auch einer dem andern sagen. So muß
auch ein rechter Christ einem jeden, der ihn fragt, ohne
sich lange besinnen zu müssen, sagen können, wohin er
gehe; und wenn man das nicht gleich sagen kann, so ist
man noch in der Finsterniß, so gehört man unter die
Vaganten und Landstreicher, die überall und nirgends zu
Hause sind. Also bei einem Christen ist es ausgemacht:
es geht den oberen Wohnungen entgegen, es geht dem
Hause des Vaters zu. Von diesem Haus und von den Wohnungen desselben redet Jesus sehr lieblich im Evangelium,
und wer etwas vom Geist der Kindschaft in sich fühlt,
wird es nicht ohne Empfindung und innere Antriebe lesen
oder hören können. Also

1) es ist ein Haus des Vaters, wohin die Reise
eines Christen geht. Diß ist der Plaz, wo der himmlische Vater alle seine Kinder nach und nach einführen
will, daß sie bei ihm seien, daß er sich an ihnen und sie
sich an ihm ergözen können. Es theilen sich aber seine
Kinder in zwei Gattungen, in diejenigen, die er schon bei
sich im Hause hat und in diejenigen, die noch in der
Fremde sind. Diese sind ihm so lieb, als jene. Ja
die noch in der Fremde sind, liegen seinem Vaterherzen

besonders nahe, es liegt ihm daran, daß er einmal keines von diesen vermisse, daß keines zurück- und dahintenbleibe. Die Gesinnungen des himmlischen Vaters und seines Sohnes sind hierin einerlei, harmonisch. Wie der Vater gegen die Glaubigen, als seine Kinder gesinnt ist, so ist auch der Sohn für seine Glaubigen besorgt. Deswegen empfahl er sie in seinem lezten Gebet so dringend seinem himmlischen Vater, daß er sie in dieser Welt und vor dem Argen bewahren möchte, daß sie einmal bei ihm seien, daß er sie einmal in seiner Herrlichkeit um sich haben möchte. Diesem Hause des Vaters geht es bei einem Glaubigen entgegen. Wer da hinein will, muß sein Kindsrecht aufweisen können; denn sind wir Kinder, so sind wir auch Erben. Das eigentliche Erben wird erst angehen, wenn alle zu Hause sind, wenn alle in der Fremde befindlichen Kinder auch vollens eingeführt sind. Wie lieblich ist also das Ziel der Christenreise! Es geht bei ihm ins väterliche Haus. Ein Kind ist ja nirgends lieber, als im väterlichen Hause, da ist es daheim; und wenn es ihm in der Fremde auch noch so gut ginge, so geht es doch gerne wieder in des Vaters Haus.

2) In diesem Hause sind nach der Versicherung Jesu viele Wohnungen. Da ist also Raum für Viele. Damit wird angezeigt, daß der himmlische Vater eine Freude habe, viele Kinder zu haben; seine Liebesabsicht ist, daß sein Haus voll werde. Deswegen hatte er eine so große Freude an seinem 1. Sohn, darum krönte er ihn nach den Leiden des Todes mit Preis und Ehre, weil er ihn als den Herzog der Seligkeit aufstellte, der viele, viele Kinder zur Herrlichkeit einführen sollte. Mit dieser Versicherung von den vielen Wohnungen will Jesus uns auch einen Muth machen, daß wir denken dürfen: unter so viel Wohnungen kannst du auch eine bekommen. Wenn alle Menschen sich in diesem Leben zur Kindschaft Gottes bringen ließen, so wäre in diesem Haus Plaz für sie. O daß doch keines unter uns seinen Plaz versäume und verliere, denn es wird einmal keiner sagen können, er sei blos deswegen ausgeschlossen worden, weil kein Plaz mehr für ihn da gewesen sei. Durch diese

vielen Wohnungen zeigt Jesus auch die Verschiedenheit derselben an; denn wie unter den Gläubigen selbst eine Verschiedenheit ist, so werden auch die Wohnungen verschieden sein; es wird eine herrlicher und vortrefflicher sein, als die andere, und wird ein jeder diejenige bekommen, die das Wohlgefallen des Vaters ihm anweist. Sie mögen aber so verschieden sein, als sie wollen, so sind es doch Wohnungen in des Vaters Haus, wo es einem jeden wohl sein wird, weil er bei dem Vater ist. Auch der Name Wohnung ist lieblich, denn er zeigt etwas Bleibendes an. Wer einmal da ist, kommt nimmer heraus; bei einem jeden Einwohner heißt es: ich werde bleiben im Hause des Herrn immerdar. Auf unsrer Pilgerreise ist unsre Wohnung bald da, bald dort, wir haben keine bleibende Stadt, aber im Hause des Vaters ist ein ewiges Bleiben. Und diesen Wohnungen gehts bei der Reise eines Christen entgegen. Wer sich nun nach diesen sehnet, der wird auch nach dem Weg sich umsehen und da kann man Gott Lob! sagen:

II. der Weg dahin ist gebahnt. Was kann einem Christen auf dem Wege seiner Wallfahrt tröstlicher sein, als daß er glauben und sagen darf: Gott Lob und Dank! der Weg ist gemacht, uns steht der Himmel offen. Also der Weg ist gebahnt, denn Christus ist uns vorangegangen und er ist ebendamit der wahrhaftige und lebendige Weg geworden. Als er zu seinem Vater gegangen, sah der himmlische Vater alle seine Gläubigen hinter ihm stehen, als solche, die ihm alle nachkommen werden. Wer also in diese Wohnungen kommen will, der bleibe nur bei diesem Vorgänger, so kann es ihm nicht fehlen; er höre nur die Stimme aufmerksam: mir nach, spricht Christus, unser Held. Der Weg ist gebahnt, denn Jesus versichert seine Jünger, wenn noch keine Wohnung für sie im Vaterhaus wäre, so wollte er hingehen und ihnen eine bereiten; wenn also schon eine Wohnung zugedacht und bereitet ist, für den wird auch gesorgt werden, daß er hinüberkomme. Ja man kann auch sagen, daß es zu den priesterlichen Geschäften Jesu im Himmel gehöre, den Seinen ihre Wohnungen zu bereiten und ein Glaubiger darf wohl darum bitten: meine Wohnung mache fertig. Wie freut es einen Gläubigen, daß er diese priesterliche Treue seinem Heiland zutrauen darf, daß er gewiß sein kann: dort ist mein Theil und Erbe mir prächtig zugerichtet. Es thut wohl, wenn man mit einem solchen Blick hinauf ins Vatershaus schauen kann. Aber es ist nur Schade, daß dieser Blick so wenig bei uns vorkommt. Wenn man in sich selber hineinsieht, so will einem der Muth vergehen, ans väterliche Haus zu denken; wenn man seinen Kindschaftsbrief haben und aufweisen soll, und man kann ihn nirgends finden; wenn man so lange dahingehen kann, ohne an diese Wohnungen zu denken; wenn man mit seinem Herzen mehr in der Welt als droben zu Haus ist; wenn man zwar von diesen schönen Dingen reden kann, aber kein inneres Zeugnis der Anwartschaft darauf hat: was ist da zu machen? Diß ist auch etwas von dem Weg, wovon ich zu reden habe. Nemlich den Weg in diese Wohnungen findet man nicht, als bis man sich vorher als einen Auswürfling hat erkennen lernen und einsehen: von Haus aus gehörtest du nicht dahinein. Der Weg geht durch lauter Verdammungen unsers Herzens, durch Verurtheilungen seiner selbst. Wenn man endlich eingestehen lernt: an mir und meinem Leben ist nichts auf dieser Erd; wenn man sich selber ein Wunder wird, daß man einmal in diese Wohnungen soll aufgenommen werden: alsdann ist uns der Weg gebahnt. Denn Gottes liebste Kinder gehn als arme Sünder in den Himmel ein; wie werden uns einmal droben noch drum ansehen, wie doch wir dahin gekommen seien; da wird aller Ruhm Gott und dem Lamm gehören. Auf diesen Weg führe uns der Geist der Wahrheit und erneure uns in dem Sinn: reiner, kleiner laß mich werden, hier auf Erden, bis ich droben dich ohn Ende werde loben. Amen.

## 99. Leichen-Predigt.
### Zugleich Buß Predigt.
Text: 2 Petr. 1, 10. 11. (7. Febr. 1804.)

Eine Bußpredigt und eine Leichenbetrachtung lassen sich gar wohl mit einander vereinigen; denn unter so manchen Predigern, die uns zur Buße und Sinnesänderung auffordern, sind gewis Tod und Ewigkeit die nachdrücklichsten, weil sie einen entscheidenden Eindruck aufs Vergangene und Künftige haben. Von dem Tod sagt Sirach: wenn der Mensch stirbt, so wird er inne, wie er gelebt hat und mit dem Tod tritt er in die Ewigkeit, in der er dem großen Entscheidungstag entgegen geht. Die Absicht Gottes mit uns in dieser Gnadenzeit ist keine geringere, als diese, uns einmal in sein ewiges Reich aufzunehmen. Selig ist der Mensch, der diese Absicht an sich erreichen läßt. Dazu gehört, daß man sich recht vorbereitet. Worin diese Vorbereitung bestehe, sagt uns Petrus: wir sollen unsern Beruf und Erwählung fest machen, damit wir nicht straucheln und daß uns der Eingang in das ewige Reich Christi einmal reichlich dargereicht werde.

**Die frohe Aussprache an einen seligen Eingang in das ewige Reich Jesu Christi.**

I. Was gibt die erste Aussprache dazu? Zu allem, was zu unsrer Seligkeit gehört, müssen wir eine Ansprache haben. Wo haben wir nun diese zu suchen? oder ich möchte lieber vorher die Frage aufstellen, wo haben wir diese Ansprache nicht zu suchen? Denn man meint oft eine gewisse Ansprache an etwas zu haben und wenn mans genauer untersucht, so hat dieselbe einen seichten, sandigen Grund, mit dem wir nicht weit reichen werden. Ich will also zuerst die Frage beantworten: worin haben wir diese Ansprache nicht zu suchen? Alles auf einmal zu sagen: wir haben sie nicht in uns selber zu suchen. Wenn wir also uns wollten einfallen lassen (und solche Gedanken sind gewis schon in unserm eigenliebigen Herzen aufgestiegen): es wird dir einmal nicht fehlen, du hast einen guten und ehrbaren Wandel geführt, es ist bei dir zu keinen groben Ausbrüchen der Sünde gekommen, du hast oft manche gute Bewegungen gehabt, manches Gute gethan. Doch ich kann deine Sprache nicht so ausführlich sprechen, thue selber dazu, was ich vergessen habe und was von Meldung deiner Verdienste noch fehlen könnte. Wenn wir mit solchen Gedanken uns selbst bereden wollten: es kann und wird dir nicht fehlen, so versichere ich kraft des Worts Gottes: es wird dir fehlen; denn Gottes liebste Kinder gehn als arme Sünder in den Himmel ein.

Suche also die Ansprache an das ewige Reich Gottes nur nicht in dir selber, sondern sprich lieber alles Recht, das du aus dir selber ableiten willst, dir selber ab. Es wird einmal Leuten fehlen, von denen man nicht geglaubt hätte, daß es ihnen fehlen sollte. Dergleichen nennt Jesus Mat. 25. im Gleichnis von den zehn Jungfrauen, wo die Hälfte durchfallen wird. So spricht Jesus Luk. 13. von Leuten, die an die bereits zugeschlossene Thüre kommen und schreien werden: Herr, Herr, thue uns auf! und denen der Herr zweimal die ganz unerwartete Antwort geben wird: ich kenne euch nicht, wo ihr her seid. Nun wirst du fragen und sagen: wenn alles das nichts gelten soll, was wird denn gelten? „diß ist eine harte Rede; da wird einem ja aller Muth genommen." O nein, es wird dir nur dein eigener Muth und deine falsche Einbildung genommen, aber nicht die wahre Glaubenszuversicht. Ich will dir sagen, was dir eine unumstößliche, unwidersprechliche Ansprache gibt, wo du deinen eigenen Kram gerne selber wegwerfen wirst: deine ganze Ansprache liegt in dem Beruf und Erwählung. Was den Beruf betrifft, so meint Petrus vornehmlich den bereits im Glauben angenommenen Beruf, der uns hintennach auch durch unsre Erwählung versichert wird. Wenn du also des himmlischen Berufs wirklich theilhaftig worden bist, so darfst du dir auf diese Ansprache etwas zu gute thun, so darfst du dich im Glauben rühmen: ich habe nun den Grund gefunden, der meinen Anker ewig hält rc. Es ist das ewige Erbarmen, das rc. Hast du aber diesen Beruf noch nicht angenom=

men, bist du desselben, noch nicht wirklich theilhaftig, so wisse, daß dieser Beruf immer noch an dich ergeht; es ist noch Zeit, ihn anzunehmen; aber halte den Herrn nicht allzulange auf; er ist ein Herr, der dich wohl entbehren kann; wenn du nicht kommst, so hat er noch viel andere, die seines Berufs froh sind; und doch ist er so langmüthig und ruft noch immer und wartet, ob du ihn nicht noch annehmen werdest. O was für ein fester Trost liegt in diesem gnädigen Beruf, der sich um deine Würdigkeit nichts bekümmert, der aber auch durch deine Unwürdigkeit sich nicht einschränken läßt, ja der sich gerade an den elendesten Sündern herrlich beweisen will. Denn auf der Annahme dieses Berufs beruht deine gegenwärtige und künftige Seeligkeit ꝛc. Sorge nur, daß du diesen Beruf und Erwählung fest machst.

II. Wodurch wird unsre Aufsprache an das ewige Reich immer mehr befestigt? Es heißt in unserem Text: thut Fleiß, euern Beruf fest zu machen. Warum bedarf dieser Beruf und Erwählung einer Befestigung? Ist etwa zu besorgen, es möchte Gott über kurz oder lang reuen, daß er uns berufen habe? Kann er sagen: wenn ich dich besser gekannt hätte, so hätte ich dich nicht berufen? diß sei ferne! Denn er ist nicht ein Mensch, daß ihn etwas gereue; Paulus gibt ihm Röm. 11. das Zeugnis, sein Beruf und seine Gaben mögen ihn nicht gereuen. Also auf Gottes Seite bleibt unser Beruf unerschütterlich; denn er sagt selbst zu seinem Volk: es sollen wohl Berge weichen ꝛc. Jes. 54, 10. Petrus sagt nicht, die Gläubigen sollen den Bund Gottes fest machen, sondern sie sollen ihren Beruf fest machen; denn wir sind Leute, die noch fallen können. Er will also sagen, sie sollen auf ihrer Seite alles wegräumen, was sie dieses göttlichen Berufs unwürdig machen, was sie hindern könnte, das Ziel desselben zu erreichen. Auf gleichen Sinn schreibt Paulus Phil. 3, 14., er jage nach dem vorgesteckten Ziel des himmlischen Berufs. Diß Ziel ist, wie er gleich darauf sagt, das Entgegenkommen zu einer frohen Auferstehung der Todten, oder wie es in unserm Text heißt: eine reichliche Darreichung des Eingangs in das ewige Reich

Jesu Christi. Also zur vollen Erreichung dieses Ziels gehört Fleiß. Mit diesem Fleiß sind wir leider nicht so bekannt, als es sein sollte, und könnte. Wir müssen redlich sagen: meine Trägheit muß ich schelten. Warum fehlt es aber an diesem Fleiß? a. Weil die meisten noch nicht gewis sind ihres Berufs, sondern sie laufen in der Welt herum, ohne zu wissen, wem sie gehören, welches freilich ein trauriger Zustand ist, bei dem sich an keinen Fleiß denken läßt. Denn wie kann man Fleiß beweisen in einer Sache, die einem selber noch ungewis ist, um die es einem noch nie recht zu thun war? Es fehlt aber b. auch bei solchen, die den Ruf angenommen, noch je und je an dem gehörigen Ernst. Sie können es für ausgemacht gelten lassen, daß sie berufen seien; aber sie vergessen dabei die Erinnerung des Paulus an die Thessalonicher: wandelt würdiglich dem Gott, der euch berufen hat zu seinem Königreich und ewigen Herrlichkeit. Wir denken zu klein von diesen großen Dingen. Wie werden wir es einmal bedauern, daß wir nicht noch mehr Ernst angewendet! Es ist ja doch der Mühe werth, wenn man mit Ernst die Seligkeit erwägt 2c. Unter einem solchen Ernst wird man erst inne werden, was einem eine solche Ansprache antrage.

III. Der Nuzen davon ist doppelt, und reicht sowohl in unsern jezigen Erdenlauf herein, als auch über denselben hinaus. Den ersten drückt Paulus also aus: wir werden nicht straucheln. Es trifft freilich bei unsrem Erdenlauf je und je das Wort ein: und man sieht uns, da wir wallen, öfters straucheln, öfters fallen. Es kann beides vorkommen, und woher kommt beides? Daher, daß wir unsern Beruf und Erwählung nicht fest vor Augen haben und deswegen auf diesem gebahnten Wege nicht gerade fortlaufen, oder, wie Paulus sagt Ebr. 12., nicht gerade Schritte thun mit unsern Füßen, sondern bald rechts, bald links ausweichen. Aber je fester wir auf unsern himmlischen Beruf und das Ziel desselben hinblicken, je gerader wird unser Gang werden. Diß ist der Nuzen, den wir jezt schon davon haben. Der andere reicht hin auf unsern Ausgang aus der Welt und

künftigen Eingang in das ewige Reich. Petrus drückt
es mit den Worten aus: denn also wird euch reichlich
dargereicht werden ꝛc. Da wird es heißen: diß ist das
Thor, die Gerechten werden dahineingehen. Wie viele
werden einmal hinein wollen und es wird zugeschlossen
sein! Wie viele werden sich eine allzu freimüthige An=
sprache herausnehmen und mit jenen sprechen: Herr,
Herr, thue uns auf; und sie werden draußen stehen blei=
ben müssen. O denket doch mehr auf diesen Eingang!
darauf kommt alles an. Suchet so einzugehen, daß man
euch ohne Widerspruch aufnimmt. Und so lange wir
hier wallen, soll diß unsre tägliche Bitte zu Jesu bleiben:
thu mir des Himmels Thür weit auf, wenn ich beschließ
meins Lebens Lauf.

## 100. Leichen=Predigt.
(Am Feiertag Phil. und Jak., den 1. Mai 1805.)
Text: Perikope Joh. 14, 1—14.

Von Rechts wegen sollen wir, so wie wir an den
Lebensjahren wachsen, auch zum Ziel der seligen Ewig=
keit heranreisen, daß wir nicht als unzeitige Geburten
hinüberkommen, sondern Gott seine Absicht an uns er=
reichen und das Werk des Glaubens in der Kraft voll=
enden könne. Aber wie weit bleiben wir gemeiniglich
zurück, wie viele Lücken werden uns in jener Welt
aufgedeckt werden! Doch wenn nur in dieser Gnaden=
zeit ein Anfang gemacht wird, wenn nur unsre Tage nicht
ganz dahinfahren, wie ein Geschwäz, wenn uns der Geist
Gottes nur zu der Weisheit bringen kann, zu bedenken,
daß wir sterben müssen und unser Leben ein Ziel hat,
so können wir noch Theil und Raum in Gottes ewigem
Erbarmen finden. Wir sollen daher oft die Bitte in
uns erneuern: Herr Jesu, lehr mich meine Zeit an=
wenden zu der Ewigkeit. Aber wie leichtsinnig gehen
wir meistens mit unsrer kurzen Lebenszeit um! wie un=
gern denken wir an die nahe Ewigkeit! wie schieben wir
das Andenken an dieselbe von einem Jahr zum andern
auf und ehe wir daran denken, stehen wir an den Thoren

der Ewigkeit. Wie möchte uns wohl einmal zu Muth sein, wenn die Stimme in uns erschallt: es wird bald den Aufzug spielen, die so nahe Ewigkeit? Wann werden wir einmal ernstlich glauben, daß wir nicht für diese Welt da seien? daß Gott uns zu einer zukünftigen besseren Welt erschaffen habe? Wann wird es einmal unser einziges Bestreben werden, unsre Lebenszeit darauf zu verwenden, daß wir gewürdigt werden, jene Welt zu erlangen? Denn es wird einmal alles darauf ankommen, ob wir sterben als Kinder dieser Welt, oder als Menschen, denen es nur um jene bessere Welt zu thun war. Wie viele sind etwa unter uns, die ihrer Anwartschaft auf jene bessere Welt versichert sind? Wie viele sind unter uns, die noch nicht wissen, wo es beim Sterben einmal mit ihnen hingehen wird, die in dieser wichtigen Sache alles noch auf ein Gerathewohl ankommen lassen! Einmal diß wären Gedanken und Ueberlegungen, in die wir uns bei Zeiten und ernsthaft einlassen sollten. Wem es darum zu thun ist, der kann eine Belehrung im heutigen Evangelium finden, denn dieses zeigt uns das herrliche Ziel von dem Weg eines Gläubigen.

Der Weg eines Gläubigen durch diese Welt zum Hause des Vaters.

Bei einer jeden Reise muß zuerst ausgemacht sein, wo man hin will, man muß das Ziel seiner Reise wissen und vor Augen haben. Gerade so ist es auch mit der Reise eines Christen: er muß wissen, wo er hin will. Denn ein anders ist eine Reise, ein anders ein Spaziergang. Bei einem Spaziergang kann ich mich noch unterwegs bestimmen lassen, da oder dorthin zu gehen; ich bin an keinen gewissen Weg gebunden; hingegen bei einer Reise habe ich ein bestimmtes Ziel, da kann ich also unmöglich aufs Ungefähr ausreisen, oder mich meiner eigenen Willkür überlassen, sondern das Ziel bestimmt schon meinen Weg. Wenn wir dieses auf unsre Reise zur Ewigkeit anwenden und uns selber und andere danach prüfen, so werden wir finden, daß die Meisten aus ihrer Reise zur Ewigkeit einen Spaziergang machen, d. h. sie reisen durch diese Welt, ohne zu wissen, wo sie hingehen;

sie laufen bald dahin, bald dorthin, bald vorwärts, bald rückwärts, bald gerade hin, bald überzwerch, kurz, sie reisen als solche, die selber nicht wissen, wo sie hin wollen.

Und weil solche Leute kein festes gewisses Ziel haben, so können sie auch nicht recht glauben, daß ein Christ von dem Ziel seiner Reise und von der Erreichung desselben gewiß sein könne; sie könnens nicht recht begreifen, wie ein Christ schon unterwegs eine gewisse Hoffnung des ewigen Lebens haben könne.

Was ist nun also das Ziel von der Reise eines Christen? Jesus nennt es das Haus seines Vaters. Auf dem Rückweg in dieses väterliche Haus war er selber damals begriffen; er war auf dem Weg, nach einer 33-jährigen Fremdlingschaft zu seinem Vater zurückzukehren, in das Haus, das ihm schon längst bekannt war, und das ihm in seinem Geist nahe vor den Augen schwebte. In dieses väterliche Haus nun ging er voran und zwar nicht für sich, sondern als der Vorläufer, der allen den Seinigen mit seinem ersten Eingang den Weg dahin gebahnt hat.

Wenn Jesus von seinen Jüngern nicht wäre unterbrochen worden, so würden wir vielleicht eine nähere Bestimmung von diesem Hause des Vaters bekommen haben; denn was können wir arme Fremdlinge davon sagen? die obern Gegenden, die lieblichen Himmelsreviere sind uns noch unbekannt; wir wüßten nichts davon, wenn uns das Wort Gottes nicht hin und wieder einige Blicke dahin vergönnt hätte.

Was mag also wohl dieses Haus des Vaters sein? Ist es vielleicht der himmlische Tempel, dessen in heil. Offenbarung mehrmals gedacht wird, der Tempel, worin die Seligen nach C. 7. ihrem Gott Tag und Nacht dienen, der Tempel in dessen Vorhof die Seelen der ersten Märtyrer unter dem Brandopferaltar aufbehalten werden? Wenn Jesus den Tempel zu Jerusalem das Haus seines Vaters nannte, wie viel mehr verdient der himmlische Tempel den Namen dieses Hauses! Doch begehre ich mich nicht in eine allzubestimmte Erklärung dieser Worte einzulassen; genug, es ist das Haus des Vaters, wo es einem jeden Glaubigen, der dahin aufgenommen wird, unaussprechlich wohl sein wird. Von diesem Haus gilt, was David Pf. 36, 9. sagt: sie werden trunken von den reichen Gütern deines Hauses ꝛc.

Diß Haus ist das große Ziel der Reise eines Glaubigen. Weil er durch Christum ein Kind des himmlischen Vaters ist, so will der Vater ihn auch einmal um sich haben. In diesem Hause wird das Kind den Vater sehn, da wird es ihn mit Lust empfinden; der lautre Strom wird es da ganz durchgehn und es mit Gott zu einem Geist verbinden. Wer weiß, was da im Geiste wird geschehn, wer mags verstehn? In dieses Haus verspricht Jesus seine Jünger zu führen. Es ist aber ein Haus, das nicht nur für die kleine Anzahl seiner damaligen Jünger bestimmt ist, sondern wohin alle Kinder des Vaters sollen gesammelt werden.

Und was sagt Jesus von diesem Haus? Er beschreibt es als ein großes geräumiges Haus; denn er sagt, es seien viele Wohnungen darin. Er will damit einen Glaubigen des sorglichen Gedankens überheben, ob nicht dieses Haus etwa schon lange besezt sein möchte, daß für ihn kein Plaz mehr übrig wäre; ob die Glaubigen der lezten Zeiten sich wohl auch noch eine Hoffnung auf dieses Haus machen dürfen. Diese Bedenklichkeit benimmt er dadurch, daß er sagt, es seien viele Wohnpläze, viele Bleibstätten darin. Sollte denn der himmlische Vater so viele Kinder haben und nicht einem jeden für einen Plaz sorgen können? O nein, es ist Raum da! Und so viel Raum da ist, so soll auch keiner unbesezt bleiben; denn es ist sein väterlicher Wille, daß sein Haus voll werde Luk. 14, 23. Jesus beschreibt es ferner als ein Haus, worin der Plaz schon bereitet sei. Wie jeder Glaubige in Jesus Christus schon vor Grundlegung der Welt zur Kindschaft erwählt ist, so hat der Vater ihm auch schon damals einen Plaz in diesem Hause zugedacht und bereitet. Deswegen sagt er seinen Jüngern im heutigen Evangelium, er habe nicht nöthig, ihnen erst eine Stätte zu bereiten, für einen Plaz zu sorgen; wenn sie aber noch keinen Ort da hätten, so wäre er berechtigt, als der erstgeborne Sohn dieses Hauses ihnen besonders eine Stätte daselbst zu bereiten. Ueber dieses Haus des Vaters hat also Jesus als der Erstgeborne unter vielen Brüdern Vollmacht, er hat das Recht, seine Gläubigen als seine Brüder und Miterben daselbst einzuführen. Wer in dieses Haus einmal aufgenommen werden will, der muß seines Kindschaftsrechts aus Christo und durch Christum gewis sein. Da werden wir erst inne werden, was für eine große Liebe uns der Vater erzeigt hat, daß wir Gottes Kinder heißen sollen und daß wir es durch Christum worden sind. Und wer einmal in diesem Hause seinen Plaz hat, der hat ebendamit eine Ansprache an das neue Jerusalem, als an die Stadt des lebendigen Gottes. Wie genau diese beiden Stücke mit einander verbunden seien, sehen wir auch aus der Verheißung Off. 3, 12., wo Tempel und Stadt ebenfalls in einem genauen Zusammenhang mit einander stehen. Aufmerksame Leser der h. Schrift werden an den bisherigen Anzeigen schon Veranlassung genug haben (vgl. Eph. 2, 21. 22.), dieser wichtigen Wahrheit weiter nachzudenken. Diß Haus ist und bleibt das Ziel von der Reise eines Gläubigen. O daß wir es immer besser ins Auge fassen und der Geist der Kindschaft uns immer bekannter damit machen möchte! So viel vom Ziel; nun auch noch ein Wort vom Weg.

Ich wills ins Kurze fassen. So lieblich das Ziel ist, so viel Bedenklichkeiten kann es unterwegs geben. Wie man bei einer Reise sich auf allerlei gefaßt halten muß, so geht es auch bei dieser Christenreise durch allerlei. a. Es gibt allerlei, das uns erschrecken und Furcht machen kann. Darauf zielt Jesus gleich im Anfang unsers Evangeliums, wenn er sagt: euer Herz erschrecke nicht ꝛc. Es geht durch Sorge und Furcht bei einem Gläubigen, daß er doch dieses herrliche Ziel nicht verfehle, weil man auf so mancherlei Weise davon abgebracht werden kann. Diß erfährt man, so bald man sich einmal ernstlich auf den Weg macht. b. Man hat immer aufs neue an dem Weg zu lernen und mit demselben recht bekannt zu werden.

Es geht einem Gläubigen oft, wie dem Thomas, daß er bekennen muß: wie kann ich den Weg wissen? denn dazu hat man eine göttliche Unterweisung nöthig, da reicht ein buchstäbliches Wissen nicht hin. c. Man muß sich auf seiner Reise ans kindliche Gebet halten, wozu Jesus am Beschluß des Evangeliums seine Jünger ermuntert. Diß ist ein sehr heilsames Mittel auf unsrer Reise, bei dem wir uns wohl befinden werden. d. Man muß mit Jesus, als dem einzigen Weg, bekannt werden; denn so sagt er selbst: ich bin der Weg ꝛc. Und wer Jesum einmal kennt, wird auch den Vater kennen lernen. Ja Herr Jesu, gehe uns, deinen Pilgrimen, auf unsrer Straße ins Vaters Haus voran; denn du bist ja der Herzog unsrer Seligkeit, der schon viele Kinder zur Herrlichkeit eingeführt hat. Sei du allein der Weg, der uns recht führt, die Wahrheit und das Leben.

## 101. Leichen-Predigt.
(Am 7. Sonntag nach Trinitatis, den 31. Juli 1808.)
Text: 2 Kor. 5, 10.

Das heutige Evangelium handelt vom unbefugten und lieblosen Richten über andere; unser Text aber weist auf denjenigen Tag hin, der in h. Schrift ein Tag des gerechten Gerichts Gottes heißt. Bei diesem Gericht wird es sein Verbleiben bis in die Ewigkeit hinein haben und diß wird über alles andere menschliche Gericht entscheiden. Ja der beständige Blick auf diesen Tag kann uns vorsichtig machen in unsern Urtheilen über andere, damit wir dem gerechten Gericht Gottes nicht vorlaufen, oder voreilig eigenmächtige Eingriffe darein thun. Ueberhaupt hat uns Gott gewis aus weisen und auf unser Heil abzweckenden Ursachen in seinem Wort so manche Anzeigen von den letzten Dingen gegeben. Unter diesen macht der Tod den Anfang, mit demselben thun sich die Thore der Ewigkeit auf, und machen uns eine Aussicht bis auf den Tag des Gerichts, bis auf denjenigen Tag, da das selige oder unselige Loos eines jeden durch die ganze Bahn der Ewigkeiten hindurch wird entschieden werden. Mit solchen Blicken und Aussichten müssen unsre Todesbetrachtungen gesalzen werden, sonst haben sie keinen Nachdruck, sonst machen sie keine ganze und vollständige Wirkung auf unser Herz. Todesbetrachtungen anstellen und dabei nur bei der Hinfälligkeit des menschlichen Lebens, bei der Vergänglichkeit aller irdischen Dinge, bei Grab und Verwesung u. s. w. stehen bleiben, kann wohl eine Weile einigen Eindruck auch auf ein eiteles zerstreutes Herz machen, allein es sind Eindrücke, die bald wieder wie Wasser verrauschen. Solcherlei Todesbetrachtungen kann auch ein Heide anstellen, der sein Lebtag nichts von einem Wort Gottes gewußt. Das Auge eines Christen hat einen weiteren Gesichtskreis: er sieht über Tod und Grab hinüber in die lange Ewigkeit und diß lehrt ihn, den Schritt aus der Zeit und den Uebergang in die Ewigkeit mit einem ernsthaften Auge ansehen.

Der Tod theilt unsern ganzen Lauf in zwei Haupttheile ein. Der erste Theil reicht von der Geburt eines Menschen bis zu seinem Abscheiden aus dieser Welt; der andere aber von seinem Abscheiden an bis zum Tag des Gerichts. Den ersten Theil macht er durch in Verbindung mit seinem Leib, den andern aber ohne seinen irdischen Leib, den er in dieser Welt getragen und mit welchem er erst in der Auferstehung wird wieder verbunden werden. Im ersten Theil seines Laufs hat der Mensch seine Aussaat, im andern seine Ernte. Und weil die Ernte von der Aussaat abhängt, nach den Worten des Paulus: was der Mensch säet, das wird er ernten, so ist freilich derjenige Theil, da wir noch in diesem Leibesleben sind, von der äußersten Wichtigkeit.

Unser l. Verstorbener hat nun den ersten Theil seines Laufs zurückgelegt. Der Herr wolle ihn auch in jener Welt einen seligen Antheil an seinem himmlischen Priesterthum finden und genießen lassen, damit er „dem l. jüngsten Tag mit Verlangen und Freuden in jener Welt entgegen gehen möge." Auch unser Weg geht schon jetzt diesem Tag entgegen und der Tod wird unserm Gang dahin eine wichtige Entscheidung geben. Um so mehr wollen wir den Herrn bitten, daß er selbst mit dem

Finger seines Geistes unsre Textworte in unser Herz hineinschreibe.

Es geht dem Richterstuhl Christi entgegen.

Paulus sagt uns viele Dinge, an denen einem Christen alles gelegen sein muß. Am Beschluß des vierten Cap. redet er von der Wallfahrt eines Christen durch diese Welt und zeigt, wie dieselbe mit so manchen Beschwerden für Leib und Seele verbunden sei, wie aber ein Christ darunter seinem Herrn ähnlich werden und das Sterben des Herrn Jesu an sich tragen soll. So beschwerlich dieser Lauf für unsern äußern Menschen sei, so werde der innere Mensch, der nach dem Tode übrig bleibt, dabei gewinnen. Hernach kommt er gleich zu Anfang des 5. Cap. auf das Abscheiden eines Gläubigen und zeigt den Vorzug eines Gläubigen der gleich nach dem Tode, nach dem Abbruch seiner Leibeshütte, schon einen Bau habe, von Gott erbaut, den er als ein Kleid seiner Seele mit sich in die Ewigkeit hinüberbringe. Nach diesem redet er von dem Zustand nach dem Tod eines Gläubigen und heißt diesen Zustand ein Daheimsein bei dem Herrn, oder eigentlich ein näheres Fortschreiten zu dem Herrn und zu immer näherer Vereinigung mit ihm. Auch in diesem Zustand werde das Bestreben eines Gläubigen kein anderes als dieses sein, wie ehemals bei seinem Erdenwandel, daß er nemlich seinem Herrn wohlgefalle. Und endlich kommt er auf den Tag des Gerichts und schreibt: wir müssen alle offenbar werden vor dem Richterstuhl Christi. Diß ist das lezte Ziel nicht nur eines Gläubigen, sondern eines jeden Menschen. So sehr diese lezten Worte einem durch Mark und Bein dringen, so lieblich sind sie doch, wenn man sie in ihrem ganzen Zusammenhang mit dem Vorhergehenden betrachtet; denn wer in diesem Leben gerne das Sterben Jesu an seinem Leibe herumträgt, wer im Glauben gewiß ist, daß er gleich nach dem Tod einen Bau habe, von Gott erbaut, wer in einer solchen Geistesfassung in die Ewigkeit eintritt, daß er auch dort seinem Herrn zu gefallen sucht, der kann dem Richterstuhl Christi mit Freuden entgegen gehen.

Bei diesem Zusammenhang wollen wir nun unsre Textworte näher betrachten.

Es geht also 1) einem Richterstuhl entgegen. Diß
ist ein wichtiger Plaz, denn da wird Gericht gehalten,
da wird ein auf immer entscheidendes Urtheil gesprochen,
dem man sich unterwerfen muß und wo man auf kein
anderes Gericht mehr appelliren kann. Was auf diesem
Thron der Richter spricht, dabei wird es sein Verbleiben
haben und nach diesem Spruch wird auch die Exekution
geschehen. Man könnte zwar denken: schon nach dem
Tod wird ein jeder wissen, wo er mit seinem Loos daran ist. Allein Jesus redet ja in der Bergpredigt
von solchen Seelen, die selbst noch vor dem Richterstuhl
sich ein gutes Loos einbilden und sagen werden: haben
wir nicht in deinem Namen geweissagt ꝛc. und doch werden abgewiesen werden. Wie wirds den thörichten Jungfrauen gehen? Was werden die Gottlosen noch am
jüngsten Tag dem Richter für Gegenvorstellungen machen?
Diß sind lauter Menschenklassen, die erst vor dem Richterstuhl ihr eigentliches, ihnen vorher noch unbekanntes End-
urtheil bekommen werden. Mit solcher falschen Einbildung dem Richterstuhl entgegengehen, ist etwas Schreckliches.

2) Der Richterstuhl, dem wir entgegengehen, ist ein
Richterstuhl Christi. Denn diß ist der Mann, durch den
Gott beschlossen hat, den ganzen Erdkreis zu richten und
zwar darum, weil er der Menschensohn ist. Menschen
werden also gerichtet werden durch einen solchen, der
selber einmal Mensch war und der auch nach seiner menschlichen Natur das Gericht halten wird. Dieser kann am
besten richten, besser als die vornehmsten Engel; denn er
hat selber alles erfahren, was ein Mensch in diesem
Leibesleben durchzumachen hat; und man darf glauben,
daß sein Gericht einmal allen seinen vorigen Erfahrungen
wird angemessen sein. Er wird aber auch richten, als
derjenige, der sein Leben für uns gelassen, der uns von
Tod und Sünde und vom künftigen Zorn erlöst hat,
dem wir einmal werden Rechenschaft geben müssen, wie
weit wir seine Erlösung geehrt und benuzt haben, oder

ob wir seine Todespein an uns haben verloren sein lassen: auf solche trifft Ebr. 10, 26. 27. ein.

3) Vor diesem Richterstuhl müssen wir nicht nur erscheinen, sondern offenbar werden. Vor einem menschlichen Gericht kann mancher zwar erscheinen, aber er wird nicht immer auch zugleich offenbar; denn es kann manches von seinen Thaten noch verdeckt bleiben, aber hier kommt beides zusammen: erscheinen und offenbar werden. Dem Heuchler, den manche für heilig angesehen, wird seine Larve abgezogen werden; den Maul- und Schein-Christen wird man da kennen lernen; der Sünder, der so manche Ungerechtigkeit und Unreinigkeit im Verborgenen getrieben, wird offenbar werden; selbst das verborgene des Herzens, die uns oft selbst noch unbekannten Anschläge unsers Herzens werden in diesem Licht aufgedeckt da liegen; daher heißt der Tag des Gerichts auch ein Tag der Offenbarung. Da wird das Wort Jesu in seine ganze Erfüllung gehen: es ist nichts verborgen, das nicht offenbar werde, und nichts heimlich, das man nicht wissen werde. Da helfen keine Blätter mehr, womit man seine Blöße bedecken will. In der gegenwärtigen Zeit sucht man, wenn man etwas Böses gethan, dasselbe so viel möglich zu verdecken und nicht unter die Leute kommen zu lassen; allein, was wirds helfen? jener Tag wird alles offenbar machen. Da wird alles verborgene Böse und alles verborgene Gute offenbar werden. O du heller Tag, scheine doch jetzt schon mit deinen hellen Strahlen in unser sich so gerne versteckendes Herz hinein, so dürfen wir dich nicht fürchten, wenn du einmal anbrichst.

4) Wir müssen alle offenbar werden. Paulus nimmt sich selber nicht aus, also Gläubige und Ungläubige, Gerechte und Ungerechte. Kein Mensch ist ausgenommen, hier muß ein jeder dran. Man könnte hier den Einwurf machen, Jesus habe selbst gesagt: wer an mich glaubt, der kommt nicht ins Gericht, sondern ist vom Tode zum Leben hindurchgedrungen Joh. 5, 24.; also wären ja die Gläubigen ausgenommen. Allein ein anders ist: offenbar werden, ein anders: ins Gericht

kommen, nemlich als ein solcher, der verurtheilt wird. Es ist daher die Frage aufgeworfen worden, ob denn auch die Sünden der Glaubigen, die doch schon vergeben wurden, vorkommen werden? und man kann sie, ohne dem Wort Gottes zu nahe zu treten und ohne Nachtheil der Glaubigen, mit ja beantworten: auch die Sünden werden vorkommen, damit an jenem Tag auch die Vergebungs= gnade desto mehr an ihnen verherrlichet werde. Da wirds heißen: wo ist ein Gott, wie du bist, der Sünde vergibt? da wird das Blut desjenigen den Preis behalten, der uns mit demselben abgewaschen hat, von allen unsern Sünden.

5) Wir müssen alle offenbar werden, damit ein jeder empfahe, nachdem er gehandelt hat bei Leibesleben ꝛc. Denn dieser Tag ist zugleich ein Tag der Vergeltung im Guten und Bösen. Deswegen sagt Jesus Off. 22: siehe, ich komme und mein Lohn mit mir ꝛc. Auch im Zustand nach dem Tod findet noch keine Vergeltung statt, sondern diese bleibt auf den Tag des Gerichts ausgesezt. Denn es heißt: ein jeglicher werde empfahen, was er bei Leibesleben (eigentlich mit dem Leibe empfangen, was er) gethan hat. Also wird die Vergeltung erst kommen, wenn Leib und Seele wieder mit einander vereinigt sein werden. Denn der Lohn geht nicht nur die Seele, sondern auch den Leib an. Wie wichtg soll uns diß unsern Aufenthalt in dieser Zeit, unser Wallen im Leibe machen! Wie viel ist an 10, 20, 30, 50, 60 und mehr Jahren gelegen! Was haben diese für wichtige Folgen durch die ganze Reihe der Ewigkeit! Nehmet es wohl zu Herzen und tretet einen jeden Tag mit der Bitte an: Herr Jesu, laß mich meine Zeit anwenden zu der Ewigkeit.

## 102. Leichen=Predigt.
(Am 9. Sonntag nach Trinitatis, 14. Aug. 1808.)
Text: Ps. 40, 6.

Aus dem heutigen Evangelium können wir sehen, wie wir unsre gegenwärtige Lebenszeit im Blick auf die Ewigkeit anzusehen haben, aber auch, wie wir unsre Zeit so anwenden sollen, daß Gott die ganze Absicht seiner Liebe an uns erreichen könne, daß es am Lebensende nicht auf ein Darben hinauslaufe, daß uns nicht nur ein kärglicher, sondern ein reichlicher Eingang dargereicht werde in das Reich unsers Herrn Jesu Christi. So kurz das menschliche Leben ist, so groß und weit umfassend sind die Absichten und Gedanken Gottes über uns. Auf beide Wahrheiten macht uns der Verfasser des 89. Psalms aufmerksam, wo er V. 48. sagt: gedenke, wie kurz mein Leben ist! warum willst du alle Menschen umsonst geschaffen haben? Er will damit sagen: was wäre unser kurzes vergängliches Leben, was hätten wir davon, wenn es uns im Aeußern noch so wohl ginge, wenn du es dabei bewenden ließest, wenn wir nicht auch eine Hoffnung hätten, die über dieses Leben hinausreicht? Da wären wir ja wie umsonst geschaffen. Er fühlte also wohl, daß Gott uns nicht umsonst und für die lange Weile in dieses kurze Leben hereingeschaffen, sondern daß seine Absichten mit uns weiter reichen. Ebendaher liegt auch in diesen Worten zugleich der herzliche Wunsch des Verfassers, Gott möchte ihm diese kurze Lebenszeit dazu gesegnet sein lassen, daß das große und herrliche Ziel der Schöpfung auch an ihm seine ganze Erfüllung bekomme. Wenn wir diß bedenken, so werden wir an unserm ersten Hauptartikel noch lange zu lernen haben. Wir haben ja noch täglich daran zu lernen, wie wir uns als Geschöpfe Gottes anzusehen haben, wie wir bekennen müssen: es ist ja, Herr, dein Geschenk und Gab, mein Leib und Seel und was ich hab in diesem armen Leben; und doch ist es daran noch nicht genug, sondern wir müssen auch verstehen lernen, warum uns Gott geschaffen habe. Beides wird Ps. 119. mit einander verbunden, wo es V. 73. heißt: deine Hand hat mich gemacht und bereitet; unterweise mich, daß ich deine Gebote lerne, deine Gebote, die mir zeigen, warum du mich gemacht und bereitet hast; die Gebote, bei deren Befolgung du erst deinen ganzen Zweck an mir erreichen kannst. Wie viel ist also an unserm kurzen Leben gelegen! Wie viel kann man verlieren oder gewinnen!

Die Gedanken Gottes über die Menschen.
I. Wie wir dieselben erkennen und anbeten sollen. Unsre Textworte sind aus einem solchen Psalm genommen, worin der in den Propheten zeugende Geist Christi uns seine Gesinnungen unter seinen Leiden beschreibt. Wir haben sie also anzusehen als Worte, die aus dem Herzen und Munde Jesu selbst geredet sind. Und wer konnte diese Wunder und Gedanken Gottes gegen die Menschen besser wissen, als der Sohn, der in des Vaters Schoos war? als derjenige, der am Ende seines Lehramts sagen konnte: ich habe ihnen (meinen Jüngern) deinen (Vater=) Namen kund gethan. Unsre Textworte sind also das lieblichste und herrlichste Zeugnis des Sohns vom Vaterherzen Gottes gegen uns arme Menschen. Wem sollte es nicht willkommen sein, wer sollte es nicht mit dem willigsten und freudigsten Glauben annehmen? Und eben diß, daß der Sohn mit diesen Gedanken seines Vaters über uns Menschen so bekannt war, diß war auch der Grund, warum er sich von seinem Vater so gerne in die Welt senden ließ, als derjenige, der diese Wunder und Gedanken Gottes ausführen sollte, der sich schon in diesem Psalm dazu anheischig macht, mit den Worten: siehe, ich komme, im Buch steht von mir geschrieben; ich stelle hiemit die feierliche Versicherung aus, „deinen Willen, mein Gott, thue ich gern ꝛc. Ich komme: alle Liebes- und Friedens=Gedanken deines Herzens über die Menschen zu erfüllen, es mag mich auch kosten was es will. Von deinem ganzen Liebesrath, wie du ihn in deinem Wort geoffenbart hast, soll nicht ein Punkt unerfüllt bleiben. Du hast ihn zwar unter den Schattenbildern der Opfer geoffenbart, aber mein Leib und die Aufopferung desselben kann dir erst die völlige Genüge leisten, sonst hättest du nicht einmal an diesen Schattenbildern auf eine kurze Zeit einiges Wohlgefallen finden können, sie hätten sonst kein süßer Geruch vor dir sein können. „Diese Gedanken des Vaterherzens Gottes waren dem Herrn Jesu so groß, daß er, wie er als Mensch dachte, sagen mußte, er könne sie nicht einmal in eine rechte Ordnung stellen, er könne sie nicht ganz zusammenbringen und in ihrem ganzen

übersehen. Diese Gedanken Gottes aber sind lauter Wunder, theils an sich selbst, theils in der Ausführung. Sie sind Wunder an sich selbst, denn wem hätte es einfallen mögen, daß Gott über so elende, von ihm abgefallene Menschen, solche Gedanken in seinem Herzen hegen möchte, daß er nicht Gedanken des Leides, sondern des Friedens über uns habe? Sie sind aber auch Wunder in der Ausführung. Wer hätte geglaubt, daß so tief versunkenen Menschen noch geholfen werden könnte, daß so verdorbene Sünder noch Gottes Kinder werden könnten? Auf solche Wunder macht uns auch unser heutiges Evangelium und die demselben vorangehenden Gleichnisse aufmerksam. Es ist ein Wunder, das in den göttlichen Liebesgedanken seinen einzigen Grund hat, wenn der Hirte einem verlornen Schaf nachgeht, bis ers findet; ein Wunder, wenn der verlorne Groschen aus dem Staub herausgesucht wird. Mit welchem Recht könnten wir es von der göttlichen Liebe fordern? Es ist ein noch größeres Wunder, wenn der verlorne Sohn, der sich seines Sohnsrechts vorsäzlich verlustig gemacht, wieder in alle Sohnsrechte aufgenommen wird. Es ist ein Wunder der Liebe, wenn der ungerechte Haushalter, als ein abgesezter doch noch ein Räumlein in den ewigen Hütten findet. Man macht im Leiblichen vieles daraus, wenn im Reich der Natur etwas Außerordentliches und Wunderbares vorgeht; aber die Wunder sind noch weil größer, wenn Gott ein armes verworfenes Menschenkind so begnadigt, daß es wieder zu seinem ganzen Erbe kommt, wenn man schon aus dieser lezteren Gattung von Wundern nicht so viel macht. Ein Häuflein begnadigter Seelen ist ein Häuflein, bei dem das Wort Sach. 3, 8. eintrifft: sie sind eitel Wunder, wenn schon viele andere es nicht dafür ansehen; man wird es gewis noch erkennen müssen an jenem Tag, wenn der Herr Jesus wird bewundert werden an seinen Gläubigen. Auf solche Wunder laufen also die innersten Gedanken des göttlichen Herzens hinaus; aber wie wenig sind wir noch mit denselben bekannt! Wie sind sie uns noch so gar nicht groß! Wir treffen bei den meisten die Worte zu Pf. 92, 6. 7.

Herr, wie sind deine Werke so groß ꝛc. Wie ist uns das Herz Gottes hierin noch so fremd und unbekannt!

II. **Nur diese Bekanntschaft kann uns eine wahre Beruhigung im Leben und Sterben geben.** Man kann im menschlichen Leben einen manchen Menschen in gewisser Art kennen, aber doch kennt man ihn noch nicht recht, wenn man nicht auch seine Gedanken und Gesinnungen näher kennt; noch viel mehr geht es uns so mit Gott. Und doch ist so viel daran gelegen, daß man ihn nach seinem Herzen gegen uns kennen lernt. Es ist wahr und erfahrungsmäßig, was ein verstorbener Lehrer unsrer Kirche schreibt: wie du in deinem Innersten von Gott denkst, so bist du selig oder unselig. So lang es in unsrem Leben so gerade fortgeht, ohne vielen Anstoß und Widerwärtigkeit, hat Gott noch immer einigen Credit bei den Menschen, man kann immer noch ein gewisses Zutrauen gegen ihn äußern, wie mans auch hie und da von den Menschen hört, wenn schon diß Zutrauen einen sehr seichten Grund hat. Aber man lasse einmal einen solchen Menschen in eine große Noth hineinkommen, da wird er erfahren, wie er bisher von Gott gedacht, wie er ihn angesehen hat. Ich will aber auch noch einen andern Fall anführen. Im unbekehrten Zustand tröstet sich der Mensch immer mit der Barmherzigkeit Gottes und denkt, Gott werde ihm einmal seine Sünden gerne und leicht vergeben, wenn er sie nur bereue und abbitte und etwa auch noch dazu Besserung verspreche; allein, wenn es bei ihm heißt: mein Gewissen ist erwachet und der Abgrund flammt und krachet, da lautets anders, da weiß er nimmer, wie und was er von Gott denken soll, da wird er inne, daß er mit den Gedanken Gottes noch nie recht bekannt worden. Noch mehr zeigt sich beim Sterben, wie man von Gott denke. Wie viel Unglauben und Zweifel, wie viel argwöhnische Gedanken gegen Gott stiegen da im Herzen auf, wie viel Ungewißheit wie man mit Gott daran sei. Und gerade da hätte man am nöthigsten, es zu wissen. Wie manche lassen es bei diesem so wichtigen Schritt aus der Zeit in die Ewigkeit aufs Gerathewohl ankommen. Da hilft nichts, als eine gläubige Bekanntschaft mit den Wundern und Gedanken Gottes. Nur die Bekanntschaft mit dem Herzen Gottes gibt uns eine wahre Beruhigung im Leben und Sterben. Wer kann uns aber zu dieser Bekanntschaft verhelfen? Nur das Wort Gottes und der Geist Jesu Christi. Wir haben von allem Wort Gottes keinen Nutzen, keine Kraft, wenn uns dasselbe nicht das Herz Gottes aufschließt. Und diß Wort Gottes enthält so viele herrliche Zeugnisse davon. Es sagt dir z. E. Gott will nicht, daß Jemand verloren werde ꝛc. Gott will, daß allen Menschen geholfen werde ꝛc. Was kannst du mehr begehren? Aber wenn du diß Wort nicht mit deinem Glauben vermengst, so bleibt dir doch das Herz Gottes verborgen. Deswegen muß zu dem Wort noch der Geist kommen, der es deinem Herzen kräftig macht, der Geist Jesu, der allein dir das Vaterherz Gottes aufschließen kann. Gott erneure auch heute seine Friedensgedanken über uns alle, besonders über die l. Leidtragenden. Er mache sie zum Felsen unsrer Zuversicht, so wird Gott auch zu uns sagen können: euch geschehe, wie ihr geglaubt habt.

## 103. Leichen-Predigt.

(Am Sonntag Judica, den 15. März 1811).
Text: Joh. 8, 46—59.

Das heutige Evangelium ist zu einer Leichenbetrachtung sehr angemessen. Denn es macht uns auf die lezten Dinge aufmerksam, an denen der Tod den Anfang macht. Wer dem Tod recht unter die Augen sehen kann, der hat sich vor den übrigen lezten Dingen, die auf den Tod folgen, nicht zu fürchten. Er hat eine ruhige Aussicht auf den Zustand nach dem Tod, oder, wie wir zu reden pflegen: auf die Ewigkeit. Er kann die Zukunft Jesu, die Auferstehung, das Gericht mit Verlangen und Freuden erwarten. Aber ein Blick auf die lezten Dinge, ohne einen Heiland zu wissen, der dem Tode die Macht genommen und Leben und unvergängliches Wesen aus Licht gebracht hat, wäre etwas Erschreckliches. Wer aber diesen im Glauben kennt, der weiß, wie er auch im Sterben daran ist; bei einem solchen ist es ausgemacht: ich laufe eben zu dem Mann, der zum Wohlsterben helfen kann: dieser ist es, der Sünd, Tod, Leben und Gnad, kurz alles in Händen hat; er kann erretten, die zu ihm treten. Aber diesen Jesum im Glauben kennen, will in einer höheren, als blos menschlichen Schule gelernt sein. Die Zuhörer, mit denen Jesus im heutigen Evangelium geredet hat, müssen in dieser Erkenntnis noch weit zurück gewesen sein, sonst hätten sie nicht so verkehrt von ihm geurtheilt, sonst hätten sie sein Wort besser aufgenommen, sonst hätte Jesus ihnen nicht bezeugen müssen, daß sie mörderische Gedanken über ihn haben, sonst hätte er nicht nöthig gehabt, ihnen die ernsthafte Frage vorzulegen: warum glaubet ihr nicht? Wer zum heutigen Evangelium mit seinem Herzen sich näher hinstellt, dem kann diese Frage Jesu unmöglich gleichgiltig sein; dem muß die Erinnerung des Paulus 2 Kor. 13, 5. ernstlich auf sein Herz fallen: versuchet euch selbst, ob ihr im Glauben seid; prüfet euch selbst. Wie würde es einem unter uns zu Muth sein, wenn Jesus ihm ins Angesicht sagte: warum glaubest du nicht? Wir wollen also unser heutiges Evangelium

zu einer ernstlichen Prüfung unsrer selbst

anwenden, und uns die mancherlei Mängel, die wir noch haben, aufdecken lassen. Es fehlt uns noch

I. am Glauben. Es war ein ernsthafter Vorwurf, den Jesus seinen Zuhörern machte, durch die Frage: warum glaubet ihr nicht? Er erklärt sie damit für Leute, die noch nicht einmal einen Anfang des Glaubens haben. Ich denke, so könnte Jesus an manchen in der Christenheit die nehmliche Frage machen; denn an manchen unsern Christen bestätigt sich die Bemerkung 2 Thess. 3., daß der Glaube nicht jedermanns Ding sei, nur allzusehr, und sie wird sich nach den gegenwärtigen Aussichten immer mehr bestätigen. Wenn es aber auch bei manchen unsrer Christen nicht ganz und gar am Glauben fehlt, so werden wir doch nicht in Abrede stellen können, daß unser Glaube noch viele Mängel habe. Es verhält sich mit dem Glauben, wie nach dem Gleichnis vom vierfachen Ackerfeld, mit dem Wort Gottes und der Aufnahme desselben. Denn da liegt der Fehler nicht am Samen, sondern an dem Grund und Boden, auf den, und in den gesät wird; denn der Grund und Boden ist die eigentliche Mutter des Samens. Der lezte Grund des Glaubens liegt nicht in uns, sondern in Gott; deswegen sagt Jesus Joh. 6.: es ist Gottes Werk, daß ihr glaubet an den, den er gesandt hat; und im heutigen Evangelium sagt er seinen Zuhörern, der eigentliche Grund ihres Unglaubens sei der, sie glauben nicht, und zwar deswegen, weil sie nicht aus Gott seien. Demnach ist der Glaube eine höhere Geburt, er hat seinen Ursprung aus Gott. Es gibt aber verschiedene Geburtsbriefe, die der Mensch hat, und deren Jesus in unserm Textcapitel mehrere anführt und besonders drei. Alle diese sind theils ein wirkliches Hinderniss des Glaubens, theils eine Ursache, warum uns noch so viel zum Glauben fehlt. Den ersten Geburtsbrief zeigt er mit den Worten V. 23. an: ihr seid von unten, ich bin von oben. Eben weil wir Menschen von unten sind, so sind wir schon deswegen untüchtig zum Glauben, denn der Glaube hat es mit lauter Dingen zu thun, die von oben sind. Da geht es uns, wie es Joh. 3, 31. heißt: wer von der Erde ist, redet von der Erde, oder wie ein anderer aus Erfahrung schreibt: kein Geschöpf sieht über seinen Ursprung über seine Gebärmutter hinaus. Wer also glauben soll, der muß etwas von oben herab in sich bekommen. Wer von unten ist, ist eben ein blos natürlicher Mensch, der nichts annimmt von dem Geist Gottes und es daher auch nicht erkennen kann. Den andern Geburtsbrief des Menschen zeigt Jesus mit den Worten an: ihr seid von dieser Welt 2c. Diese Geburt ist schon wieder um eine Stufe tiefer hinab. Er will sagen: wer von unten ist, der nimmt gar leicht eine Bildung von dieser Welt an sich, der wird leicht von ihren Gesinnungen dahingerissen und also ein Mensch, der nach der Welt Art denkt, redet und handelt. Ein solcher kommt noch weiter vom

Glauben hinweg, denn er hat den Geist dieser Welt und dieser ist ein Geist des Unglaubens.

Der dritte Geburtsbrief ist noch leidiger; diesen zeigt Jesus V. 44. an, wo er sagt: ihr seid von dem Vater, dem Teufel und die Lüste eures Vaters wollet ihr thun. Da fällt man noch tiefer in den Unglauben hinein und wird ein erklärter Feind der Wahrheit. Diese drei Geburtsbriefe muß man kennen lernen, sonst kann man die Frage Jesu nicht beantworten. Bei dem ersten und zweiten wird man zwar noch nicht ganz am Glauben gehindert, aber je mehr uns davon noch anhangt, desto schwerer wird uns das Glauben und da gibt es noch viele Glaubensmängel; aber beim dritten Geburtsbrief wird einem der Weg zum Glauben immer mehr verschlossen und verriegelt. In diesen drei Geburten liegt also der Grund theils vom Unglauben, theils von den Mängeln des Glaubens.

Es fehlt uns aber auch

II. an der rechten Behandlung des Worts. Der Glaube kommt aus dem Wort: wie der Mensch gegen das Wort sich beträgt, wie ers aufnimmt, oder nicht aufnimmt, so ist er selig oder unselig. Aber zu einer rechten Aufnahme desselben gehört weniger nicht, als daß man aus Gott ist. Daran hat es eben den Zuhörern Jesu im heutigen Evangelium gefehlt. Daran fehlt es noch so vielen unsrer Christen, denen man das nehmliche Zeugnis geben muß, das Jesajas dem Volk seiner Zeit gab C. 42.: man predigt ihnen wohl viel, aber sie halten es nicht; man sagt ihnen genug, aber sie wollens nicht hören. Es fehlt also am Halten und am Hören. Wenn z. E. der natürliche Mensch hört, was Jesus im heutigen Evangelium sagt: wenn jemand mein Wort wird halten, oder eigentlich bewahren, so erschrickt er darüber und meint Wunder, was der Herr Jesus ihm da für schwere und wohl gar unmögliche Dinge zumuthe, ohne sich zu besinnen, was Jesus mit diesem Halten meine. Was wird er denn meinen? Du sollst dem Zeugnis seiner Gnade und Liebe in seinem Wort einmal von Herzen glauben, du sollst thun, was sein Wort dich heißt, du sollst ungezweifelt hoffen, was er dir in seinem Wort verspricht: siehe das gehört dazu, wenn du sein Wort halten willst. Je mehr du ihm glaubst, desto williger wirst du werden, zu thun, und je getroster wirst du auf seine Verheißungen hoffen und am Ende erfahren, daß von allen seinen Verheißungen keine einzige auf die Erde gefallen. Wenn du diß Halten anders verstehst, so hast du sein Wort nicht recht gehört, nicht gehört, als ein solcher, der aus Gott ist. Gewiß, es ist ein anerkannter Fehler unsrer Christen, daß sie das Wort Gottes noch nicht recht zu behandeln wissen, und dieses kommt daher, weil sie nicht aus Gott sind.

III. Es fehlt uns auch am rechten Sieg über die Furcht des Todes. Wer glaubt es z. E. dem Herrn Jesus, daß, wer sein Wort halte, den Tod nicht sehen werde ewiglich. Diß zu glauben, dazu gehört ein erweitertes Herz: sterben, und doch den Tod nicht einmal sehen, diß kann der natürliche Mensch nicht reimen. O wie oft fühlt man, daß man ein Würmlein ist, mit Todesnoth umgeben! Man kann sich dabei den Zustand derjenigen vorstellen, die aus Furcht des Todes in ihrem ganzen Leben Knechte sein mußten. Warum fürchtet man den Tod? Weil man nicht stets denkt aus Eine, das noth thut, weils am Glauben an Jesum, weils am Genuß des Worts Gottes fehlt. Einem solchen muß freilich das Wort Jesus räthselhaft vorkommen: wer lebt und glaubt an mich, der wird nimmer sterben 2c. Denn es muß Wahrheit sein, wenn es heißt: ein Christ stirbet nicht ob man schon so spricht; sein Elend stirbt nur, so stehet er da in der neuen Natur. Von dieser neuen Natur hat er schon einen Samen in Leib und Seele. Da bleibt ihm nichts, als das lezte Ziel des Wunsches übrig: mein sterbliches Theil verschlinge dein göttliches Leben, o Heil!

## 104. Leichen=Predigt.

(Am Feiertag Joh. d. Evang., den 27. Dez. 1811.)
Text: Joh. 21, 20—24.

Wie viele Glaubensaufgaben kommen einem bei seinem Lauf durch diese Welt vor! Wie hat die Glaubensschule so vielerlei Classen, und wie ginge es einem, wenn man sich nicht an die unwandelbare Treue Gottes halten könnte! Es muß aber doch zulezt dahinaus laufen, daß man ihm das Zeugnis gibt: so führst du doch recht selig, Herr, die Deinen zc. Der große Herzog der Sel'gkeit, der schon so viele Kinder zur Herrlichkeit eingeführt hat, mache einem jeden der Seinigen seine Wege zu eitel Güte und Wahr= heit und sei ihr Schirm und Schild, der sie vor Angst bewahre! Im heutigen Evangelium kommen zwei Jünger vor, denen Jesus als ihr Herzog ihren künftigen Lauf durch diese Welt bestimmte. Sie waren Petrus und Johannes. Des erstern Lauf war kurz, der andere aber durfte bleiben und noch die nähere Eröffnung des Reichs Gottes erleben. Jesus hatte einen wie den andern lieb: dem Petrus wies er den ersten Plaz unter seinen Reichs= gesandten an und Johannes war der Jünger, den Jesus besonders lieb hatte. Beide hatten in ihrem Lauf man= ches durchzumachen. Auch Johannes nannte sich einen Mitgenossen an der Trübsal, Königreich und Gedult Jesu Christi. Beide haben durch Glauben und Gedult die Verheißung ererbt. Dieser Glaubens= und Gedults= Lauf ist noch für einen jeden Gläubigen der nehmliche.

Was zum Durchkommen eines Gläubigen durch diese Welt gehöre.

Wenn ein Gläubiger sich selbst durch diese Welt zu führen hätte, so möchte es ihm freilich bange werden, besonders wenn er seine Blödigkeit, seine Unmacht, seine Rathlosigkeit auf so mancherlei Weise muß inne werden. Da ist es gut, wenn der Herr selber unser Führer ist. Er hats vor seinem Vater auf sich genommen, ihm die Seinigen zuzuführen. Was gehört demnach zu einem guten Durchkommen durch diese Welt? Das erste ist diß

1) Ueberlaß dich mit ganzem Glaubensgehorsam deinem getreuen Führer. Es bleibt daher eine Bitte, die ein Gläubiger öfters vor den Gnadenthron zu bringen hat: ach mein Gott, führe mich, so lang ich leb auf Erden, laß mich nicht ohne dich durch mich geführet werden. Führ ich mich ohne dich, so bin ich bald verführt; wo du mich aber führst, thu ich, was mir gebührt. Der Naturmensch wäre freilich gerne sein eigener Führer, er möchte gerne Gott vorschreiben, wie er ihn führen soll, weil bald dieses, bald jenes auf seinem Wege ihm nicht anständig sein will. Da hat man zu bitten: will etwa die Vernunft dir widersprechen und schüttelt ihren Kopf zu deinem Weg, so wollst du ihre Festung so zerbrechen, daß ihre Höhe sich bei Zeiten leg. Es geht also durch manche Widersprüche, bis man sich seinem Führer ruhig und im Glauben überlassen kann, bis man sagen kann: wie du mich führst und führen willst, so will ich gern mitgehen.

2) Wisse, du hast an dem Herrn Jesu einen Führer, dem dein Lauf durch diese Welt gewis priesterlich zu Herzen geht. Wie mag es den Jüngern so wohl gethan haben, da sie bei dem Gebet Jesu vor seinem Leiden hörten, wie angelegentlich er sie seinem himmlischen Vater anbefohlen, mit welchem Mitleid er auf ihren weiteren Lauf hinausgesehen, da er zu seinem Vater sagte: ich bin nicht mehr in der Welt, aber sie sind in der Welt; erhalte sie doch in deinem Namen; bewahre sie vor dem Argen. Du hast sie mir gegeben, darum nehme ich mich ihrer an. Und wie lieblich hat er seine Abschiedsrede an sie beschlossen, da er ihnen sagte, was er mit ihnen geredet, habe er deswegen geredet, daß sie in ihm Frieden haben. In der Welt habt ihr Angst, aber seid getrost, ich habe die Welt überwunden. Seine ganze Abschiedsrede war darauf eingerichtet, sie auf ihren künftigen Lauf auszurüsten Wie er damals gegen seine Jünger gesinnt war, so war er es auch nachher gegen jene sieben Lehrer in der Offenbarung. Wie oft läßt er ihnen schreiben: „ich weiß," und will sie damit versichern, er nehme noch alle ihre Angelegenheiten zu Herzen. Was läßt er dem Engel zu

Pergamus schreiben? „Ich weiß, wo du wohnst." Er
kann also unmöglich gleichgiltig zu dem Lauf der Seinigen sein; er müßte ja seines eigenen Herzens vergessen.
Ach, er ist noch gegen die Seinigen der mitleidige und
treue Hohepriester, der im obern Heiligthum unsre Namen auf seiner Brust und Schultern trägt, und uns eben
damit seiner Liebe und seines mächtigen Arms versichert,
als derjenige, der die Seinigen liebt auch deswegen, weil
sie in der Welt sind und der sie liebt bis ans Ende,
als derjenige, dessen Herrschaft auf seiner Schulter ist.
Wie selig sind also diejenigen, die Jesum zum Führer
haben! Er führt hinein, hindurch und hinaus. Er wird
keines von den Seinigen zurücklassen. Er läßt nicht nach,
bis er am Ende zu seinem Vater sagen kann: siehe, hier
bin ich und die du mir gegeben hast ꝛc.

3) Wir haben bisher davon geredet, was wir von
Seiten Gottes und Jesu Christi zu einem guten Durchkommen durch diese Welt zu erwarten haben; da hat es
nun keinen Anstand; nun aber kommt es darauf an, was
der Herr Jesus von unsrer Seite begehrt. Diß sehen
wir im heutigen Evangelium. Jesus hat dem Petrus
dreimal die ernsthafte Frage vorgelegt: hast du mich
lieb? Die öftere Wiederholung derselben, wollte den
Petrus ganz bedenklich machen. Jesus hat es wohl gewußt, warum er ihn so oft gefragt. Diese Frage müssen
wir auch beantworten können, wenn wir durch die
Welt gut durchkommen wollen. Liebe ist die erste Frucht
des Glaubens an den Herrn Jesum; wenn es mit dem
Glauben seine Richtigkeit hat, so wird es an der Liebe
nicht fehlen. Nun ist freilich diese Liebe etwas, das nicht
auf unserm Grund und Boden wächst; und wenn ein
Gläubiger redlich antworten will, so muß er sagen: ich
liebe dich, doch nicht so viel, als ich dich gerne lieben
will. Er wird sich mancher Mängel der Liebe gegen
seinen Herrn bewußt sein. Wenn Petrus z. E. daran
gedacht, wie er sich unmittelbar vor dem Leiden seines
Herrn geäußert, er sei bereit mit ihm in den Tod zu
gehen; und er war doch derjenige, der ihn verleugnete:
wie wird es dem Petrus zu Muth gewesen sein, wenn

er daran gedacht, was er sich vor den andern herausgenommen, da er sagte: wenn sie auch alle sich an dir ärgerten, so will ich doch mich nimmermehr an dir ärgern! Was sind wir gegen Petrus? Was sind wir in diesem Punkt für unzuverläßige Leute! Wie viele Ursache haben wir, zu bitten: ach, daß sonst nichts in meiner Seel, als deine Liebe wohne. Gewis, die Liebe zu Jesu ist eine himmlische Pflanze, sie ist eine Flamme, die von nichts ausgelöscht werden kann; sie ist stark wie der Tod, und ihr Eifer ist fest wie die Hölle, sie überwindet selbst die Höllenpforten. Diese Liebe schenke Jesus allen den Seinigen in ihrem müden und ermüdenden Pilgrimslauf und lasse uns das Wort genießen: die treu sind in der Liebe, läßt er sich nicht nehmen. Amen.

## 105. K. F. Harttmanns Gebet am Grabe seines Sohnes Karl August Gottlob.
### (26. Dez. 1813.*)

Herr Jesu Christe, Fürst des Lebens, mit banger Furcht müßten wir diese Todtengefilde betreten, wenn wir nicht glauben dürften, daß du dem Tode die Macht genommen und Leben und Unvergänglichkeit durch dein noch fortwirkendes Evangelium ans Licht gebracht habest. Du hast es ja selbst vom Himmel aus bezeugt: ich war todt und siehe, ich bin lebendig in die ewigen Ewigkeiten und habe die Schlüssel der Hölle und des Todes. Diese Schlüssel sind ja die höchsten Beweise deiner göttlichen Liebesmacht, mit welcher du dich auch an unserm l. Verstorbenen verherrlichen wollest. Es hat dich noch nie gereut, daß du in die Welt gekommen bist, Sünder selig zu machen; und dieses selige Geschäft führst du noch auf dem Thron der Gnade als der vom Vater in Ewigkeit verordnete Priester fort, als derjenige, der auf dem Thron der Freuden den Sündern huldreich zugethan ist. Sei gepriesen für alle, um deiner Fürbitte willen über ihm reichlich waltende göttliche Güte, Geduld und Langmuth, die von deinem in sein Herz gelegten Samen immer

---

*) Vgl. K. F. Harttmann, ein Charakterbild 2c. S. 269 ff.

noch etwas übrig behalten, und wovon du auch bei seiner heftigen Krankheit noch beruhigende und tröstende Spuren geschenkt hast. Er ist von uns deiner treuen Pflege auch in jener Welt demüthig und glaubig übergeben, und du wirst im großen Hause deines Vaters ihm auch ein Räumlein anzuweisen wissen und ihn deine priesterlichen Anstalten genießen lassen. Er gehört auch in die Zahl derer, die du, o Jesu, geliebt. Hat gleich sein sündliches Thun vielmal dein treues Herz betrübt, so mache doch dein theures Blut auch alle sein Verschulden gut; laß es ihn glaubig fassen. Deine theure Versöhnungsgnade breite sich über seinen siebenundzwanzigjährigen Lebenslauf aus, und besonders auch über diejenigen Pläze, auf welchen ihn dein Auge nicht gern gesehen hat. Die Seufzer, die während seiner Krankheit je und je aus seinem Herzen gegen dir aufgestiegen, nimm du auf als derjenige, der die Seufzersprache wohl versteht. Seinen Wunsch, nur noch zehn Jahre zu leben, laß als einen guten Vorsaz, das Versäumte herein zu bringen, ihm aus Gnaden gelten.

Du hast ihn unmittelbar vor dem Fest deiner Menschwerdung in jene Welt abgerufen; an dieses hat er ja schon als Mensch ein Recht, das du ihm nicht begehrst streitig zu machen. Laß es ihn in seinem vollen Umfang auch dort genießen, damit er einmal an jenem Tag ein froher Zeuge von der Wahrheit jenes englischen Lobspruchs werde: an den Menschen ein Wohlgefallen! Denn in deiner heiligen Menschheit ist Rath und Hilfe für allen Schaden, den die Sünde in unsrer Menschheit angerichtet, und deine Cur verbessert nur die so verderbene Natur. Sei gelobt, daß du ihn auch in seinem Beruf als ein gesegnetes Werkzeug bei so vielem äußeren Schaden der kranken Menschheit zu brauchen gewürdigt hast.

Aus seiner noch offenen Gruft laß an alle, mit denen er umgegangen, die Stimme mit Macht erschallen: wie gar nichts sind alle Menschen, die so sicher leben! und durchdringe eine jede Seele mit den unausweislichen Kräften der Ewigkeit. Vergib ihm, vergib allen, deren Gesellschaft ihm auf dem Wege zur Ewigkeit nicht nützlich war, ihre Sünden, und laß seinen Tod für sie eine ernstliche Aufforderung zur Buße werden.

Allen, die theils aus theilnehmender, fürbittender, theils aus wirklicher, thätiger Liebe, sich besonders noch in der lezten Krankheit seiner angenommen, besonders dem Haus, worin er krank und todt gelegen, sei ein reicher Vergelter!

An den leidtragenden Eltern, Geschwistern und Schwager beweise dich als den Gott des Trostes und heile selber die Wunden, die du geschlagen hast, und laß auch diesen Tod wohlthuende Früchte auf diese und jene Welt bringen. Besonders richte seine zärtlich liebende Mutter, deren innigste Theilnahme auch ihre Gesundheit angegriffen, mit einer über alle Schwachheit siegenden Lebenskraft wieder auf.

Und nun nimm unsern l. Verstorbenen hin als **deinen** Todten, den du in deinem treuen priesterlichen Herzen und Händen bewahren und behalten wollest, bis aller Liebesrath deines Vaters durch dich an ihm ausgeführt ist; denn darum bist du gestorben und wieder auferstanden, daß du über Todte und Lebendige der Herr seiest.

An uns allen, denen es ein Ernst zum Herrn ist, verherrliche sich deine ewige Liebe und lasse bei diesem Grabe den Entschluß erneuert werden: Liebe, die mich ewig liebet, die für meine Seele litt, Liebe, die das Lösgeld giebet und mich kräftiglich vertritt: Liebe dir ergeb ich mich, dein zu bleiben ewiglich. Amen.

# Erstes Register.

## Nach Ordnung der biblischen Bücher.

|   |   | Seite |
|---|---|---|
| 1 Mof., | Wie man im Frieden aus der Welt scheide . . . . . . . . | 33 |
| 5 Mof. | Wie ein Blick auf das Herz Gottes auch in schweren Leiden beruhige . . . | 135 |
| Hiob 7, | Die Gesinnungen der Menschen über dieses Leben . . . . | 303 |
| Pf. 4, | Die wunderbare Führung Jesu und seiner Gläubigen . | 170 |
| Pf. 16, | Die Freude im Tode . . . . | 272 |
| Pf 23, | Wie ein Christ den Tod ansehen lerne | 249 |
| Pf. 25, | Der doppelte Blick im Leben und Sterben | 215 |
| Pf. 25, | Die Liebesarbeit Gottes, daß wir seine Liebe fühlen ꝛc. . . . . . | 220 |
| Pf. 31, | Die Verfassung eines Gläubigen bei seinem Hingang . . . . . . | 58 |
| Pf. 31, | Die kindliche Ueberlassung an Gott . | 126 |
| Pf 31, | Die lezte Uebergabe an unsern Herrn . | 162 |
| Pf. 31, | Die über unsre Zeiten waltende Hand Gottes . . . . | 27 |
| Pf. 31, | Wie sollen wir unsre Lebenszeit ansehen lernen . . . . . | 75 |
| Pf. 31, | Wie nöthig das Wahrnehmen unsrer Zeit sei . . . . . . | 330 |
| Pf. 32, | Die selige Gewißheit von der Vergebung der Sünden . . . . . | 174 |
| Pf. 32, | Der liebliche Antrag Gottes, unser Führer zu sein . . | 8 |

|  |  | Seite |
|---|---|---|
| Pſ. 39, 5 | Das heilſame Andenken an den Tod | 319 |
| Pſ. 39, 1 | Das Glaubensbekenntniß an den himm=liſchen Führer | 345 |
| Pſ. 40, 6 | Die Gedanken Gottes über die Menſchen | 398 |
| Pſ. 42, | Luc. 21, 25—36. S. 55. | |
| Pſ. 42, | Das Verlangen nach Gott | 79 |
| Pſ. 49, 1 | Der ſtille Gang aus der Welt ꝛc. | 254 |
| Pſ. 55, 1 | Der Entſchluß: ich will zu Gott rufen | 370 |
| Pſ. 69, 4 | Die wunderbare Bahn der Liebe Gottes | 183 |
| Pſ. 73, 2 | Die gnädige, aber oft verborgene Füh=rung des Herrn | 203 |
| Pſ. 73, 1 | Die ſelige Führung eines Gläubigen | 52 |
| Pſ. 73, 2 | Die Gnade, die ein Gläubiger in der Welt genießt | 143 |
| Pſ. 90, | Wie ein Menſch ſeine Lebenszeit anwen=den ſoll | 24 |
| Pſ. 90, | Das Andenken an unſre Sterblichkeit als die wahre Klugheit | 14 |
| Pſ. 90, | Unterſchied der Menſchen in Betreff der Todesbetrachtungen | 335 |
| Pſ. 90, 1 | Der Tod nach ſeinen mancherlei Seiten | 244 |
| Pſ. 102, | Wie wir unſre Lebenszeit dem Herrn heimſtellen | 66 |
| Pſ. 103, | Die tägliche Erneurung des Herzens | 284 |
| Pſ. 119, | O daß mein Leben deine Rechte hielte | 155 |
| Pſ. 119, | Die Pilgrimſchaft eines Gläubigen | 98 |
| Spr. 14, | ſ. Luc. 2, 22—40. S. 36. | |
| Pred. 7, | Geburts- und Todestag im Blick auf die Ewigkeit | 112 |
| Jeſ. 40, | Der Troſt des Evangeliums gegen unſre Hinfälligkeit | 232 |
| Jer. 31, | Die göttlichen Liebeszüge | 69 |
| Jer. 31, | Die Liebe Gottes über die Seinigen | 265 |
| Ezech. 16 | Der Troſt, den wir von unſrer Taufe haben | 311 |
| Ezech. 16 | Die ewige Bundesgnade Gottes ꝛc. | 357 |
| Hoſ. 11, | Die Liebe Gottes gegen uns, von unſrer Jugend her | 228 |
| Hoſ. 13, | Die überſchwängliche Erlöſungsgnade | 159 |
| Mat. 4,2. | ſ. Pſ. 119, 5. S. 155. | |
| Mat. 5, | Das gute Loos eines Gläubigen im Tode | 108 |
| Mat. 5,3. | ſ. (ſ. Phil. 3. 9. S. 279.) | |
| Mat. 7, | Wie wir die liebliche Verheißung des Herrn anwenden ſollen | 288 |
| Mat. 8,7. | Das Leben, eine Schifffahrt | 351 |
| Mat. 9,4. | (ſ. Jer. 31, 3. S. 69.) | |
| Mat. 11 | Eine liebliche Stimme aus dem Munde Jeſu | 147 |

| | |
|---|---|
| Mat. 20, 20—23. | (s. Pf. 42, 1, s. S. 79). |
| Mat. 26, 36—46 | (s. 2 Tim 4, 18. S. 361.) |
| Mat. 27, 6—10 | Das Grab im Schein der Herrlichkeit Jesu |
| Marc. 7, 31—37 | Was wird dich im Sterben freuen? |
| Luc. 2, 22—40. | Was dazu gehöre, daß man im Tode getrost sei |
| Luc. 2, 29—32. | Was zu einer friedsamen Hinfahrt erfordert werde |
| Luc. 2, 29—30. | Das gute Loos im Dienste des Herrn |
| Luc 7, 11—17. | (s. Pf. 90, 12. S. 335.) |
| Luc. 10, 23—37. | Was dazu gehöre, wohl hier gewesen zu sein |
| Luc. 21, 25—36. | Das Verlangen nach Erlösung |
| Joh. 6, 1—27. | Treue Haushalter über Leib und Seele |
| Joh. 6, 39. | Das selige Sterben auf Jesum. |
| Joh. 8, 46—59. | Ernstliche Selbstprüfung |
| Joh. 8, 51. | Der Sieg über den Tod |
| Joh. 13, 1—20. | Die Liebe Jesu zu den Seinigen unser Trost |
| Joh. 13, 7. | Das rechte Verhalten bei dunkeln Wegen Gottes |
| Joh. 14, 1—14. | (s. Ebr. 13, 14. S. 72.) |
| Joh. 14, 1—14. | (s. Pf. 119, 19. S. 98.) |
| Joh. 14, 1—14. | Die Reise zur seligen Ewigkeit |
| Joh. 14, 1—14. | Der Weg durch die Welt zum Hause des Vaters |
| Joh. 14, 1—14. | (s. Pf. 39, 13. S. 345.) |
| Joh. 14, 2. | Das Haus des Vaters, unser Augenmerk |
| Joh. 16, 5—7. | Im Hingang Jesu finden wir Zuversicht auf unsern Hingang |
| Joh. 16, 23—30. | (s. 2 Kor. 5, 4. S. 275.) |
| Joh. 20, 24—29. | (s. Jes. 40, 6—8. S. 232.) |
| Joh. 20, 24—29. | (s. Ebr. 11, 2. (3. S. 325.) |
| Joh. 21, 15—24. | Das Eigenthumsrecht Jesu über die Seinigen |
| Joh. 21, 20—24. | Was zum Durchkommen durch die Welt gehöre |
| Apg. 7, 58. | Die ruhige Ueberlassung eines Gläubigen |
| Röm. 7, 24. | Das mannigfaltige Seufzen im Leibe des Todes |
| Röm. 8, 16. | Von dem Zeugnis der Kindschaft |
| Röm. 14, 7 f. | Das Eigenthumsrecht Jesu an seine Gläubigen |
| Röm. 14, 7 f. | (s Joh. 21, 10—24. S. 315). |
| Röm. 14, 8 f. | Das Recht Jesu an unser Leben u. Sterben |
| Röm. 14, 9. | Die Herrschaft Jesu über Lebendige und Todte |
| 1 Kor. 1, 30 f. | Das Sterben auf Jesum |
| 1 Kor. 4, 1 f. | (s. Joh. 6, 1—27. S. 20.) |

|  |  | Seite |
|---|---|---|
| 1 Kor. 4, | Was zu einem rechten Haushalter erfordert werde | 166 |
| 2 Kor. 5 | Der Hoffnungsgrund bei allen Leiden | 103 |
| 2 Kor. 5 | Das rechte Verhalten unter dem Leiden des Leibes | 275 |
| 2 Kor. 5, | Das ernstliche Bestreben dem Herrn zu gefallen | 39 |
| 2 Kor. 5 | Der Fleiß eines Gläubigen in seiner Wallfahrt | 268 |
| 2 Kor. 5 | Es geht dem Richterstuhl Christi entgegen | 393 |
| Phil. 1, | Der Ernst Gottes, in jeder Seele sein Werk lebendig zu machen | 199 |
| Phil. 1, | Der Tod auf der guten Seite | 307 |
| Phil. 3, | Das Trachten nach der Gerechtigkeit | 279 |
| 1 Thess. | Was gibt dem Menschen Beruhigung im Leben und Tod | 83 |
| 1 Thess. | Wir sollen selig werden und bleiben ꝛc. | 292 |
| 1 Tim. | Mir ist Barmherzigkeit widerfahren | 191 |
| 2 Tim. | Der feste Grund Gottes | 151 |
| 2 Tim. | Wie wir unserer Erlösung gewis werden | 49 |
| 2 Tim. 4 | Die Hoffnung der Erlösung | 341 |
| 2 Tim. | Von zwei Blicken, die unsern Glauben stärken | 361 |
| 2 Petr. 1 | Der reichliche Eingang in jene Welt | 296 |
| 2 Petr. | Der selige Eingang in das ewige Reich | 384 |
| Ebr. 2, | Jesus, der große Herzog der Seligkeit | 211 |
| Ebr. 3, | Treue Anwendung der Gnadenzeit ist Vorbereitung auf den Tod | 322 |
| Ebr. 4, | Der Eifer, in die verheißene Ruhe einzugehen | 1 |
| Ebr. 9, | Das Andenken an die lezten Dinge | 300 |
| Ebr. 11, f. | Um was es einem Christen zu thun sei | 325 |
| Ebr. 11, | Das gute Zeugnis des Glaubens | 131 |
| Ebr. 11, | Wie der Tod der Gläubigen so werthgehalten sei | 42 |
| Ebr. 13, | Wir haben hier keine bleibende Stadt | 72 |
| Ebr. 13, | Der rechte, edle Glaubenssinn | 95 |
| Jac 1, | Das selige Erbe der aushaltenden Geduld | 45 |
| Offenb f. | Das selige Sterben auf Jesum | 92 |
| Offenb. | Die Aussicht auf die Zeit der Freiheit | 17 |
| Offenb. | Die selige Verfassung einer durstigen Seele | 30 |
| Offenb. | Die Einladung zu dem Wasser des Lebens | 85 |
| Gebet. |  | 411 |

## Zweites Register

# über Perikopen.

|  |  | Seite |
|---|---|---|
| Am 2. Advent |  | 55 |
| „ 3. „ |  | 166 |
| Am Sonntag nach dem Neujahr | 170. | 370 |
| Am 4. Sonntag Epiphanias | 119. | 051 |
| Am Sonntag Reminiscere |  | 92 |
| „ „ Lätare | 20. | 139 |
| „ „ Judica |  | 403 |
| „ „ Jubilate |  | 379 |
| „ „ Cantate |  | 178 |
| „ „ Eraudi |  | 322 |
| „ „ Rogate |  | 275 |
| Am 3. Sonntag nach Trinitatis | 108. | 288 |
| „ 6. „ „ |  | 279 |
| „ 7. „ „ |  | 393 |
| „ 9. „ „ |  | 398 |
| „ 12. „ „ | 357. | 366 |
| „ 13. „ „ |  | 225 |
| „ 16. „ „ |  | 335 |
| „ 24. „ „ |  | 69 |
| Am Feiertag Andreas |  | 155 |
| „ „ Thomas | 232. | 325 |
| „ „ Johannes des Evangelisten | 315. | 408 |
| „ „ Mariä Reinigung | 36. 89. | 119 |
| „ „ Matthias |  | 374 |
| „ „ Philippi und Jakobi | 72. 98. 345. 379. | 388 |
| „ „ Jakobi d. gr. |  | 79 |
| „ „ Simonis und Judä |  | 112 |
| Passion | 94. 139. 341. 361. | 374 |
| Bußtag | 361. | 384 |

**Berichtigungen.**

S. 35. Z. 8. v. u. statt euch l. auch.
S. 35. Z. 6. v. u.   auch l. euch.
S. 43. Z. 11. v. o.  ganzer l. ganzes.
S. 65. Z. 16. v. o.  Einer l. einem.
S. 166. Z. 6. v. u.  38. l. 47.
S. 170. Z. 15. v. o. 84. l. 48.
S. 193. Z. 15. v. o. Lüsterer l. Lästerer.

www.ingramcontent.com/pod-product-compliance
Lightning Source LLC
Chambersburg PA
CBHW020546300426
44111CB00008B/810